독학사 4단계
교양공통
국사

시대에듀

머리말 INTRO

학위를 얻는 데 시간과 장소는 더 이상 제약이 되지 않습니다. 대입 전형을 거치지 않아도 '학점은행제'를 통해 학사학위를 취득할 수 있기 때문입니다. 그중 독학학위제도는 고등학교 졸업자이거나 이와 동등 이상의 학력을 가지고 있는 사람들에게 효율적인 학점 인정 및 학사학위 취득의 기회를 줍니다.

학습을 통한 개인의 자아실현 도구이자 자신의 실력을 인정받을 수 있는 스펙인 독학사는 짧은 기간 안에 학사학위를 취득할 수 있는 가장 빠른 지름길로써 많은 수험생들의 선택을 받고 있습니다.

이 책은 독학사 시험을 준비하는 수험생분들이 단기간에 효과적인 학습을 할 수 있도록 다음과 같이 구성하였습니다.

---

01 시행처의 평가영역을 바탕으로 시험에 출제될 수 있는 내용을 '핵심이론'으로 구성하였으며, '더 알아두기'를 통해 내용 이해에 부족함이 없도록 하였습니다. 또한 4단계의 주관식 문제를 대비할 수 있도록 '주관식 레벨 UP'을 수록하였습니다.

02 학습한 이론을 확인할 수 있도록 출제 경향을 반영한 '실전예상문제'를 수록하였습니다. 객관식 문제뿐만 아니라 주관식 문제에도 철저히 대비할 수 있도록 다양한 문제로 구성하였습니다.

03 출제 경향을 반영한 '최종모의고사'로 자신의 실력을 점검해 볼 수 있도록 하였습니다.

04 핵심적인 내용을 정리한 '핵심요약집'으로 전반적인 내용을 손쉽게 파악할 수 있도록 하였습니다.

많은 수험생들이 합격하기를 바라는 간절한 마음으로 이 교재를 편찬하였습니다. 부디 모든 수험생들이 이 교재를 통해 합격의 그날에 웃을 수 있기를 간절히 바랍니다.

우선 많은 선배 역사가와 빛나는 문화를 물려주신 우리 선조들께 고개 숙여 감사를 표하고, 어려운 출판 사정 속에서도 흔쾌히 이 도서를 발간해 주신 시대에듀의 임직원분들께도 감사드립니다. 그리고 항상 응원해 주시는 어머니와 아내에게도 감사의 마음을 전하며, 끝으로 세상에서 가장 존경하는 아버지께 이 책을 바칩니다.

편저자 드림

독학학위제 소개

독학학위제란?

「독학에 의한 학위취득에 관한 법률」에 의거하여 국가에서 시행하는 시험에 합격한 사람에게 학사학위를 수여하는 제도

- 고등학교 졸업 이상의 학력을 가진 사람이면 누구나 응시 가능
- 대학교를 다니지 않아도 스스로 공부해서 학위취득 가능
- 일과 학습의 병행이 가능하여 시간과 비용 최소화
- 언제, 어디서나 학습이 가능한 평생학습시대의 자아실현을 위한 제도
- 학위취득시험은 4개의 과정(교양, 전공기초, 전공심화, 학위취득 종합시험)으로 이루어져 있으며 각 과정별 시험을 모두 거쳐 학위취득 종합시험에 합격하면 학사학위 취득

독학학위제 전공 분야 (11개 전공)

※ 유아교육학 및 정보통신학 전공 : 3, 4과정만 개설
 (정보통신학의 경우 3과정은 2025년까지, 4과정은 2026년까지만 응시 가능하며, 이후 폐지)
※ 간호학 전공 : 4과정만 개설
※ 중어중문학, 수학, 농학 전공 : 폐지 전공으로, 기존에 해당 전공 학적 보유자에 한하여 2025년까지 응시 가능

※ 시대에듀는 현재 4개 학과(심리학과, 경영학과, 컴퓨터공학과, 간호학과) 개설 완료
※ 2개 학과(국어국문학과, 영어영문학과) 개설 중

독학학위제 시험안내 INFORMATION

과정별 응시자격

단계	과정	응시자격	과정(과목) 시험 면제 요건
1	교양	고등학교 졸업 이상 학력 소지자	• 대학(교)에서 각 학년 수료 및 일정 학점 취득 • 학점은행제 일정 학점 인정 • 국가기술자격법에 따른 자격 취득 • 교육부령에 따른 각종 시험 합격 • 면제지정기관 이수 등
2	전공기초		
3	전공심화		
4	학위취득	• 1~3과정 합격 및 면제 • 대학에서 동일 전공으로 3년 이상 수료 (3년제의 경우 졸업) 또는 105학점 이상 취득 • 학점은행제 동일 전공 105학점 이상 인정 (전공 28학점 포함) • 외국에서 15년 이상의 학교교육과정 수료	없음(반드시 응시)

응시방법 및 응시료

- 접수방법 : 온라인으로만 가능
- 제출서류 : 응시자격 증빙서류 등 자세한 내용은 홈페이지 참조
- 응시료 : 20,700원

독학학위제 시험 범위

- 시험 과목별 평가영역 범위에서 대학 전공자에게 요구되는 수준으로 출제
- 독학학위제 홈페이지(bdes.nile.or.kr) ➜ 학습정보 ➜ 과목별 평가영역에서 확인

문항 수 및 배점

과정	일반 과목			예외 과목		
	객관식	주관식	합계	객관식	주관식	합계
교양, 전공기초 (1~2과정)	40문항×2.5점 =100점	–	40문항 100점	25문항×4점 =100점	–	25문항 100점
전공심화, 학위취득 (3~4과정)	24문항×2.5점 =60점	4문항×10점 =40점	28문항 100점	15문항×4점 =60점	5문항×8점 =40점	20문항 100점

※ 2017년도부터 교양과정 인정시험 및 전공기초과정 인정시험은 객관식 문항으로만 출제

⬢ 합격 기준

■ 1~3과정(교양, 전공기초, 전공심화) 시험

단계	과정	합격 기준	유의 사항
1	교양	매 과목 60점 이상 득점을 합격으로 하고, 과목 합격 인정(합격 여부만 결정)	5과목 합격
2	전공기초		6과목 이상 합격
3	전공심화		

■ 4과정(학위취득) 시험 : 총점 합격제 또는 과목별 합격제 선택

구분	합격 기준	유의 사항
총점 합격제	• 총점(600점)의 60% 이상 득점(360점) • 과목 낙제 없음	• 6과목 모두 신규 응시 • 기존 합격 과목 불인정
과목별 합격제	매 과목 100점 만점으로 하여 전 과목(교양 2, 전공 4) 60점 이상 득점	• 기존 합격 과목 재응시 불가 • 1과목이라도 60점 미만 득점하면 불합격

⬢ 시험 일정

■ 4단계 시험 과목 및 시간표

구분(교시별)	시간	시험 과목명
1교시	09:00~10:40 (100분)	**국어, 국사, 외국어 중 택2 과목** (외국어를 선택할 경우 실용영어, 실용독일어, 실용프랑스어, 실용중국어, 실용일본어 중 택1 과목)
2교시	11:10~12:50 (100분)	**총 11개 학과** (컴퓨터공학, 간호학, 국어국문학, 영어영문학, 심리학, 경영학, 법학, 행정학, 유아교육학, 가정학, 정보통신학 중 택2 전공과목)
중식 12:50~13:40(50분)		
3교시	14:00~15:40 (100분)	**총 11개 학과** (컴퓨터공학, 간호학, 국어국문학, 영어영문학, 심리학, 경영학, 법학, 행정학, 유아교육학, 가정학, 정보통신학 중 택2 전공과목)

※ 시험 일정 및 세부사항은 반드시 독학학위제 홈페이지(bdes.nile.or.kr)를 통해 확인하시기 바랍니다.

독학학위제 출제방향

- 국가평생교육진흥원에서 고시한 과목별 평가영역에 준거하여 출제하되, 특정한 영역이나 분야가 지나치게 중시되거나 경시되지 않도록 한다.

- 독학자들의 취업 비율이 높은 점을 감안하여, 과목의 특성을 반영하는 범주 내에서 학문적이고 이론적인 문항뿐만 아니라 실무적인 문항도 출제한다.

- 단편적 지식의 암기로 풀 수 있는 문항의 출제는 지양하고, 이해력·적용력·분석력 등 폭넓고 고차원적인 능력을 측정하는 문항을 위주로 한다.

- 이설(異說)이 많은 내용의 출제는 지양하고 보편적이고 정설화된 내용에 근거하여 출제하며, 그럴 수 없는 경우에는 해당 학자의 성명이나 학파를 명시한다.

- 교양과정 인정시험(1과정)은 대학 교양교재에서 공통적으로 다루고 있는 기본적이고 핵심적인 내용을 출제하되, 교양과정 범위를 넘는 전문적이거나 지엽적인 내용의 출제는 지양한다.

- 전공기초과정 인정시험(2과정)은 각 전공영역의 학문을 연구하기 위하여 각 학문 계열에서 공통적으로 필요한 지식과 기술을 평가한다.

- 전공심화과정 인정시험(3과정)은 각 전공영역에 관하여 보다 심화된 전문적인 지식과 기술을 평가한다.

- 학위취득 종합시험(4과정)은 시험의 최종 과정으로서 학위를 취득한 자가 일반적으로 갖추어야 할 소양 및 전문지식과 기술을 종합적으로 평가한다.

- 교양과정 인정시험 및 전공기초과정 인정시험의 시험방법은 객관식(4지택1형)으로 한다.

- 전공심화과정 인정시험 및 학위취득 종합시험의 시험방법은 객관식(4지택1형)과 주관식(80자 내외의 서술형)으로 하되, 과목의 특성에 따라 다소 융통성 있게 출제한다.

독학학위제 합격수기 COMMENT

> 저는 학사편입 제도를 이용하기 위해 2~4단계 시험에 순차로 응시했고 한 번에 합격했습니다. 아슬아슬한 점수라서 부끄럽지만 독학사는 자료가 부족해서 부족하나마 후기를 쓰는 것이 도움이 될까 하여 제 합격전략을 정리하여 알려 드립니다.

#1. 교재와 전공서적을 가까이에!

학사학위 취득은 본래 4년을 기본으로 합니다. 독학사는 이를 1년으로 단축하는 것을 목표로 하는 시험이라 실제 시험도 변별력을 높이는 몇 문제를 제외한다면 기본이 되는 중요한 이론 위주로 출제됩니다. 시대에듀의 독학사 시리즈 역시 이에 맞추어 중요한 내용이 일목요연하게 압축·정리되어 있습니다. 빠르게 훑어보기 좋지만 내가 목표로 한 전공에 대해 자세히 알고 싶다면 전공서적과 함께 공부하는 것이 좋습니다. 교재와 전공서적을 함께 보면서 교재에 전공서적 내용을 정리하여 단권화하면 시험이 임박했을 때 교재 한 권으로도 자신 있게 시험을 치를 수 있습니다.

#2. 시간확인은 필수!

쉬운 문제는 금방 넘어가지만 지문이 길거나 어렵고 헷갈리는 문제도 있고, OMR 카드에 마킹까지 해야 하니 실제로 주어진 시간은 더 짧습니다. 앞부분에 어려운 문제가 있다고 해서 시간을 많이 허비하면 쉽게 풀 수 있는 뒷부분 문제들을 놓칠 수 있습니다. 문제 푸는 속도가 느려지면 집중력도 떨어집니다. 그래서 어차피 배점은 같으니 아는 문제를 최대한 많이 맞히는 것을 목표로 했습니다.
① 어려운 문제는 빠르게 넘기면서 문제를 끝까지 다 풀고 ② 확실한 답부터 우선 마킹한 후 ③ 다시 시험지로 돌아가 건너뛴 문제들을 다시 풀었습니다. 확실히 시간을 재고 문제를 많이 풀어봐야 실전에 도움이 되는 것 같습니다.

#3. 문제풀이의 반복!

여느 시험과 마찬가지로 문제는 많이 풀어볼수록 좋습니다. 이론을 공부한 후 예상문제를 풀다보니 부족한 부분이 어딘지 확인할 수 있었고, 공부한 이론이 시험에 어떤 식으로 출제될지 예상할 수 있었습니다. 그렇게 부족한 부분을 보충해가며 문제유형을 파악하면 이론을 복습할 때도 어떤 부분을 중점적으로 암기해야 할지 알 수 있습니다. 이론 공부가 어느 정도 마무리되었을 때 시계를 준비하고 모의고사를 풀었습니다. 실제 시험시간을 생각하면서 예행연습을 하니 시험 당일에는 덜 긴장할 수 있었습니다.

> 학위취득을 위해 오늘도 열심히 학습하시는 수험생 여러분에게도 합격의 영광이 있길 기원하면서 이만 줄입니다.

이 책의 구성과 특징 STRUCTURES

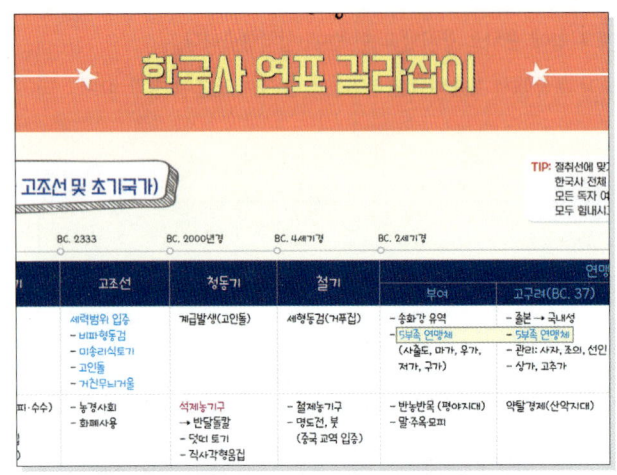

01 한국사 연표 길라잡이

'한국사 연표 길라잡이'를 통해 한국사의 전반적인 흐름을 파악해 보세요.

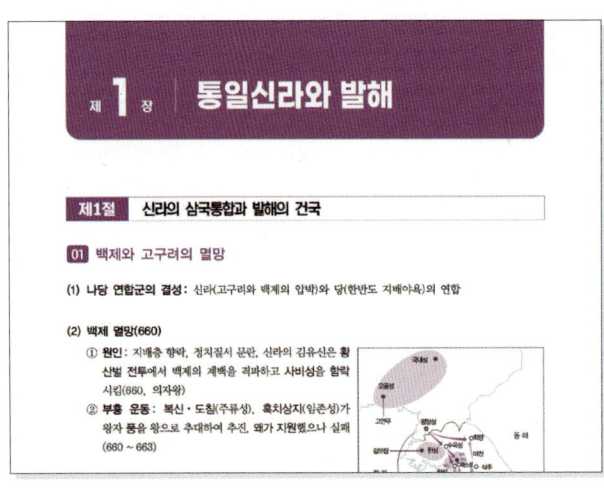

02 핵심이론

평가영역을 기반으로 체계적으로 정리된 '핵심이론'을 통해 실제 출제 가능성이 높은 내용을 정확하게 학습해 보세요.

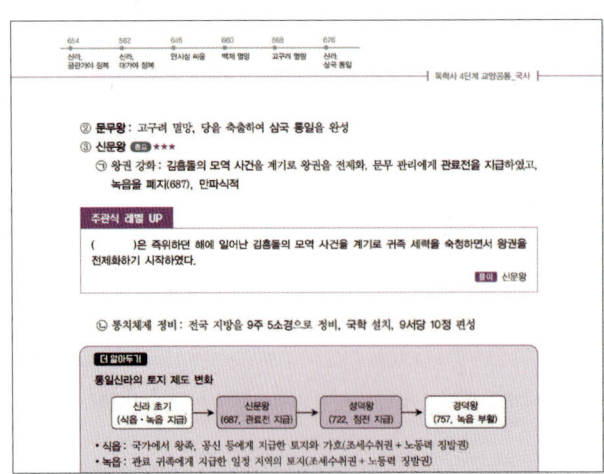

03 주관식 레벨 UP

다양한 문제로 구성된 '주관식 레벨 UP'으로 주관식 문제를 대비해 보세요.

합격의 공식 Formula of pass | 시대에듀 www.sdedu.co.kr

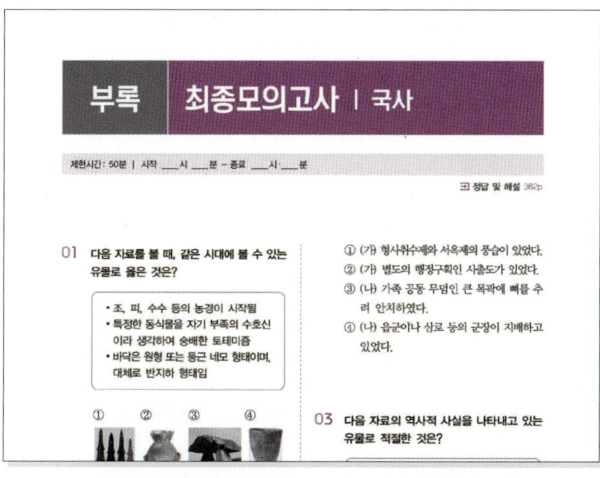

04 실전예상문제

학습한 내용을 바탕으로 '실전예상문제'를 풀어 보면서 문제를 해결하는 능력을 길러 보세요.

05 최종모의고사

'최종모의고사'를 실제 시험처럼 풀어 보면서 실전 감각을 익히고, 실력을 점검해 보세요.

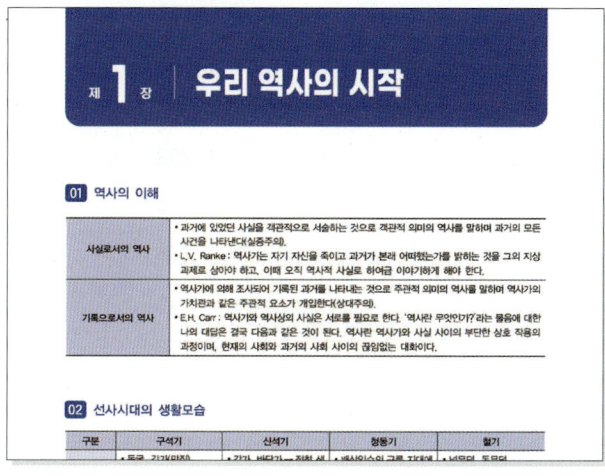

06 핵심요약집

핵심내용을 정리한 '핵심요약집'으로 전반적인 내용을 한눈에 쉽고 빠르게 효율적으로 정리해 보세요.

목차 CONTENTS

PART 1　한국사 연표 길라잡이

PART 2　핵심이론 & 실전예상문제

제1편 원시 고대 사회

제1장 역사의 의미 · 003

제2장 원시 사회와 고조선 · 004

제3장 삼국의 항쟁 · 021

실전예상문제 · 038

제2편 중세 사회

제1장 통일신라와 발해 · 053

제2장 고려 사회의 성립과 발전 · 068

제3장 고려 후기의 사회 변화 · 076

제4장 조선 사회의 성립과 발전 · 103

제5장 조선 전기 사회 변화와 외세 침략 · · · · · · · · · · · · · · · · · 125

제6장 조선 후기 경제 발전과 사회 동향 · · · · · · · · · · · · · · · · · 137

제7장 사회 모순의 심화와 농민 항쟁 · 166

실전예상문제 · 171

제3편 근대 사회

제1장 개항과 근대 변혁 운동 · 203

제2장 대한제국기 열강의 경제 침탈과 개혁 운동 · · · · · · · · 224

제3장 국권 피탈과 국권 회복 운동 · 236

제4장 일제의 무단통치와 3·1 운동 · 248

제5장 일제의 기만적 문화통치와 민족 해방 운동 · · · · · · · · 257

제6장 전시하 일제의 수탈과 항일 무장 투쟁 · · · · · · · · · · · · 275

실전예상문제 · 286

제4편 현대 사회

제1장 해방과 민족의 분단 · 309

제2장 분단 체제의 고착화와 4월 혁명 · 320

제3장 군부 정권과 산업 근대화 · 326

제4장 새로운 국제 질서와 민주주의의 발전 · · · · · · · · · · · · · · · · · · · 330

제5장 북한 사회주의 체제의 형성과 변화 · 336

실전예상문제 · 343

PART 3 최종모의고사

최종모의고사 · 355

정답 및 해설 · 362

PART 4 핵심요약집 (책 속의 책)

제1장 우리 역사의 시작 · 003

제2장 삼국시대 · 007

제3장 남북국시대 · 010

제4장 고려시대 · 013

제5장 조선 전기 · 016

제6장 조선 후기 · 019

제7장 개항기 · 대한제국 · 023

제8장 일제 강점기 · 030

제9장 현대 · 034

제10장 시대 통합 · 037

제11장 지도와 사진으로 본 한국사 · 048

이성으로 비관해도 의지로써 낙관하라!

− 안토니오 그람시 −

제1편

원시 고대 사회

제1장	역사의 의미
제2장	원시 사회와 고조선
제3장	삼국의 항쟁
실전예상문제	

훌륭한 가정만한 학교가 없고, 덕이 있는 부모만한 스승은 없다.

– 마하트마 간디 –

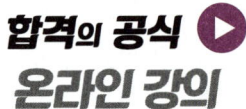 

보다 깊이 있는 학습을 원하는 수험생들을 위한
시대에듀의 동영상 강의가 준비되어 있습니다.
www.sdedu.co.kr → 회원가입(로그인) → 강의 살펴보기

제1장 역사의 의미

제1절 사실로서의 역사와 기록으로서의 역사

01 사실로서의 역사

과거에 있었던 사실을 객관적으로 서술, 객관적 의미의 역사(독 : L.V.Ranke)

02 기록으로서의 역사

역사가의 가치관(기록)과 같은 **주관적 요소 개입, 주관적 의미의 역사**(영 : E.H.Carr) – 역사는 과거와 현재의 끊임없는 대화이다.

제2절 우리 역사의 보편성과 특수성

01 우리 역사의 보편성

국가와 민족을 초월한 인간 고유의 생활 모습과 자유와 평등, 민주와 평화 등 **전 세계 인류의 공통**적인 이상을 추구하는 자세

02 우리 역사의 특수성

두레·계·향도 등 우리만의 문화 형성

제 2장 | 원시 사회와 고조선

제1절 원시 사회의 전개

01 우리민족의 기원 : 만주와 한반도를 중심으로 동북아시아에 분포

(1) **한반도에 인류 출현** : 구석기시대부터 사람들이 거주

(2) **민족의 기틀 형성** : 신석기시대에서 청동기시대를 거치며 형성

02 구석기시대(약 70만 년 전)

(1) **생활** 중요 ★★

① **도구** : 주먹도끼 등의 뗀석기, 동물의 뼈를 이용한 도구, 후기에는 슴베찌르개 사용

[주먹도끼]

[슴베찌르개]

> **주관식 레벨 UP**
> 후기 구석기시대에 사용된 도구로 자루가 달려 있어 창과 비슷한 기능을 가졌던 것이 무엇인지 쓰시오.
> 풀이 슴베찌르개

② **경제** : 뗀석기(주먹도끼, 찍개, 팔매돌, 긁개, 밀개), 뼈도구를 이용한 사냥, 고기잡이, 채집생활
③ **주거** : 동굴이나 바위 그늘, 후기에는 강가의 막집에 일시 거주(담자리, 불땐자리)
④ **예술** : 고래와 물고기 등을 새긴 조각품(단양 수양개, 공주 석장리) → 사냥감의 번성을 기원하는 주술적 의미(신앙은 아님)

> **더 알아두기**
>
> **구석기시대 구분(석기 다듬는 법)** 중요 ★
>
> | 시기 | 내용 | 유적 |
> |---|---|---|
> | 전기 | 한 개의 큰 석기를 여러 가지 용도로 사용 | 평남 상원 검은모루 동굴, 경기 연천 전곡리 |
> | 중기 | 큰 몸돌에서 떼어 낸 돌 조각인 격지들을 가지고 잔손질을 하여 석기 만들어 사용 | 함북 웅기 굴포리, 청원 두루봉 동굴 |
> | 후기 | 쐐기 같은 것을 대고 형태가 같은 여러 개의 돌날격지를 만들어 사용 | 충북 단양 수양개, 충남 공주 석장리 |

(2) **인골 발견(원시적 장례 풍습)** : 덕천 승리산(승리산인), 평양 만달리(만달인), 청원 흥수굴(흥수아이), 평양 역포구역(역포아이)

(3) **중석기**
  ① **시기** : 구석기에서 신석기로 넘어가는 전환기
  ② **도구** : 잔석기(톱·활·창·작살)의 이음 도구를 제작하여 토끼·여우·새 등 작고 날랜 짐승 사냥
  ③ **유적·유물** : 조개더미(패총), 잔석기(활·창) 발견 (통영 상노대도, 웅기 부포리, 평양 만달리)

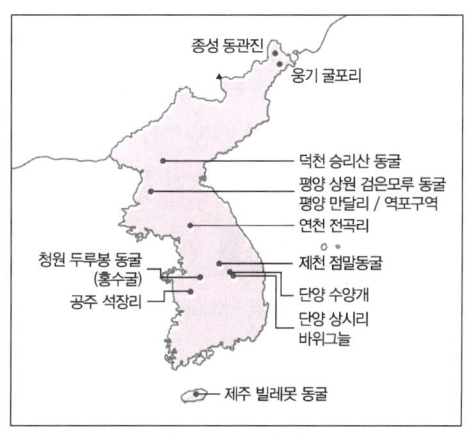

[구석기 유적지]

> **주관식 레벨 UP**
>
> 구석기시대의 매장풍습이 있었음을 증명하는 유적을 나열해 보시오.
>
> 풀이 덕천 승리산, 평양 만달리, 청원 흥수굴, 평양 역포구역

03 신석기시대(B.C. 8,000년 경)

(1) **생활** 중요 ★★
  ① **도구** : 돌을 갈아서 여러 가지 형태와 용도를 가진 간석기 사용

② **농경**: 밭농사 중심의 조, 피, 수수 등 농경 시작(탄화된 좁쌀 발견)

[갈돌과 갈판] [가락바퀴]

> **주관식 레벨 UP**
>
> 신석기시대 사람들은 농경과 목축을 시작하여 식량을 생산하는 경제활동을 전개함으로써 인류의 생활양식은 크게 변하였다. 이를 무엇이라고 하는지 쓰시오.
>
> **풀이** 신석기혁명

③ **사회**: 지도자가 부족을 이끈 폐쇄적 모계사회, 평등 사회
④ **사냥, 고기잡이**: 주로 활이나 창으로 동물 사냥, 그물·작살·돌이나 뼈로 만든 낚시 등(굴·홍합)
⑤ **조개류 식용·장식용으로 사용**
⑥ **원시적 수공업**: 가락바퀴와 뼈바늘을 사용하여 의복과 그물 제작
⑦ **부족 형성**: 혈연을 바탕으로 한 씨족이 기본(족외혼 통해 부족사회로 발전)

> **주관식 레벨 UP**
>
> 신석기시대의 유적지에서 (   )와(과) (   )이(가) 출토되는 것으로 보아 옷이나 그물을 만들었음을 알 수 있다.
>
> **풀이** 가락바퀴, 뼈바늘

(2) **토기** 중요 ★★

① **종류**: 이른민무늬 토기, 덧무늬 토기, 눌러찍기무늬 토기, 빗살무늬 토기
  ㉠ 이른민무늬 토기: 크기가 작고 제작 기술이 거친 가장 오래된 토기
  ㉡ 덧무늬 토기: 토기 몸체에 덧띠를 붙인 토기
  ㉢ 눌러찍기무늬 토기(압인문, 押印文): 눌러서 문양을 낸 토기
  ㉣ 빗살무늬 토기: 나무나 뼈로 만든 빗살 모양의 무늬 새기개로 그릇 바깥 면에 짤막한 줄을 촘촘하게 누르거나 그어서 새겨 만든 토기, 신석기 후기 대표적인 토기

[빗살무늬토기]

[신석기 유적지]

② **유적지(대부분 강가나 바닷가)**: 제주 한경 고산리, 서울 암사동, 김해 수가리, 부산 동삼동 조개더미

(3) **움집** : 반지하, 원형이나 모가 둥근 네모 바닥, 중앙 화덕, 4~5명 정도 거주

중요 ★★

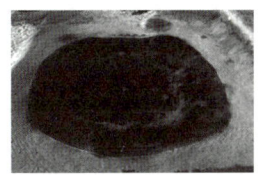
[신석기시대 집터]

(4) **원시신앙** 중요 ★

① 종류
　㉠ 애니미즘 : 그중에서도 **태양과 물**을 으뜸으로 숭배
　㉡ 샤머니즘 : 영혼이나 하늘을 인간과 연결시켜 주는 존재인 **무당**과 그 **주술**을 믿는 신앙
　㉢ 토테미즘 : **곰, 호랑이** 등과 같은 특정한 **동식물**을 자기 부족의 수호신이라 생각하여 숭배하는 신앙도 발전, 토테미즘은 단군신화와 관련이 깊음
　㉣ 기타신앙 : 영혼숭배, 조상숭배
② **원시신앙의 발달** : 애니미즘 + 영혼불멸(부장·순장), 샤머니즘(현재까지 영향)

주관식 레벨 UP

사람이 죽어도 영혼은 없어지지 않는다고 생각하여 영혼숭배와 조상숭배가 나타났고, 영혼이나 하늘을 인간과 연결시켜 주는 존재인 무당과 그 주술을 믿는 (A)도 있었다. 그리고 자기 민족의 기원을 특정한 동식물과 연결시켜 그것을 숭배하는 (B)도 있었다.

풀이 (A) 샤머니즘, (B) 토테미즘

---

(5) **토묘** : 흙을 파고 관 없이 매장(태양 숭배 및 내세 사상)

(6) **예술** : 토우(흙 인형), 동물의 모양을 새긴 조각품, 조개껍데기 가면, 치레걸이, 짐승의 뼈나 이빨로 만든 장신구 등

[조개껍데기가면]

더 알아두기

구석기·신석기시대 비교

구분	구석기	신석기
시대	약 70만 년 전	B.C. 8000년 경
도구	뗀석기(주먹도끼, 찍개, 팔매돌, 긁개, 밀개, 슴베찌르개), 뼈 도구	간석기(돌보습, 돌삽, 돌괭이, 돌낫 등 농기구), 뼈 도구
생활	막집, 이동 생활, 평등 사회(가족 단위의 무리 생활)	움집, 정착 생활, 모계사회, 폐쇄적 사회, 평등 사회(지도자가 사회 주도)

04 청동기·철기시대

(1) 청동기·철기시대 구분

① **청동기시대(B.C. 2000년 경)** 〔중요〕 ★★

문자를 사용하기 시작한 역사 시대의 개막

㉠ 계급 발생 : 생산 경제 발달, 전쟁으로 인한 **사유 재산·계급** 발생(빈부격차)

㉡ 유적 : 중국의 요령성·길림성 지방을 포함하는 만주 지역과 한반도

㉢ 유물 : 집터·고인돌·돌널무덤·돌무지무덤 등지에서 **반달돌칼**, 바퀴날 도끼, 홈자귀, **비파형 동검**, 거친무늬거울, 민무늬토기, 미송리식 토기, 붉은간토기 등이 발견

[민무늬토기]　　[반달돌칼]　　[비파형동검]　　[미송리식 토기]

② **철기시대(B.C. 4세기 경)** 〔중요〕 ★

㉠ **철제 도구 발생** : 철제 농기구 사용, 철제 무기의 발전으로 **정복 전쟁 활발**(청동기 의기화)

주관식 레벨 UP

철기 문화의 보급으로 인한 청동기의 변화를 서술하시오.

〔풀이〕 철제 무기와 철제 연모를 씀에 따라 청동기는 의식용 도구로 변하였다.

㉡ 유물 : 집터·널무덤·독무덤 등에서 세형동검, 잔무늬거울, 거푸집, 덧띠토기, 검은간토기 등도 등이 발견

㉢ 독자적 문화의 형성 : **세형동검**(한국식 동검), 잔무늬거울, **거푸집** 발견

[독무덤]　　[세형동검]　　[명도전]　　[거푸집]

주관식 레벨 UP

철기시대 한반도의 독자적인 문화가 형성되었음을 증명하는 유물을 나열해 보시오.

〔풀이〕 세형동검, 거푸집

약 70만 년 전	B.C. 8,000년경	B.C. 2000년 경	B.C. 4세기 경
구석기 시작	신석기 시작	청동기 시작	철기 시작

ⓒ 중국과 교류 : 화폐사용(**명도전**, 오수전, 반량전), 한자사용(경남 창원 다호리 유적의 **붓**)

더 알아두기

청동기·철기시대 비교

구분	청동기	철기
시대	B.C. 2000년 경	B.C. 4C 경
특징	생산경제 발달, 사유재산·계급발생(빈부격차)	철제 농기구·무기, 정복 전쟁 활발
유물	비파형동검, 거친무늬거울	세형동검·거푸집, 잔무늬거울
	돌널무덤·고인돌, 민무늬·미송리식·붉은간토기	널무덤·독무덤, 민무늬·덧띠·검은간토기
	반달돌칼·바퀴날도끼·홈자귀	철제 농기구
교류	–	명도전, 오수전, 반량전, 붓

주관식 레벨 UP

철기시대에 발견된 명도전의 역사적 의의를 서술해 보자.

풀이 명도전은 중국 춘추전국시대에 연(燕)나라와 제(齊)나라에서 사용한 청동 화폐이고, 철기시대 압록강 유역과 청천강 유역, 대동강 유역 등지에서 다수 출토된 것을 통해 중국과 교류한 사실을 증명할 수 있다.

(2) 청동기·철기시대의 생활 중요 ★★

① 경제

㉠ 농경 발전 : 돌도끼나 홈자귀, 괭이, 나무로 만든 농기구로 곡식을 심고 가을에 **반달돌칼**로 추수

주관식 레벨 UP

청동기시대에 곡식의 이삭을 자르는 것에 사용한 농기구는 무엇인가?

풀이 반달돌칼

㉡ 밭농사 중심 : 조·**보리·콩**·수수 등 재배, 일부 저습지에서 **벼농사** 시작
㉢ 가축 사육의 증가 : 수렵·어로 비중이 감소하고 돼지·소·말 등의 가축 사육 증가

② **움집의 변화**
  ㉠ 배산임수(산간, 구릉 위치), 대체로 **직사각형 움집의 지상 가옥**으로 발전, 주춧돌 사용
  ㉡ 화덕은 벽 쪽으로 이동, 저장 구덩이도 따로 설치하거나 한쪽 벽면을 밖으로 돌출시켜 만듦
  ㉢ 점차 집단 취락 형태로 변화(4 ~ 8명 정도 거주)
③ **사회**
  ㉠ 계급의 발생 : 생산력의 증가 → 잉여 생산물 축적 → 사유재산・계급 발생, 족장(군장)의 등장
  ㉡ **고인돌** : 당시 지배층의 정치 권력과 경제력을 반영(강화, 고창, 화순)
  ㉢ 남녀 역할분화 : 사회가 복잡화・조직화
  ㉣ **선민사상**, 제정일치, 거석 숭배(선돌, 신성지역이나 부족 경제 표시)

[청동기시대 집터]

[고인돌]

주관식 레벨 UP

청동기시대 계급이 발생했음을 증명하는 대표적인 유물이나 유적을 논하시오.

풀이 고인돌의 제작

④ **예술** : 청동제 도구의 모양이나 장식, 토우, 울주 반구대 바위(고래, 사냥과 고기잡이), 고령 양전동 바위(동심원, 풍요로운 생산기원), 농경무늬 청동기
⑤ **방어시설** : 목책, 환호

[울주 반구대 바위그림]

[고령 양전동 알터바위]
(장기리 암각화)

[농경문 청동기]

B.C. 2,333	B.C. 4세기	B.C. 3세기	B.C. 194	B.C. 108
단군조선 건국	연과 대립	부왕·준왕	위만조선	고조선 멸망

제2절 고조선과 단군신화

01 단군과 고조선

(1) 고조선
  ① **건국** : B.C. 2333년에 단군왕검이 건국(삼국유사), 우리 민족 최초의 국가
  ② **수록 문헌** : 삼국유사(일연), 제왕운기(이승휴), 응제시주(권람), 세종실록지리지(실록청), 동국여지승람(노사신)

> **더 알아두기**
>
> 기타 학자들의 단군 인식
>
> | 구분 | 내용 |
> |---|---|
> | 이종휘 | 동사(한국사를 중국과 대등한 입장에서 서술) |
> | 이긍익 | 연려실기술(단군조선의 강대함을 표현, 자주적 서술) |

  ③ **세력범위** : 요령 지방에서 한반도 대동강 유역까지 발전, 비파형동검 및 고인돌 출토 지역과 일치

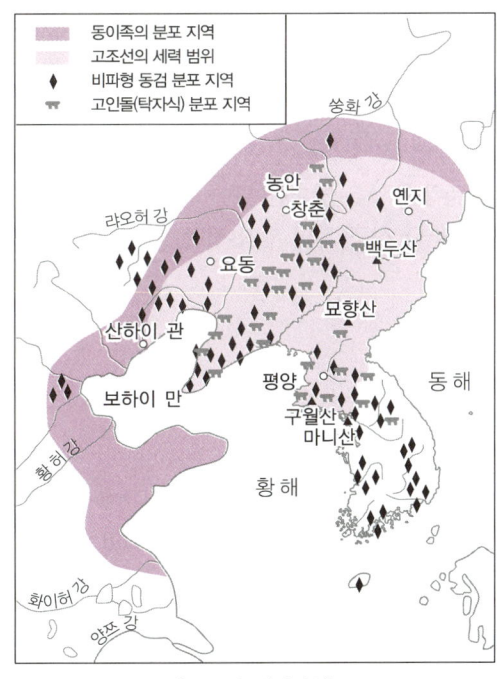

[고조선 세력범위]

> **더 알아두기**
>
> **단군 이야기**
> ① 옛날 환인의 아들 환웅이 천부인 3개와 3,000의 무리를 이끌고 ② 태백산 신단수 밑에 내려왔는데 이곳을 신시라 하였다. 그는 ③ 풍백, 우사, 운사로 하여금 인간의 360여 가지의 일을 주관하게 하였는데 그 중에서 곡식, 생명, 질병, 형벌, 선악 등 다섯 가지 일이 가장 중요한 것이었다. 이로써 인간 세상을 교화시키고 ④ 인간을 널리 이롭게 하였다. 이때 ⑤ 곰과 호랑이가 사람이 되기를 원하므로 환웅은 쑥과 마늘을 주고 이것을 먹으면서 100일 간 햇빛을 보지 않는다며 사람이 될 것이라고 하였다. 곰은 금기를 지켜 21일 만에 여자로 태어났고 환웅과 혼인하여 아들을 낳았다. 이가 곧 ⑥ 단군왕검이었다.
>
> 『삼국유사』
>
> [내용]
> ① 선민사상, 천신사상   ② 구릉지 거주
> ③ 농경 사회, 계급분화   ④ 홍익인간(弘益人間)
> ⑤ 부족 연합국가, 토테미즘   ⑥ 제정일치(祭政一致)

주관식 레벨 UP

고조선의 세력 범위를 확인할 수 있는 유물을 나열해 보시오.

풀이 비파형 동검, 고인돌, 미송리식 토기, 거친무늬 거울 등

(2) **단군조선의 발전** 중요 ★

① **기원전 4세기경** : 요서 지방을 경계로 하여 연과 대립할 만큼 강성
② **기원전 3세기경** : 부왕, 준왕과 같은 강력한 왕이 등장하여 왕위를 세습
③ **정치체제** : 왕 밑에 상·대부·장군 등의 관직이 존재

02 고조선 사회와 지배 체제

(1) **고조선의 8조법**

① **8조법** : 고조선의 사회상을 알려주는 것으로 8조의 법이 있었고, 그 중 3개조의 내용만 전함

B.C. 2,333	B.C. 4세기	B.C. 3세기	B.C. 194	B.C. 108
단군조선 건국	연과 대립	부왕·준왕	위만조선	고조선 멸망

> **더 알아두기**
>
> … (고조선에서는) 백성들에게 금하는 법 8조를 만들었다. 그것은 대개 사람을 죽인 자는 즉시 죽이고, 남에게 상처를 입힌 자는 곡식으로 갚는다. 도둑질을 한 자는 노비로 삼는다. 용서받고자 하는 자는 한 사람마다 50만 전을 내야 한다. 비록 용서를 받아 보통 백성이 되어도 풍속에 역시 그들은 부끄러움을 씻지 못하여 결혼을 하고자 해도 짝을 구할 수 없다. 이러해서 백성들은 도둑질을 하지 않아 대문을 닫고 사는 일이 없었다. 여자들은 모두 정조를 지키고 신용이 있어 음란하고 편벽된 짓을 하지 않았다. 농민들은 대나무 그릇에 음식을 먹고, 도시에서는 관리나 장사꾼들을 본받아서 술잔 같은 그릇에 음식을 먹는다.
>
> 『한서』

② 내용
  ㉠ 노동력 중시 : 살인한 자는 사형에 처하는 것으로 보아 **생명(노동력)을 중시했음**
  ㉡ 농업사회 및 사유재산의 성립 : 상해를 입힌 자는 곡식으로 배상하는 것을 통해 당시 사회가 농업 중심이었으며, **사유재산 사회**였음을 파악할 수 있음
  ㉢ 계급사회·노비발생 : 절도한 자는 노비로 삼는 것을 통해 노비의 신분이 있었음을 추론할 수 있고, 용서를 구하기 위해 50만 전을 내야 하는 것을 통해 당시 **화폐가 사용**되었음을 알 수 있음
  ㉣ 가부장적 가족제도 확립 : 여성들만 정절을 중시하는 것을 통해 **가부장적 사회**임을 알 수 있음

> **주관식 레벨 UP**
>
> 고조선의 8조법을 통해 파악할 수 있는 고조선 사회의 특징은 어떠한 것들이 있는가?
>
> **풀이** 노동력 중시, 농업사회, 사유재산 존재, 계급사회, 화폐사용, 가부장적 사회

03 한의 침략과 고조선의 멸망

(1) 위만 조선 중요 ★★

① 성립 : 중국 전국 시대 이후 혼란기에 연(燕)나라로부터 군사 1,000여 명과 함께 위만이 고조선으로 입국, 준왕의 신임을 얻어 고조선 서쪽 변경을 수비, 후에 **준왕을 몰아내고 왕이 됨**(B.C. 194)

> **더 알아두기**
>
> **위만 조선의 의미**
> 위만은 고조선으로 들어올 때에 상투를 틀고 조선인의 옷을 입고 있었다. 그리고 왕이 된 뒤에도 나라 이름을 그대로 조선이라 하였고, 그의 정권에는 토착민 출신으로 높은 지위에 오른 자가 많았다. 따라서 위만의 고조선은 단군의 고조선을 계승한 것으로 볼 수 있다.

② **사회** : 철기 문화의 본격적 수용, 중앙 정치 조직 정비, 활발한 정복 사업, 수공업 융성, 상업발달
③ **중계 무역으로 경제적 이득 독점** : 동방의 예, 남방의 진과 중국의 한 사이의 직접교역 차단(경제적·군사적 발전을 기반으로 한과 대립)

(2) **고조선의 멸망**
① **한나라의 침입** : 한 무제의 공격과 지배층의 내분으로 왕검성 함락(B.C. 108) → 한 군현 설치(4C 미천왕 때 소멸)
② **탄압** : 한나라는 한 군현 설치 이후 고조선 유민들의 탄압을 위해 8개의 법 조항을 60여 개로 증가

제3절 여러 나라의 성장(연맹국가)

01 부여

(1) **건국** : 만주 길림시 일대를 중심으로 한 송화강 유역의 평야 지대에서 건국(B.C. 2세기경)

(2) **부여의 발전**
① 1세기 초 왕호 사용, 중국과 외교 관계 체결
② 3세기 말 **선비족의 침입**으로 세력이 크게 쇠퇴, 4세기 말에는 연의 침입
③ 494년 문자왕에 의하여 고구려에 편입

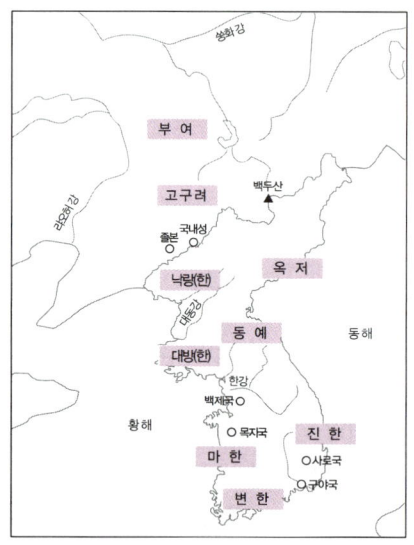

[여러 나라의 성장]

> **더 알아두기**
>
> 부여에는 구릉과 넓은 못이 많아서 동이 지역 가운데서 가장 넓고 평탄한 곳이다. 토질은 오곡을 가꾸기에는 알맞지만 과일은 생산되지 않았다. 사람들 체격이 매우 크고 성품이 강직 용맹하며 근엄하고 후덕하여 다른 나라를 노략질하지 않았다.
>
> 『삼국지 위서 동이전』

B.C. 4세기 　 B.C. 2세기 　 B.C. 194 　 B.C. 108 　 B.C. 37
철기 보급 　 부여 건국 　 위만조선 　 고조선 멸망 　 고구려 건국

> **주관식 레벨 UP**
> 부여의 사회 풍속은 어떠한 것들이 있는가?
> **풀이** 순장, 우제점법, 형사취수, 영고, 1책 12법, 연좌제 등

(3) 정치
① **5부족 연맹체**: 왕 아래에 가축의 이름을 딴 마가·우가·저가·구가를 두었고, 각 가(加)들은 저마다의 행정 구역인 **사출도**를 지배
② **왕의 권한**: 흉년이 들거나, 재해가 들면 그 책임을 왕에게 묻는 등 **왕권은 미약**했으나, 왕이 나온 부족의 세력은 매우 강하여 궁궐, 성책, 감옥, 창고 등의 시설 보유

> **주관식 레벨 UP**
> 부여에는 왕 아래 가축 이름을 딴 마가, 우가, 저가, 구가 등이 다스리는 행정구역의 이름을 작성하시오.
> **풀이** 사출도

(4) 경제: 반농반목, 특산물(말·주옥·모피)

(5) 사회 풍속 중요 ★★
① **순장·후장**: 지배계급이 죽었을 때 부인이나 신하·노비 등을 함께 묻었던 순장과 후하게 치른 후장 등의 장례 풍습이 존재
② **우제점법**: 전쟁이 일어났을 때는 제천 의식을 행하고, 소를 죽여 그 굽으로 길흉의 점을 쳤음
③ **형사취수제**: 노동력의 확보를 목적으로 형이 죽으면 동생이 형수를 부인으로 맞이함
④ **영고**: 수렵사회의 전통을 보여주는 영고라는 제천행사를 12월에 지냈음

(6) 4조목의 법: 살인자는 사형에 처하고 그 가족은 노비로 삼음(연좌제), 절도범은 물건값의 12배를 배상(1책 12법), 간음한 자와 투기가 심한 부인은 사형

02 고구려

(1) 건국: 부여 계통의 이주민인 주몽이 동가강 유역의 **졸본(환인)** 지방에 건국(B.C. 37)

(2) 정치
① **5부족 연맹체** : 왕 밑의 상가·고추가 등 대가(독립족장)들이 **사자·조의·선인** 등 관리를 거느림
② **옥저 정복** : 유리왕의 국내성 천도(A.D. 3), 옥저를 정복하여 소금과 어물 등의 공납

(3) 경제 : 대부분 산악지대, 식량 부족 때문에 약탈 경제 발달, 특산물 맥궁

> **더 알아두기**
>
> 고구려에는 큰 산과 깊은 골짜기가 많고 평원과 연못이 없어서 계곡을 따라 살며 골짜기 물을 식수로 마셨다. 좋은 밭이 없어서 힘들여 일구어도 배를 채우기는 부족하였다. 사람들의 성품은 흉악하고 급해서 노략질하기를 좋아하였다.
>
> 『삼국지 위서 동이전』

(4) 사회 풍속 ★★
① **엄격한 법률** : 중대한 범죄자는 제가회의를 통하여 사형에 처하고 그 가족을 노비로 삼기도 하였고 도둑질한 자는 12배로 배상(1책 12법)
② **서옥제** : 일종의 데릴사위제인 혼인 풍속인 서옥제 존속

> **더 알아두기**
>
> 혼인하는 풍속을 보면, 구두로 약속이 정해지면 신부 집에서 큰 본체 뒤에 작은 별채를 짓는데 이를 서옥이라 한다. 해가 저물 무렵 신랑이 신부 집 문 밖에 와서 이름을 밝히고 꿇어앉아 절하며 안에 들어가서 신부와 잘 수 있도록 요청한다. 이렇게 두세 번 청하면 신부의 부모가 별채에 들어가 자도록 허락한다. …… 자식을 낳아 장성하면 신부를 데리고 자기 집으로 간다.
>
> 『삼국지 위서 동이전』

> **주관식 레벨 UP**
>
> 다음과 같은 고구려의 혼인풍속을 무엇이라 부르는가?
>
> 혼인을 청한 뒤 신부 집 뒤에 조그만 집을 짓고, 거기서 자식을 낳아 장성하면 아내를 데리고 신랑 집으로 돌아가는 제도이다.
>
> **풀이** 서옥제

③ **조상신** : 조상신으로 건국 시조인 주몽과 그 어머니인 유화부인을 제사
④ **제천행사** : 10월에는 추수감사제인 **동맹**이라는 제천행사를 치르고, 왕과 신하들이 **국동대혈**(중국 길림성 집안지방)에 모여 함께 제사 지냄

B.C. 4세기	B.C. 2세기	B.C. 194	B.C. 108	B.C. 37
철기 보급	부여 건국	위만조선	고조선 멸망	고구려 건국

> **주관식 레벨 UP**
> 부여와 고구려의 제천행사 이름을 쓰시오.
>
> **풀이** 부여 – 영고, 고구려 – 동맹

03 옥저

(1) 정치
① **발전**: 함경남도 해안지대에서 두만강 유역 일대에 걸쳐 위치, 고구려의 압박으로 발전 미비
② **군장국가**: 각각의 읍락은 읍군이나 삼로 등 군장이 지배

(2) 옥저의 사회 중요 ★★
① **옥저의 경제생활**: 어물과 소금 등 해산물 풍부, 토지 비옥으로 농경 발달, 고구려에 공납
② **옥저의 풍습**
  ㉠ 가족공동묘(골장제, 세골장): 가족이 죽으면 가매장한 후, 나중에 뼈를 추려 커다란 목곽에 매장하는 장례 풍습
  ㉡ 민며느리제(예부제): 남녀가 혼인할 것을 약속하고, 여자가 어렸을 때 남자 집에 가서 성장한 후, 남자가 여자 집에 예물을 치르고 혼인하는 풍습

> **주관식 레벨 UP**
> 옥저의 가족공동묘에 대하여 서술해 보시오.
>
> **풀이** 옥저의 가족공동묘는 가족이 죽으면 가매장한 후 나중에 뼈를 추려 커다란 목곽에 매장하였던 장례 풍습으로 목곽 입구에는 죽은 자의 양식으로 쌀을 담은 항아리를 매달아 놓기도 하였다.

04 동예

(1) 정치
① **발전**: 함경도 및 강원도 북부의 동해안 지방에 위치
② **군장국가**: 각각의 읍락은 읍군이나 삼로 등 군장이 지배

(2) 동예의 사회 중요 ★★

① 동예의 경제생활
- ㉠ 경제 : 어물과 소금 등의 해산물 풍부, 토지 비옥으로 농경 발달, 방직 기술 발달
- ㉡ 특산품 : 짧은 활인 단궁, 작은 말인 과하마, 바다표범의 가죽인 반어피

> **주관식 레벨 UP**
>
> 동예만의 특산물 세 가지를 나열해 보자.
>
> 풀이 단궁, 과하마, 반어피

② 동예의 풍습
- ㉠ 제천행사 : 매년 10월에는 무천이라는 제천행사를 지냄
- ㉡ 책화 : 각 부족의 영역을 침범하지 못하게 하는 제도인 책화가 존재하였고 다른 부족이 침범하게 되면 노비 또는 소나 말로 변상함
- ㉢ 엄격한 족외혼 존재

③ 동예의 집터 : 철(凸)자와 여(呂)자 바닥 형태의 가옥에서 생활

[철자형과 여자형 집터(동예)]

> **더 알아두기**
>
> **옥저와 동예의 비교**
>
> | 구분 | 옥저 | 동예 |
> |---|---|---|
> | 위치 | 함경도 | 강원도 북부의 동해안 지방 |
> | 경제 | • 토지비옥(농경발달)
• 어물, 소금 등 해산물 풍부
→ 고구려에 공납 | • 토지비옥, 해산물 풍부, 방직기술 발달
• 특산물(단궁, 과하마, 반어피) |
> | 사회 | 민며느리제, 가족공동묘(골장제) | 무천(10월), 족외혼, 책화 |
> | 정치 | 읍군·삼로 등 군장의 지배, 통합된 큰 정치세력은 형성하지 못함 ||
>
> 옥저는 큰 나라 사이에서 시달리고 괴롭힘을 당하다가 마침내 고구려에게 복속되었다. … 동예는 대 군장이 없고 한 대 이후로 후, 읍군, 삼로 등의 관직이 있어서 하호를 통치하였다. 동예의 풍속은 산천을 중요시하여 산과 내마다 구분이 있어 함부로 들어가지 않는다.
>
> 『삼국지 위서 동이전』

B.C. 4세기	B.C. 2세기	B.C. 194	B.C. 108	B.C. 37
철기 보급	부여 건국	위만조선	고조선 멸망	고구려 건국

05 삼한

(1) 삼한의 형성

① **철기의 수용**: 한반도의 남쪽 지역의 진(辰)은 철기 문화가 발전하였고, 마한, 변한, 진한들의 연맹체 국가들이 나타나기 시작, 마한이 삼한 전체의 주도 세력으로 발전

② **마한의 발전**: 경기, 충청, 전라도 지방에서 54개의 소국 연맹체 발전, 이후 **백제**로 발전함

> **더 알아두기**
>
> **마한의 토실**
> 마한의 토실은 마한 사람들의 거주 시설로 무덤과 같은 모양으로 지었다. 가족이 그 안에 함께 거주하여 장유(長幼)나 남녀의 구별이 없었다.
>
> "(마한은) 토실을 만드는데, 마치 무덤의 모양과 같다. 출입문을 위쪽으로 향하게 하여 만든다."
> 『후한서 동이 열전』

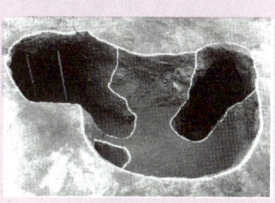

[토실(마한)]

③ **진한과 변한의 발전**
㉠ 진한: 대구, 경주 지역을 중심으로 12개의 소국 연맹체로 발전, 이후 **신라**로 발전함
㉡ 변한: 김해, 마산 지역을 중심으로 12개의 소국 연맹체로 발전, 이후 **가야연맹** 왕국으로 발전함

(2) 통치체제 및 사회 중요 ★★

① **정치체제**: 삼한의 정치 지배자는 큰 지역을 다스렸던 대족장으로 **신지**와 **견지**가 있었고, 작은 지역을 다스렸던 소족장으로 **읍차**와 **부례**가 지배

② **제정 분리 사회**: 삼한은 제정이 분리된 사회로 제사장인 **천군**이 군장 세력이 미치지 못하는 신성지역인 **소도**를 지배

③ **삼한의 생활**: 초가지붕의 반움집이나 귀틀집에서 생활, 공동체 단체인 **두레** 조직

> **주관식 레벨 UP**
>
> 삼한이 제정 분리 사회였음은 무엇으로 확인할 수 있는가?
>
> **풀이** 제사장인 천군이 군장세력이 미치지 못하는 신성지역인 소도를 지배하였다.

(3) 삼한의 경제 활동 중요 ★★

① **농경사회** : 철기를 바탕으로 하는 **벼농사** 중심의 농경사회, 저수지의 축조
② **철의 생산** : 변한에서는 철이 많이 생산되어 낙랑이나 왜에 수출, 무역에서 철은 화폐처럼 사용
③ **삼한의 풍습** : 해마다 씨를 뿌리고 난 5월 수릿날과 추수 시기인 10월에 계절제(**상달제**)를 열어 하늘에 제사

> **더 알아두기**
>
> 삼한에는 5월에 파종하고 난 후 제사를 올린다. 이때 사람들이 모여 노래하고 춤추고 밤낮을 쉬지 않고 놀았다. 10월에 농사가 끝나면 이와 같이 제사를 지내고 즐긴다.
>
> 『삼국지 위서 동이전』

제 3 장 | 삼국의 항쟁

제1절 삼국의 성립과 발전

01 세계의 고대사

(1) **중국**: 진(최초의 통일 국가) → 한(중국 문화의 기틀) → 삼국시대, 5호 16국 시대, 남북조 시대 → 수 → 당
(2) **그리스**: 민주정치, 인간 중심의 문화(그리스 문화 + 오리엔트 문화 = 헬레니즘 문화)
(3) **로마**: 현실적, 실용적 문화 발전(로마법, 건축), 크리스트교 성장

02 고대 국가의 형성 과정

소국 → 연맹왕국 → 중앙 집권 고대 국가(왕위세습, 율령반포, 불교수용, 영토확장)

> **주관식 레벨 UP**
> 연맹국가에서 고대국가로 발전하는 과정에서 나타난 특징을 서술하시오.
> **풀이** 왕위세습, 율령반포, 불교수용, 영토확장

03 고구려의 성립과 발전

(1) **성립(B.C. 37)**: 부여의 유이민 세력 + 압록강 유역의 토착민 집단

(2) **국내성 시대** 중요 ★★

> **더 알아두기**
>
> 고구려의 시대 구분
>
> | 구분 | 고구려 왕 |
> |---|---|
> | 졸본성 시대 | 1C 동명성왕(B.C. 37) ~ 1C 유리왕(3) |
> | 국내성 시대 | 1C 유리왕(3) ~ 5C 장수왕(427) |
> | 평양성 시대 | 5C 장수왕(427) ~ 7C 보장왕(668) |

① **태조왕(53~146)** : 활발한 정복 활동, 계루부 고씨의 왕위 독점 세습, 옥저복속(56)
② **고국천왕(179~197)** : 행정적 성격의 5부로 개편, 왕위 부자 상속, 진대법 실시(을파소)

> **주관식 레벨 UP**
>
> 고구려 고국천왕이 실시한 빈민 구제 제도는 무엇인가?
>
> 풀이 진대법

③ **동천왕(227~248)** : 오와 통교, 서안평 공격, 중국 위나라의 침입을 받아 요하강 동쪽으로 세력이 위축
④ **미천왕(300~331)** : 서안평 점령(311), 낙랑군(313)과 대방군(314) 축출, 요동 진출
⑤ **고국원왕(331~371)** : 전진과 외교수립(370), 백제의 침략, 평양성 전투 중 전사
⑥ **소수림왕(371~384)** : 불교 공인(372), 태학 설립(372), 율령 반포(373)
⑦ **광개토대왕(391~413)** 중요 ★★★
요동 및 만주지역의 대규모 정복사업 단행, 신라에 침입한 왜 격퇴(광개토대왕릉비), 영락이라는 연호 사용

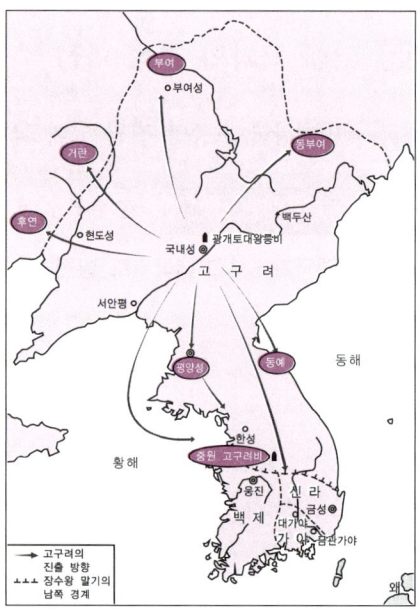

[고구려의 전성기]

B.C. 37	311	372	400	427	494
주몽, 고구려 건국	서안평 점령 (미천왕)	불교 수용 (소수림왕)	왜구 격퇴 (광개토대왕)	평양 천도 (장수왕)	부여 복속 (문자왕)

> **더 알아두기**
>
> **고구려의 왜 격퇴(광개토대왕릉 비문)**
> (영락) 9년 기해에 백제가 서약을 어기고 왜와 화통하므로, 왕은 평양으로 순수해 내려갔다. 신라가 사신을 보내 왕에게 말하기를, "왜인이 그 국경에 가득차 성을 부수었으니, 노객은 백성된 자로서 왕에게 귀의하여 분부를 청한다."고 하였다. …… 10년 경자에 보병과 기병 5만을 보내, 신라를 구원하게 하였다.
>
> ※ 임나일본부설: "왜가 신묘년에 바다를 건너와 백제, 가야, 신라를 격파하고 신민으로 삼았다."

(3) 평양성 시대

① **장수왕(413~491)** 중요 ★★★
중국 남북조와 각각 교류, 평양으로 수도를 천도(427)하여 남진 정책을 추진, 한강 장악(중원고구려비), 지방에 경당 건립

> **주관식 레벨 UP**
> 고구려 장수왕이 한강 유역을 장악하였음을 증명하는 유물·유적은 무엇인가?
> 풀이 중원고구려비

② **문자왕(491~519)**: 부여를 복속(494)하고, 고구려의 최대 영토를 확보
③ **영양왕(590~618)**: 요서 선제공격, 수의 침입(612, 살수 대첩)
④ **영류왕(618~642)**: 천리장성 축조
⑤ **보장왕(642~668)**: 당의 침입(645, 안시성 전투)

04 백제의 성립과 발전

(1) 한성 시대

① **성립(B.C. 18, 온조)**: 한강유역의 토착 세력 + 고구려 계통의 유이민 세력

> **더 알아두기**
>
> **백제의 시대 구분**
>
> | 위례성(한성) 시대 | | | | | 웅진성 시대 | | | 사비성 시대 |
> |---|---|---|---|---|---|---|---|---|
> | 고이왕 | 근초고왕 | 침류왕 | 비유왕 | 개로왕 | 문주왕 | 동성왕 | 무령왕 | 성왕 |
> | 3C | 4C | | | | 5C | | | 6C |

② **고이왕(234 ~ 286)** : 한강유역 완전 장악, 율령 반포, 6좌평 16관등의 관제정비, 관복제 도입
③ **근초고왕(346 ~ 375)** 중요 ★★★
마한 완전 정복(369), 요서・산둥・규슈 진출(왜의 왕에게 칠지도 하사), 고구려와 대결, 왕위 부자 상속, 서기 편찬(고흥)

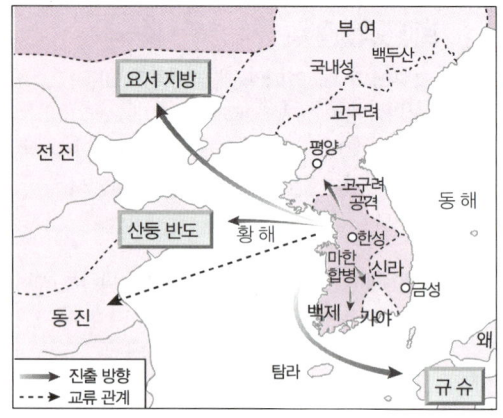

[백제의 전성기]

> **더 알아두기**
>
> 백제국은 본래 고려(고구려)와 함께 요동의 동쪽 1,000여 리에 있었다. 그 후 고려가 요동을 차지하니 백제는 요서를 차지하였다. 백제가 통치한 곳을 진평군(진평현)이라 한다.
>
> 『송서』
>
> 그 나라(백제)는 본래 고구려와 함께 요동의 동쪽에 있었다. 진(晉)대에 고구려가 이미 요동을 차지하니 백제 역시 요서・진평의 두 군의 땅을 차지하여 스스로 백제군을 두었다.
>
> 『양서』

④ **침류왕(384 ~ 385)** : 불교 수용(중앙 집권의 사상적 바탕)
⑤ **비유왕(427 ~ 455)** : 신라의 눌지왕과 동맹을 체결(433, 나제동맹)하여 고구려에 대항

> **주관식 레벨 UP**
>
> 고구려 장수왕이 평양으로 천도한 이후 백제 비유왕은 433년에 신라의 (   )과 나제동맹을 체결하였다.
>
> 풀이 눌지 마립간(왕)

⑥ **개로왕(455 ~ 475)** : 고구려 장수왕의 공격으로 개로왕이 전사하고 한성이 함락(475)

> **더 알아두기**
>
> **나제동맹의 성립과 결렬**
>
> | 구분 | 성립(433) | 강화(493) [결혼동맹] | 결렬(553) [진흥왕의 백제공격] |
> | --- | --- | --- | --- |
> | 신라 | 눌지왕 | 소지왕 | 진흥왕 |
> | 백제 | 비유왕 | 동성왕 | 성왕 |

B.C. 18	371	475	512	538	554
백제 건국 (온조)	고구려 평양성 공격(근초고왕)	웅진 천도 (문주왕)	양과 교류 (무령왕)	사비 천도 (성왕)	관산성 전투 사망 (성왕)

(2) 웅진성 시대 중요 ★

① **문주왕**(475 ~ 477) : 고구려 남진 정책으로 **웅진(공주) 천도**(475), 대외 팽창 위축, 무역 침체, 왕권 약화
② **동성왕**(479 ~ 501) : 신라의 소지왕과 결혼동맹을 맺어 나제동맹 강화(493), 탐라 복속(498)
③ **무령왕**(501 ~ 523) : 지방에 22담로를 설치하고 왕족을 파견하여 지방통제를 강화, 중국 양나라와 교류

> **주관식 레벨 UP**
> 백제 무령왕의 왕권 강화 정책을 아는 대로 서술하시오.
> 풀이 중국 양나라와 교류, 지방에 22담로를 설치하고 왕족을 파견함

(3) 사비성 시대

① **성왕**(523 ~ 554) 중요 ★★★

사비(부여) 천도, 남부여 개칭(538), 5부(수도)와 5방(지방)의 행정구역 정비, 22부의 실무관청 설치, 중국 남조와 교류, 일본에 불교 전파(노리사치계), 고구려 공격(551, 한강 유역 일시 수복), 나제동맹 결렬(554, 관산성 전투에서 전사)

> **주관식 레벨 UP**
> 백제 성왕은 대외진출이 쉬운 사비로 도읍을 옮기고 국호를 (　　　)로 고치면서 중흥을 꾀하였다.
> 풀이 남부여

② **무왕**(600 ~ 641) : 미륵사 건립, 익산 천도 추진
③ **의자왕**(641 ~ 660) : 대야성 공격, 백제 멸망(660)

05 신라의 성립과 발전

(1) **성립**(B.C. 57) : 경주의 토착 세력 + 유이민 집단 → 박, 석, 김 씨가 교대로 왕위 차지

(2) **4세기 내물왕**(356 ~ 402) 중요 ★★

① **중앙집권화** : 김씨가 왕위 독점, 이사금에서 마립간으로 변경

> **주관식 레벨 UP**
> 신라 초기 왕호의 변천 과정을 서술하시오.
> 풀이 거서간 → 차차웅 → 이사금 → 마립간 → 왕

② **왜구 격퇴** : 4세기 말 신라에 나타나던 왜구를 격퇴하기 위하여 고구려의 광개토대왕에게 구원병을 요청하여 격퇴(광개토대왕릉비)
③ **고구려와 교류** : 왜구 격퇴로 인하여 고구려군이 신라 영토 내에 주둔(호우명 그릇), 고구려의 내정 간섭, 신라는 고구려를 통하여 간접적으로 중국의 문물을 수용·발전

> **더 알아두기**
>
>   경주의 호우총에서 발굴된 것으로서 그릇 바닥에 "廣開土地好太王"이라는 글씨가 새겨져 있어 당시 신라와 고구려의 관계를 보여준다.
>
> [호우명 그릇]

(3) 5세기 중요 ★

① **눌지왕(417~458)** : 왕위 부자상속, 백제의 비유왕과 동맹 체결(433, 나제동맹)
② **소지왕(479~500)** : 행정적 성격인 6부 체제로 개편, 백제 동성왕과 결혼동맹(493)

> **더 알아두기**
>
> - 소지마립간 16년 7월에 고구려군이 견아성을 포위하였는데, 백제왕 모대가 군사를 보내 고구려군의 포위를 풀게 하였다.
> - 소지마립간 17년 8월에 고구려가 백제 치양성을 포위하였다. 백제가 구원을 청하자, 왕이 장군 덕지를 보내 구원하게 하니, 고구려 군대가 무너져 달아났다.
>
> 『삼국사기』

(4) 6세기 중요 ★★

① **지증왕(500~514)**
  ㉠ **관제 개편** : 국호를 사로국에서 신라로 바꾸고, 왕의 칭호도 마립간에서 왕으로 개칭
  ㉡ **경제 발전** : 순장 금지(502), 우경 실시, 동시전(시장 감독관청) 설치
  ㉢ **대외정책** : 이사부를 보내 우산국(울릉도)을 복속(512)

> **주관식 레벨 UP**
>
> 삼국사기의 기록에 의하면 지증왕은 이사부를 보내 (　　　)을 복속시켰다.
>
> 풀이 우산국(울릉도)

B.C. 57	400	433	520	555	562
신라 건국 (박혁거세)	광개토대왕의 도움으로 왜구 격퇴(내물왕)	나·제 동맹 체결 (눌지왕)	율령 반포 (법흥왕)	한강 하류 차지 (진흥왕)	대가야 평정 (진흥왕)

② **법흥왕(514~540)**
  ㉠ 국가의 정비 : 병부를 설치하여 군사권을 장악하였고 **율령**을 반포, 백관의 **공복 제정**
  ㉡ 왕권 강화 : 불교 공인(527, 이차돈의 순교), 신라 최초의 연호 사용(536, 건원)
  ㉢ 대외정책 : 김해의 **금관가야**를 정복(532)

> **주관식 레벨 UP**
>
> 이차돈의 순교 이후 비로소 국가적으로 불교를 공인한 신라의 왕은 누구인가?
>
> **풀이** 법흥왕

③ **진흥왕(540~576)** 중요 ★★★
  ㉠ 국가의 재정비 : 인재 양성을 위하여 청소년 집단이었던 화랑도를 국가적인 조직으로 개편, 연호 사용(개국)
  ㉡ 대외팽창 : **한강 유역**을 장악(상류-단양적성비, 하류-북한산비), 고령의 **대가야 정복**(창녕비), 함경도 진출(황초령비, 마운령비)

(5) 7세기 중요 ★

① **진평왕(579~632)** : 수와 친선(걸사표), 관제 정비(위화부, 조부, 예부 등), 세속오계
② **선덕여왕(632~647)** : 황룡사 9층 목탑, 첨성대, 분황사, 계율종 창시
③ **진덕여왕(647~654)** : 나당 연합, 집사부와 창부 정비, 좌이방부 설치

[신라의 전성기]

06 가야의 성립과 발전

(1) 전기 가야 중요 ★★

① 3세기 : 김해의 금관가야 중심의 연맹왕국으로 발전, 벼농사 발달, 철의 생산 풍부, 중계무역 발달(낙랑과 왜의 규수 연결)

> **더 알아두기**
>
> **가야의 김수로**
> 김수로(金首露)는 A.D. 42년, 다른 다섯 명의 아이와 함께 알에서 태어났다. 아직 나라의 이름이 있지 않았고 임금과 신하의 호칭 또한 없었던 곳에서 A.D. 44년 가야를 세웠다. 수로왕비 허황옥(許黃玉)은 멀리 아유타국(阿踰陀國)에서 왔는데, 부부가 합심하여 나라를 다스리고 백성의 사랑을 듬뿍 받았다. 신라와 백제 그리고 일본인까지 드나드는 요충지 김해를 중심으로 한 가야의 역사는 지금 자세히 전해지지 않으나, 김수로를 시조로 하는 김해 김(金)씨는 현재 전국적으로 400만의 인구를 헤아린다.

② **4세기 ~ 5세기 초** : 4C 초부터 백제와 신라의 팽창으로 세력 약화 → 고구려군의 공격 → 낙동강 서쪽 연안으로 세력 축소

(2) 후기 가야 중요 ★
① **5세기 후반** : 고령지방을 중심으로 발전하여 대가야가 새로운 가야의 맹주로 부상
② **6세기 초** : 백제·신라와 대등하게 세력다툼 → 신라(법흥왕)와 결혼동맹을 맺어 국제적 고립 탈피 노력

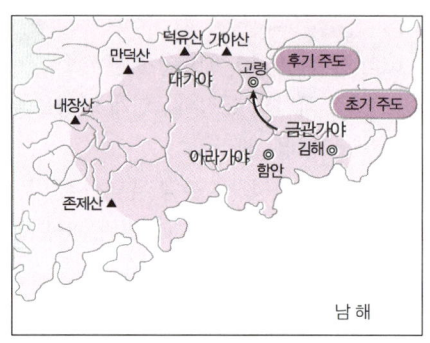

[가야의 세력범위]

(3) 멸망 및 한계 중요 ★★★
① **멸망** : 금관가야는 신라 법흥왕, 대가야는 신라 진흥왕에게 멸망
② **한계** : 중앙집권국가로서의 발전을 이룩하지 못하고 해체됨

제2절 삼국의 사회와 통치 제도

01 고대 중앙과 지방의 정치 조직

(1) 중앙 정치 조직

구분	고구려	백제	신라
수상	대대로(막리지)	상좌평	상대등
관등	10여 관등(4세기 경) 형(부족장), 사자	16관등(~솔, ~덕, ~독) 6좌평(각 부 장관)	17관등(~찬, ~나마)
합의제도	제가회의	정사암회의	화백회의
기타	태학, 경당	22담로	골품제

> **주관식 레벨 UP**
>
> 삼국시대의 귀족 합의 기구를 나열하시오.
>
> **풀이** 고구려의 제가회의, 백제의 정사암회의, 신라의 화백회의

(2) 지방 정치 조직

구분	고구려	백제	신라
수도/지방	5부	5부	6부
지방	5부(욕살), 성(성주)	5방(방령), 군(군장)	5주(군주), 군
특수구역	3경(통구, 평양, 재령)	22담로(왕족 파견)	2소경(강릉, 충주)
군사제도	성주, 족장	방령, 군장	1서당 6정

02 삼국의 경제

(1) 삼국의 경제 정책 (중요)★

① **기본 경제** : 정복지의 공물 수취, 전쟁 포로, 식읍
  ㉠ 수취제도 : 조세, 공물, 역
  ㉡ 민생안정책 : 황무지 개간 권장, 저수지 건설 및 증축·보수, **진대법**(고구려 고국천왕)
② **수공업** : 노비들이 국가 수요품 생산, 후기에는 관청을 두고 수공업자 배정
③ **신라의 상업** : 5C 말(경주에 시장 설치), 신라 지증왕(**동시전**)
④ **대외무역** : 수출(금·은·세공품)과 수입(비단·서적·약재) 활발

(2) 귀족과 농민의 경제생활

① **귀족의 생활**
  ㉠ 경제기반 : 개인 소유의 토지와 노비, 국가에서 지급한 **녹읍·식읍**

> **주관식 레벨 UP**
>
> 삼국시대에 국가에서 왕족, 공신 등에게 준 토지와 가호로서, 조세를 수취하고 노동력을 징발할 권리를 부여하였던 것은 무엇인가?
>
> **풀이** 녹읍

ⓒ 농민지배 : 농민을 동원하여 토지 경작, 과도한 수취와 고리대(토지약탈, 농민의 노비화)
ⓒ 주거생활 : 기와집·창고·마구간·우물·주방 등을 갖춤, 중국에서 수입된 비단옷 입음, 보석과 금·은으로 치장

[고구려귀족생활]
(집안 각저총)

[고구려귀족저택의 주방]
(안악 3호분)

[곡예도]
(수산리벽화)

[시녀도]
(수산리벽화)

② 농민의 경제생활
ⓒ 생활 : 자기 소유지를 경작(자영농)하거나 토지를 빌려 경작(소작농)하며 생활
ⓒ 농업 : 휴경농법, 철제 농기구 보급(6C 보편화), 우경 확대(6C 지증왕)
ⓒ 의무 : 곡물, 삼베, 과실 납부, 노동력 동원, 전쟁물자 부담증가(노비, 유랑민, 도적화)

03 삼국의 사회

(1) 초기 국가의 신분제 성립

① 철기시대 신분구조
ⓒ 형성 : 정복 전쟁 → 부족 통합 → 지배층 서열 형성 → 신분제 성립
ⓒ 가·대가 : 읍락 지배, 관리와 군사력 소유, 정치 참여
ⓒ 호민·하호 : 호민(경제적 부유층), 하호(평민으로 농업에 종사)
ⓒ 노비 : 주인에게 예속된 최하층 천민

> **주관식 레벨 UP**
> 부여, 초기 고구려, 삼한의 읍락에서 농업에 종사하는 평민을 일컫는 말은?
> 풀이 하호

② 고대 국가의 신분구조
ⓒ 특징 : 율령 제정(지배층의 특권 유지 장치), 별도의 신분제 운영
ⓒ 귀족 : 왕족과 옛 부족장 세력, 정치권력과 **사회·경제적 특권**
ⓒ 평민 : 대부분 농민, 자유민, 정치·사회적 제약, **조세 및 역의 의무**
ⓒ 천민 : 비자유민(노비, 집단 예속민), 왕실·귀족·관청에 예속, 전쟁 포로나 죄수·채무자가 노비로 전락

(2) 삼국의 사회 풍습 중요 ★★

구분	고구려	백제	신라
특징	씩씩한 기풍	고구려와 비슷, 상무기풍(말타기, 활쏘기), 투호·바둑·장기 등 오락 즐김	늦은 중앙집권화
지배층	왕족(고씨), 귀족(5부)	왕족(부여씨), 귀족(8성)	왕족(성·진골), 귀족(6두품)
귀족	제가회의	정사암회의	화백회의
풍습·제도	형사취수제, 서옥제, 진대법(고국천왕)	반역·전쟁 패배자(사형), 절도(귀양＋2배 배상), 뇌물·횡령 관리(3배 배상＋종신 금고형)	골품제(신분제도), 화랑도(청소년 단체)

(3) 신라의 골품제 및 화랑도 중요 ★

① 골품제
  ㉠ 신라의 신분제도 : 혈연에 따른 사회적 제약(관등 상한선), 일상생활까지 규제

> **더 알아두기**
>
> **골품제의 생활 규제**
> 4두품에서 백성에 이르기까지는 방의 길이와 너비가 15척을 넘지 못한다. 느릅나무를 쓰지 못하고, 우물천장을 만들지 못하며, 당기와를 덮지 못하고, 짐승 머리 모양의 지붕 장식이나 높은 처마 … 등을 두지 못하며, 금은이나 구리 … 등으로 장식하지 못한다. 섬돌로는 산의 돌을 쓰지 못한다. 담장은 6척을 넘지 못하고, 또 보를 가설하지 않으며 석회를 칠하지 못한다. 대문과 사방문을 만들지 못하고 마구간에는 말 2마리를 둘 수 있다.
>
> 『삼국사기』

  ㉡ 성골 : 신라 전통 왕족으로 최고의 신분, 진덕여왕 이후 단절됨
  ㉢ 진골 : 무열왕 이후 왕족으로 중앙의 정치·군사권을 장악함
  ㉣ 6두품 : 대족장 출신, 득난(得難), 행정·학문·종교 분야에서 활약, 6등급 아찬까지만 승진이 가능
  ㉤ 5두품 이하 : 소족장 출신, 5두품은 10관등인 대나마까지, 4두품은 12관등인 대사까지만 승진이 가능, 3두품 이하는 통일 이후 평민화
  ㉥ 중위제도(重位制度) : 특정 관등을 더 세분화한 일종의 특진 제도, 제6등급 아찬은 사중아찬까지, 제10등급 대나마는 구중대나마까지, 제11등급인 나마는 칠중나마까지 승진 가능

② 화랑도
  ㉠ 기원 : 원시 사회의 청소년 집단에서 기원
  ㉡ 구성 : 화랑(지도자)과 낭도(귀족~평민)로 구성, 계층 간의 대립과 갈등을 조절·완화
  ㉢ 발전 : 진흥왕 때 국가 조직으로 확대, 원광의 세속 5계(화랑도의 규율)

> **더 알아두기**
>
> **원광의 세속 5계**
> 여기 세속 5계가 있으니, 하나는 충으로써 임금을 섬기고, 둘은 효로써 부모를 섬기는 것이며, 셋은 믿음으로써 친구를 사귀고, 넷은 전장에서 나아가 물러서지 않으며, 다섯은 생명 있는 것을 가려서 죽인다는 것이다. 너희는 실행에 옮기되 소홀히 하지 말라.
>
> 『삼국사기』

> **주관식 레벨 UP**
>
> 신라 화랑도의 기능을 두 가지만 서술하시오.
>
> **풀이** 계층 간의 대립과 갈등을 조절·완화하는 기능, 국가가 필요로 하는 인재 양성

제3절 삼국의 문화

01 한자의 보급과 교육

(1) **배경**: 철기시대부터 지배층이 한자 사용, 삼국시대에 이두·향찰 사용

(2) **유학**
① **고구려**: 수도에는 태학(유교 경전·역사서 교육), 지방에는 경당(한학·무술 교육)을 건립, 광개토대왕릉 비문, 중원고구려 비문
② **백제**: 박사 제도(유교 경전과 기술학 교육), 한문 문장(북위에 보낸 국서), 사택지적비문, 무령왕릉 지석
③ **신라**: 임신서기석(청소년들이 유교학습 기록)

(3) **역사 편찬**: 고구려 유기 100권(미상), 고구려 신집 5권(이문진, 영양왕), 백제 서기(고흥, 근초고왕), 신라 국사(거칠부, 진흥왕)

02 불교와 기타 신앙

(1) **불교의 수용** : 왕권 강화의 과정에서 왕실이 수용 `중요` ★★

① **불교 공인** : 고구려(소수림왕), 백제(침류왕), 신라(법흥왕)

> **더 알아두기**
>
> **이차돈의 순교**
> 법흥왕은 불교를 국교로 하자했으나 토속신앙에 젖은 귀족의 반대로 뜻을 이루지 못할 때 이차돈만이 불교의 공인을 적극 주장하였다. … 이차돈은 순교를 자청하여 "부처가 있다면 내가 죽은 뒤 반드시 이적(異蹟)이 있을 것이다."라고 예언했는데, 그의 목을 베니 피가 흰 젖빛으로 변하여 솟구쳤고, 하늘이 컴컴해지더니 꽃비가 내렸다 한다. 이에 모두 놀라 감동하여 528년 불교를 공인하였다.

[이차돈순교비]

② **역할** : 왕권 강화(신라 불교식 왕명, 선진 문화의 수용), 새로운 문화 창조
③ **교리** : 업설(왕즉불 사상, 지배층 특권 인정), 미륵불 신앙(화랑 제도와 관련, 이상적인 불국토 건설)

(2) **도교** `중요` ★

① **특징** : 산천 숭배, 불로장생, 신선 사상, 무예 숭상, 귀족 사회 유행
② **전래** : 고구려(을지문덕의 오언시, **사신도**, 사후 세계 수호), 신라(화랑도), 백제(산수무늬 벽돌, 금동대향로, 무령왕릉 지석, 사택지적비)

03 고대 국가의 고분 `중요` ★★★

구분		양식	고분	특징
고구려		돌무지	장군총	돌을 정밀하게 쌓아 올린 계단 형태
		굴식돌방	강서고분, 무용총	초기는 생활 그림(벽화), 강서대묘(**사신도 발견**)
백제	한성	돌무지	석촌동고분	**고구려의 영향**, 백제 건국세력이 고구려 계통임을 증명
	웅진	굴식돌방	송산리고분	규모가 큼, 사신도 출토
		벽돌	**무령왕릉**	벽돌무덤은 **남조의 영향**, **지석(매지권)** 발견
	사비	굴식돌방	능산리고분	규모 축소, 세련미, 사신도 출토
신라		돌무지덧널	**천마총, 호우총**	신라에서 가장 유행, **부장품 보존**, 벽화는 없음
가야		널무덤	대성동 고분	금관가야 고분(김해), 널무덤, 덧널무덤 등 다양
			지산동 고분	대가야 고분(고령), 돌덧널 무덤

더 알아두기

무령왕릉

무령왕릉은 1971년 송산리 고분군의 배수로 공사 중에 우연히 발견, 중국 남조의 영향을 크게 받아 연꽃 등 우아하고 화려한 백제 특유의 무늬를 새긴 벽돌로 무덤 내부를 축조, 무덤의 주인공이 무령왕과 왕비임을 알리는 지석이 발견되어 연대를 확실히 알 수 있는 무덤, 도굴되지 않은 완전한 형태로 보존, 지석·금관·석수 등 유물 출토

[장군총]

[석촌동 고분]

[무령왕릉]

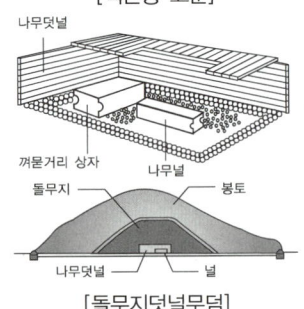
[돌무지덧널무덤]

주관식 레벨 UP

웅진 시기의 벽돌무덤은 중국 남조의 영향을 받았는데, 완전한 형태로 발견된 (　　)이 유명하다.

풀이 무령왕릉

04 조형 문화의 발달

(1) **건축**: 고구려 안학궁(장수왕, 평양, 고구려 남진 정책의 기상), 백제의 미륵사(무왕, 백제의 중흥 반영), 신라의 황룡사(진흥왕, 팽창 의지 반영)

(2) **탑** 종요 ★★★
① **고구려** : 주로 목탑을 건립, 현존하는 것은 없음
② **백제** : 익산 미륵사지 석탑(서탑만 일부 현존, 목탑 양식), 부여 정림사지 5층 석탑(평제탑)

> **주관식 레벨 UP**
>
> 이 탑은 지금까지 전해지는 가장 오래된 탑으로 백제의 목탑의 모습을 많이 지니고 있는데, 일부만 남아 전해지고 있다.
>
> 풀이 백제의 미륵사지 석탑

③ **신라** : 황룡사 9층 목탑(선덕여왕, 자장의 건의), 분황사 모전 석탑(벽돌모양 석탑), 첨성대(천문대)

더 알아두기

석탑

[익산 미륵사지 석탑] [정림사지 5층 석탑] [분황사 모전 석탑] [첨성대]

(3) **불상** 종요 ★★★
삼국 공통 : 금동 미륵보살 반가상
① **고구려** : 연가 7년명 금동여래입상(북조 영향, 강인한 인상과 은은한 미소)
② **백제** : 서산 마애삼존불상(온화한 미소)
③ **신라** : 경주 배리석불입상(은은한 미소)

(4) **기타** : 백제의 칠지도와 금동대향로, 신라의 금관

[금동 미륵보살반가상] [연가 7년명 금동여래입상] [서산 마애삼존불상] [칠지도]

> **주관식 레벨 UP**
>
> 백제 제철 기술의 뛰어남을 보여주는 (　　　)는 강철로 만들고 금으로 글씨를 상감해 새겨 넣은 것으로, 백제와 왜의 교류관계를 보여주는 유물이다. 현재 일본 이소노카미 신궁에 보관되어 있다.
>
> **풀이** 칠지도

제4절 고구려의 대외항쟁

01 고구려와 수의 전쟁

(1) **배경**: 중국을 재통일한 수에 대한 위기감이 높아진 고구려는 전략적 군사 요충지인 요서 지방을 선제공격(598, 영양왕)

(2) **살수 대첩** 중요 ★
　① **수문제의 침입**: 수나라 문제가 30만의 병력을 이끌고 침입(598)해왔으나 고구려군에게 대패
　② **살수 대첩**: 수의 문제에 이어 양제는 113만의 대군을 이끌고 침략해 왔으나 을지문덕이 살수(청천강)에서 수나라에 대항하여 대승(612)

> **더 알아두기**
>
> **을지문덕의 오언시와 살수 대첩**
> 神策究天文(신기한 계책은 천문에 통달했고)
> 妙算窮地理(묘한 계략은 땅의 이치를 알았도다)
> 戰勝功旣高(전투마다 이겨 공이 이미 높았으니)
> 知足願云止(만족한 줄 알았으면 돌아가는 것이 어떠하리)
> 　　　　　　　　　　　　　　　　『수나라 장수 우중문에게 보내는 시』

> **주관식 레벨 UP**
>
> 수나라의 침입 때 (　　　) 장군이 살수에서 적을 크게 격파하여 결정적인 승리를 거두었다. 이를 살수 대첩이라 한다.
>
> **풀이** 을지문덕

400	427	494	612	645	668
왜구 격퇴 (광개토대왕)	평양 천도 (장수왕)	부여 복속 (문자왕)	살수 대첩 (을지문덕)	안시성 싸움 (연개소문)	고구려 멸망 (보장왕)

(3) 수의 멸망 : 수나라는 계속된 고구려 원정과 패배로 인하여 국력의 소모와 내란으로 멸망(618)

02 고구려와 당의 전쟁

(1) 대당 강경책

① **천리장성** : 고구려는 국경에 천리장성을 쌓는 등 당의 침략에 대비

> **더 알아두기**
>
> **고구려의 천리장성**
> 고구려가 당의 침략에 대비하여 631년(영류왕)에 착공하여 647년(보장왕)에 완성한 성곽으로 북쪽으로는 부여성(농안)에서 남쪽으로는 비사성(대련)까지 이르는 성곽을 말한다. 연개소문은 천리장성의 축조를 감독하면서 요동 지방의 군사력을 장악하여 정권을 잡을 수 있었다.

> **주관식 레벨 UP**
>
> 고구려가 당의 침략에 대비하여 647년에 16년의 공사 끝에 완성된 (　　　　)은 북쪽의 부여성에서 남쪽의 비사성에 이른다.
>
> **풀이** 천리장성

② **연개소문의 정변** : 연개소문은 정변을 일으켜 영류왕을 폐위한 후 보장왕을 옹립하고 정권을 장악, 이후 당에 대한 강경책을 추진

(2) 안시성 전투 중요 ★★

당 태종의 침략으로 고구려는 요동성, 비사성이 정복당하는 등 어려움을 겪었으나, 곧 이은 **안시성**에서의 전투를 승리로 이끌며 당군을 격퇴(645, 양만춘)

(3) 고구려와 수·당 전쟁의 의의 : 중국의 한반도에 대한 침략을 저지하여 민족의 방파제 역할을 함

제1편 실전예상문제

01 한국사의 올바른 이해에 대한 설명으로 적절하지 <u>않은</u> 것은?

① 조선이 일본의 식민지로 전락하였던 것은 분권적인 봉건제도가 없었기 때문이다.
② 한국사는 한국인의 주체적인 역사이며 사회구성원들의 총체적인 삶의 역사이다.
③ 한국사의 보편성과 특수성의 문제는 세계사 안에서 한국사를 올바르게 보는 관점을 제공한다.
④ 다양한 기준에 의거해 시대구분을 하더라도 한국사의 발전 양상에 주목할 필요가 있다.

02 다음 보기의 내용과 같은 물건이 제작 사용되었을 때의 주거 생활 모습으로 옳은 것은?

> 동물의 뼈나 뿔로 된 뼈도구와 뗀석기를 제작 사용하였고, 공주 석장리와 단양 수양개에서는 고래와 물고기 등을 새긴 조각품이 발견되었다.

① 동굴이나 바위 그늘에서 살거나 강가에 막집을 짓고 살았다.
② 중앙에 화덕 자리가 있는 움집을 짓고 살았다.
③ 움집에서 화덕이 벽쪽으로 옮겨졌다.
④ 배산임수의 지형을 찾아 부락을 이루고 살았다.

---

01 ① 일제의 한국사 왜곡 사관인 정체성론이다. 한국사는 근대 사회로의 이행에 필요한 봉건 사회를 거치지 못하고, 전근대에 머물러 있으므로, 봉건사회 없이 개항하였다는 일본 측의 억지 주장이다. 이에 대하여 백남운 선생은 사적 유물론을 주장하여 식민사관을 정면으로 반박하였다.

02 ① 구석기시대에는 주먹도끼, 찍개, 팔매돌, 긁개, 밀개, 슴베찌르개 등의 뗀석기와 뼈도구를 사용하였고, 초기에 동굴이나 바위 그늘, 후기에는 막집에 일시적으로 거주하였다.
② 신석기시대의 움집은 반지하 형태로 바닥은 원형, 또는 모서리가 둥근 네모 형태로 되어 있으며, 중앙에는 화덕을 설치하여 취사와 난방을 하였다.
③, ④ 청동기시대에는 배산임수의 취락형태를 띠었고, 직사각형의 바닥인 움집을 짓고 생활하였다. 화덕은 벽쪽으로 이동하였으며, 저장 구덩이는 따로 설치하여 생활하였다.

정답 01 ① 02 ①

03 다음 유물이 등장한 시기의 생활 모습에 관한 설명으로 옳은 것은?

> - 팽이처럼 밑이 뾰족하거나 둥글고, 표면에 빗살처럼 생긴 무늬가 새겨져 있다.
> - 곡식을 담는 데 많이 이용되었다.

① 철제 농기구로 농사를 지었다.
② 비파형 동검을 의식에 사용하였다.
③ 취사와 난방이 가능한 움집에 살았다.
④ 정복 전쟁을 거치며 지배계급이 등장하였다.

03 ③ 자료의 토기는 빗살무늬 토기로 신석기 중기 이후에 출현하였다. 신석기시대에는 조·피·수수 등 농경이 시작되어 움집을 짓고 정착 생활을 하였다.
① 돌이나 나무로 만든 농기구를 사용하다가 철기시대 때 철제 농기구가 점차 보급되었다.
②, ④ 청동기시대 비파형 동검이 있었고, 네모형의 지상가옥인 움집에서 생활하였다.

04 다음 (가)와 (나)는 우리나라에서 발견되는 집자리 유적이다. 각각에 대한 설명이 옳은 것은?

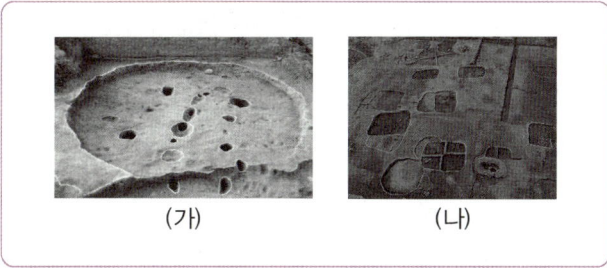
(가)   (나)

① (가) – 바닥이 직사각형이며 화덕이 한쪽 벽면에 위치한다.
② (가) – 앞쪽에 냇물이 흐르고 뒤쪽에 산이 있는 지역에 있다.
③ (나) – 주춧돌을 사용하여 점차 지상 가옥으로 바뀌어갔다.
④ (나) – 이곳에서 빗살무늬 토기가 대량 발굴되었다.

04 (가) 신석기 집터, 신석기시대의 움집은 반지하 형태로 바닥은 원형, 또는 모서리가 둥근 네모 형태로 되어 있으며, 중앙에는 화덕을 설치하여 취사와 난방을 하였다. 출입문은 남쪽을 향하게 하였고, 저장 구덩이는 화덕이나 출입문 옆에 위치하게 하였다. 규모는 4~5명이 거주할 정도로 한 가족이 거주하기에 알맞은 크기였다.
(나) 청동기·철기시대의 집터, 취락형태는 지상가옥이며, 직사각형의 바닥으로 주춧돌을 사용하였고, 화덕은 벽쪽으로 이동하였으며, 저장 구덩이는 따로 설치하여 생활하였다. 돌널무덤과 고인돌은 대표적 무덤 양식이다.

정답 03 ③ 04 ③

05 (가)는 구석기시대, (나)는 청동기시대에 대한 설명이다.
ㄱ. 구석기시대에는 이동 생활을 하였다.
ㄴ. 청동기시대에는 군장이 죽으면 고인돌을 만들어 장례를 치렀다.
ㄷ. 반달돌칼은 청동기시대에 추수할 때 사용된 농기구였다.
ㄹ. 신석기시대에 조가비로 사람 얼굴 모양의 탈을 만든 조개껍데기 가면 등의 예술품이 있었다.

05 (가), (나) 시대의 사회상과 유적이 바르게 연결된 것을 〈보기〉에서 모두 고르면?

> (가) 뼈도구와 뗀석기를 가지고 사냥과 채집을 하면서 생활하였다.
> (나) 금속을 다루는 전문 장인이 나타나고 사유재산제도가 발달하였다.

― 보기 ―
ㄱ. (가) - 무리를 이루어 큰 사냥감을 찾아 이동 생활을 하였다.
ㄴ. (나) - 고인돌도 이 무렵 나타나 한반도의 토착사회를 이루게 되었다.
ㄷ. (가) - 반달돌칼로 이삭을 추수하는 등 농경을 발전시켰다.
ㄹ. (나) - 조개껍데기 가면 등의 예술품도 많이 제작되었다.

① ㄱ, ㄴ ② ㄱ, ㄷ
③ ㄴ, ㄹ ④ ㄷ, ㄹ

06 지도는 고조선의 영역을 나타내고 있다. 고조선의 세력범위는 고인돌과 비파형 동검으로 알 수 있다.
③ 고조선은 청동기시대에 성립된 최초의 국가였다.

06 아래 지도에 표시된 국가에 대한 설명으로 옳지 <u>않은</u> 것은?

① 사회 질서 유지를 위한 8조법이 있었다.
② 비파형 동검과 고인돌의 분포 지역으로 세력범위를 짐작할 수 있다.
③ 철기 문화를 배경으로 성립된 최초의 국가였다.
④ 한나라와 진국 여러 나라들 사이에서 중계 무역으로 경제적 이익을 취했다.

정답 05 ① 06 ③

07 다음은 『삼국지』 동이전에 기록된 어떤 나라에 대한 설명이다. (가)와 (나)의 나라에 대한 설명으로 옳은 것은?

> (가) 토질은 오곡에 알맞고, 동이 지역 중에서 가장 넓고 평탄한 곳이다.
> (나) 큰 산과 깊은 골짜기가 많고, 사람들의 성품이 흉악하고 노략질을 좋아하였다.

① (가)는 사회 질서를 유지하기 위하여 8조법을 만들었다.
② (가)는 남의 물건을 훔쳤을 때 물건값의 12배를 배상하게 하는 법이 있었다.
③ (나)는 자신의 생활권을 침범하면 노비나 소와 말로 변상하게 하였다.
④ (나)는 가족이 죽으면 시체를 가매장했다가 뼈만 추려서 커다란 목곽에 안치하였다.

08 (가), (나)에 대한 설명으로 옳은 것은?

> (가) 그 나라 혼인 풍속은 여자 나이 10살이 되기 전에 혼인 약속을 한다. 신랑 집에서는 여자를 맞이하여 다 클 때까지 길러 아내로 삼는다.
> (나) 큰 세력을 가진 이는 스스로 신지(臣智)라 하고, 그 다음은 읍차(邑借)라 한다.

① (가) - 특산물로 단궁이라는 활과 과하마, 반어피가 유명하였다.
② (나) - 철제 농기구를 사용하였고 벼농사를 지었다.
③ (가) - 대가들이 제가회의라는 부족장 회의를 운영하였다.
④ (나) - 12월에 영고라는 제천행사를 지냈다.

07 ② 부여에는 남의 물건을 훔쳤을 때에 물건값의 12배를 배상하게 하는 1책 12법이 있었다.
① 고조선은 8조법을 두어 질서를 유지하였으며 그 중 3개조의 내용만 전해진다.
③ 동예는 부족적 성격이 강하였기 때문에 부족의 영역을 침범하지 못하게 하는 책화라는 제도가 있었는데, 만약 다른 부족을 침범하게 되면 노비 또는 소나 말로 변상하게 하였다.
④ 가족공동묘는 옥저의 풍습으로 가족이 죽으면 가매장한 후, 나중에 뼈를 추려 커다란 목곽에 매장하였던 것으로 목곽 입구에는 죽은 자의 양식으로 쌀을 담은 항아리를 매달아 놓기도 하였다.
(가) 부여, (나) 고구려

08 (가) 옥저의 민며느리제. 남녀가 혼인할 것을 약속하고 여자가 어렸을 때 남자 집에 가서 성장한 후, 남자가 여자 집에 예물을 치르고 혼인을 하는 풍습이다.
(나) 삼한의 정치 지배자는 큰 지역을 다스렸던 대족장으로 신지와 견지가 있었고, 작은 지역을 다스렸던 소족장으로 읍차와 부례가 있었다.
① 동예 ② 삼한 ③ 고구려 ④ 부여

정답 07 ② 08 ②

09 ④ 지도의 (가)는 백제의 전성기인 근초고왕 이후의 모습을 나타내고 있다. 백제 근초고왕은 마한을 통합하고 요서·산둥·큐슈지방까지 진출하였고, 북으로는 황해도 지역을 놓고 고구려와 대결할 정도의 세력을 형성하게 되었다.
① 백제의 비유왕과 신라의 눌지마립간은 나제동맹을 체결하여 고구려에 대항하였다(433).
② 백제 성왕은 대외 진출이 수월한 사비(부여)로 천도하고 국호를 남부여로 개칭하였으며, 백제의 중흥을 꾀하였다(538).
③ 백제의 무령왕은 지방에 대한 통제를 강화하기 위하여 지방에 22담로를 설치하여 왕족을 파견하는 등 통치체제를 정비하여 백제 중흥의 발판을 마련하였다.

09 지도와 같은 형세를 이루었던 시기의 (가) 국가에 대한 설명으로 맞는 것은?

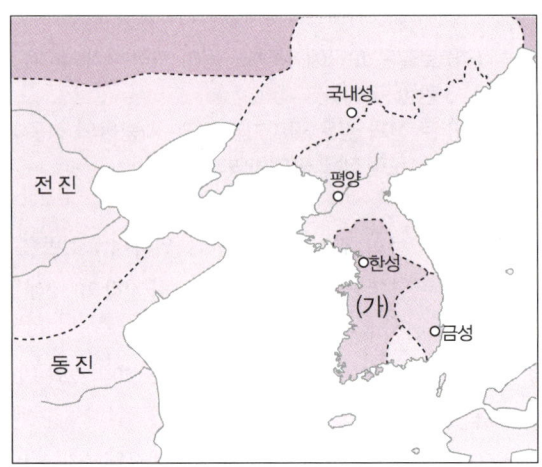

① 신라와 동맹을 맺어 친선을 강화하였다.
② 국호를 남부여로 고치고 중앙과 지방 제도를 정비하였다.
③ 지방에 22담로를 설치하고 왕족을 파견하였다.
④ 요서, 산둥, 규슈 지방으로 진출하여 활발한 대외 활동을 전개하였다.

10 ② 근초고왕은 마한을 완전 정복하였고, 요서·산둥·규슈 지방에 진출하였다(왜에 칠지도 하사). 또한, 황해도 지역을 놓고 고구려와 대결할 정도로 강성하였으며, 왕위를 부자 상속하기도 하였다. 고흥으로 하여금 역사서인 서기를 편찬하게 하기도 하였으며 고구려와의 대결에서 평양성까지 진격하여 고국원왕을 전사시켰다(371).

10 백제 근초고왕의 업적에 대한 다음의 설명 중 옳지 <u>않은</u> 것은?
① 남쪽으로는 마한을 멸하여 전라남도 해안까지 확보하였다.
② 북쪽으로는 고구려의 평양성까지 쳐들어가 고국천왕을 전사시켰다.
③ 박사 고흥으로 하여금 백제의 역사서인 서기(書記)를 편찬하게 하였다.
④ 왕위의 부자상속을 확립하였다.

정답 09 ④ 10 ②

11 (가), (나) 사이에 고구려에서 있었던 사실로 가장 옳은 것은?

> (가) 겨울에 백제왕이 태자와 함께 정예 군사 3만 명을 거느리고 고구려에 처들어가 평양성을 공격하였다. 고구려의 왕 사유가 힘을 다해 싸워 막다가 빗나간 화살에 맞아 죽었다. 왕이 군사를 이끌고 물러났다.
> (나) 왕 9년 기해에 백잔이 맹서를 어기고 왜와 화통하였다. 이에 왕이 평양으로 내려갔다. 그때 신라가 사신을 보내 아뢰기를 …(중략)… 왕 10년에 경자가 보병과 기병 5만을 보내 신라를 구원하게 하였다.

① 천리장성을 쌓았다.
② 율령을 반포하였다.
③ 평양으로 천도하였다.
④ 낙랑군을 몰아내었다.

11 (가) 고구려 고국원왕(331~371): 고국원왕은 스스로 군대를 이끌고 백제를 침공하였으나, 치양전투에서 백제 태자 근구수가 이끄는 군사에 패배하였고, 고구려 깊숙이 진격해온 백제 근초고왕을 맞아 평양성에서 싸우다가 전사하였다(371).
(나) 고구려 광개토대왕(391~413): 신라 내물마립간의 요청으로 광개토대왕은 고구려군의 보병과 기병 5만을 보내 신라를 후원하여 왜구를 토벌하였다(400).
② 4세기 고구려 소수림왕
① 고구려의 천리장성은 영류왕 때에 건립하기 시작하여 보장왕 때 완공되었다(631~647).
③ 5세기 고구려 장수왕
④ 4세기 고구려 미천왕

12 밑줄 친 '왕'이 남긴 업적으로 옳은 것은?

> 영락 9년(399)에 백제가 서약을 어기고 왜와 화통하므로 왕은 남쪽으로 순수해 내려갔다. 신라가 사신을 보내 왕에게 말하기를 "왜인이 국경에 가득 차 성을 부수었으니 왕께 도움을 청합니다."고 하였다. 영락 10년에 보병과 기병 5만을 보내 신라를 구원하게 하였다.

① '영락'이라는 독자적인 연호를 사용하였다.
② 불교를 공인하고 태학을 설립하였다.
③ 도읍을 평양으로 옮기고 한강 유역을 차지하였다.
④ 백제 수도 한성을 함락하고 개로왕을 죽였다.

12 ① 광개토대왕은 고구려군의 보병과 기병 5만을 보내 신라를 후원하여 왜구를 토벌하였다.
② 소수림왕
③, ④ 장수왕

정답 11 ② 12 ①

13 ③ 제시된 지도는 4세기에서 5세기 사이의 삼국 정세를 나타내고 있다.
① 졸본에서 국내성으로 도읍을 옮긴 왕은 1세기 고구려의 유리왕이다(A.D. 3).
② 백제 4세기 근초고왕은 일본의 큐슈 지방에까지 진출하여 왜의 왕에게 칠지도를 하사하는 등 활발한 대외 활동을 전개하였다.
④ 이사금은 연맹장이란 의미를 가지고 있으며 신라 유리왕에서 흘해왕까지 사용하였다.

13 지도와 같은 형세를 이루던 시기의 역사적 사실에 대한 설명으로 옳은 것은?

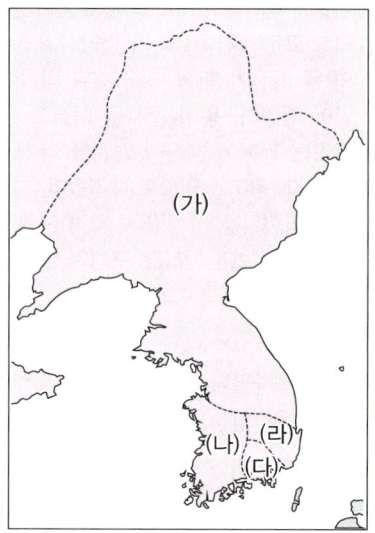

① (가)는 국내성으로 도읍을 옮기고 정복 활동을 전개하였다.
② (나)는 중국의 요서 지방과 산둥 지방에 진출하였다.
③ (다)는 대가야를 중심으로 후기 가야 연맹을 이루었다.
④ (라)에서는 이사금이라는 왕의 칭호를 사용하고 있었다.

14 ④ 6세기 법흥왕은 병부를 설치하여 군사권을 장악하였고, 백관의 공복을 제정하여 국가 통치 질서를 확립하였다.
① 백제의 동성왕과 신라의 소지왕은 결혼동맹을 체결하였다(493).
② 4세기 내물마립간 때 김씨가 왕위를 독점하면서 왕위 계승권이 확립되었다.
③ 경덕왕 때 월봉을 없애고 다시 녹읍을 지급하였다(757).
(가) 신라 지증왕(500~514)
(나) 신라 진흥왕(540~576)

14 (가), (나) 사이의 시기에 있었던 사실로 옳은 것은?

(가) 국호를 신라로 바꾸고, 왕의 칭호도 마립간에서 왕으로 고쳤다. 대외적으로는 우산국을 복속시켰다.
(나) 한강 유역을 빼앗고, 고령 지역의 대가야를 정복하였다. 북쪽으로는 함경도 지역까지 진출하였다.

① 백제 동성왕과 혼인동맹을 맺었다.
② 김씨에 의한 왕위 계승권이 확립되었다.
③ 진골 귀족 세력의 반발로 녹읍이 부활되었다.
④ 병부를 설치하고, 백관의 공복을 제정하였다.

정답 13 ③ 14 ④

15 삼국시대의 정치 발전에 대한 설명으로 가장 적절하지 않은 것은?

① 고구려 소수림왕은 율령 반포, 불교 공인 등을 통해 지방의 부족 세력을 효율적으로 통제하였다.
② 신라 지증왕은 국호를 신라로 바꾸고, 왕의 칭호도 마립간에서 왕으로 고쳤다.
③ 백제 무령왕은 대외 진출이 쉬운 사비(부여)로 도읍을 옮기고, 지방의 22담로에 왕족을 파견함으로써 지방에 대한 통제를 강화하였다.
④ 백제 성왕은 중앙 관청을 22부로 확대 정비하고, 수도를 5부로 지방을 5방으로 정비하였다.

16 (가), (나) 시기의 사이에 있었던 사실을 옳게 설명한 것은?

(가) 을지문덕은 평양으로 직접 쳐들어오려는 수의 30만 대군을 청천강 부근에서 궤멸시키며 대승을 거두었다.
(나) 당 태종은 10만 명의 군대를 이끌고 고구려를 침략하였다. 고구려는 요동성을 비롯한 여러 성을 빼앗기고 곤경에 처하였으나, 안시성 전투에서 승리하여 당군을 물리쳤다.

① 고구려가 평양성으로 수도를 옮겼다.
② 고구려는 요동 지방에 천리장성을 쌓기 시작하였다.
③ 고구려는 말갈 세력과 손잡고 요서를 먼저 공격하였다.
④ 신라는 당과의 기벌포 전투에서 승리하였다.

---

15 ③ 백제의 무령왕은 지방에 대한 통제를 강화하기 위하여 지방에 22담로를 설치하여 왕족을 파견하는 등 통치체제를 정비하여 백제 중흥의 발판을 마련하였다(538). 대외 진출이 수월한 사비(부여)로 천도하고 국호를 남부여로 개칭하여 백제의 중흥을 꾀하였던 왕은 백제 성왕이다(538).

16 ② 고구려의 천리장성은 부여성에서 비사성까지 축조하였는데, 영류왕 때에 축조하기 시작하였다(631).
① 장수왕은 평양으로 천도하여 남진정책을 추진하였다(427).
③ 수는 돌궐을 압박하여 세력을 약화시켰고, 위기감이 높아진 고구려는 말갈 세력과 손잡고 전략적 군사 요충지인 요서 지방을 선제공격하기에 이른다(598, 영양왕).
④ 신라는 금강 하구의 기벌포 전투에서 당의 수군을 섬멸하여 실질적인 삼국통일을 이룩한다(676, 문무왕).
(가) 살수대첩(612)
(나) 안시성전투(645)

정답 15 ③ 16 ②

17 백제의 지배층은 왕족인 부여씨와 8성의 귀족으로 이루어졌고, 이들은 중국 고전과 역사서를 탐독하며 능숙한 한문 구사력을 보유하고 있었다. 관청의 실무에도 밝았고, 투호와 바둑, 장기 등의 오락을 즐기며 생활하였다.
① 간음한 여자는 남편 집의 노비가 되었으며, 남자에 대한 처벌 조항은 없다.

17 다음은 삼국시대 어느 나라의 사회 모습에 대한 내용이다. 이 나라의 지배층에 대한 설명으로 옳지 <u>않은</u> 것은?

> 이 나라 사람은 상무적인 기풍이 있어서 말타기와 활쏘기를 좋아하고, 형법의 적용이 엄격했다. 반역한 자나 전쟁터에서 퇴각한 군사 및 살인자는 목을 베었고, 도둑질한 자는 유배를 보냄과 동시에 2배를 물게 했다. 그리고 관리가 뇌물을 받거나 국가의 재물을 횡령했을 때에는 3배를 배상하고, 죽을 때까지 금고형에 처했다.

① 간음죄를 범할 경우 남녀 모두를 처벌하였다.
② 투호와 바둑 및 장기와 같은 오락을 즐겼다.
③ 중국의 고전과 역사책을 읽고 한문을 구사하였다.
④ 대표적인 귀족의 성으로는 여덟 개가 있었다.

18 자료의 (가)는 신라의 전탑 형식인 분황사 모전석탑이다. (나)는 통일신라 초기의 대표적 석탑인 경주 감은사지 3층 석탑이다. (다)는 통일신라 대표 석탑인 불국사 3층 석탑(석가탑)이다.
①, ④ 백제의 목조형 석탑인 익산 미륵사지 석탑이다. 미륵사지 석탑은 동탑과 서탑으로 이루어져 있으나 현재 서탑만 일부 현존하고 있다. 목탑의 형식을 지닌 석탑으로써 우리 역사의 의의가 크다.
② 통일신라 말기에는 석탑에 다양한 변화가 나타나게 되는데 기단과 탑신에 불상을 부조로 새긴 것으로 유명한 것이 양양 진전사지 3층 석탑이다.

18 (가)~(다)에 대한 설명으로 옳은 것은?

(가) 분황사 모전석탑   (나) 감은사지 3층 석탑   (다) 석가탑

① (가)는 중앙의 거대한 목탑 좌우에 있었던 석탑 중 하나이다.
② (나)에는 기단과 탑신에 불상이 새겨져 있다.
③ (다)의 사리 장치에서 무구 정광 대다라니경이 발견되었다.
④ (가)는 (나)보다 목탑의 모습이 더 많이 남아있다.

정답 17 ① 18 ③

19 다음과 같은 무덤 양식에 관한 서술로 가장 옳은 것은?

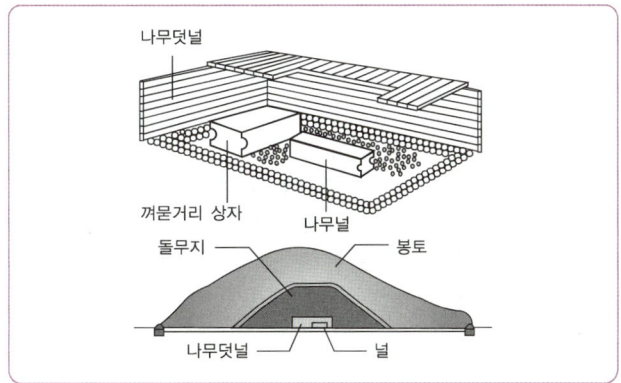

① 돌로 방을 만들고 외부와 연결되는 통로를 설치하였다.
② 무령왕릉으로 추정되는 묘지석이 이러한 양식의 무덤에서 나왔다.
③ 백제 건국 세력이 고구려와 관계있음을 보여주는 무덤 양식이다.
④ 천마도가 발견되어 천마총이라 이름 붙은 무덤도 이러한 양식이다.

19 ④ 돌무지덧널무덤은 도굴이 어려워 껴묻거리가 대부분은 보존되어 있으며, 벽화는 발견되지 않는다. 대표적 고분으로는 천마총과 호우총, 황남대총 등이 있다.
① 굴식돌방무덤은 돌로 널방을 짜고 그 위에 흙으로 덮어 봉분을 만든 것으로 대표적인 고분으로는 강서고분(사신도)과 무용총(무용도, 수렵도) 등이 있다.
② 무령왕릉은 널방을 벽돌로 쌓은 벽돌무덤으로, 이곳에서 무령왕과 왕비의 무덤을 알리는 지석이 발견되어 당시 백제가 중국 남조와 교류했음을 알 수 있다.
③ 한성이 도읍지였던 시기였던 백제 초기의 석촌동 돌무지무덤은 백제 건국의 주도 세력이 고구려와 같은 계통이었다는 건국 이야기의 내용을 뒷받침하고 있다.

정답 19 ④

20 일본과 관계있는 삼국의 문화재는 ㄱ, ㄴ이다.
ㄱ. 다카마쓰 고분벽화는 수산리 고분벽화의 영향을 받은 것으로 일본, 나라현 타카이치군 아스카촌 히라타에 있다.
ㄴ. 일본 고류사 목조 미륵보살 반가사유상은 우리나라 금동 미륵보살 반가사유상의 영향을 받은 것으로 일본 국보 1호로 지정되어 있다.
ㄷ. 양직공도는 중국 난징박물관에 있으며 백제와 관련 있다.
ㄹ. 직지심체요절은 프랑스와 관련 있는 문화재이다.

20 다음 학생의 대화 속에서 ㉠과 관계있는 문화재로 옳게 짝지은 것은?

A : 외국에 있는 우리나라 문화재가 너무 많은 것 같아.
B : 그러게... 약탈된 것뿐만 아니라 밀반출된 것도 있다는데, 가슴이 아파.
A : 특히, 일본과 관계된 문화재에 대한 것이 많지. ㉠ 우리가 일본 문화에 영향을 준 것 뿐만 아니라 전해준 문화재도 너무 많아.
B : 그러한 것들에는 무엇이 있니?

- 보기 -

ㄱ. 다카마쓰 고분벽화

ㄴ. 금동 미륵보살 반가사유상

ㄷ. 양직공도

ㄹ. 직지심체요절

① ㄱ, ㄴ
② ㄱ, ㄷ
③ ㄴ, ㄷ
④ ㄴ, ㄹ

정답 20 ①

주관식 문제

01 구석기시대를 전기, 중기, 후기 등으로 구분하는 방법은 무엇인지 약술하시오.

02 삼국지 위서 동이전을 보면 부여와 고구려에 대한 평가가 상당히 다르다는 점을 알 수 있다. 이를 통해 추측할 수 있는 당시의 국제관계를 간단히 적으시오.

03 진흥왕은 영토를 확장하고 단양적성비와 4개의 순수비를 세웠다. 진흥왕 순수비 4개를 적으시오.

01

정답 구석기시대는 석기를 다듬는 방법에 따라 전기, 중기, 후기로 구분한다.

해설 구석기시대 구분(석기 다듬는 법)

시기	내용
전기	한 개의 큰 석기를 여러 가지 용도로 사용
중기	큰 몸돌에서 떼어 낸 돌 조각인 격지들을 가지고 잔손질을 하여 석기 만들어 사용
후기	쐐기 같은 것을 대고 형태가 같은 여러 개의 돌날격지를 만들어 사용

02

정답 중국은 부여에 대해서는 우호적이었고 고구려에 대해서는 적대적이었다.

해설 삼국지 위서 동이전
- 부여에는 구릉과 넓은 못이 많아서 동이 지역 가운데에서 가장 넓고 평탄한 곳이다. … 사람들 체격이 매우 크고 성품이 강직 용맹하며 근엄하고 후덕하여 다른 나라를 노략질하지 않았다.
- 고구려에는 … 좋은 밭이 없어서 힘들여 일구어도 배를 채우기는 부족하였다. 사람들의 성품은 흉악하고 급해서 노략질하기를 좋아하였다.

03

정답 북한산비, 창녕비, 황초령비, 마운령비

해설 진흥왕의 단양적성비와 순수비
- 단양적성비(551, 한강 상류)
- 북한산 순수비(555, 한강 하류)
- 창녕비(561, 대가야 정복)
- 황초령비(568, 함경도 진출)
- 마운령비(568, 함경도 진출)

04 고구려, 백제, 신라의 귀족회의 명칭을 적으시오.

04

정답 고구려의 제가회의, 백제의 정사암회의, 신라의 화백회의

해설 고대 사회 귀족들의 합의제도
① 고구려 : 감옥(뇌옥)이 없고, 범죄자가 있으면 제가들이 모여서 논의하여 사형에 처하고 처자는 몰수하여 노비로 삼는다.
『삼국지』
② 백제 : 호암사에 정사암이란 바위가 있다. 국가에서 재상을 뽑을 때 후보자 3~4명의 이름을 써서 상자에 넣어 바위 위에 두었다. 얼마 뒤에 열어 보아 이름 위에 도장이 찍혀 있는 자를 재상으로 삼았다. 이 때문에 정사암이란 이름이 생기게 되었다.
『삼국유사』
③ 신라 : 큰 일이 있을 때에는 반드시 중의를 따른다. 이를 화백이라 부른다. 한 사람이라도 반대하면 통과하지 못하였다(만장일치제).
『신당서』

제 2 편

중세 사회

제1장	통일신라와 발해
제2장	고려 사회의 성립과 발전
제3장	고려 후기의 사회 변화
제4장	조선 사회의 성립과 발전
제5장	조선 전기 사회 변화와 외세 침략
제6장	조선 후기 경제 발전과 사회 동향
제7장	사회 모순의 심화와 농민 항쟁
실전예상문제	

교육은 우리 자신의 무지를 점차 발견해 가는 과정이다.

— 윌 듀란트 —

제 1 장 | 통일신라와 발해

제1절 신라의 삼국통합과 발해의 건국

01 백제와 고구려의 멸망

(1) **나당 연합군의 결성**: 신라(고구려와 백제의 압박)와 당(한반도 지배야욕)의 연합

(2) **백제 멸망(660)**
  ① **원인**: 지배층 향락, 정치질서 문란, 신라의 김유신은 황산벌 전투에서 백제의 계백을 격파하고 **사비성을 함락**시킴(660, 의자왕)
  ② **부흥 운동**: 복신·도침(주류성), 흑치상지(임존성)가 왕자 풍을 왕으로 추대하여 추진, 왜가 지원했으나 실패(660~663)

(3) **고구려 멸망(668)**
  ① **원인**: 고구려는 거듭된 전쟁으로 국력 소모, 연개소문 사후 권력 쟁탈전, 나당 연합군의 공격으로 **평양성**이 함락되면서 멸망
  ② **부흥 운동**: 검모잠(한성), 고연무(오골성)가 보장왕의 서자 안승을 왕으로 추대하여 추진, 신라가 지원했으나 실패(670~674), 이후 발해 건국(698)

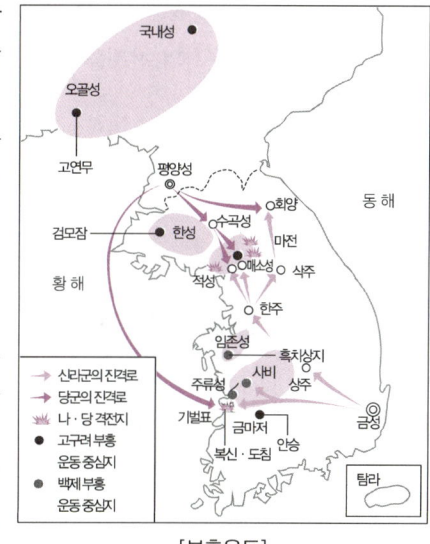
[부흥운동]

> **주관식 레벨 UP**
>
> 고구려 멸망 이후 검모잠·고연무 등은 (　　　　)을 왕으로 추대하여 한성(검모잠, 황해도 재령)과 오골성(고연무)을 근거지로 군사를 일으켰다.
>
> **풀이** 안승

02 신라의 삼국 통일

(1) **나당 전쟁(670 ~ 676)**
   ① **원인**: 당이 웅진 도독부(공주), 안동 도호부(평양), 계림 도독부(경주)를 설치하고 한반도 전체를 지배하려 함
   ② **나당 전쟁**: 신라는 당나라의 20만 대군을 매소성에서 격파하여 전쟁의 승기를 잡았고(675), 금강 하구의 **기벌포 전투**에서 승리하여 실질적인 통일을 완성(676)

(2) **삼국 통일(676, 문무왕)**
   ① **한계**: 외세를 이용하여 삼국을 통일하였고, 대동강에서 원산만까지를 경계로 한 이남의 지역만 차지
   ② **의의**: 당을 무력으로 축출한 자주적인 성격의 통일, 고구려와 백제 문화의 전통을 수용하고 민족 문화 발전의 토대를 마련

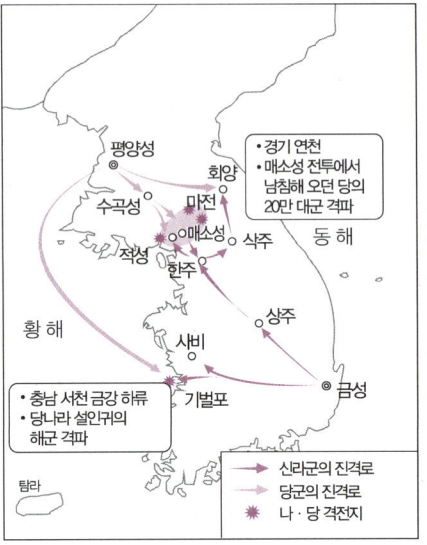

[나당 전쟁의 전개]

제2절 통일신라의 발전

01 통일신라의 성립과 발전

(1) **통일 이후 신라의 상황**: 영역의 확대, 인구의 증가, 생산력 증대, 정치적 안정

(2) **왕권의 전제화**: 왕권의 강화와 진골세력 약화
   ① **태종 무열왕(654 ~ 661)** 중요 ★★
      ㉠ 무열왕계 진골: **최초의 진골 출신 왕**으로 이후 무열왕계의 직계 자손만이 왕위를 세습
      ㉡ 왕권 강화: 집사부의 장관인 **시중의 기능을 강화**(상대등 세력 억제)
      ㉢ 기타: 친당 정책(중국식 시호 사용), 갈문왕 제도(왕의 친족에게 특혜 부여) 폐지

   > **주관식 레벨 UP**
   > 신라 중대 국왕의 정치적 조언자로 행정 실무를 담당하면서 전제 왕권 강화에 기여한 신분이 무엇인지 쓰시오.
   >
   > 풀이 6두품

② **문무왕** : 고구려 멸망, 당을 축출하여 삼국 통일을 완성
③ **신문왕** 중요 ★★★
　㉠ **왕권 강화** : 김흠돌의 모역 사건을 계기로 왕권을 전제화, 문무 관리에게 관료전을 지급하였고, 녹읍을 폐지(687), 만파식적

> **주관식 레벨 UP**
>
> (　　　)은 즉위하던 해에 일어난 김흠돌의 모역 사건을 계기로 귀족 세력을 숙청하면서 왕권을 전제화하기 시작하였다.
>
> 풀이 신문왕

　㉡ **통치체제 정비** : 전국 지방을 9주 5소경으로 정비, 국학 설치, 9서당 10정 편성

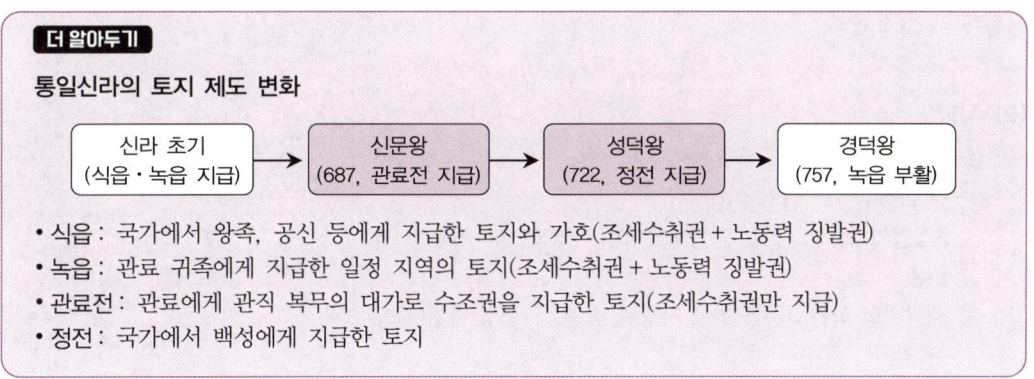

- **식읍** : 국가에서 왕족, 공신 등에게 지급한 토지와 가호(조세수취권 + 노동력 징발권)
- **녹읍** : 관료 귀족에게 지급한 일정 지역의 토지(조세수취권 + 노동력 징발권)
- **관료전** : 관료에게 관직 복무의 대가로 수조권을 지급한 토지(조세수취권만 지급)
- **정전** : 국가에서 백성에게 지급한 토지

(3) 신라 하대 전제 왕권의 동요 : 8세기 중엽 경덕왕 이후 왕권 약화 중요 ★
① **경덕왕(742 ~ 765)** : 녹읍의 부활(757), 불국사와 석굴암 축조(김대성), 귀족들의 향락과 사치 심화
② **원성왕(785 ~ 798)** : 독서삼품과 추진(관료 귀족들의 반대로 실패)
③ **헌덕왕(809 ~ 826)**
　㉠ 김헌창의 난(822) : 아버지 김주원이 원성왕에 밀려 왕위에 오르지 못하여 국호는 장안, 연호는 경운으로 하고 난을 일으킴
　㉡ 김범문의 난(825) : 김헌창의 아들 김범문이 고달주(여주)에서 반란
④ **흥덕왕(826 ~ 836)** : 사치금지령, 완도에 **청해진** 설치(828, 해적 소탕, 남해와 황해의 해상무역권 장악)
⑤ **문성왕(839 ~ 857)** : 장보고가 청해진 중심으로 반란(846)

> **더 알아두기**
>
> **장보고의 난**
> 문성왕 8년(846) 봄에 청해진 대사 궁복(장보고)이 자기 딸을 왕비로 맞지 않는 것을 원망하고 청해진을 근거로 반란을 일으켰다. 13년(851) 2월에 청해진을 파하고 그 곳 백성들을 벽골군으로 옮겼다.
> 『삼국사기』

02 통일신라의 통치 체제

(1) **중앙** : 집사부(시중) 아래 13부, 사정부(감찰 기구), 국학(국립대학) 설치

(2) **지방**
  ① **9주 5소경** : 전국을 9주 5소경 체제로 정비, 9주는 장관인 군주(총관, 도독)가 지배
  ② **5소경의 의의** : 수도 금성(경주)이 지역적으로 치우친 것 보완
  ③ **지방관의 파견** : 군과 현에 지방관 파견, 외사정 파견(지방관 감찰), 상수리 제도 실시
  ④ **특수행정구역** : 향, 부곡 등 설치

(3) **군사제도** : 9서당(중앙군, 민족 융합 도모), 10정(지방군, 9주에 배치)

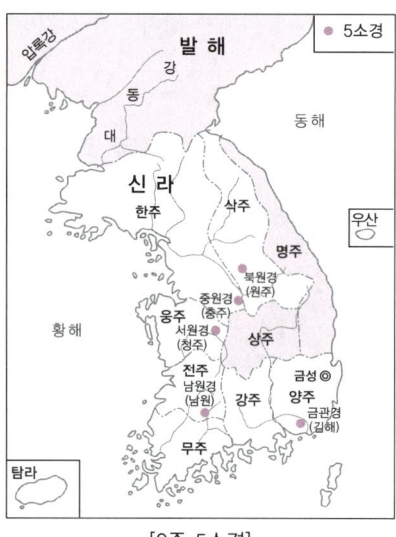
[9주 5소경]

제3절 발해의 발전

01 발해의 건국과 발전

(1) **발해의 건국**
  ① **발해 건국 배경**
    ㉠ 고구려 유민 탄압 : 당의 안동 도호부(대동강 이북과 요동 지방) 지배에 대한 고구려 유민의 저항
    ㉡ 당의 민족 분열 정책 : 보장왕을 요동 도독으로 임명, 고구려 유민의 반발(동족 의식 강화)

698	719	737	818	926
대조영(고왕), 발해 건국	대무예(무왕) 즉위	대흠무(문왕) 즉위	대인수(선왕) 즉위	대인선(애왕), 거란에게 멸망

② **발해의 건국과 의의** 중요 ★★

㉠ 건국 : 대조영(698~719, 고왕)을 중심으로 한 소수의 고구려 유민(지배층)과 다수의 말갈 집단(피지배층)이 길림성의 동모산에서 건국, 연호(천통)

㉡ 고구려 계승 : 일본에 보낸 국서에 고려 또는 고려국왕이라는 명칭 사용, 문화의 유사성(온돌, 기와, 정혜공주묘)

[발해의 영역]

> **더 알아두기**
>
> **발해사의 이해**
>
> 발해말갈의 대조영은 본래 고구려의 별종이다. 고구려가 망하자 대조영은 그 무리를 이끌고 영주로 이사하였다. … 대조영은 드디어 그 무리를 이끌고 동쪽 계루의 옛 땅으로 들어가 동모산을 거점으로 하여 성을 쌓고 거주하였다. 대조영은 용맹하고 병사 다루기를 잘하였으므로 말갈의 무리와 고구려의 남은 무리가 점차 그에게 들어갔다.
>
> 『구당서』

(2) 발해의 발전 중요 ★★★

① **무왕(719~737, 대무예)**

㉠ 대외정책 : 북만주 일대를 장악, 독자적 연호(인안)를 사용하며 당과 대립, 장문휴의 수군으로 하여금 당의 요서 지방과 산둥 지방을 공격(732)

> **주관식 레벨 UP**
>
> 당은 흑수부 말갈을 이용하여 발해를 견제하였다. 이에 발해의 (　　　)은 장문휴의 수군을 보내 당의 요서 지방과 산둥 지방을 공격하였다.
>
> 풀이 무왕

㉡ 동북아시아의 세력균형 : 발해는 돌궐·일본 등과 연결하여 당과 신라를 견제하며 세력균형을 유지

② **문왕**(737~793, 대흥무)
  ㉠ 체제 정비 : 당과 친선 관계 체결, 3성 6부 정비, 주자감 설치, 수도를 중경에서 상경으로 천도
  ㉡ 대외정책 : 독자적 연호(대흥) 사용, 신라와 상설 교통로(신라도) 개설
③ **선왕**(818~830, 대인수) : 대부분의 말갈족 복속, 요동 진출, 독자적 연호(건흥) 사용, 5경 15부 62주 정비, 중국인들은 전성기의 발해를 보며 **해동성국**이라고 칭송

> **주관식 레벨 UP**
> 발해의 고왕-무왕-문왕-선왕 대에 사용한 연호를 나열하시오.
> **풀이** 천통-인안-대흥-건흥

(3) **멸망** : 귀족들의 권력 투쟁으로 국력이 쇠퇴, 거란의 침략으로 멸망(926)

(4) **정안국**(938~986) : 발해가 멸망한 이후 발해 유민들이 압록강 주변에 모여 정안국(定安國) 건국, 요나라에 의해 멸망(986)

02 신라와 발해의 관계

(1) **대립관계** : 발해 무왕 때 신라가 발해를 공격, 쟁장사건(897), 등제서열사건(906) 등
  - 쟁장사건: 발해왕자 대봉예가 당 사신으로 파견되었을 때 사신의 위치를 두고 신라와 다툼
  - 등제서열사건: 발해 오광찬의 아버지 오소도가 신라 최언위와의 빈공과 순위 변경을 요청하여 충돌

(2) **친선관계** : 신라도(발해 문왕), 발해가 거란의 침입을 받았을 때 신라가 발해를 지원하기도 함

03 발해의 통치체제

(1) **중앙** : 당의 3성 6부 모방(명칭과 운영의 **독자성**), 중정대(관리 비리 감찰), 문적원(서적 관리), 주자감(최고 교육 기관)

> **주관식 레벨 UP**
> 다음 국가들의 관리의 비리와 부정을 방지하기 위한 관찰 기구를 쓰시오.
> 고려   - 어사대
> 통일신라 - (㉠)
> 발해   - (㉡)
> **풀이** ㉠ 사정부, ㉡ 중정대

722	757	788	822	846	889
정전 지급 (성덕왕)	녹읍 부활 (경덕왕)	독서삼품과 추진(원성왕)	김헌창의 난 (헌덕왕)	장보고의 난 (문성왕)	원종·애노의 난 (진성여왕)

(2) **지방** : 5경(전략적 요충지), 15부(도독), 62주(자사), 현(현승), 촌락(촌장 : 주로 말갈족)

(3) **군사제도** : 10위(중앙군, 왕궁과 수도 경비)

제4절 신라 사회의 동요

01 신라 말 사회 변화

(1) **신라 말기의 동요** : 상대등의 권력 강화, 중앙 정부의 지방에 대한 통제력 약화 중요 ★★
  ① **신라 말 대표적 봉기** : 김헌창의 난(822, 헌덕왕), 장보고의 난(846, 문성왕), 원종·애노의 난(889, 진성여왕) 등
  ② **원종·애노의 난(889)** : 신라 말 신라 사벌주(상주)에서 일어난 농민항쟁

> **더 알아두기**
>
> **통일신라 말기의 전란**
> 진성여왕 3년(889) 나라 안의 여러 주·군에서 공부(貢賦)를 바치지 않으니 창고가 비고 나라의 쓰임이 궁핍해졌다. 왕이 사신을 보내어 독촉하자 도적이 벌 떼 같이 일어났다. 이에 원종·애노 등이 사벌주(상주)에 의거하여 반란을 일으키니 왕이 나마 벼슬의 영기에서 명하여 잡게 하였다. 영기가 적진을 쳐다보고는 두려워하여 나아가지 못하였다.
>
> 『삼국사기』

(2) **농민 몰락** : 귀족들의 대토지 소유 확대, 자연재해, 농민 수탈 등으로 인해 농민 몰락

02 반신라 세력의 성장

(1) **호족 세력의 성장** 중요 ★★
  ① **지방 호족** : 성주·장군 자칭, 지방의 행정·군사·경제권 행사, 6두품 출신·당 유학생 및 선종 승려와 결탁
  ② **호족의 유형** : 권력 투쟁에서 밀려나 지방에서 세력을 키운 몰락한 중앙 귀족, 무역에 종사하면서 재력과 무력을 축적한 세력, 군진 세력, 지방 토착 세력인 촌주 출신 등

> **주관식 레벨 UP**
>
> 다음에서 설명하고 있는 용어가 무엇인지 2음절로 쓰시오.
>
> > (   )은 권력 투쟁에서 밀려나 지방에서 세력을 키운 몰락한 중앙 귀족, 무역에 종사하면서 재력과 무력을 축적한 세력, 군진 세력, 지방의 토착 세력인 촌주 출신 등으로 구분된다. 후백제를 세운 견훤, 후고구려를 세운 궁예, 고려를 세운 왕건 등이 이에 해당한다고 볼 수 있다.
>
> **풀이** 호족

(2) **6두품** : 골품제 사회 비판, 새로운 정치 이념 제시, 호족과 연계

> **주관식 레벨 UP**
>
> 이들은 학문적 식견을 바탕으로 왕의 정치적 조언자 역할을 수행하였고, 행정 실무를 총괄하였다. 신라 하대에는 호족과 함께 반(反)신라 세력화되었다. 이들은 누구인가?
>
> **풀이** 6두품

제5절 남북국의 경제, 사회

01 남북국의 경제

(1) 통일신라의 경제
  ① **토지제도의 변화** 중요 ★★★
    ㉠ 토지제도 : 통일 전 귀족에게 식읍과 녹읍을 지급하였고, 통일 이후 **신문왕** 때 녹읍을 폐지하고 관료전을 지급, 성덕왕 때 백성에게 정전을 지급
    ㉡ 신라 말 : 왕권 약화로 **경덕왕** 때 관료전을 폐지하고 다시 **녹읍 부활**(757)

> **주관식 레벨 UP**
>
> - 신문왕 9년(689) (   )을 혁파하고 매년 조를 내리되, 차등이 있게 하여 이로써 영원한 법식을 삼았다.
> - 경덕왕 16년(757) 여러 내외관의 월봉을 없애고 다시 (   )을 나누어 주었다.
>
> **풀이** 녹읍

② 신라 민정문서 중요 ★★
  ㉠ 발견 : 1933년 일본 도다이사 쇼소인에서 통일신라 때 서원경(청주)의 4개촌 장적이 발견
  ㉡ 작성 : 그 지역 촌주가 매년 변동 사항을 조사하여 3년마다 작성
  ㉢ 내용 : 토지 크기, 인구수, 소와 말의 수, 토산물 파악, 사람의 다소에 따라 9등급, 연령·성별에 따라 6등급으로 나눔
  ㉣ 목적 : 국가의 조세, 공물, 부역 징수를 위한 자료로 활용

> **더 알아두기**
>
> **신라 민정문서**
> 토지는 논·밭·촌주위답·내시령답 등 토지의 종류와 면적을 기록하고, 사람들은 인구·가호·노비의 수와 3년 동안의 사망·이동 등 변동 내용을 기록하였다. 그 밖에 소와 말의 수, 뽕나무·잣나무·호두나무의 수까지 기록하였다. … 기록된 4개 촌은 호구 43개에 총인구는 노비 25명을 포함하여 442명(남 194, 여 248)이며, 소 53마리, 말 61마리, 뽕나무 4,249그루 등의 재산을 소유하고 있었다.

③ 통일신라의 경제 활동 중요 ★
  ㉠ 상업활동 : 통일 이후 인구와 상품 생산 증가, 동시 외에 서시·남시 설치
  ㉡ 대외무역 : 통일 이후 당과의 무역 번성, 공무역 및 사무역 발달(당항성), 이슬람 상인이 울산에서 무역(울산항)
  ㉢ 해외기관 : 산둥반도와 양쯔강 하류에 신라방(신라촌), 신라소, 신라관, 신라원 설치

(2) 발해의 경제생활
  ① 수취제도 : 조세(조, 콩, 보리), 공물(베, 명주, 가죽), 부역(건축 동원)
  ② 산업
    ㉠ 농업과 목축 : 기후 조건의 한계로 콩·조·보리·기장 등을 재배하는 밭농사 중심, 목축(솔빈부의 말)과 수렵(모피, 녹용, 사향 등)
    ㉡ 수공업과 상업 : 금속 가공업(철·구리·금·은), 직물업(삼베·명주·비단), 도자기업 발달, 철 생산 풍부, 구리 제련술 발달, 도시와 교통 요충지에서 상품 매매 활발, 현물 화폐 중심, 외국 화폐 겸용
    ㉢ 어업 : 고기잡이 도구 개량, 숭어·문어·대게·고래 포획

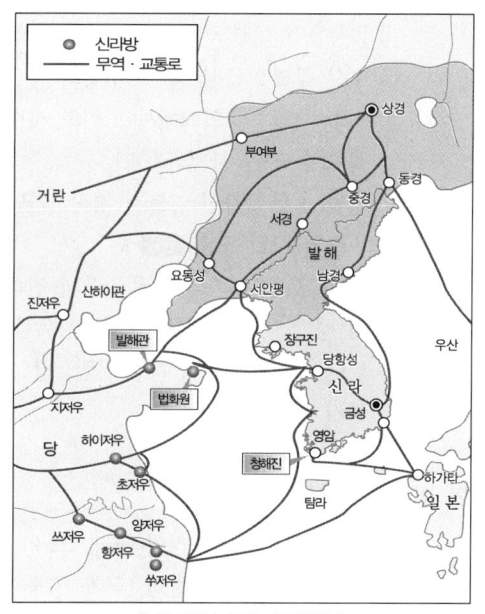

[남북국시대의 대외무역]

③ 무역
- ㉠ 당 : 발해관 설치, 교관선 왕래, 수출(모피, 인삼, 불상, 자기)과 수입(귀족들의 수요품인 비단, 책) 활발
- ㉡ 기타 : 외교 관계를 중시, 교류 활발, 신라(신라도) 및 거란과 무역

> **주관식 레벨 UP**
> 덩저우에 장보고가 세운 신라원의 이름을 쓰시오.
> **풀이** 법화원

02 남북국의 사회

(1) 통일신라의 사회 변화

① **사회 변화** : 민족 문화가 하나의 국가 아래서 발전하는 계기
  - ㉠ 정치·사회 안정 : 영토와 인구 증가, 경제력 증대, 왕권의 전제화, 6두품의 두각
  - ㉡ 민족 통합 : 고구려·백제 옛 지배층에게 신라 관등 부여, 유민의 9서당 편성

② **통일신라의 사회**
  - ㉠ 진골 귀족 : 중앙 관청의 장관직 독점, 합의를 통한 국가 중대사 결정(화백회의)
  - ㉡ 골품 변화 : **6두품은 국왕을 보좌하여 정치적 진출이 활발**, 3두품에서 1두품은 평민화
  - ㉢ 도시 발달 : 금성(정치·문화의 중심), 5소경(지방 문화의 중심)
  - ㉣ 귀족 생활 : 금입택에서 노비와 사병 소유, 대토지와 목장 소유, 고리대업, 불교 후원, 사치품 선호(흥덕왕, 사치금지령)
  - ㉤ 평민 생활 : 자신의 토지 경작, 가난한 농민은 귀족의 토지 경작, 고리대로 인해 노비로 전락

③ **신라 말의 사회 모순** 중요 ★
  - ㉠ 사회 모순 : 귀족의 정권 다툼과 귀족의 대토지 소유 확대, 중앙의 통제력 약화, 지방 세력(호족)의 성장, 자영농 몰락(소작농, 유랑민, 화전민, 노비로 전락)
  - ㉡ 민란 : 중앙 정부의 기강 문란, 강압적인 조세 징수, **원종과 애노의 난(상주)** 등 각지에서 농민 봉기 발생

(2) 발해의 사회 구조

① **지배층** : 소수의 고구려인(대씨, 고씨), 중요 관직 차지, 노비와 예속민 거느림
② **피지배층** : 다수의 말갈인, 국가 행정 보조
③ **지식인** : 당의 빈공과에 응시, 당의 제도와 문화 수용
④ **사회·풍습** : 고구려나 말갈 사회의 전통적인 생활 모습을 유지

제6절 남북국의 문화

01 한자의 보급과 교육

(1) **유학 교육** 중요 ★

① **통일신라**: 국학(신문왕) → 태학 개칭(경덕왕) → 국학 개칭(혜공왕), 독서삼품과(원성왕, 학문과 유학 보급에 기여)

> **주관식 레벨 UP**
>
> 통일신라시대 원성왕 때 실력에 의하여 관리를 선발하기 위하여 실시한 것은?
>
> **풀이** 독서삼품과

② **발해**: 주자감 설립(유교 경전 교육)

(2) **유학의 보급** 중요 ★

① **통일신라**: 강수(외교 문서, 답설인귀서)와 설총(이두·화왕계) 등 6두품 지식인, 김운경과 **최치원**(빈공과 급제, 계원필경) 등 도당 유학생, **최치원의 시무 10조**(유교이념, 과거제도)
② **발해**: 당에 유학생 파견, 당의 빈공과 급제

> **주관식 레벨 UP**
>
> 다음에서 설명하는 인물은?
>
> • 6두품 출신의 도당유학생으로 당의 빈공과에 급제하고 문장가로 이름을 떨쳤다.
> • 진성여왕 때 개혁안 10조를 건의하였으나, 받아들여지지 않자 은둔 생활을 하면서 뛰어난 문장과 저술을 남겼다.
>
> **풀이** 최치원

(3) **역사 편찬**: 김대문의 화랑세기(화랑들의 전기), 고승전(유명 승려들의 전기), 한산기(한산주 지방의 지리지)

> **주관식 레벨 UP**
>
> 신라의 문화를 주체적으로 인식하여 화랑세기, 계림잡전, 고승전, 한산기 등을 편찬했던 통일신라 시기의 역사가는 누구인가?
>
> **풀이** 김대문

02 불교와 기타 신앙

(1) 통일신라의 불교

① **원효** 중요 ★★★
  ㉠ 화쟁사상 : 불교의 이해 기준 확립(대승기신론소, 금강삼매경론), 일심사상(화쟁사상)을 바탕으로 종파 간의 사상적 대립 조화·분파 의식 극복(십문화쟁론)
  ㉡ 불교의 대중화 : 아미타 신앙(불교 대중화, 정토종 보급), 법성종 개창, 무애가

> **주관식 레벨 UP**
> 보기에서 설명하고 있는 인물에 대해 답하시오.
> - 십문화쟁론(十門和諍論), 대승기신론소, 금강삼매경론 등의 저서가 있다.
> - 아미타 신앙을 직접 전도하며 불교 대중화의 길을 열었다.
>
> 풀이 원효

② **의상** 중요 ★★
  화엄 사상 정립(화엄일승법계도, 일즉다 다즉일), 관음 신앙(현세에서 고난 구제), 부석사 건립
③ **기타** : 혜초(왕오천축국전), 자장(황룡사 9층 목탑 건립 건의), 원측(유식불교)

> **주관식 레벨 UP**
> 혜초가 인도와 중앙아시아 여러 나라의 풍물을 기록한 책은?
>
> 풀이 왕오천축국전

(2) 발해의 불교 : 고구려 불교 계승, 왕실과 귀족 중심, 상경에 사원 건립

(3) 선종 : 통일 전후 전래, 신라 말기에 유행, **실천적인 경향**, 조형 미술의 쇠퇴, **6두품과 연계**, 9산 선문 성립(불립문자, 견성오도), 지방 문화의 역량 증대, 고려 사회 건설의 사상적 바탕

> **더 알아두기**
> **교종과 선종**
>
> | 구분 | 성격 | 종파 | 자치세력 | 발전시기 | 영향 |
> | --- | --- | --- | --- | --- | --- |
> | 교종 | 불경·교리 중시 | 5교 | 중앙 귀족 | 신라 중대 | 조형 미술 발달, 중앙 집권 |
> | 선종 | 참선·수행 중시 | 9산 | 지방 호족 | 신라 하대 | 조형 미술 쇠퇴, 승탑 발달 |

> **주관식 레벨 UP**
>
> 불교 교종과 선종의 차이점을 설명하시오.
>
> **풀이** 교종은 경전의 이해를 통하여 깨달음을 추구하고, 선종은 실천 수행을 통하여 마음속에 내재된 깨달음을 얻는 것이다.

(4) 기타 신앙

① **풍수지리설**: 신라 말 선종 승려 도선이 전래, 인문지리적 학설, 도참신앙과 결합 → 지방 중심으로 국토재편성 주장

② **도교**: 통일신라(최치원의 4산 비명), 발해(정효공주묘)

03 남북국시대의 고분 ★★

구분	양식	고분	특징
통일신라	굴식돌방	김유신묘, 성덕대왕릉	둘레돌, 12지 신상
	화장법	문무왕릉	호국적 성격
발해	굴식돌방	정혜공주묘	모줄임 천장 구조, 고구려의 영향
	벽돌	정효공주묘	묘지와 벽화 발굴, 당의 영향

04 조형 문화의 발달

(1) 건축

① **통일신라**: 불국사(불국토의 이상 표현), 석굴암(비례와 균형의 조화미), 안압지(조경술, 귀족들의 화려한 생활)

② **발해**: 상경 궁궐터(당의 장안성 모방, 주작대로, 온돌 흔적)

(2) 탑 ★★

① **통일신라**: 2중 기단 위에 3층 석탑 유행, 감은사지 3층 석탑, **불국사 3층 석탑(석가탑)**, 다보탑, 양양 진전사지 3층 석탑, 화엄사 4사자 3층 석탑, 승탑·탑비(선종 유행, **쌍봉사 철감선사 승탑**)

② **발해**: 승탑, 영광탑

[석가탑] [감은사지 3층 석탑] [영광탑] [쌍봉사 철감선사 승탑]

(3) 불상 조각과 공예 중요 ★

① **통일신라**: 석굴암 본존불과 보살상(사실적인 조각, 불교의 이상 세계 구현) · 법주사 쌍사자 석등

② **발해**: 상경의 석등, 돌사자상(정혜공주묘), **이불병좌상**(고구려 양식 계승, 흙을 구워 만든 불상)

[석굴암 본존불] [법주사 쌍사자 석등] [이불병좌상]

05 일본으로 건너간 우리 문화

(1) 삼국시대: 삼국시대의 영향을 받아 일본의 아스카 문화가 발달

① **백제**
  ㉠ 의의: 삼국 중 일본 문화 전파에 가장 큰 기여
  ㉡ 4세기: 아직기(일본 태자에게 한자를 가르침), 왕인(천자문, 논어 전달)
  ㉢ 6세기: **노리사치계**의 불경과 불상 전달, 고류사의 미륵 반가 사유상과 호류사의 백제 관음상 제작에 영향
  ㉣ 특징: 5경 박사, 의박사, 역박사, 화가, 공예가 활약 – 목탑, 백제 가람 양식

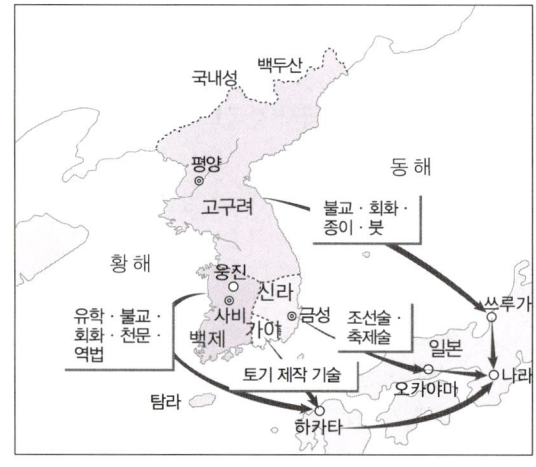

[삼국문화의 일본전파]

② **고구려** : 담징(종이와 먹의 제작 방법 전달, 호류사의 금당 벽화), 혜관(불교 전파), 혜자(쇼토쿠 태자의 스승), 다카마쓰 고분 벽화(수산리 벽화와 흡사)

> **주관식 레벨 UP**
> 7세기 초 일본에 종이와 먹의 제조 방법을 전한 고구려 사람의 이름은?
> **풀이** 담징

③ **신라** : 축제술(한인의 연못), 조선술, 아스카 문화 형성에 영향
④ **가야** : 가야토기의 영향을 받아 일본의 스에키문화가 발달

(2) 남북국시대 : 통일신라 문화의 영향을 받아 일본의 하쿠호 문화가 번성

> **주관식 레벨 UP**
> 우리나라 삼국의 문화는 일본의 나라 지방에서 발전한 (   ) 문화의 형성에 큰 영향을 끼쳤으며, (   )문화 성립에 기여하였다.
> **풀이** 아스카, 하쿠호

제 2 장 | 고려 사회의 성립과 발전

제1절 고려의 건국과 후삼국 통합

01 후삼국의 성립

(1) 후백제(900 ~ 936, 견훤)
  ① **발전**: 완산주(전주) 도읍, 충청도·전라도 일대 장악, 군사적 우위 확보, 중국과 외교 관계 수립

> **더 알아두기**
>
> 견훤은 상주 가은현(경북 문경 가은) 사람으로 본래의 성은 이씨였는데 후에 견으로 성씨를 삼았다. 아버지는 아자개이니 농사로 자활하다가 후에 가업을 일으켜 장군이 되었다. … 드디어 후백제 왕이라 스스로 칭하고 관부를 설치하여 직책을 나누었다.
>
> 『삼국사기』

  ② **한계**: 반신라 정책, 지나친 조세 수취·호족 포섭 실패

(2) 후고구려(901 ~ 918, 궁예)
  ① **발전**: 송악(개성) 도읍, 강원도·황해도·경기도 일대 장악, 국호 변경(마진 → 태봉), 새로운 신분 제도 모색

> **더 알아두기**
>
> 궁예는 신라 사람으로, 성은 김씨이고, 아버지는 제47대 헌안왕 의정이며, 어머니는 헌안왕의 후궁이었다 … 머리를 깎고 승려가 되어 스스로 선종이라 이름 하였다… 선종이 왕이라 자칭하고 사람들에게 이르기를 "옛날에 신라가 당에 군사를 청하여 고구려를 멸망시켰기 때문에 옛 서울(평양)이 황폐해져서 풀만 무성하니 내가 반드시 그 원수를 갚으리라."하였다.
>
> 『삼국사기』

  ② **한계**: 지나친 조세 수취, 미륵 신앙을 이용한 전제 정치, 궁예 축출

918	936	956	958	983
고려 건국 (태조)	고려, 후삼국 통일(태조)	노비안검법 실시(광종)	과거제도 실시 (광종)	12목, 2성 6부 설치(성종)

02 고려의 성립과 민족의 재통일

(1) **재통일 과정**: 후백제 건국(900, 견훤) → 후고구려 건국(901, 궁예) → 고려 건국(918, 왕건) → 발해 멸망 (926, 거란 침략) → 신라 투항(935, 경순왕) → 후백제 멸망(936)

(2) **고려의 건국**: 고구려의 계승 표방, 송악에 도읍(919), 민심 수습, 호족 세력을 회유·포섭

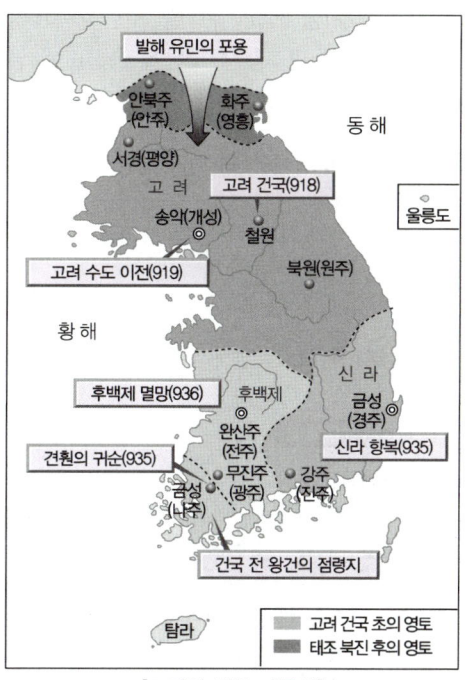

[고려의 민족 재통일]

03 세계사

(1) **동양**: 당 멸망 → 5대 10국 → 송(문치주의) → 여진의 침입, 남송(성리학) → 원(동서 문화 교류)

(2) **서양**: 서유럽 문화권(봉건제도, 로마 카톨릭), 비잔틴 문화권(그리스 정교, 동유럽 문화의 바탕), 이슬람 문화권(이슬람교)

제2절 고려의 지배 체제와 사회

01 고려 전기 왕들의 정치

(1) **태조의 정책(918 ~ 943)** 중요 ★★★

① **왕권의 구축**

㉠ **민생안정**: 취민유도의 원칙으로 호족들의 지나친 세금수취 금지, 조세제도 합리화(세율 1/10로 경감), 흑창 설치(빈민구제)

㉡ **왕권 강화**: **정계·계백료서** 등의 관리지침서를 제시, 후대의 왕들에게 **훈요 10조**(숭불정책, 북진정책, 민생안정, 풍수지리 등) 제시

② 호족 통합
   ㉠ 회유책 : 개국 공신과 지방 호족을 관리로 등용, **역분전** 지급, 왕씨 성을 하사하여 친족으로 포섭(사성정책), 유력한 지방 호족과의 혼인정책, 호족의 자치권 인정
   ㉡ 사심관 제도 : 고관을 출신지에 임명, 불미스러운 일 발생 시 연대 책임
   ㉢ 기인 제도 : 호족 자제를 일정 기간 수도(개경)에 머물게 한 제도(통일신라의 상수리 제도와 유사)

> **주관식 레벨 UP**
>
> 고려 태조의 호족 통합 정책을 두 가지만 서술하시오
>
> **풀이** 혼인정책, 사성정책, 사심관 제도, 기인제도

③ **북진정책** : 서경(평양) 중시, 거란 강경책(만부교 사건), 청천강에서 영흥만까지 국경선 확보

> **더 알아두기**
>
> **훈요 10조**
> 3조 왕위계승은 적자적손 원칙이며, 형편이 안 되면 형제 상속도 가능하게 하라.
> 4조 거란은 금수(짐승)의 나라이니 그 풍속을 따르지 말라.
> 5조 서경의 수덕은 순조로워 우리나라 지맥의 근본을 이루고 있어 길이 대업을 누릴 만한 곳이니, 100일을 머물러 안녕(태평)을 이루게 하라.
> 6조 연등은 부처를 제사하고, 팔관은 하늘과 5악·명산·대천·용신 등을 봉사하는 것이니, 후세의 간신이 의식절차의 가감(加減)을 건의하지 못하게 하라.
>
> 『고려사』

(2) 광종의 개혁정치(949 ~ 975) 중요 ★★★

① **혜종(943 ~ 945) ~ 정종(945 ~ 949)** : 왕규의 난(945), 왕권 약화
② **광종의 왕권 강화 추진** : 공신·호족 세력 숙청하여 왕권 강화
   ㉠ 노비안검법(956) : 불법적으로 노비가 된 자를 양인으로 해방시켜 주는 노비안검법의 시행으로 호족 세력의 약화와 국가의 수입 기반 확대
   ㉡ 과거제(958) : 쌍기의 건의를 수용하여 문반관리를 선발하는 과거제를 시행, 신구 세력의 교체 도모
   ㉢ 칭제건원 : 황제의 칭호 사용, 광덕·준풍과 같은 독자적인 연호 사용
   ㉣ 백관공복제 : 지배층의 위계질서 확립(자색, 단색, 비색, 녹색)
   ㉤ 기타 : 주현공부법, 귀법사 창건, 제위보 설치(963)

> **주관식 레벨 UP**
>
> 광종의 왕권강화 정책을 서술하시오.
>
> **풀이** 노비안검법의 시행, 과거제도 실시, 광덕·준풍의 독자적인 연호 사용, 황제 사용

(3) 성종의 유교 정치(981~997) 중요 ★★★

① 유학의 진흥
   ㉠ 배경 : 최승로의 시무 28조 채택으로 유교 정치 시행

> **더 알아두기**
>
> **최승로의 시무 28조**
> 7조 태조께서 나라를 통일한 후에 외관(外官)을 두고자 하였으나 … 청컨대 외관을 두소서.
> 13조 봄에는 연등을 설치하고 겨울에는 팔관(八關)을 베푸는데, 사람을 많이 동원하고 노역이 심히 번다하니, 원컨대 이를 더 덜어서 백성의 힘을 펴주소서.
> 20조 불교를 행하는 것은 수신의 근본이며, 유교를 행하는 것은 치국의 근원이니, 수신은 내세를 위한 것이며, 치국은 곧 현세의 일입니다.

   ㉡ 유교 진흥 정책 : 불교 행사(연등회·팔관회) 폐지, **국자감** 정비(992), 경학박사·의학박사 파견하여 교육, 문신월과법 시행

② 통치체제의 정비
   ㉠ 중앙정치체제 정비 : 중앙 관제를 2성 6부 제도로 정비
   ㉡ 지방통치체제 정비 : 12목에 목사 파견(지방관 파견), 향리제도, 과거제도 정비, 강동 6주 설치

> **주관식 레벨 UP**
> 성종은 지방 제도를 정비하기 위하여 전국의 주요 지역에 (   )을 설치하고 목사를 파견하였다.
> 풀이 12목

   ㉢ 사회시설 정비 : 의창(흑창의 확대·개편), 상평창(물가 조절), 화폐발행(**건원중보**), 노비환천법

02 통치체제의 정비

(1) 중앙 행정 조직 중요 ★★

① **2성 6부** : 당의 3성 6부 제도를 수용, 고려의 실정에 맞게 2성 6부 제도로 정비하여 독자적으로 운영(982)
   ㉠ 중서문하성 : 장관인 문하시중이 국정 총괄, 2품 이상의 **재신**(국가 정책 심의)과 3품 이하의 낭사(정치 잘못 비판)로 구성
   ㉡ 상서성 : 실무담당 기관인 6부를 두고 정책의 집행을 총괄

② 귀족합의 최고기구(재신과 추밀이 참여)
　㉠ 도병마사 : 고려의 국방 문제를 담당하는 국가 최고의 회의기구, 고려 후기 도평의사사로 개편(최고 정무 기관으로 변화)
　㉡ 식목도감 : 법의 제정이나 국가 의례의 규정을 다루던 최고의 회의기구
③ 기타
　㉠ 중추원 : 군사 기밀을 담당하였던 2품 이상의 추밀과 왕명의 출납을 담당하였던 3품 이하의 승선으로 구성
　㉡ 삼사 : 화폐와 곡식의 출납·회계
　㉢ 어사대 : 정치의 잘잘못을 논하고 관리의 비리를 감찰하고 탄핵하는 기구
　㉣ 대간제도 : 어사대의 관원(대관)과 중서문하성의 낭사(간관)로 구성

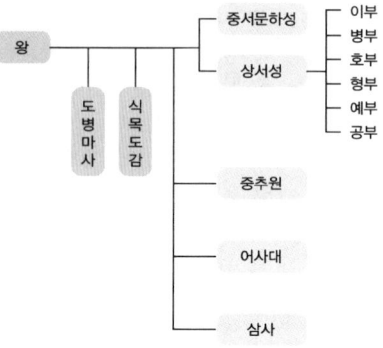

[고려의 중앙관제]

더 알아두기

대간제도
간쟁(왕의 잘못을 비판), 봉박(잘못된 왕명은 시행하지 않고 돌려보냄), 서경(관리 임명과 법령의 개정이나 폐지 등에 동의하거나 거부하는 권한)

주관식 레벨 UP

어사대와 중서문하성의 낭사로 구성되어 왕권을 견제하여 권력의 균형을 이루었던 고려시대 관리의 권한은 무엇인가?

풀이 대간

(2) 지방 행정 조직
① **일반행정구역** 중요 ★★
　㉠ 행정구역 : 전국 5도로 획정(현종), 5도(안찰사 파견) 아래 주·군·현(지방관 파견)이 설치
　㉡ 지방관 파견 : 지방관이 파견된 주현보다 지방관이 파견되지 않은 속현이 더 많이 존재
　㉢ 행정실무 : 조세, 공물, 노역징수 등 실제 행정사무는 향리가 담당
② **군사행정구역** 중요 ★
　㉠ 군사구역 : 양계는 군사적 특수 지역으로 북방의 국경 지역에 동계와 북계의 양계를 설치, 국방상 요지로써 양계의 밑에 진을 설치
　㉡ 지방관 파견 : 양계에 병마사 파견

③ **특수행정구역과 향리** 중요 ★★★
  ㉠ 특수행정구역 : 향·부곡(농업)·소(수공업, 광공업)민은 세금의 과중 부담, 교육·거주·이전의 자유 제한, 과거 응시 금지 등 일반 양민에 비하여 차별대우를 받음
  ㉡ 향리 : 지방 호족 출신으로 지방의 행정사무 담당, 토착 세력으로 향촌 사회의 지배층

(3) 군사 조직
  ① 중앙군
    ㉠ 구성 : 국왕의 친위부대인 2군(응양군, 용호군)과 수도·국경을 방위하는 6위(좌우위·신호위·흥위위·금오위·천우위·감문위)로 구성
    ㉡ 특징 : 중앙군은 직업 군인으로 군적에 등록되어 군인전을 지급받았으며 역은 자손에게 세습

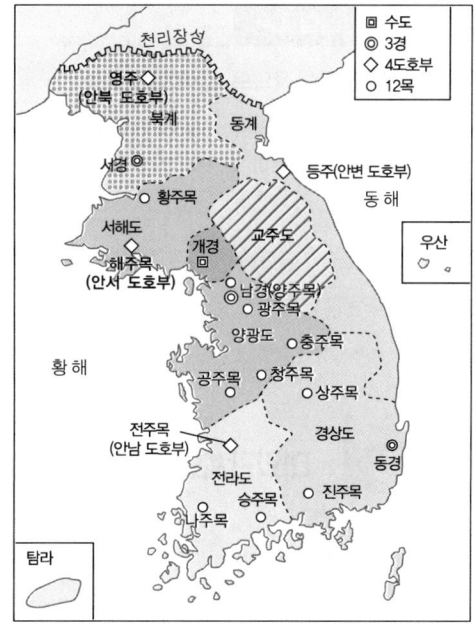

[고려의 5도 양계]

  ② 지방군
    ㉠ 지위 : 군적에 오르지 못한 16세 이상 장정
    ㉡ 주진군 : 양계에 배치된 국방 상비군, 좌군·우군·초군으로 구성
    ㉢ 주현군 : 5도의 일반 군, 현에 편성된 일종의 예비군으로 보승군(보병)·정용군(기병)·일품군(노역)으로 구성
  ③ **특수군** : 광군(정종, 거란), **별무반**(숙종, 여진), **삼별초**(고종 때 최우, 몽골), 연호군(공민왕, 왜구)

(4) 관리 임용제도 중요 ★★
  ① 과거제도
    ㉠ 원칙 : 법적으로 양인 이상이면 응시 가능, 광종 때(958) 쌍기의 건의로 과거 시행, 식년시(3년마다 정기 시험) 원칙
    ㉡ 제술과(문과) : 문신 등용(한문학·정책 시험), 실제는 귀족·향리 자제가 응시
       명경과(문과) : 문신 등용(유교 경전 시험), 실제는 귀족·향리 자제가 응시
    ㉢ 잡과 : 법률·회계·지리 등 실용 기술학 시험, 신분상의 한계로 실제는 백정(농민)이 응시
    ㉣ 승과 : 교종시, 선종시로 승려에게 법계를 줌
  ② **음서제도** : 공신·종실 자손, 5품 이상 고위 관료 자손(외손자 포함)은 과거 없이 관리 등용

주관식 레벨 UP

다음에 공통적으로 들어갈 말은?

> 고려의 관리는 과거와 (　　　)를 통하여 등용되었다. (　　　)는 공신과 종실의 자손, 5품 이상의 고위 관료의 자손 등이 과거를 거치지 않고도 관료가 될 수 있는 혜택이었다.

풀이 음서

제3절　대외관계와 거란의 침략

01　10C 국제정세

(1) **동아시아의 정세**: 10세기 초의 동북아시아에는 고려와 송·거란이 존재

(2) **국제정세의 변화**
① **중국과의 교류**: 송과 고려는 경제·문화·군사·외교적으로 밀접한 친교 관계 형성
② **북방의 변화**: 북방의 거란이 세력을 규합하여 요를 건국한 후 송과 대치함

02　10C 거란(요)의 침입 – 광군

(1) **원인**: 고려의 친송·북진 정책과 거란에 대한 강경책

(2) **거란의 침략**
① **1차 침입(993)** 중요 ★★★
　㉠ 배경: 거란의 소손녕은 고려가 송과의 교류를 끊을 것과 아울러 고려가 차지하고 있는 옛 고구려의 영토를 요구하며 80만 대군을 이끌고 침략(993)
　㉡ 전개: 서희는 외교 담판으로 고려가 고구려의 후예임을 인정받음과 동시에 압록강 동쪽의 강동 6주를 획득하여 영토를 확장(994, 성종)

926	942	993	1019	1033	1107
거란, 발해 멸망	만부교 사건 (태조)	거란, 1차 침입 (성종)	귀주 대첩 (강감찬)	천리장성 축조 (~1044)	동북 9성 축조 (윤관)

> **더 알아두기**
>
> **서희의 외교 담판**
> 소손녕 : 고려는 신라의 땅에서 일어났는데도 우리가 소유하고 있는 고구려 땅을 침식하고 있으니 고려가 차지한 고구려의 옛 땅을 내 놓아라. 또한, 고려는 우리나라와 땅을 연접하고 있으면서도 바다를 건어 송을 섬기고 있으니 송과 단교한 뒤 요와 통교하라.
> 서 희 : 우리나라는 고구려하여 고려라 하고 평양에 도읍하였으니, …어찌 침식했다고 할 수 있느냐? 또한, 압록강 내외도 우리의 경내인데, 지금 여진족이 할거하여 그대 나라와 조빙을 통하지 못하고 있으니, 만약에 여진을 내쫓고 우리 땅을 되찾아 성보를 쌓고 도로가 통하면 조빙을 닦겠다.
> 『고려사』

> **주관식 레벨 UP**
>
> 거란 '소손녕'의 요구에 대해 외교적 담판으로 고려가 고구려의 후계자임을 인정받고 압록강 동쪽의 강동 6주를 확보하는 성과를 거둔 인물은?
>
> **풀이** 서희

② **거란의 2차 침입(1010)**

거란의 성종은 강조의 정변을 구실로 40만 대군을 이끌고 침략하였고, **양규의 선전**으로 흥화진 전투에서 승리

③ **거란의 3차 침입(1019)** 중요 ★★

거란은 고려의 친교 약속 불이행에 대한 불만으로 소배압의 10만 군사가 침략하였으나 귀주에서 **강감찬**이 지휘하는 고려군에게 섬멸(1019, **귀주 대첩**)

(3) 결과 : 고려·송·요의 세력균형, 나성(개경) 축조, 천리장성(압록강 ~ 도련포) 축조

제3장 | 고려 후기의 사회 변화

제1절 귀족 사회의 동요와 무신정권의 성립

01 문벌귀족 사회의 성립

(1) **문벌귀족**
　① **문벌의 형성** : 지방 호족 출신과 신라 6두품 계통의 유학자들이 **성종 이후 지배층** 형성
　② **문벌귀족 사회의 특징** : 왕실 및 귀족 상호 간의 **혼인**으로 왕실의 외척이 되어 정권 장악, 고관 배출, 과거와 음서를 통해 관직 독점, **공음전**의 혜택, 불법적인 토지 소유

(2) **정치세력 간의 갈등** : 과거를 통한 지방 출신의 관리들 중 일부가 왕에게 밀착하여 왕권을 강화하고 왕을 보좌하기 시작하면서 문벌귀족과의 대립·갈등이 심화

02 문벌귀족 사회의 동요

(1) **문벌귀족의 부패**
　① **금의 사대요구 수락** : 북방의 유목민인 여진족이 금을 건국한 후 고려에 사대관계를 요구하였고 이자겸은 정권유지를 위하여 이를 수락(1125)
　② **이자겸의 난(1126)**
　　㉠ 원인 : 금에 타협적인 이자겸 세력과 이자겸의 권력 독점에 반발하는 왕의 측근 세력과의 대립
　　㉡ 과정 : 이자겸·척준경의 반란[십팔자위왕(十八字爲王)설 유포]
　　㉢ 결과 : 이자겸·척준경의 불화, 척준경이 이자겸 제거
　　㉣ 의의 : 중앙 지배층의 분열, 문벌귀족 사회의 붕괴를 촉진하는 계기

(2) **묘청의 서경천도운동(1135년)** : 국호 '대위국', 연호 '천개'
　① **배경** : 중앙 귀족의 보수 세력(개경파)과 지방의 신진 개혁 세력(서경파) 사이의 대립

1125	1126	1135	1145	1170	1198
금, 사대 요구 (인종)	이자겸의 난 (인종)	묘청의 난 (인종)	김부식, 『삼국사기』(인종)	무신 정변 (의종)	만적의 난 (신종)

② 전개
　㉠ 서경파 : 묘청은 풍수지리설을 내세워 서경으로 천도하여 서경에 궁(대화궁)을 짓고, **황제를 칭하며 연호를 사용**하는 등의 자주적인 개혁과 **금을 정벌**할 것을 주장
　㉡ 봉기 : 김부식 중심의 개경 세력은 사대적 유교 정치사상을 중시하는 개혁을 요구하였고, 서경파는 이에 반발하여 묘청은 서경에서 국호를 **대위국**, 연호를 **천개**, 군대를 천견충의군라고 칭하며 봉기

> **더 알아두기**
>
> **서경천도운동**
> 이들이 글을 올려 말하기를, "서경에 궁궐을 세워 옮기고, 위로는 천심에 응하고 아래로는 백성들의 바람에 따르시어 금나라를 타도하소서."라고 하였다. … 서경을 거점으로 난을 일으키고 … 국호를 대위라 하고, 연호를 천개라 하며, 군대의 칭호를 천견충의군이라 하여 난을 일으켰다.
> 『고려사』

③ **결과** : 김부식의 관군에 의해 약 1년 만에 진압, 숭문천무 현상, 서경의 지위 하락

> **더 알아두기**
>
> **서경파와 개경파**
>
> | 구분 | 개경파 | 서경파 |
> |---|---|---|
> | 중심세력 | 김부식 중심, 보수적 관리 | 묘청·정지상 중심, 개혁적 관리 |
> | 사상경향 | 사대적 유교 정치사상, 금 사대 | 풍수지리·자주적 전통 사상, 금 정벌 |
> | 역사의식 | 신라 계승 의식 | 고구려 계승 의식 |

④ **평가** : 신채호는 서경천도운동을 '조선역사상 일천년래 제일대사건'이라 평가

03 무신정권의 성립(1170 ~ 1270)

(1) 무신정변(1170)
　① **원인** : 의종의 실정, 군사지휘권은 문관이 독점, 무신 천시(군인전 미지급, 무과 시행 없음)
　② **무신정변** : 이의방·정중부의 무신정변(1170) → **중방 중심의 권력 행사**, 권력 쟁탈전 전개 → 지방 통제력 약화 → 농민과 천민의 대규모 봉기
　③ **무신 집권자의 변화** : 이의방 → 정중부 → 경대승 → 이의민 → 최충헌 → 최우 → 최항 → 최의 → 김준 → 임연 → 임유무

> **주관식 레벨 UP**
>
> 무신정변으로 집권한 정중부가 자신의 집에 설치한 정치적 최고기구는 무엇인가?
>
> 풀이 중방

(2) **최씨 무신 집권기(1196 ~ 1258)** : 최충헌 집권 이후 4대 60여 년
   ① **최충헌** : 교정도감 설치(무신정권 최고 권력 기구), 도방 설치(신변경호), 봉사 10조 제시(정치·사회 개혁)
   ② **최우** : 교정도감 운영, 정방 설치(문무 인사기구), 서방 설치(문신 숙위기구), 삼별초(군사기구), 강화도 천도(1232)

> **더 알아두기**
>
> **무신정권의 권력기구**
> 정중부(중방) → 경대승(도방) → 이의민(중방) → 최충헌(도방, 교정도감) → 최우(삼별초, 정방, 서방)

   ③ **무신정권의 한계** : 최씨 정권은 권력의 유지와 이를 위한 체제의 정비에 집착했을 뿐, 국가의 발전이나 백성의 안정을 위한 노력에는 소홀

(4) **무신 집권기의 봉기** 중요 ★★
   ① **배경** : 신분제도의 동요, 무신들의 농장 확대로 농민 수탈 강화
   ② **봉기**
      ㉠ 지배층의 난 : 조위총의 난(서경, 많은 농민 가세)
      ㉡ 양민들의 난 : 망이·망소이의 봉기(공주 명학소), 김사미·효심의 봉기(운문·초전)

> **더 알아두기**
>
> **공주 명학소의 난**
> 이미 우리 고을(공주 명학소)을 현으로 승격시키고 수령을 두어(백성의 사정을 살펴) 위로하다가, 다시 군사를 보내 우리 어머니와 처를 붙잡아 가두니 그 뜻이 어디에 있는가. 차라리 창칼 아래 죽지언정 항복하여 포로는 되지 않을 것이며, 반드시 왕경(개경)에 쳐들어가고야 말 것이다.
> 『고려사』

      ㉢ 천민·노비들의 난 : 만적의 봉기(천민의 신분해방운동)

1033	1107	1231	1232	1270	1356
천리장성 축조 (~1044)	동북 9성 축조 (윤관)	몽골, 1차 침입 (고종)	강화도 천도 (고종)	삼별초 저항 (원종)	쌍성총관부 탈환 (공민왕)

> **더 알아두기**
>
> **만적의 난**
>
> 사노비인 만적이 공·사의 노비들을 불러 모아 말하기를 "경계의 난 이래로 고관이 천한 노예들 가운데서 많이 나왔다. 장수와 재상의 씨가 따로 있는 것이 아니다. 때가 오면 누구나 할 수 있는 것이다."라고 하였다. 이에 노비들이 모두 찬성하였다.
>
> 『고려사』

> **주관식 레벨 UP**
>
> 최충헌의 노비로 신분해방운동을 전개한 인물의 이름은 무엇인가?
>
> **풀이** 만적

제2절 몽골의 침략과 저항

01 여진과 몽골의 침략

(1) 12C 여진(금)의 침입 – 별무반

① 전개
   ㉠ 배경 : 12세기 초 여진족은 부족을 통합하며 고려로 남하하여 자주 충돌
   ㉡ 별무반 조직 : 여진과의 1차 접촉에서 패한 뒤 윤관은 숙종에게 건의하여 **별무반** 편성, 별무반은 기병인 **신기군**, 승병인 **항마군**, 보병인 **신보군**으로 편성한 특수부대

> **주관식 레벨 UP**
>
> 고려시대 여진의 침입을 대비하기 위하여 윤관이 숙종에게 건의하여 설치한 특수부대의 이름은 무엇인가?
>
> **풀이** 별무반

   ㉢ 동북 9성 : 여진족을 북방으로 몰아내고 **동북 9성**을 쌓았으나(1107) 방비의 어려움으로 반환 (1109, 예종)

② 국제정세의 변화
  ㉠ 여진의 성장 : 금나라 건국(1115) 후 군신 관계 요구, 이자겸이 정권유지를 위해 수용(1125)
  ㉡ 영향 : 북진정책은 사실상 좌절되었고, 문벌귀족의 부패로 인한 이자겸의 난(1126)과 묘청의 서경천도운동(1135) 등과 같은 사회 혼란을 야기

(2) 13C 몽골(원)의 침입 – 삼별초

① 배경
  ㉠ 몽골의 성장 : 13세기 초 몽골족이 통일된 국가를 형성, 몽골에 쫓긴 거란이 고려에 다시 침입
  ㉡ 강동의 역(1219) : 고려와 몽골군이 강동성에서 거란을 격퇴한 이후에 몽골은 거란을 격퇴해 준 은인임을 자처하며 고려에 지나친 공물을 요구

② 전개 중요 ★★★
  ㉠ 1차 침입(1231) : 몽골 사신 저고여가 피살된 사건(1225)을 구실로 고려에 침략, 귀주성 전투(박서)의 저항에도 불구하고 고려는 몽골의 요구를 수락
  ㉡ 2차 침입(1232) : 최우는 강화도로 천도하여 몽골과의 항전을 대비하였고 몽골은 재침입, 김윤후의 처인성(용인) 전투에서 몽골 장수 살리타가 사살되자 퇴각

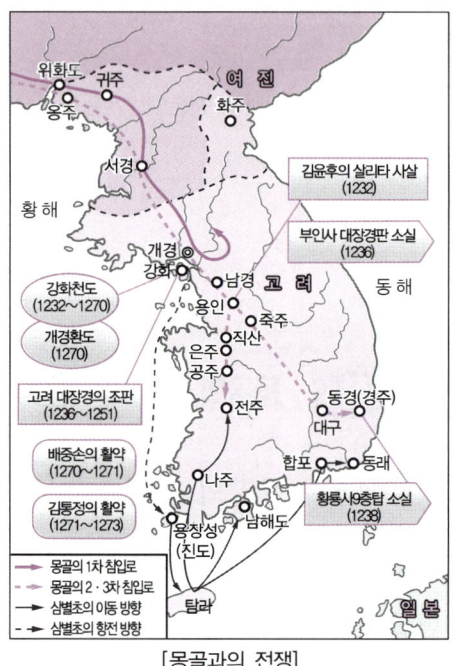

[몽골과의 전쟁]

더 알아두기

김윤후의 활약

김윤후는 일찍이 중이 되어 백현원에 있었다. 몽골병이 이르자, 윤후가 처인성으로 난을 피하였는데, 몽골의 장수 살리타가 와서 성을 치매 윤후가 이를 사살하였다. 왕은 그 공을 가상히 여겨 상장군의 벼슬을 주었으나 이를 사양하고 받지 않았다.

『고려사』

주관식 레벨 UP

몽골이 고려에 침입했을 당시 처인성에서 전투를 지휘한 고려의 장수로 살리타를 사살한 인물은 누구인가?

풀이 김윤후

1033	1107	1231	1232	1270	1356
천리장성 축조 (~1044)	동북 9성 축조 (윤관)	몽골, 1차 침입 (고종)	강화도 천도 (고종)	삼별초 저항 (원종)	쌍성총관부 탈환 (공민왕)

ⓒ 3 ~ 6차 침입 : 대구 부인사 대장경과 경주 황룡사 9층 목탑 등의 문화재가 소실되었고(1235, 3차), 팔만대장경의 조판을 시작(1236 ~ 1251), 김윤후가 충주 전투에서 승리하였고(1252, 5차), 충주 다인철소의 주민들도 몽골에 항전(1254, 6차)

③ **영향**
  ㉠ 원간섭기의 시작 : 고려 정부는 몽골과 강화를 맺고 개경으로 환도(1270, 최씨 정권의 몰락), 몽골은 고려의 주권과 풍속을 인정하였고 고려의 왕을 자신들의 부마(사위)로 삼음
  ㉡ 삼별초의 항쟁(1270 ~ 1273) 중요 ★★★
  강화도에서 고려 정부의 개경 환도에 반발하여 몽골과의 항전(배중손) → 진도 용장성(배중손) → 제주도(김통정), 여몽 연합군에 진압당함

> **더 알아두기**
>
> **삼별초**
> 최우는 강화도 천도 이후 도둑을 단속하기 위해 야별초를 구성하였다. 이후 군사의 수가 많아져 좌별초와 우별초로 나누어 구성하였고, 몽골의 포로로 잡혀있다 탈출한 자들로 구성된 신의군과 함께 삼별초라 하였다. 삼별초는 공적 임무를 띤 최씨 정권의 사병조직이었다.

> **주관식 레벨 UP**
>
> 고려 정부가 몽골과 화의하여 개경으로 환도한 이후 강화도에서 몽골과의 항전을 계속한 고려의 군대의 이름은 무엇인가?
>
> 풀이 삼별초

02 원의 내정간섭

(1) **영토 상실** : 쌍성총관부(화주, 철령 이북), 동녕부(서경, 자비령 이북), 탐라총관부(제주도) 설치

(2) **관제 변화** 중요 ★
  ① **배경** : 원의 부마국(사위의 나라)이 되면서 왕실의 호칭과 관제 변화
  ② **중앙 관제의 변화**
    ㉠ 2성 격하 : 2성(중서문하성, 상서성)은 첨의부로 격하
    ㉡ 6부 격하 : 이부·예부는 전리사, 호부는 판도사, 병부는 군부사, 형부는 전법사, 공부는 폐지
    ㉢ 권력 기구의 변화 : 도병마사는 도평의사사, 중추원은 밀직사로 권한과 기능이 변화

③ 내정간섭
　㉠ 왕실용어 격하 : 짐은 고, 폐하는 전하, 태자는 세자로 격하, '~조', '~종' 등 왕의 시호가 충○왕으로 격하됨
　㉡ 내정간섭 기구 : **정동행성(충렬왕, 개경, 일본원정 기구 → 내정간섭)**, 이문소(사법기관), 다루가치(감찰관), 순마소(몽골군의 경찰), 만호부(군사 간섭), 심양왕(민족 분열)

> **주관식 레벨 UP**
> 원간섭기 몽골이 고려에 설치했던 내정간섭 기구로 본래 일본 원정을 위해 설치했던 기구의 명칭은 무엇인가?
>
> **풀이** 정동행성

(3) 영향
① **자원수탈** : 결혼도감(공녀, 조혼 풍속), 응방(매), 특산물(금, 은, 베, 인삼, 약재) 징발
② **자주성의 손상** : 몽골어·몽골식 의복·머리·성명 사용 등의 몽골풍이 유행

03 고려 후기의 정치

(1) 국내외 정세
① **권문세족** : 원과 친분관계를 통하여 성장한 가문이 점차 발전하여 권문세족이라는 새로운 지배층을 형성
② **충선왕 개혁** : 정방의 폐지를 시도하고 사림원을 설치하였으나 원과 친원 세력의 압력으로 실패

(2) 공민왕(1351~1374)의 개혁정치 중요 ★★★
① **반원정책(대외적)** : 친원 세력 숙청, 정동행성 이문소 폐지, 2성 6부 관제 복구, 쌍성총관부 공격(철령 이북의 땅을 수복, 유인우), 요동 지방을 공략
② **왕권강화(대내적)** : 정방 폐지(인사권 회복), 전민변정도감 설치(신돈, 권문세족 견제)

[공민왕의 영토 수복]

> **더 알아두기**
>
> **전민변정도감**
> 신돈이 전민변정도감 두기를 청하여 … "요즈음 기강이 크게 무너져서 탐욕스러움이 풍속으로 되었다. 대대로 지어 내려오는 땅을 힘 있는 집안이 빼앗고, 또는 이미 땅 주인에게 주라고 판결을 내린 것도 그대로 가지며, 또는 백성들을 노예로 삼았다. … 그 잘못을 알고 스스로 고치는 자는 죄를 묻지 않을 것이며, 기한을 지나 일이 발각되는 자는 조사하여 다스리되 거짓으로 호소한 자는 도리어 죄를 물을 것이다." 라고 하였다.
>
> 『고려사』

③ **한계**: 홍건적과 왜구의 침입으로 사회 혼란의 가중, 왕권을 뒷받침하였던 신진사대부 세력의 미약
④ **결과**: 권문세족의 반발로 신돈 제거·공민왕 살해, 개혁 중단

(3) 신진사대부의 성장

① **출신**: 무신집권기 이래 과거를 통해 중앙의 관리로 진출한 지방의 향리 자제 중심, 성리학적 교양과 실무 능력을 갖춘 학자적 관료
② **성장**: 성리학 수용, 불교 비판, 권문세족 비판, **공민왕 때 개혁정치로 성장**
③ **한계**: 권문세족의 인사권 독점으로 관직 진출에 제한, 과전과 녹봉도 제대로 지급받지 못함, 왕권과 결탁하여 고려 후기 개혁정치에 적극 참여하였으나 역부족

> **더 알아두기**
>
> **권문세족과 신진사대부의 비교**
>
> | 구분 | 근거지 | 중앙 진출 | 경제력 | 사상 | 불교 | 성향 |
> |------|--------|-----------|--------|------|------|------|
> | 권문세족 | 중앙 | 음서로 진출 | 대지주 | 훈고학 | 숭불 | 친원 |
> | 신진사대부 | 지방 | 과거로 진출 | 중소지주 | 성리학 | 억불 | 친명 |

> **주관식 레벨 UP**
>
> 고려 시대 지방의 향리 자제들을 중심으로 과거를 통하여 중앙에 진출한 세력으로 고려 말 권문세족과 대립하였던 세력을 무엇이라 하는가?
>
> **풀이** 신진사대부

(4) 14C 홍건적·왜구 침입 [중요] ★★

① **홍건적**: 홍건적이 침입해 오자 이승경과 이방실(서경) 등이 격퇴하였고(1359, 1차), 정세운·안우·이방실·이성계(개경)가 홍건적을 격파(1361, 2차)

② 왜구
　　㉠ 최영, 이성계, 박위 : 최영은 홍산(1376, 부여), 이성계는 황산(1380, 남원), 박위는 대마도(1389) 정벌

> **더 알아두기**
>
> **황산 대첩**
> 운봉을 넘어온 이성계는 적장 가운데 나이가 어리고 용맹한 아지발도를 사살하는 등 선두에 나서서 전투를 독려하여 아군보다 10배나 많은 적군을 섬멸케 했다. 이 싸움에서 아군은 1,600여 필의 군마와 여러 병기를 노획하였다고 하며 살아 도망간 왜구는 70여 명밖에 없었다고 한다.
> 『고려사』

　　㉡ 화포사용 : 화통도감 설치(1377, 최무선), 진포 대첩(1380, 나세·최무선)

> **더 알아두기**
>
> **진포 대첩**
> 우왕 6년 8월 추수가 거의 끝나갈 무렵 왜구는 500여 척의 함선을 이끌고 진포로 쳐들어와 충청·전라·경상도의 3도 연해의 주군을 돌며 약탈과 살육을 일삼았다. 고려 조정에서는 나세, 최무선, 심덕부 등이 나서서 최무선이 만든 화포로 왜선을 모두 불태워버렸다.
> 『고려사』

제3절　고려의 경제와 사회

01 고려의 수취제도와 토지제도

(1) 농업 중심의 산업 발전
　① 산업 발전
　　㉠ 농업 진흥 : 중농 정책 추진, 개간한 땅에 대해서는 일정 기간 면세
　　㉡ 민생안정 : 농번기에는 잡역 동원을 금지하고 재해 시 **세금 감면**, 의창제 실시
　　㉢ 산업장려 : 개경에 시전 설치, 국영 점포 운영, 금속 화폐 유통
　　㉣ 수공업 : 왕실과 국가에서 필요로 하는 물품을 생산하는 관영수공업과 **먹, 종이, 금, 은** 등의 수공업 제품을 생산하는 **소(所) 수공업** 발전
　　㉤ 한계 : 자급자족적인 농업 경제 기반으로 산업 발달 부진

② **국가재정**
  ㉠ 재정정비 : 토지와 호구를 조사하여 경작지의 소유와 크기를 적은 토지 대장인 양안(20년 주기) 과 호구 장부인 호적(3년 주기)
  ㉡ 재정관리 : 호부(호적·양안 작성, 인구와 토지 관리), 삼사(재정 관련 사무 담당)

(2) 수취체제의 정비
  ① **조세** : 논과 밭을 비옥도에 따라 3등급으로 구분하여 부과, 생산량의 1/10 납부, **조운**을 통해 조창으로 운반

> **주관식 레벨 UP**
> 고려시대 조운할 곡식을 모아 보관하는 창고는 무엇인가?
> **풀이** 조창

  ② **공물**
    ㉠ 원칙 : 중앙 관청에서 필요한 공물의 종류와 액수를 나누어 주현에 부과(주현공부법), 주현은 속현과 향·부곡·소에 할당, 고을 향리들이 집집마다 나누어 공물을 징수
    ㉡ 종류 : 매년 내어야 하는 상공과 필요에 따라 수시로 거두는 별공
  ③ **역** : 16~60세까지의 정남에게 부과, 군역과 요역 부과

(3) 토지제도 중요 ★★
  ① **전시과** 중요 ★★
    ㉠ 전지와 시지 : 문무 관리로 군인, 한인에 이르기까지 18등급으로 나누어 곡물을 수취할 수 있는 **전지**와 땔감을 얻을 수 있는 **시지**를 지급
    ㉡ 토지의 성격 : 관직 복무와 직역에 대한 대가로 소유권이 아닌 **수조권만 지급**

> **더 알아두기**
>
> **전시과**
> 문무백관으로부터 군인, 한인에 이르기까지 일정한 등급에 따라 모두 토지를 주고 또 땔나무를 베어낼 땅을 주었는데, 이를 전시과(田柴科)라고 하였다. 한편 부병(府兵)은 나이 20세가 되면 토지를 받고 60세가 되면 다시 바쳤다. 또 공음전시와 공해전시도 있었다. 고려 후기에는 관리들의 녹봉이 적다고 하여 경기 각 고을의 토지를 나누어 주었다.
> 『고려사』

> **주관식 레벨 UP**
>
> 전시과 체제하에서 고려 정부는 문무 관리로부터 군인, 한인에 이르기까지 18등급으로 나누어 곡물을 수취할 수 있는 (　　　)와 땔감을 얻을 수 있는 (　　　)를 지급하였다.
>
> **풀이** 전지, 시지

② **전시과의 종류**
  ㉠ 과전 : 문무 관리에게 관등에 따라 차등 지급
  ㉡ 한인전 : 6품 이하 하급관료의 자제로서 관직에 오르지 못한 사람에게 지급
  ㉢ 구분전 : 하급관료와 군인의 유가족에게 지급
  ㉣ 군인전 : 군역의 대가로 지급, 세습 가능
  ㉤ 공음전 : 5품 이상의 관료에게 지급한 토지로 세습이 가능, 음서제와 함께 고려 귀족 사회의 기반
  ㉥ 기타 : 왕실 경비 충당을 위해 지급한 **내장전**, 관청 운영을 위해 지급한 **공해전**, 사원 운영을 위해 지급한 **사원전**, 향리에게 지급한 외역전

③ **민전** ★★★
  민전은 매매, 상속, 기증, 임대 등이 가능한 사유지로서 민전의 소유자는 국가에 일정한 세금을 납부

④ **전시과제도의 변화**
  ㉠ 변천 과정 : 시정 전시과(976, 경종 : 관직과 인품 고려) → 개정 전시과(998, 목종 : 관직만을 고려하여 지급) → 경정 전시과(1076, 문종 : 현직 관리에게만 지급)
  ㉡ 전시과의 붕괴 : 귀족들의 토지 독점·세습 → 무신정변 이후 극도로 악화(관리의 생계를 위해 일시적으로 녹과전 지급) → 농민 몰락, 국가재정 파탄

더 알아두기

고려 토지제도 정리

구분	역분전(태조)	전시과		
		시정(경종)	개정(목종)	경정(문종)
대상	전·현직 관리	전·현직 관리	전·현직 관리	현직 관리
기준	인품 + 품계	인품 + 품계	인품×, 품계○	품계

02 농업과 산업의 발전

(1) 귀족과 농민의 경제생활

① **귀족의 생활**
- ㉠ 경제기반 : 과전(관직에 대한 반대급부)과 녹봉, 수확량의 1/10을 조세로 징수, 사유지는 수확량의 1/2 징수
- ㉡ 생활 : 노비 경작이나 소작, 외거노비에게 신공으로 매년 베·곡식 징수, 대농장 소유, 화려하고 사치스러운 생활, 누각·별장·시종을 거느림, 비단·고운 모시옷 입음
- ㉢ 농장형성 : 고리대를 통한 농민 수탈, 지대 징수

② **농민의 생활** 중요 ★★★
- ㉠ 생계유지 : 민전 또는 소작지 경작, 품팔이, 가내 수공업 등
- ㉡ 농기구 및 시비법의 발달 : 소를 이용한 깊이갈이가 일반화되어 농업 생산량이 증가하였고, 시비법이 발달(시작)하면서 휴경 기간이 단축
- ㉢ 농업기술의 발전 : 밭농사는 2년 3작 윤작법이 점차 보급되면서, 2년 동안의 보리, 조, 콩의 돌려짓기가 발달하였고, 남부 지방 일부에 모내기법(이앙법)이 보급
- ㉣ 고려 후기의 농업 : 고려 후기에는 이암이 중국(원)의 농서인 **농상집요**를 소개하였고, 공민왕 때 문익점은 목화씨를 가져와 **목화의 재배(1363)**가 시작됨

③ **농민의 몰락** : 고려 후기 권문세족들의 대농장, 과도한 수취로 인해 소작인·노비로 전락

(2) 수공업과 상업

① **수공업**
- ㉠ 고려 전기 : **관영수공업**(관청에서 기술자를 공장안에 올려 물품 생산), **소(所)수공업**(금, 은, 철, 구리, 실, 각종 옷감, 종이, 먹, 차, 생강 등)
- ㉡ 고려 후기 : **사원(寺院) 수공업**(베·모시·기와·술·소금)과 유통 경제의 발전에 따라 민간 수공업 발달

② **고려 전기의 상업** 중요 ★
- ㉠ 도시 : 시전(개경), 관영 상점(대도시), 비정기 시장(일용품 매매), 경시서(상행위 감독)

> **주관식 레벨 UP**
>
> 고려시대 개경에서는 관청과 귀족을 대상으로 상업이 이루어지고 있었다. 이러한 상업 활동을 감독했던 기관의 이름은 무엇인가?
>
> 풀이 경시서

- ㉡ 지방 : 관아 근처의 임시 시장에서 일용품 거래, 행상의 물품 조달, 사원에서 생산한 곡물과 수공업 제품의 민간 판매

③ **고려 후기의 상업** : 시전의 규모 확대, 업종별 전문화, 도성 밖으로 상권 확대, 소금의 전매제

(3) 화폐와 보(寶)의 발전

① **화폐** 중요 ★★

㉠ 주조 : 건원중보(성종), 삼한통보・해동통보・해동중보・활구(숙종), 쇄은(충렬왕), 저화(공양왕)

> **주관식 레벨 UP**
> 숙종 때 의천의 주장으로 우리나라 지형을 본떠서 은 1근으로 만든 고가의 화폐로 하나의 값은 포 100여 필이나 되었던 화폐의 이름은 무엇인가?
> 풀이 은병(활구)

㉡ 한계 : 자급자족의 경제활동으로 화폐의 필요성을 느끼지 못해 유통이 부진함

② **고리대와 보** : 왕실・귀족・사원 등의 재산 증식 방법으로 이용, 보(寶)의 출현(제위보・학보・경보・팔관보)

(4) 여러 나라와의 무역 활동 중요 ★

① **국제 무역** : 벽란도 번성(이슬람 상인 왕래)

> **주관식 레벨 UP**
> 고려의 국내 상업이 안정적으로 발전하면서 송, 요 등 외국과의 무역도 활발해졌다. 예성강 어귀에서 대외무역 발전과 함께 번성한 국제 무역항을 쓰시오.
> 풀이 벽란도

② **대송 무역** : 고려의 대외무역에서 가장 큰 비중을 차지, 송에서 왕실과 귀족의 수요품인 비단, 서적, 자기 등을 수입하였고, 종이・인삼 등 수공업품과 토산물을 수출함

③ **거란・여진・일본과의 무역** : 거란과 여진은 은을 가지고 와서 농기구, 식량 등과 바꾸어 갔으며, 일본은 11세기 후반부터 내왕하면서 수은, 황 등을 가지고 와 식량, 인삼, 서적 등과 바꾸어 갔음

④ **아라비아와의 무역** : 서역과의 교류도 활발하여 **아라비아 상인**들이 고려에 들어와서 수은, 향료, 산호 등을 판매, 이들을 통하여 고려(Corea)의 이름이 서방에 알려짐

⑤ **원간섭기의 무역 활동** : 공무역과 사무역 활발, 금・은・소・말 등의 지나친 유출

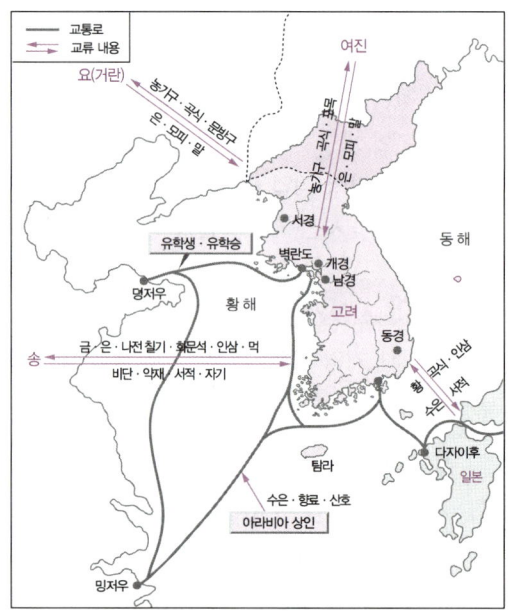

[고려 전기의 대외무역]

03 고려의 신분제도

(1) 귀족 중요 ★★

> **더 알아두기**
>
> **고려시대의 시대별 귀족층**
>
> | 구분 | 건국 초기 | 고려 중기 | | 원간섭기 | 고려 말 |
> |---|---|---|---|---|---|
> | 귀족 | 호족 + 6두품 | 문벌귀족 | 무신 | 권문세족 | 신진사대부 |
> | 특성 | 문벌의 형성 | 음서, 공음전 | 중방, 교정도감 | 친원파, 대농장 | 친명파, 성리학 |
> | 진출 | 과거, 음서 | 과거, 음서 | 무력 | 음서 | 과거 |

> **주관식 레벨 UP**
>
> 고려가 귀족 사회였음을 뒷받침하는 제도를 2가지 서술하시오.
>
> **풀이** 음서, 공음전

① **문벌귀족**
  ㉠ 고려 초기의 지배층 : 초기의 귀족 세력은 **호족과 6두품** 계열 등으로 개국 공신이 다수였으며, 점차로 왕족을 비롯한 5품 이상의 고위 관료가 주류를 형성
  ㉡ 문벌의 형성 : **성종 이후 새로운 문벌**을 형성, 문벌귀족은 **음서**나 **공음전**의 혜택을 받는 **특권층**으로 대대로 고위 관직을 차지, 대표적인 문벌귀족으로는 경원 이씨(이자겸), 해주 최씨(최충), 경주 김씨(김부식), 파평 윤씨(윤관) 등이 있음
  ㉢ 특권 유지 수단 : 문벌귀족은 왕실 또는 유력한 가문과 **중첩된 혼인 관계**로 특권층을 유지

② **권문세족** 중요 ★
  ㉠ 권문세족의 형성 : 무신정권이 붕괴되고 몽골이 성장하자 **친원적인 성향**을 보이는 세력이 등장
  ㉡ 특권 유지 수단 : **도평의사사**를 장악하여 특권을 향유, **음서**로 신분 세습, 대규모의 농장을 소유하고도 국가에 세금을 내지 않았고 몰락한 농민을 농장으로 끌어들여 노비처럼 부리며 부를 축적

③ **신진사대부**
  ㉠ 형성 : 중소 지주층으로 과거를 통하여 중앙으로 진출한 **향리 출신**, **성리학**을 **신봉**하였던 개혁적인 세력층
  ㉡ 신진사대부의 성장 : 하급관료의 자제들이 대부분이었던 신진사대부는 원·명 교체기에 성장

(2) 중류층 중요 ★★

① **유형**: 중앙관청의 말단 서리(잡류), 궁중 실무 관리(남반), 지방행정의 실무 담당(향리), 하급장교 (군반), 지방의 역을 담당(역리)
② **역할**: 통치체제의 하부 구조 담당, 중간 역할 담당
③ **향리**: 출신 성분은 호족, 지방의 실질적 지배자, 통혼 관계나 과거 응시에서 하위 향리와 구별

더 알아두기
향리

구분	내용
상층 향리	과거를 통하여 중앙에 진출하였던 향촌의 실질적 지배세력
하층 향리	행정 실무를 담당하였던 말단 행정직
특색	외역전 지급, 직역 세습, 농민 사적 지배 가능
군사	군사지휘권 행사(일품군 지휘)

주관식 레벨 UP
고려시대 과거를 통하여 중앙에 진출하였고 외역전을 지급받았던 향촌의 실질적인 지배세력이었던 중류층은 누구인가?

풀이 향리

(3) 양민 중요 ★★★

① **백정 농민**: 조세·공납·부역의 의무, 민전 경작, 귀족 토지 소작, 과거 응시 자격(법제화)
② **특수 집단**: 향·부곡(농업), 소(수공업)에 거주, 양인에 비해 많은 세금 부담, 거주 이전의 자유 없음, 역(육로교통), 진(수로교통)

주관식 레벨 UP
고려시대에 일반 주·부·군·현에 거주하면서 농사에 종사하는 농민들을 (　　　)이라고도 하며, 이들에게는 조세·공납·역이 부과되었다.

풀이 백정

(4) 천민 [중요] ★★

① **천민층의 유형**: 천민은 최하층의 신분으로 노비, 화척(도살업자), 재인(광대) 등으로 구성되었고, 고려시대에서 천민의 대다수는 노비

② **공노비**
  ㉠ 입역노비: 궁중과 중앙 관청이나 지방 관아에서 잡역에 종사하면서 급료를 받고 생활하는 노비
  ㉡ 외거노비: 지방에 거주하면서 농업에 종사하는 노비, 규정된 액수를 관청에 납부

③ **사노비**
  ㉠ 솔거노비: 귀족이나 사원에서 직접 부리는 노비로서 주로 주인의 집에 살면서 잡일을 보았던 노비
  ㉡ 외거노비: 주인과 따로 사는 노비, 주로 농업에 종사, 신공 납부, 소작 및 토지 소유 가능, 양민 백정과 비슷한 독립된 경제생활

> **주관식 레벨 UP**
>
> 주인과 따로 살고 있으면서 주로 농업 등의 일에 종사하고 일정량의 신공을 바치는 노비로, 독립된 경제생활을 누릴 수 있었던 노비는 무엇인가?
>
> [풀이] 외거노비

④ **노비의 지위**: 매매·증여·상속의 대상, 부모 중 한쪽이 노비이면 그 자식도 노비(일천즉천)

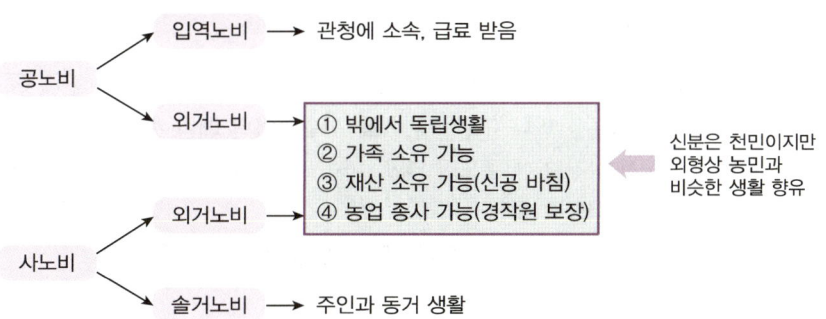

※ 천자수모법: 노비를 부모로 둔 자식은 어머니 쪽의 소유주에게 귀속됨

[고려의 노비제도]

04 고려의 사회와 제도

(1) 사회 정책과 사회 제도
① **국가 정책**: 농번기 잡역 면제, 자연재해 시 조세·부역 감면, 고리대 이자율의 법적 제한, 권농 정책 등 농민 생활의 안정 도모
② **사회 제도** 중요 ★★★
　㉠ **의창**: 평시에 곡물을 비치하였다가 **흉년에 빈민을 구제**, 고구려의 진대법과 유사
　㉡ **상평창**: 물가안정을 위해 개경·서경·12목에 설치
　㉢ **의료구제**: 가난한 백성이 의료 혜택을 받도록 개경에 **동서 대비원**을 설치하여 환자 진료 및 빈민 구휼을 담당하게 하였으며, **혜민국**을 두어 의약을 전담
　㉣ **재난구제**: 각종 **재해**가 발생하였을 때, **구제도감**이나 **구급도감**을 임시 기관으로 설치하여 구제

(2) 심판 및 형벌
① **법률과 심판**
　㉠ **법률**: 중국의 당률 참작, 대부분은 관습법 따름
　㉡ **심판**: 지방관의 재량권 행사, 반역죄·불효죄는 엄중 처벌, 형벌의 면제 규정 존재, 사형은 3심제 시행
② **형벌의 종류**: 볼기를 치는 매질(태), 곤장형(장), 징역형(도), 유배형(유), 사형(사)이 존재

(3) 향도 중요 ★
① **의의**: 불교 신앙의 하나로 위기가 닥쳤을 때를 대비하여 향나무를 바닷가에 매장하여 향나무에서 나오는 향을 통하여 미륵을 만나 구원받을 것을 염원하였던 **매향 활동**을 하던 무리
② **역할**: 불상·석탑·사찰 건립 때 주도적 역할, 마을 노역, 혼례와 상장례, 마을 제사 등 공동체 생활을 주도하는 **농민 조직으로 발전**
③ **변화**: 후기에는 노역, 혼례, 상장례, 마을 제사 등 **공동체 생활 주도**

> **주관식 레벨 UP**
> 고려시대에 매향 활동을 하던 불교의 신앙조직이었으며 고려 후기에 이르러 점차 농민들의 공동체 조직으로 발전한 것은?
> 　　　　　　　　　　　　　　　　　　　　　　　　　　　　　　　　　　　　　　풀이 향도

(4) 혼인과 여성의 지위
① **혼인** : 일부일처제, 고려 초기 왕실 내에서 친족 간의 혼인 성행
② **여성의 지위** 중요 ★★★
  자녀 균분 재산 상속, 연령순 호적 기재, 양자 없이 딸이 제사, 여성이 호주 가능, 친가와 외가의 동등 대우, 사위·외손자에게까지 음서 혜택, 사위가 처가의 호적에 입적, 여성의 재가 허용

> **더 알아두기**
> **고려 시대 여성의 지위**
> (박유가) "청컨대 여러 신하, 관료들로 하여금 여러 처를 두게 하되 품위에 따라 그 수를 점차 줄이도록 하여…"라고 하였다. 연등회 날 저녁 박유가 왕의 행차를 호위하며 따라갔는데 어떤 노파가 그를 손가락질하면서 "첩을 두고자 요청한 자가 저 놈의 늙은이이다."라고 하니, 듣는 사람들이 서로 전하여 서로 가리키니 거리마다 여자들이 무더기로 손가락질하였다.
> 『고려사』

(5) 풍속
① **장례·제사** : 정부는 유교적 규범 장려, 민간에서는 토착신앙·불교·도교 신앙의 융합 풍속
② **명절** : 정월 초하루·삼짇날·유두·추석·단오(격구, 그네, 씨름)

> **더 알아두기**
> **민족 명절과 풍습**
>
> | 명절 | 일자 | 풍습 |
> |---|---|---|
> | 설날 | 1월 1일 | 차례, 세배, 씨름 등 민속놀이 |
> | 대보름 | 1월 15일 | 달맞이, 쥐불놀이, 다리밟기, 부럼깨기, 달집태우기, 귀밝이술 마시기 |
> | 연등회 | 2월 15일 | 불교행사 |
> | 단오 | 5월 5일 | 창포에 머리감기, 쑥과 익모초 뜯기, 수리떡 먹기, 대추나무 시집보내기, 그네뛰기·격구·씨름·석전(石戰)·활쏘기 등 민속놀이 |
> | 한가위 | 8월 15일 | 차례, 성묘, 민속놀이 |
> | 팔관회 | 가을 | 개경 11월 15일, 서경 10월 15일, 불교행사, 토착신앙 |
>
> ● 팔관회 : 국가와 왕실의 태평 기원, 불교·도교·민간신앙이 융합된 국가적 행사, 여진·송·일본 상인도 참여, 태조는 훈요 10조에서 강조, 성종 때 최승로의 건의로 잠시 폐지되었다가 현종 때 부활

제4절 고려의 사상과 문화

01 유학 교육과 역사서

(1) 유학의 발달
- ① 고려 전기
  - ⊙ 태조 : 신라 6두품 계통의 유학들이 유교주의에 입각하여 활약
  - ⓒ 광종 : 과거제도 실시(유학의 발달)
  - ⓒ 성종 : 유교 정치사상의 정립, 유학교육기관인 국자감 정비
- ② 고려 중기 중요 ★★
  - ⊙ 문종 : **최충**(해동공자)은 관직에서 물러난 후에 9재 학당을 설립
  - ⓒ 인종 : 김부식의 활약(보수적, 현실적 성격의 유학)

(2) 유학교육기관 중요 ★★
- ① 관학의 발전
  - ⊙ 중앙 : 국립대학인 국자감(국학) 설치, 학부(유학부·기술학부)에 따라 신분별 입학
  - ⓒ 지방 : 향교가 설치되어 지방 관리와 서민 자제의 교육을 담당
- ② **사학의 융성** : 고려 중기에는 사학 12도가 융성, 관학 교육 위축

> **더 알아두기**
>
> **사학의 융성**
> 현종 이후, 최충은 후진들을 가르치는 일에 정력을 바쳤으므로 학도들이 많이 모여들었다. 그래서 최충은 낙성(樂聖), 대중(大中), 성명(誠明), 경업(敬業), 조도(造道), 솔성(率性), 진덕(進德), 대화(大和), 대빙(待聘) 등 9개의 서재(書齋)로 나누어 교육하니, 세상에서 그들을 시중 최공의 학도(侍中崔公徒)라고 불렀다. 그래서 일체 과거를 보려는 자제들은 반드시 먼저 그의 학도로 입학하여 공부하는 것이 상례로 되었으며, …
>
> 『고려사절요』

> **주관식 레벨 UP**
>
> 고려 중기에는 해동공자라는 칭송을 들었던 최충이 관직에서 물러난 후 세운 (　　　) 학당을 비롯한 사학 12도가 융성하여 관학 교육이 위축되었다.
>
> 풀이 9재

③ 관학진흥책
  ㉠ 숙종 : 관립 출판소인 서적포 설치
  ㉡ 예종 : 국학 7재, 양현고, 청연각, 보문각 설치

> **주관식 레벨 UP**
>
> 고려 예종 때 관학 교육을 진흥하기 위해 실시한 정책을 아는 대로 서술하시오.
>
> 풀이 국학 7재, 양현고, 청연각, 보문각 설치

  ㉢ 인종 : 경사 6학 정비
  ㉣ 충렬왕 : 섬학전 설치, 국학의 성균관 개칭, 문묘 건립
  ㉤ 공민왕 : 성균관을 유교교육기관으로 개편

(3) 성리학의 전래
① **성격** : 인간의 심성과 우주의 원리 문제를 철학적으로 탐구하는 신유학
② **전래** : 충렬왕 때 안향의 소개 → 백이정 → 박충좌·이제현의 심화 → 이색 → 정몽주(동방 이학의 조), 정도전, 권근
③ **영향**
  ㉠ 주장 : 신진사대부의 사회 모순을 개혁하기 위한 논리로 발전, 일상생활에 관계되는 실천 강조 (소학, 주자가례)
  ㉡ 역할 : 권문세족과 불교를 비판하였고 새로운 국가 지도 이념으로 발전

(4) 역사서의 편찬 중요 ★★★
① **고려 전기(자주적 사관)** : 왕조실록·7대 실록(태조~목종, 황주량, 편년체 사서 편찬)
② **고려 중기(합리적 유교 사관)** : 김부식의 삼국사기(현존 최고(最古) 역사서, 유교적 합리주의, 기전체, 신라 계승 의식)

> **주관식 레벨 UP**
>
> 고려 중기의 역사서로서 신라 계승의식과 유교적 합리주의에 입각하여 쓴 보수적 사관으로 쓰인 책 이름은 무엇인가?
>
> 풀이 삼국사기

③ **고려 후기(자주적 사관)** : 동명왕편(이규보), 해동고승전(각훈, 삼국시대의 승려 30여 명의 전기 수록), 삼국유사(일연, 불교사를 중심으로 서술, 단군 수록), 제왕운기(이승휴, 단군 수록, 자주성)

> **주관식 레벨 UP**
>
> 충렬왕 때의 책으로 불교사를 중심으로 고대의 민간설화나 전래기록을 수록하고 단군을 민족의 시조로 나타낸 역사서는 무엇인가?
>
> 풀이 삼국유사

④ **고려 말(사대적 유교 사관)** : 이제현의 사략(성리학적 유교 사관)

02 불교

(1) 고려 전기의 불교
  ① **고려 전기의 교종과 선종** : 왕실(화엄종 – 흥왕사, 화엄사상)과 문벌귀족(법상종 – 현화사, 유식사상)의 지원을 받는 교종과 선종이 존재
  ② **태조** : 훈요 10조를 통해 연등회와 팔관회를 중시
  ③ **광종**
    ㉠ 광종의 정책 : 승과(과거) 실시, 국사(혜거)·왕사(탄문) 제도 실시, 사원에 토지를 지급하고 승려에게는 면역 혜택도 지급
    ㉡ 승려의 활약 : 균여(화엄사상, 보살의 실천행 전개), 의통(중국 천태종의 13대 교조), 제관(천태사교의 저술)

(2) 의천(교종 중심에서 선종 통합) 중요 ★★★
  ① **천태종** : 화엄종 중심의 교종 통합(흥왕사), 선종을 통합하기 위해 **국청사 창건(천태종 창시)**
  ② **교관겸수** : 교종 중심에서 선종 통합 노력, 이론의 연마와 실천의 양면 모두를 강조하는 교관겸수를 제창
  ③ **속장경** : 대장경의 보완을 위하여 송·요·일본의 주석서를 모아 **흥왕사에 교장도감을 설치**하여 속장경(교장)을 간행

> **더 알아두기**
>
> **의천의 교단 통합 운동**
> 정원 법사는 "관(觀)을 배우지 않고 경(經)만 배우면 오주(五周)의 인과를 들었더라도 삼중의 성덕을 통하지 못하며, 경을 배우지 않고 관만 배우면 삼중(三重)의 성덕을 깨쳐도 오주의 인과는 분별하지 못한다. 그러므로 관도 배우지 않을 수 없고, 경도 배우지 않을 수 없다."고 하였다. 내가 교와 관에 마음을 오로지 두는 까닭은 그의 가르침에 감복하였기 때문이다.
>
> 『대각국사 문집』

  ④ **한계** : 의천 사후 교단 분열, 귀족 중심 불교 지속

(3) 무신 집권기 신앙 결사 운동의 전개 중요 ★★

① **지눌** 중요 ★★★
- ⊙ 수선사 결사(1204) : 승려 본연의 자세로 돌아가 독경과 선 수행, 노동에 고루 힘쓰자는 개혁 운동 제창
- ⓒ 정혜쌍수·돈오점수 : **정혜쌍수**는 선종을 중심으로 교종을 포용하자는 이론이며, **돈오점수**는 단번에 깨닫고 꾸준히 실천하자는 주장으로 내가 곧 부처라는 깨달음을 위한 노력과 함께, 꾸준한 수행을 강조

> **더 알아두기**
> **지눌의 정혜 결사문**
> 마땅히 명예와 이익을 버리고 산림에 은둔하여 같은 모임을 맺자. 항상 선을 익히고 지혜를 고르는 데 힘쓰고, 예불하고 경전을 읽으며 힘들여 일하는 것에 이르기까지 각자 맡은 바 임무에 따라 경영한다. 인연에 따라 성품을 수양하고 평생을 호방하게 고귀한 이들의 드높은 행동을 쫓아 따른다면 어찌 통쾌하지 않겠는가?

> **주관식 레벨 UP**
> 수선사 결사를 제창한 지눌이 내세운 사상 체계인 정혜쌍수를 간략히 설명하시오.
> **풀이** 정혜쌍수는 선과 교학을 나란히 수행하되 선을 중심으로 교학을 포용하자는 이론이다.

② **요세**
- ⊙ 백련결사(1208) : 불교의 폐단과 사회 개혁을 강조하여 강진 만덕사(백련사)에서 백련 결사를 제창
- ⓒ 내용 : 자신의 행동에 대한 진정한 참회를 강요하는 **법화 신앙**을 강조

③ **혜심** : 유교와 불교가 다르지 않다는 **유불일치설**을 주장하였고, 심성의 도야를 강조하여 장차 성리학을 수용할 수 있는 사상적 토대를 마련

> **더 알아두기**
> **고려의 불교 개혁 운동**
>
> | 구분 | 지눌 | 요세 | 혜심 |
> |---|---|---|---|
> | 결사운동 | 수선사결사(1204, 조계종) | 백련사결사(1208, 천태종) | 결사운동(조계종) |
> | 내용 | 정혜쌍수·돈오점수
(선교일치) | 법화신앙,
자신의 행동 참회 | 유불일치설,
심성도야 강조 |

> **주관식 레벨 UP**
>
> 고려 후기 유불일치설을 주장하여 심성의 도야를 강조하며 성리학을 수용할 수 있는 사상적 토대를 마련한 승려는 누구인가?
>
> **풀이** 혜심

(4) **원간섭기 이후**: 개혁 운동 좌절, 사원의 타락, 라마불교 전래, 교단 정비 노력 실패(보우), 신진사대부의 불교 비판

03 도교와 풍수지리설

(1) **도교**
  ① **특징**: 불로장생과 현세구복 추구
  ② **행사**: 국가와 왕실의 번영을 기원하는 초제가 성행, 팔관회(도교·민간신앙·불교가 어우러진 행사) 진행

(2) **풍수지리설의 변화**
  ① **서경 길지설**: 고려 초기 북진정책의 이론적 근거, 묘청의 서경천도운동
  ② **남경 길지설**: 중기 이후, 북진정책의 퇴조, 한양 명당설 대두, 보수적·사대적

04 건축과 석탑

(1) **건축** ★★
  ① **중심**: 궁궐과 사원 중심(개성 만월대의 궁궐터, 현화사, 홍왕사)
  ② **주심포 양식(고려 전기)**
    ㉠ 양식: 지붕의 무게를 기둥에 전달하면서 건물을 치장하는 장치인 **공포가 기둥 위에만** 짜여 있는 양식으로 대개 기둥일 굵고 배흘림 양식
    ㉡ 건축물: 부석사 무량수전, 봉정사 극락전, 수덕사 대웅전
  ③ **다포 양식(고려 후기)**
    ㉠ 양식: 고려 후기에는 원의 영향을 받아 건물이 웅장해짐에 따라 지붕의 무게를 분산시킬 **공포가 기둥 사이사이에 짜인 다포식** 양식으로 발전

ⓒ 건축물 : **성불사 응진전, 삼원사 보광전**

[부석사 무량수전]

[수덕사 대웅전]

[성불사 응진전]

(2) 석탑 중요 ★★

① **특징** : 신라 양식 계승, 독자적인 조형 감각 가미, 다각 다층탑, 안정감 부족
② **유적** : 현화사 7층 석탑, 불일사 5층 석탑, 월정사 팔각 9층 석탑, 경천사지 10층 석탑(원의 양식)

> **더 알아두기**
>
> **고려의 석탑 변화**
>
>
> [무량사 5층 석탑(부여)]   [월정사 팔각 9층 석탑]   [경천사지 10층 석탑]

05 승탑과 불상

(1) 승탑

① **특징** : 신라 말 선종 유행과 관련하여 발달한 승탑은 고려시대 조형 예술의 중요한 부분을 차지
② **유적** : 정토사 홍법국사 실상탑, 고달사지 승탑(팔각원당형), 법천사 지광국사 현묘탑

[고달사지 승탑]

(2) 불상 ★★

① **특징**: 대형 철불 다수 조성, 시기와 지역에 따라 독특한 양식, 대체로 조형미는 부족
② **유적**: 부석사 소조아미타여래 좌상(신라 양식), 광주 춘궁리 철불(하남 하사창동 철조석가여래좌상, 대형 철불), 관촉사 석조미륵보살 입상·안동 이천동 석불(지역적 특색)

[광주 춘궁리 철불]

[부석사 소조아미타여래 좌상]

[관촉사 석조미륵보살 입상]

주관식 레벨 UP

논산에 위치하고 있는 이 불상은 토착적이고 지역 특색이 강한 느낌을 주고 있는 고려시대 불상으로 미륵 신앙을 엿볼 수 있는 불상의 이름은 무엇인가?

풀이 관촉사 석조미륵보살 입상

06 인쇄술의 발달

(1) 목판 인쇄술 ★★★

① **초조대장경**: 현종 때 거란의 침입을 격퇴하기 위하여 간행, 교리 정리, 몽골 침입으로 소실
② **속장경(교장)**: 의천이 고려·송·요의 주석서를 모아 간행, 신편제종교장총록(목록) 제작, 교장도감 설치(흥왕사), 몽골 침입 때 소실, 10여 년에 걸쳐 4,700여 권 간행, 인쇄본 일부 현존
③ **재조대장경(팔만대장경)**: 고종 때 몽골의 침략을 막아내기 위하여 강화도에서 수기 승통의 총괄 하에 조판(대장도감), 현재 합천 해인사에 보관

(2) 금속 인쇄술

① **상정고금예문(1234, 고종 때 최윤의)**
  ㉠ **기록**: 동국이상국집에 12세기 인종 때 강화도에서 금속활자로 인쇄하였다는 기록이 존재
  ㉡ **한계**: 서양에서 금속활자 인쇄가 시작된 것보다 200여 년이나 앞서 이루어진 것이지만 오늘날 전해지지 않기 때문에 세계 최초의 활판 인쇄술로 공인받지 못함

② **직지심체요절(1377, 우왕, 현존 최고(最古) 금속활자본)** 중요 ★★★
　㉠ 간행 : 청주 흥덕사에서 백운 경한에 의해 간행, 우왕 때 금속활자로 인쇄(1377)
　㉡ 유출 : 1887년 프랑스 대리공사 콜랭드 플랑시가 프랑스로 유출(現 프랑스 국립도서관에 소장)

> 스님 이름. 「백운화상초록불조직지심체요절」이 직지심체요절의 본래 이름이다.

주관식 레벨 UP

고려시대 우왕 때 제작한 금속활자로 현존하는 세계 최고(最古)의 금속활자본은 무엇인가?

　　풀이 직지심체요절

07 청자와 공예

(1) **배경** : 귀족의 사치 생활과 불교 의식에 필요한 물품 제작

(2) **자기공예**
　① **고려청자의 발전**
　　㉠ 순수청자 : 순수 비취색이 나는 순수청자가 11세기에 발전
　　㉡ 상감청자 : 12세기 중엽에 고려의 독창적 기법인 상감법이 개발
　② **고려청자의 변천** 중요 ★
　　㉠ 기술의 퇴보 : 원간섭기 이후에 원으로부터 북방 가마의 기술이 도입되어 청자의 빛깔은 점차 퇴조
　　㉡ 자기의 변화 : 11C 순수청자→12 ~ 13C 상감청자→15C 분청사기

[청자상감운학무늬매병]

주관식 레벨 UP

고려시대 상감청자의 무늬를 장식하는 데 쓰인 기법의 명칭을 쓰고 그 기법의 방식을 30자 내외로 설명하시오.

　　풀이 상감법, 그릇 표면을 파낸 자리에 백토나 흑토를 메워 무늬를 내는 방법

(3) **기타** : 금속공예(은입사 기술-청동 향료, 청동 정병), 나전칠기(경함, 화장품갑, 문방구 등)

08 과학기술의 발달

(1) 기술교육
① **국자감**: 국자감의 잡학(율학・서학・산학) 교육, 과거제도에서 잡과 실시
② **의학** 중요 ★★
  ㉠ 교육기관: 태의감에서 의학 교육 실시
  ㉡ 제중입효방: 고려 의종 때 김영석이 신라 및 송나라의 의서를 참작하여 편찬한 의서, 현전하지 않음
  ㉢ 향약구급방(1236): 우리나라 최고(最古)의 의학 서적으로 각종 질병에 대한 처방과 국산 약재 180여 종이 소개

> **주관식 레벨 UP**
> 13세기에 편찬되어 현재 전해지고 있는 우리나라 최고(最古)의 의학서적으로 각종 질병에 대한 처방과 국산 약재 180여 종을 소개한 것은 무엇인지 쓰시오.
> **풀이** 향약구급방

(2) 천문과 역법
① **천문**: 천문과 역법을 맡은 관청으로써 **사천대**(서운관)가 설치되었고, 이곳의 관리는 첨성대에서 관측 업무를 수행
② **역법**: 고려 초기 당의 선명력을 사용하였으나 후기의 **충선왕** 때에는 원의 **수시력**을 채용하였고 공민왕 때에는 명의 대통력을 사용

> **주관식 레벨 UP**
> 고려의 과학기술 분야 중 충선왕 때 원나라로부터 채용하여 그 이론과 계산법을 충분히 소화하였던 역법은 무엇인가?
> **풀이** 수시력

(3) 기타 중요 ★★
① **농업기술**: 권농 정책, 토지 개간, 수리 시설 축조, 간척 사업, 농기구 보급 등, 이암이 원의 **농상집요** 소개, 공민왕 때 목화씨(문익점) 유입, 목화 재배 시작
② **무기와 선박**: 최무선의 건의로 **화통도감** 설치(왜구격퇴, **진포전투**), 대형 범선, 조운선

제4장 조선 사회의 성립과 발전

제1절 조선의 건국과 통치기구 정비

01 조선 건국의 배경

(1) 세계사
① **동양** : 중국의 명(서민 문화 발전)·청, 서남아시아의 오스만 제국(이슬람의 번성), 인도의 무굴 제국(인도, 이슬람 문화권), 일본의 전국시대·에도 막부(집권적 봉건제도)
② **서양** : 르네상스, 신항로 개척, 종교 개혁

(2) 고려 말 신진사대부의 성장
① **온건 개혁파** : 이색, 정몽주 등 대다수의 온건 개혁파는 고려 왕조의 틀 안에서 **점진적인 개혁**을 추진, 왕조 질서를 파괴하거나 전면적인 토지 개혁에는 반대
② **급진 개혁파** : 정도전 등 급진 개혁파는 고려 왕조를 부정하는 **역성혁명**을 주장, 권세가에 의한 토지 사유 축소를 주장

> **더 알아두기**
>
> **신진사대부의 분화** 중요 ★★
>
> | 구분 | 급진 개혁파(혁명파) | 온건 개혁파(온건파) |
> |---|---|---|
> | 주장 | 왕조 개창(역성혁명) | 고려 왕조 내 점진적 개혁 |
> | 중심 | 정도전, 조준 등(소수) | 정몽주, 이색, 길재 등(다수) |
> | 개혁 | 권세가의 사유지 축소 | 전면적 토지개혁 반대 |
> | 경제력 | 미약함 | 우세함 |
> | 불교 | 교리 자체 비판 | 온건 비판 |

(3) 조선의 건국 과정
① **개요** : 명의 철령위 통보 → 요동정벌 단행 → **위화도 회군**(1388) → 신진사대부의 분열 → 과전법 시행(1391) → 혁명파의 온건 개혁파 제거 → 조선 왕조 개창(1392)

② **요동정벌** 중요 ★★
　㉠ 배경 : 우왕 때 최영과 이성계는 이인임 일파를 축출하고 개혁 추진, 개혁의 방법으로 갈등
　㉡ 요동정벌의 단행 : 명은 철령 이북 땅을 요구하며, 철령위 설치를 통보하였고(1388) 우왕은 최영과 이성계를 시켜 요동 정벌을 단행
　㉢ 위화도 회군 : 이성계는 위화도에서 회군하여(1388) 최영을 제거한 뒤, 군사적 실권을 장악

> **더 알아두기**
>
> **이성계의 4불가론**
> 소국이 대국을 공격할 수는 없다 / 여름철에 군사를 동원할 수 없다 / 요동 공격을 틈타 왜구가 침범할 염려가 있다 / 장마철에는 활시위가 늘어나 승리가 힘들고 전염병에 걸릴 염려가 있다.

③ **고려의 멸망**
　㉠ 사회 혼란 : 권문세족의 횡포, 홍건적·왜구의 침입 등 사회 혼란
　㉡ 멸망 : 이성계의 위화도 회군(1388) → 공양왕 옹립 → 과전법 실시(1391) → 조선 건국(1392)

02 조선 초기 정치의 전개

(1) **태조(1392 ~ 1398)**
① **제도 개편** : 한양 천도 후 도성을 쌓고 경복궁을 비롯한 궁궐, 종묘, 사직, 관아, 학교, 시장, 도로 등을 건설하여 도읍의 기틀을 다짐, 불교를 억압하고 유교를 숭상
② **정도전의 개혁** 중요 ★★
　㉠ 통치 규범 : 조선경국전과 경제문감을 저술하여 민본적 통치 규범을 마련, 재상 중심의 정치를 주장
　㉡ 유교 정립 : 불씨잡변을 통하여 불교를 비판하고 성리학을 통치 이념으로 확립
　㉢ 요동정벌 계획 : 진법을 편찬하여 요동정벌 계획

> **주관식 레벨 UP**
>
> 조선경국전과 경제문감을 저술하여 민본적 통치 규범을 마련하고 재상 중심의 정치를 주장한 조선 건국의 1등 공신은 누구인가?
>
> 　　풀이 　정도전

1391	1392	1402	1443	1466	1485
과전법 (공양왕)	조선 건국 (이성계)	호패법 실시 (태종)	훈민정음 창제 (세종)	직전법 실시 (세조)	『경국대전』 완성(성종)

(2) 태종(1400~1418) 중요 ★★★

① **왕권 강화**
  ㉠ 행정기구 개편 : 도평의사사를 없애고 의정부를 설치(6조 직계제 시행)

> **더 알아두기**
> **6조 직계제**
> 6조에서 의정부를 거치지 않고 곧바로 사안을 국왕에게 올려 재가를 받아 시행하는 제도로 왕권의 강화와 관련이 있으며, 태종과 세조 때 시행하였다.

  ㉡ 기타 : 언론기관인 **사간원**을 독립시켜 대신들을 견제, 사원전 몰수, **사병**을 철폐하고 군사지휘권 장악, 양전사업 실시
② **사회·문화제도 정비** : **호패법** 실시(1413), 억울한 일을 당한 백성을 위해 신문고 설치, 억울한 노비 해방, 서얼차대법과 재가 금지법 제정

> **더 알아두기**
> **호패법**
> 호패는 조선시대 사람들이 차고 다닌 것으로, 오늘날 주민등록증과 같은 것이다. 호패법은 16세 이상 양반에서 천민까지의 모든 남자에게 적용하였다. 호패법의 시행은 왕권의 강화를 꾀함과 동시에 농민의 향촌 이탈을 방지하여 국가재정을 확보하는데 궁극적인 목적이 있었다. 호패는 신분에 따라 사용되는 재료와 기재 내용이 달랐다.

> **주관식 레벨 UP**
> 6조 직계제를 시행하고 사병을 없애 왕이 군사지휘권을 장악한 왕은 누구인가?
> 풀이 태종

(3) 세종(1418~1450) 중요 ★★★

① **왕권과 신권의 조화** : 정책 연구 기관인 집현전 설치, 의정부 서사제 시행(재상합의제), 인사·군사권은 왕이 직접 행사

> **더 알아두기**
> **의정부 서사제**
> 6조는 각기 모든 직무를 먼저 의정부에 품의하고, 의정부는 가부를 헤아린 뒤에 왕에게 아뢰어 (왕의) 전지를 받아 6조에 내려 보내어 시행한다. 다만 이조·병조의 제수, 병조의 군사 업무, 형조의 사형수를 제외한 판결 등은 종래와 같이 각 조에서 직접 아뢰어 시행하고 곧바로 의정부에 보고한다.
> 『세종실록』

② **유교 정치**: 국가의 행사를 오례에 따라 유교식으로 거행, 사대부에게도 주자가례의 시행을 장려, 왕도정치를 내세워 유교적 민본 사상을 추구, 여론 존중
③ **민생안정**: 토지비옥도와 풍흉에 따른 조세 부과 기준을 만들어 **전분 6등법과 연분 9등법** 시행
④ **편찬 사업**: 훈민정음 창제, 농사직설·의방유취·향약집성방·용비어천가·삼강행실도·총통등록·칠정산 내외편 등 편찬
⑤ **기타**: 4군 6진 개척, 대마도 정벌(이종무), 측우기·앙부일구·자격루·간의·혼천의 등의 과학기구 발명, 아악 정리, 사고의 정비

(4) 세조(1455 ~ 1468) 중요 ★★

① **왕권 강화**: 6조 직계제로 복귀하였으며, 자신의 활동을 견제하는 **집현전과 경연을 폐지**, 종친 등용

> **더 알아두기**
>
> 상왕(단종)이 어려서 무릇 조치하는 바는 모두 대신에게 맡겨 논의 시행하였다. 지금 내(세조)가 명을 받아 왕통을 계승하여 군국 서무를 아울러 모두 처리하며 조종의 옛 제도를 모두 복구한다. 지금부터 형조의 사형수를 제외한 모든 서무는 6조가 각각 그 직무를 담당하여 직계한다.
>
> 『세조실록』

② **안정의 노력**
 ㉠ 경국대전: 국가의 통치체제를 확립하기 위하여 **경국대전을 편찬하기 시작**
 ㉡ 직전법: 경제 안정을 위해 현직관료에게만 토지를 지급하는 **직전법 시행**
 ㉢ 군사제도: 정군과 보인의 보법을 제정하였고, 5위제와 진관체제 실시

(5) 성종(1469 ~ 1494) 중요 ★★

① **통치체제의 확립**: 경국대전의 편찬을 마무리하여 반포함으로써 조선의 통치 방향과 이념을 제시
② **홍문관의 설치**: 집현전을 계승한 홍문관 설치, 왕의 정치적 자문 역할 담당, 경연을 부활시켜 왕과 신하가 함께 모여 정책을 토론하고 심의
③ **관수관급제**: 국가가 직접 수조권을 행사하여 세를 거두어 관리에게 녹봉을 지급하는 방식의 관수관급제 시행, 국가의 토지 지배권 강화
④ **편찬 사업**: 동국여지승람, 동국통감, 삼국사절요, 동문선, 악학궤범, 국조오례의 등 편찬

> **주관식 레벨 UP**
>
> 세조가 편찬을 명하여 성종 때에 이르러 완성된 조선의 대법전은 무엇인가?
>
> 풀이 경국대전

03 중앙과 지방의 통치체제

(1) 중앙 행정 조직

① 기본 체제
  ㉠ 관리 조직 : 문반과 무반의 양반으로 구성(30등급, 18품 30계)
  ㉡ 관직 체제 : 경관직(중앙 관직)과 외관직(지방 관직)으로 구성

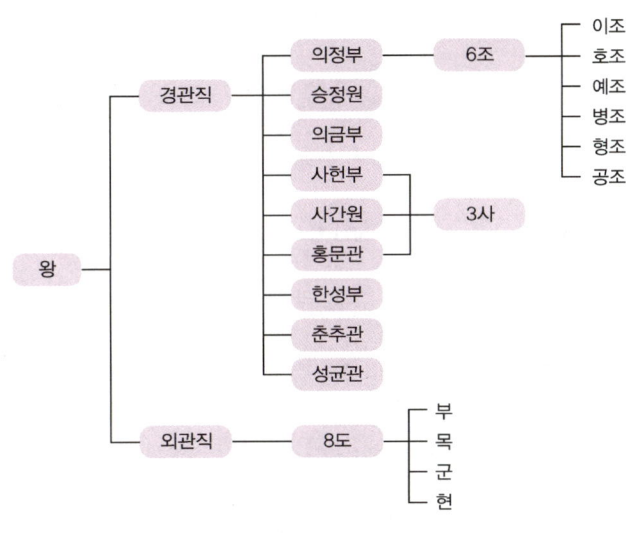

[조선의 통치체제]

② 정치 기구 중요 ★★
  ㉠ 의정부 : 국정 총괄, 재상 합의제
  ㉡ 6조(실무담당) : 이조(문관인사), 호조(호구, 조세), 예조(외교, 과거), 병조(무관인사, 국방, 봉수), 형조(법률, 소송, 노비), 공조(토목, 건축, 수공업, 파발)
  ㉢ 왕권견제기구(3사) 중요 ★★★
    사헌부(감찰기구), 사간원(간쟁, 서경), 홍문관(정책결정 자문기관, 문물연구)

주관식 레벨 UP

조선시대 왕권 견제기구인 3사의 기구를 나열하시오.

풀이 사헌부, 사간원, 홍문관

  ㉣ 왕권강화 기구 : 의금부(중대범죄), 승정원(왕명 출납)
  ㉤ 기타 : 춘추관(역사 편찬 및 보관), 한성부(서울의 행정·치안담당), 성균관(국립대학교)

(2) 지방 행정 조직

① **특징** 중요 ★
  - ㉠ 8도 정비 : 태종 때 전국을 8도로 획정(1413)
  - ㉡ 지방행정구역 : 8도 아래 부·목·군·현을 설치하였으며 현 아래에 면·리·통을 설치, 전국 약 330여 개의 군현이 있었고, 속현은 폐지하여 모든 군현에 지방관이 파견됨

② **행정조직** 중요 ★★★
  - ㉠ 구조 : 8도(관찰사 파견) – 부·목·군·현(수령 파견) – 면·리·통(면임, 이정, 통주 선임)

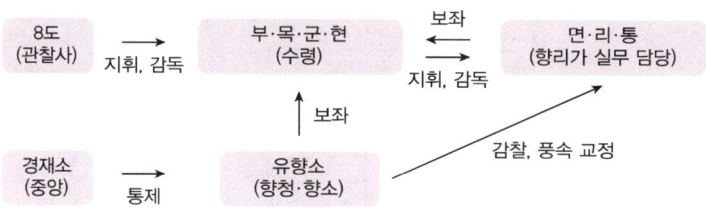

[조선의 지방 통치]

  - ㉡ 지방관 파견 : 지방관인 관찰사와 수령을 출신 지역으로 임명하지 않는 **상피제**를 시행하였고, 관찰사는 1년, 수령은 5년으로 그 임기를 제한
  - ㉢ 관찰사 : 전국 8도에 파견하였고, 감찰권, 행정권, 사법권, 군사권을 행사하였으며 수령을 지휘·감독
  - ㉣ 수령 : 부·목·군·현에 파견하였고, 왕의 대리인으로 지방의 행정·사법·군사권을 장악

> **더 알아두기**
>
> **수령 7사 – 수령의 업무 능력 평가**
> 농상성(農桑盛), 사송간(詞訟簡), 간활식(奸猾息), 호구증(戶口增), 학교흥(學校興), 군정수(軍政修), 부역균(賦役均)

> **주관식 레벨 UP**
>
> 조선시대 왕의 대리인으로 지방의 행정·사법·군사권을 가지고 있었던 관리는 누구인가?
>
> 풀이 수령

  - ㉤ 향리 : 지역의 토착 세력으로 수령의 **행정실무**를 보좌하는 세습적 아전

③ **유향소(향청)** 중요 ★★
  - ㉠ 향촌자치 : 향촌의 유지(전직 관료)들로 구성된 자치기구로 수령을 보좌하고 향리를 감찰하며 향촌 사회의 풍속을 바로잡기 위한 기구, 향안에 등재된 양반들로 구성되며, 장(長)인 **좌수**(향정)와 2명의 **별감**을 선출하여 운영
  - ㉡ 역할 : 자율적 규약(향약)을 만들고 백성을 교화하며 고을의 풍속을 교정

④ **경재소** : 경재소는 중앙 정부가 현직 관료로 하여금 연고지의 **유향소를 통제**하게 하는 제도로서, 중앙과 지방의 연락 업무를 담당

04 군사 조직

(1) 군역 제도
① **원칙** : 양인개병제, 농병일치제, 태종 이후 사병을 모두 폐지하고 16세 이상 60세 이하의 모든 양인 남자에게 군역의 의무 부과
② **정군과 보인** 중요 ★
  ㉠ 정군 : 정군은 서울에서 근무하거나 국경 요충지에 배속, **일정 기간 교대로 복무**하였으며, 복무 기간에 따라 품계를 지급
  ㉡ 보인 : 정군이 군역을 지는 동안의 필요한 식량, 의복 등의 경비를 부담
③ **면역 특권** : 현직관료와 학생·향리 등은 군역을 면제, 종친과 외척·공신이나 고급 관료의 자제는 고급 특수군에 편입되어 군역을 면제

(2) 군사제도
① **중앙군**
  ㉠ 5위 : 의흥위(중위), 용양위(좌위), 호분위(우위), 충좌위(전위), 충무위(후위) 등으로 구성되었고, 궁궐과 서울을 수비
  ㉡ 갑사·특수병 : 갑사는 간단한 무예 시험을 거쳐 선발된 일종의 직업 군인으로, 근무 기간에 따라 품계와 녹봉을 받았고, 특수병(별시위·내금위)은 왕실 또는 공신이나 고급 관료의 자제로 구성
② **지방군**
  ㉠ 육군 : 진관체제에 따라 각도에 1~2개의 병영을 설치하고 **병마절도사**(병사)가 지휘하였으며 병영 밑에 거진(巨鎭)을 설치하고 수령이 군 지휘권을 장악
  ㉡ 수군 : 각 도에 수영을 설치하였고 **수군절도사**(수사)가 관할 지역 수군을 통솔하였으며 수영 아래 포진(浦鎭)과 포(浦)를 설치하여 첨절제사와 만호를 각각 파견
  ㉢ 영진군 : 초기에는 의무병인 정군들이 국방상 요지인 영(營)이나 진(鎭)에 소속되어 복무
  ㉣ 세조 이후 : **진관체제를 실시하여 지방 방어 체제를 강화**
③ **잡색군** 중요 ★★
  일종의 **예비군**인 잡색군은 서리, 잡학인, 신량역천인, 노비 등으로 구성하여 유사시에 대비

(3) **교통·통신제도** : 물자 수송과 통신을 위한 역참(육로) 설치, 조운제도(수로), 봉수 제도(통신) 정비

05 관리임용제도 및 교육기관 중요 ★★

(1) **과거제도**
  ① **채용 절차** 중요 ★★★
    ㉠ 원칙 : **문과**(문관)·**무과**(무관)·**잡과**(기술관)로 구성, 천민을 제외하고는 법적으로 특별한 제한이 없음
    ㉡ 예외 : 문과의 경우 **탐관오리의 아들, 재가한 여자의 자손, 서얼**에게는 응시가 제한됨
    ㉢ 시험 시기 : 정기 시험(3년마다 실시하는 식년시), 부정기 시험(별시, 증광시, 알성시)

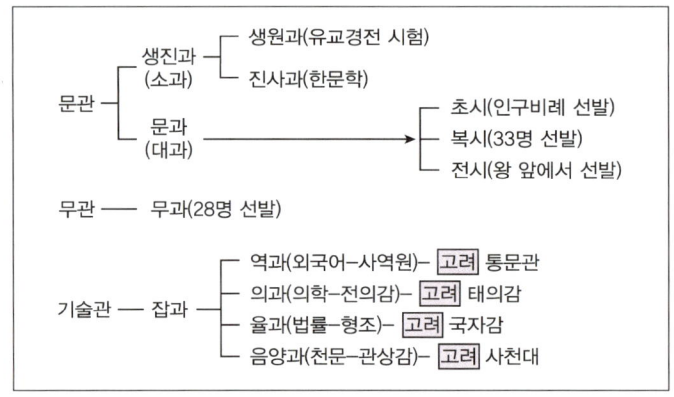

[조선의 과거 제도]

  ② **종류** 중요 ★
    ㉠ 문과(대과) : 소과에 합격한 생원·진사(성균관에 입학 가능, 문과 응시 가능)나 성균관 학생이 응시 가능, 초시(각 도의 인구 비례)·복시(33명)·전시(왕 앞에서 시험)로 시행, 합격자는 홍패 수여
    ㉡ 무과 : 고려에 비해 문무 양반 제도의 확립, 28명 선발, 합격자는 홍패 수여
    ㉢ 잡과 : 3년마다 실시(역과·의과·음양과·율과), 각 해당 관청에서 기술교육, 합격자는 백패 수여

(2) **특별 채용 제도** : 취재(하급관리 선발), 음서(2품 이상 고관 자제), 천거(기존관의 추천, 고려에 비해 매우 축소)

(3) **인사 관리 제도**
  ① **상피제** : 고관을 출신지에 임명하지 않는 제도
  ② **서경제** : 5품 이하 관리 등용 시 양사(사간원, 사헌부)에 관리 임명 동의를 받는 제도

(4) 교육기관
  ① **최고 학부** : 성균관(국립교육기관, 생원·진사 입학)
  ② **중등교육기관**
    ㉠ 4부 학당(4학) : 중앙의 중등교육기관으로 교수와 훈도가 교육
    ㉡ 향교 : 지방의 중등교육기관으로 중앙에서 교수와 훈도가 파견되어 교육

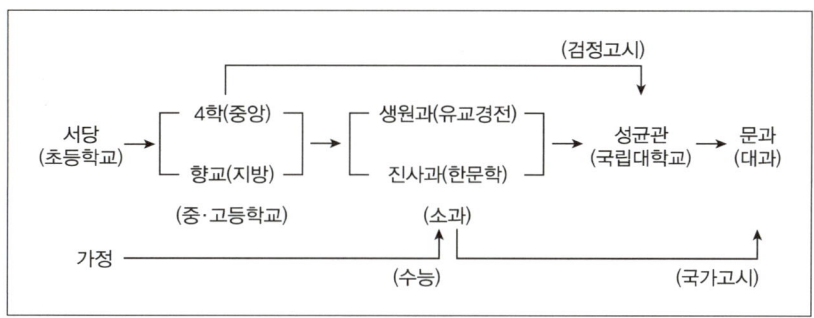

[교육기관 제도]

  ③ **사립교육기관**
    ㉠ 서원 중요 ★★★
      선현의 제사와 성리학을 연구하여 후학을 양성했던 향촌의 사립교육기관으로 주세붕의 **백운동 서원**이 시초

    > **주관식 레벨 UP**
    > 선현에 대해 제사를 지내고 후진양성 등의 역할을 담당하였던 조선시대 지방의 사립교육기관은 무엇인가?
    > **풀이** 서원

    ㉡ 서당 : 초등교육을 담당하는 사립교육기관으로서, 4학이나 향교에 입학하지 못한 선비와 평민의 자제가 교육

제2절 경제생활과 수취제도

01 조선 전기의 경제 정책

(1) 농본주의 경제 정책
  ① **중농정책**
    ㉠ 기본 수취 정책 : 20년마다 양전사업 실시, 양안 작성
    ㉡ 농업 장려 정책 : 토지 개간을 장려하고 양전사업을 실시하여 국가재정을 확충하고 민생을 안정시킴
  ② **억상정책** 중요 ★
    ㉠ 유교적 경제관 : 사(士)·농(農)·공(工)·상(商) 간의 직업적인 차별이 존재, 검약한 생활을 강조하는 유교적인 경제관으로 소비는 억제되었고, 자급자족적인 농업 중심의 경제로 인한 화폐 유통, 상공업 활동, 무역 등이 부진
    ㉡ 상공업 통제(억상 정책) : 상공업자가 허가 없이 마음대로 영업하는 것을 규제, 물화의 수량과 종류를 국가가 통제

> **더 알아두기**
> **성리학적 경제관**
> 검소한 것은 덕(德)이 함께 하는 것이며, 사치는 악(惡)의 큰 것이니 사치스럽게 사는 것보다는 차라리 검소해야 할 것이다.

02 토지제도의 변화

(1) 과전법(1391, 공양왕)
  ① **배경** : 국가의 재정기반 확보와 신진사대부의 경제적 기반을 마련하여 주기 위한 제도
  ② **운영** : 과전은 전직 관리와 현직 관리에게 관등에 따라 경기 지역의 토지에 한하여 수조권 지급, 받은 사람이 죽거나 반역을 하면 국가에 반환
  ③ **예외** : 관리가 죽은 후 부인에게 수절을 조건으로 지급되었던 수신전과 어린 자녀가 성장할 때까지 한시적으로 지급되었던 휼양전 등은 세습이 가능하였고, 공신전도 세습 가능

(2) 직전법(1466, 세조) 중요 ★★
  ① **배경** : 세조는 관리의 토지 세습 등으로 지급할 토지가 부족하게 되자 국가 재정확보의 목적과 중앙집권화의 일환으로 직전법을 시행

② **운영** : 수신전·휼양전·군전·공해전을 몰수(폐지)하고, 현직 관리에게만 토지를 지급
③ **한계** : 현직 관리들 중에서 퇴직 이후를 염려하는 관리들의 수탈이 점차 심화(수조권 남용)

> **주관식 레벨 UP**
>
> 현직 관리에게만 수조권을 지급하는 제도로 관직에서 물러난 관리는 국가에 수조권을 반환하여야 했던 세조 때 시행한 토지제도는 무엇인가?
>
> **풀이** 직전법

(3) 관수관급제(1470, 성종) 중요 ★★★

① **배경** : 수조권을 가진 양반 관료가 이를 남용하여 과다하게 세금 수취
② **운영** : 지방 관청에서 그 해의 생산량을 조사하고 직접 수조권을 행사하여 세를 거두어, 관리에게 다시 나누어 주는 방식의 **관수관급제**를 시행
③ **결과** : 양반 관료들이 수조권을 빌미로 토지와 농민을 지배하는 방식은 사라지고, **국가의 토지 지배권이 강화**

(4) 직전법의 폐지(1556, 명종) 중요 ★

명종 때 **직전법이 폐지**되고, 수조권 지급제도가 사라져 관리는 녹봉만을 받게 되었고, 결국 양반과 농민의 **지주전호제가 강화**됨

> **더 알아두기**
>
> **토지제도의 변화**
>
> | 구분 | 과전법 | 직전법 | 관수관급제 | 직전법 폐지 |
> | --- | --- | --- | --- | --- |
> | 시기 | 공양왕(1391) | 세조(1466) | 성종(1470) | 명종(1566) |
> | 배경 | 국가 재정 악화 | 세습으로 토지 부족 | 양반의 수조권 남용 | 직전법 체제 붕괴 |
> | 대상 | 전·현직 관리 | 현직 관리 | 현직 관리 | 현직 관리 |
> | 특징 | 신진사대부의 경제적 기반 마련 | 수신전·휼양전 폐지 | 국가의 토지 지배권 강화 | 수조권 제도 소멸 지주전호제 확산 |

03 수취체제의 변화

(1) 조세 중요 ★
① **과전법**: 수확량의 1/10 징수, 매년 풍흉과 수확량에 따라 납부액 조정
② **전분6등·연분9등법(세종)**: 토지 비옥도와 풍흉에 따라 1결당 최고 20두에서 최하 4두 부과
③ **조세 운송**: 쌀, 콩 등의 조세를 조창으로 운반, 조운을 통해 경창으로 운반
④ **잉류 지역**: 평안도와 함경도는 국경에 가깝고 사신의 왕래가 잦은 곳이었기 때문에 그 지역의 조세는 군사비와 사신 접대비로 사용하였고 제주도는 육지와 거리가 멀었기 때문에 자체 소비함

(2) 공납
① **징수 방법**: 중앙 관청에서 군현에 물품과 액수 할당, 군현은 가호에 할당, **호를 대상으로 토산물 징수**
② **종류**: **상공**(정기적), **별공**(별도의 공납), **진상**(관찰사·지방관 등이 왕에게 바치는 공납)
③ **문제점**: 납부 기준에 맞는 품질과 수량을 맞추기 어려우면 다른 곳에서 구입하여 납부, 전세보다 납부하는 데 부담이 더 큼

(3) 역
① **군역**: 일정 기간 군사 복무를 교대로 근무하는 **정군**과, 정군이 복무하는 데에 드는 비용을 보조하는 **보인**이 있었고 양반·서리·향리·성균관 유생 등은 군역에서 면제
② **요역**: 가호를 기준으로 정남의 수를 고려하여 노동력에 동원, 성종 때에는 경작하는 토지 8결을 기준으로 한 사람씩 동원하고, 1년 중에 동원할 수 있는 날도 6일 이내로 제한하도록 규정(실제는 임의 징발)
③ **기타**: 염전, 광산, 산림, 어장, 상인, 수공업자에게 세금 징수

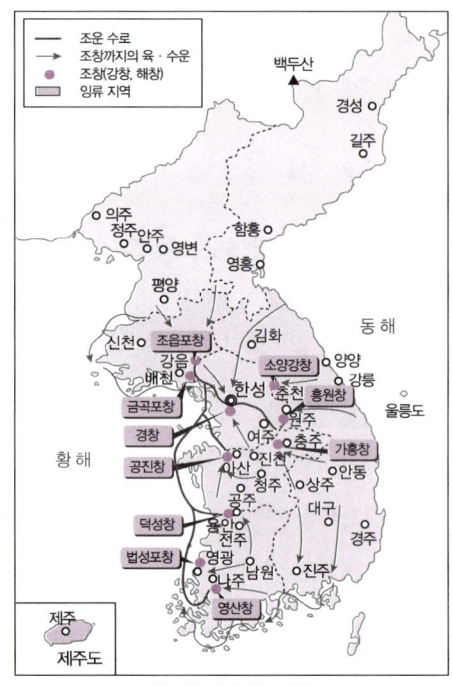
[조선시대의 조운]

(4) 세금의 용도: 군량미·구휼미 비축, 왕실 경비, 공공 행사비, 관리의 녹봉 등

주관식 레벨 UP

조선의 수취제도에는 토지에 부과하는 (A), 토산물을 집집마다 부과하는 (B), 호적에 등재된 정남에게 부과하는 군역과 요역 등이 있었으며, 이것이 국가 재정의 토대를 이루었다.

풀이 (A) 전세, (B) 공물

제3절 신분제도

01 양반 관료 중심의 사회

(1) 양천 제도와 반상 제도

① 15세기 양천 제도
  ㉠ 양천 제도의 구조 : 사회 신분을 양인과 천민으로 구분하는 양천 제도를 법제화하여 신분제도의 기틀을 마련
  ㉡ 양인 : 과거에 응시하고 벼슬길에 오를 수 있는 자유민으로, 조세, 국역 등의 의무가 부과
  ㉢ 천민 : 비자유민으로 개인이나 국가에 소속되어 천역을 담당

② 16세기 반상 제도 **중요** ★
  ㉠ 반상 제도로의 변화 : 지배층인 양반과 피지배층인 상민 사이의 차별을 두는 반상 제도가 일반화
  ㉡ 신분구성 : 양반, 중인, 상민, 천민
  ㉢ 신분이동 : 고려 사회에 비해 개방적이나 신분제의 틀은 유지, 양인이면 누구나 과거로 관직 진출이 가능하였고 양반도 죄를 짓거나 경제적으로 몰락하게 되면 신분이 강등되기도 함

> **더 알아두기**
>
> **신분구조의 변화**
>
> | 15C 양천제도(법제상) | | | 16C 반상제도(실제상) | |
> |---|---|---|---|---|
> | 양인 | 양반(문·무반)
과거 응시, 조세·국역 의무 | ⇨ | 양반 | 문·무반+가족·가문, 고관독점, 국역 면제 |
> | | | | 중인 | 향리, 서리, 기술관, 군교, 역관, 의관, 서얼 |
> | | | | 상민 | 농민, 수공업자, 상인, 신량역천 |
> | 천민 | 비자유민, 천역 담당 | ⇨ | 천민 | 노비, 백정, 무당, 광대, 창기 |

(2) 반상제도의 구분

① 양반 **중요** ★
  ㉠ 의미 : 건국 초기에는 문반과 무반을 아울러 부르는 명칭이었으나 점차 **문·무반의 관직을 가진** 사람뿐만 아니라 그 가족이나 가문까지도 양반으로 편재
  ㉡ 특권 계층화 : 문무 양반만 사족으로 인정하여 특권층 형성, 향리·서리·기술관·군교·역리들은 중인으로 격하, **서얼의 관직 진출 제한**
  ㉢ 특권 : 토지와 노비 소유, 고위 관직 독점, **국역 면제**

② **중인** 중요 ★★
　㉠ 의미 : 양반과 상민의 중간 계층으로 조선 후기에 이르러 하나의 독립된 신분층을 형성
　㉡ 구성 : **서리와 향리**(수령보좌) 및 **기술관**은 직역 세습, 같은 신분 안에서 혼인, 관청 주변에 거주, **서얼**(중서)은 중인과 같은 처우(문과 응시 금지, 무반직에 등용), **역관**(사신 수행, 무역 관여)
　㉢ 역할 : 전문 기술이나 행정 실무 담당, 군역 의무 없음

> **주관식 레벨 UP**
> 조선시대 반상 제도상의 ① 4가지 신분을 쓰고, 그 중 주로 기술직에 종사하며 축적한 재산과 실무경력을 바탕으로 조선 후기에 적극적인 신분상승을 추구하였던 ② 신분을 쓰시오.
> 풀이 ① 양반, 중인, 상민, 천민 ② 중인

③ **상민**
　㉠ 구성 : **농민**(조세·공납·부역의 의무), **수공업자**(관영·민영), **상인**(국가의 통제 아래 상거래 종사, 상인세 납부, 농민보다 낮은 지위), **신량역천**(신분은 양인, 천역 담당)
　㉡ 지위 : 과거 응시 자격은 있으나 사실상 어려움, 전쟁이나 비상시에 군공을 세워 신분 상승이 가능

④ **천민**
　㉠ 구성 : 백정, 무당, 창기, **공노비**(국가에 신공 바침, 관청에 노동력 제공), **사노비**(솔거노비, 외거노비) 등
　㉡ 노비의 지위 : 비자유민, 교육과 벼슬 금지, 재산으로 취급되어 매매·상속·증여의 대상
　㉢ 조선 전기 노비의 신분제도 : 부모 중 한쪽이 노비일 때 그 소생 자녀도 자연히 노비가 되는 제도인 **일천즉천** 시행
　㉣ 조선 후기 노비의 신분제도 : 노비 자녀의 신분을 결정할 때 어머니의 신분을 따르게 하였던 **노비종모법** 시행

02 조선 전기의 사회와 제도

(1) **사회정책과 사회시설** 중요 ★★
① **중농정책** : 민생안정을 위한 농본 정책 실시(국가안정, 재정확보)
② **빈민구제**
　㉠ 환곡제 : **의창**(15세기, 무이자), 상평창(16세기, 이자 1/10) 등에서 환곡제 시행
　㉡ 사창제 : 향촌 사회에서 자치적으로 실시된 **사창** 제도, 양반 지주들이 향촌의 농민 생활을 안정시켜 양반 중심의 향촌 질서를 유지시키기 위함
③ **의료시설** : 혜민국과 동서 대비원(수도권 내 서민환자 구제·약재 판매), **제생원**(지방민 구호·진료), 동서 활인서(유랑자 수용·구휼)

(2) 사법제도
  ① 법률
    ㉠ 형법: 경국대전・대명률 적용, 반역죄・강상죄는 중죄로 연좌제 적용, 태・장・도・유・사의 형벌
    ㉡ 민법: 관습법에 의해 지방관이 처리, 초기 노비 관련, 16세기 이후 산송(山訟), 상속(종법적용)
  ② 사법기관
    ㉠ 중앙: 의금부, 형조(관리 잘못, 중대 사건 재판), 사헌부, 한성부(수도 치안), 장례원(노비 관련)
    ㉡ 지방: 관찰사・수령이 사법권 행사
    ㉢ 불복수단: 재판에 불만이 있을 때는 상부관청이나 다른 관청에 소 제기 가능, 신문고 활용

> **주관식 레벨 UP**
> 조선시대 범죄 중에 가장 무겁게 취급된 범죄 두 가지를 쓰시오.
> **풀이** 반역죄, 강상죄

03 향촌 사회의 조직과 운영

(1) 향촌
  ① **편제**: 향(군현의 단위), 촌(촌락이나 마을)
  ② **변화**: 경재소 혁파(1603), 유향소는 향소・향청으로 개칭, 사족이 향안 작성・향규 제정
  ③ **촌락 운영** 중요 ★
    ㉠ 촌락: 농민 생활 및 향촌 구성의 기본 단위, 자연촌(동・이로 편제)
    ㉡ 정부 지배: 초기에 면리제, 17세기 중엽 이후 **오가작통제**(경국대전에 법제화)

> **주관식 레벨 UP**
> 서로 이웃하고 있는 다섯 집을 하나의 통으로 묶고, 여기에 통수를 두어 통내를 관장하게 했던 제도로 호적 정비를 강화하고 농민들의 유망을 방지하고 통제하기 위해 시행하였던 제도는?
> **풀이** 오가작통제

    ㉢ 촌락 분화: **반촌**(양반 거주, 동성 거주, 친족・처족・외족의 동족으로 구성 → 18세기 이후 동성 촌락으로 발전), **민촌**(평민 거주, 소작농 생활), 특수촌락(역・진・원・어・점촌)
    ㉣ 농민조직: 두레(공동 노동의 작업 공동체), 향도

(2) **풍습**: 돌팔매 놀이(석전, 상무 정신 고양), 향도계와 동린계(자생적 조직)

04 서원과 향약

(1) **서원** 중요 ★★

    ① **최초** : 서원은 1543년(중종 38) 풍기군수 **주세붕**이 세운 백운동 서원이 시점이며, 이황의 건의로 소수서원으로 사액되어 국가로부터 토지와 노비 등을 받고, 면세의 특권까지 누림

    ② **역할**

        ㉠ 향촌의 교화 : 유생들이 한 자리에 모여 학문을 닦고 연구함으로써 향촌 사회의 교화에 공헌하여 국가에서 설립을 장려

        ㉡ 후진양성 및 선현의 추모 : 사림들은 **후진을 양성**하려 교육하였고, 이름난 선비나 공신을 숭배하며 그 덕행을 추모

(2) **향약** : 중국의 '여씨향약'으로부터 전래, 향촌의 자치규약 중요 ★★★

    ① **형성** : 전통적 공동 조직과 **미풍양속**을 계승(삼강오륜 중심, 유교 윤리 가미, 백성들의 교화 및 질서 유지)

    ② **장점** : 조선 사회의 **풍속 교화**, 향촌 사회의 **질서 유지**와 **치안 담당**, 사림들의 농민 통제와 사회적 지위 강화

    ③ **단점** : 토호와 향반이 지방민을 수탈하는 배경 제공, 향약 간부들의 대립으로 풍속과 질서를 해침

> **더 알아두기**
>
> **향약의 4대 덕목**
>
> 향촌 규약에는 네 가지가 있다. 첫째, 아버지·형·윗사람을 잘 섬기며, 밖에 나가서는 벗들과 화목하고, 법령을 준수하고, 조세를 정성껏 부담해야 한다(덕업상권). 둘째, 술주정·도박·싸움·언행 불손 등을 제재한다(과실상규). 셋째, 윗사람과 아랫사람 사이에 예의범절을 지켜야 한다(예속상교). 넷째, 수재·화재·도적을 맞은 경우 등 어려움을 당한 사람을 즉시 협조하여 도와주어야 한다(환난상휼).

제4절 문화와 기술의 발전

01 조선 전기 문화의 특징

(1) **자주적 민족문화**: 조선 초기에는 민족적이면서 실용적인 성격의 학문이 발달하여 다른 시기보다 민족문화가 크게 발달

(2) **한글 창제**
　① **훈민정음(1446, 세종)**: 피지배층의 도덕적 교화, 양반 중심 사회 유지, 백성들도 문자 생활 가능, 문화 민족으로서의 긍지, 유네스코 지정 세계기록유산
　② **보급**: 용비어천가·월인천강지곡·불경·농서·윤리서·병서 간행

[훈민정음]

02 편찬 사업

(1) **역사서**
　① **실록** 중요 ★★★
　　조선왕조실록(태조~철종), 춘추관의 실록청 주관, 사고에 보관, 유네스코 지정 세계기록유산

> **주관식 레벨 UP**
> 한 왕대의 역사를 후대에 남기기 위하여 편찬한 사서로 춘추관 내 실록청을 설치하여 제작하였던 문화유산은 무엇인가?
> **풀이** 조선왕조실록

　② **건국 초기**: 태조 때 정도전은 고려국사를 편찬하여 조선 건국의 정당성을 확보하고 성리학적 통치 규범 정착
　③ **15세기 중엽** 중요 ★★
　　㉠ **의의**: 사회의 안정과 국력 성장의 바탕 위에서 성리학적 대의명분보다는 민족적 자각을 일깨우고 왕실과 국가 위신을 높이기 위한 목적으로 역사를 편찬
　　㉡ **편찬사서**: 고려사(기전체), 고려사절요(편년체), 동국통감(고조선~고려 말까지의 역사 정리, 서거정)
　④ **16세기**: 동국사략(박상), 기자실기(이이) 등이 편찬되어 사림의 존화주의적 사상을 반영

> **더 알아두기**
>
> 조선 전기 역사서 중요 ★★
>
> | 시기 | 성격 | 역사서 |
> |---|---|---|
> | 건국 초기 | 조선 건국 정당성 확보 | 고려국사(정도전), 조선왕조실록(태조 ~ 철종, 편년체) |
> | 15C 중엽 | 훈구파(자주적) | 고려사(기전체), 고려사절요(편년체), 동국통감(고조선 ~ 고려 말까지의 역사 정리, 서거정) |
> | 16C | 사림파(존화주의) | 동국사략(박상), 기자실기(이이) |

(2) 지리서와 윤리서

① **지도**

㉠ 혼일강리역대국도지도 중요 ★★★

15세기 태종 때 세계 지도인 혼일강리역대국도지도를 제작(1402), 현존하는 세계 지도 중 동양에서 가장 오래(最古)된 지도

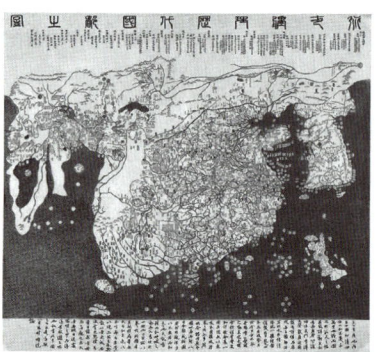

[혼일강리역대국도지도]

> **주관식 레벨 UP**
>
> 조선 태종 때에 만들어진 동양에서 가장 오래된 지도로 현재 필사본이 일본에 현존하고 있는 것은?
>
> 풀이 혼일강리역대국도지도

㉡ 기타 : 팔도도(15C 태종, 전국지도), 동국지도(15C 세조, 양성지의 실측지도), 조선방역지도(16세기, 16C 만주와 대마도 표기)

② **지리지** : 신찬팔도지리지(세종), 세종실록지리지(단종), **동국여지승람**(성종, 군현의 인문 지리서), 신증동국여지승람(중종)

③ **윤리서** : 삼강행실도(15C, 세종), 국조오례의(15C, 성종), 이륜행실도(16C, 중종), 동몽수지(16C, 중종)

(3) 법전 종요 ★★
① **조선 초기** : 조선경국전(정도전, 조례정리), 경제문감(정도전, 정치조직), 경제육전(조준, 여말선초 조례정리)
② **경국대전(세조 ~ 성종)** : 조선의 기본법전, 이전·호전·예전·병전·형전·공전의 6전으로 구성

03 불교와 기타 사상

(1) 불교정책 종요 ★★
① **억불정책** : 태조(사원의 토지·노비 몰수, 도첩제 실시), 태종(사원정리·토지·노비 몰수), 세종(선·교 양종의 36개 사원만 인정), 성종(도첩제 폐지), 중종(승과 폐지)
② **보호정책** : 세종(월인천강지곡, 석보상절 간행), 세조(간경도감 설치, 월인석보 출간, 원각사·원각사 10층 탑 건립), 명종(승과 부활), 임란 이후(승병들의 활약으로 억불 정책 중단)

(2) 사상의 발달
① **도교** : 건국 초기 제천행사가 국가의 권위를 높이는 점이 인정되어 소격서를 설치하고 참성단에서 일월성신에 제사 지내는 **초제**가 시행되었으나 16세기에 사림이 집권한 이후 도교 행사는 폐지됨
② **풍수지리설** : 한양 천도에 반영, 16세기 이후 묘지에 대한 **산송** 문제가 많이 발생
③ **기타 신앙** : 무격신앙, 산신 신앙, 촌락제, 계절에 따른 세시 풍속은 유교 이념과 융합되면서 조상숭배 의식과 촌락의 안정을 기원하는 의식으로 발전

04 조선 전기의 과학기술

(1) 기술의 발전
① **배경** : 조선 초 세종 때를 전후한 시기에 집권층은 부국강병과 민생안정을 위하여 과학기술이 중요하다고 인식하여 국가적 지원을 받아 크게 발전
② **특징** : 우리나라의 자주적인 전통적 문화를 계승한 과학기술의 발명

(2) 천문(농업 진흥) 종요 ★★
① 천문 기구의 제작
㉠ 세종 : 천체 관측 기구인 **혼의·간의·혼천** 제작, 물시계인 **자격루**(1434)·해시계인 **앙부일구** 제작, 세계 최초의 강우량 측정기구인 **측우기** 제작(1441)

ⓒ 세조 : 토지 측량 기구인 **인지의**와 **규형**을 제작하여 토지를 측량하였고, 동국지도 등의 지도 제작에 활용
② **천문도** : 태조 때 제작한 **천상열차분야지도**는 고구려의 천문도를 바탕으로 제작
③ **칠정산** 중요 ★★★
 ㉠ 역법서의 편찬 : 세종 때 제작한 칠정산은 중국의 수시력(내편)과 아라비아의 회회력(외편)을 참고로 하여 만든 역법서
 ㉡ 의의 : 우리나라 역사상 최초로 서울을 기준으로 천체 운동을 정확하게 계산한 역법서

> **주관식 레벨 UP**
> 세종 때 중국의 수시력과 아라비아의 회회력을 참고하여 만든 역법서는?
> 풀이 칠정산

[천상열차분야지도]   [자격루]   [측우기]   [앙부일구]

(3) **농서** 중요 ★★★

농사직설(세종, 우리 실정에 맞는 최초의 농서), 사시찬요(세조, 강희맹), 금양잡록(강희맹)

> **주관식 레벨 UP**
> 15세기 세종 때 간행된 농법서로 우리나라 풍토에 맞는 씨앗의 저장법, 토질의 개량법, 모내기법 등 농민의 실제 경험을 종합하여 편찬한 서적의 이름은 무엇인가?
> 풀이 농사직설

(4) **기타 과학기술의 발전**
① **의학** 중요 ★★★
 향약집성방(세종, 우리 약재와 치료 방법), **의방유취**(세종, 의학 백과사전)
② **태종**(주자소 설치, 계미자 주조), **세종**(갑인자 주조, 조지서 설치, 식자판 조립) ─── 종이 만드는 일을 하는 관서
③ **병서** : 총통등록(세종), 동국병감(문종), 병장도설(문종)
④ **무기** : 화약 무기 제조(태종, 최해산), 거북선(태종), 비거도선(세종), 신기전(세종)

(5) **과학기술의 쇠퇴** : 16세기 이후 사림의 과학기술 경시 풍조로 침체

05 건축과 예술

(1) 건축

① **15C 건축**
  ㉠ 특징 : 15세기에는 국왕의 권위를 높이고 유교적 신분 질서를 유지하기 위하여 궁궐, 관아, 성문, 학교 등이 건축의 중심이 됨
  ㉡ 건축물 : 궁궐(경복궁, 창경궁), 사원(해인사 장경판전, 무위사 극락전), 성문(숭례문, 개성 남대문, 평양의 보통문), 탑(원각사지 10층 석탑)

[보통문]   [숭례문]   [경복궁]

② **16C 건축**
  ㉠ 특징 : 16세기 사림의 집권과 함께 서원의 건축이 발전, 서원 건축은 **가람 배치 양식과 주택 양식**이 실용적으로 결합된 독특한 양식
  ㉡ 건축물 : 옥산 서원(경주) · 도산 서원(안동)

(2) 조선 전기 자기와 공예

① **특징** : 실용과 검소 지향, 생활필수품과 문방구 중심
② **자기의 발전**
  ㉠ 분청사기(15세기) : 청자에 백토의 분을 칠한 것으로 16세기부터 세련된 백자가 생산되면서 점차 그 생산이 감소
  ㉡ 백자(16세기) : 백자는 청자보다 깨끗하고 담백하며 순백의 고상함을 풍겨 선비의 취향과 어울렸기 때문에 널리 유행

[분청사기 조화어문 편병]   [순백자]

  ㉢ 자기의 변화 : 11C 순수청자→12~13C 상감청자→15C 분청사기→16C 백자→청화백자
③ **공예** : 목공예, 돗자리, 화각, 자개, 수와 매듭 공예

주관식 레벨 UP

고려 말부터 나타났으며 청자에 백토의 분을 칠한 것으로, 안정된 그릇 모양과 소박하고 천진스러운 무늬가 어우러져 정형화되지 않으면서 구김살 없는 우리의 멋을 잘 나타내고 있는 자기는 무엇인가?

풀이 분청사기

(3) 그림과 기타 예술

① **15C 훈구(진취적)** 중요 ★★★
- ㉠ 특징 : 15세기 우리의 독자적인 화풍을 개발, 일본 무로마치 시대 미술에 영향을 줌, 도화서에 소속된 화원의 그림과 관료·선비의 그림 등이 유행
- ㉡ 작품 : 몽유도원도(안견), 고사관수도(강희안)

> **주관식 레벨 UP**
> 안평대군의 꿈을 도화서 화원 안견이 그린 작품으로 이상과 현실 세계를 한 폭의 그림으로 담은 그림의 이름은 무엇인가?
> 풀이 몽유도원도

② **16C 사림(서정적)** 중요 ★★
- ㉠ 특징 : 16세기에는 다양한 화풍이 유행, 산수화 및 선비의 정신세계를 **사군자**가 주류를 이룸
- ㉡ 작품 : 송하보월도(이상좌), 영모도(이암), **초충도(신사임당)**, 포도도(황집중), 묵죽도(이정), 월매도(어몽룡)

③ **서예** : 양반의 필수 교양 – 송설체(안평대군), 왕희지체(양사언), 석봉체(한호)

[몽유도원도(안견)]

[고사관수도(강희안)]

[묵죽도(이정)]

[초충도(신사임당)]

④ **음악 및 무용**
- ㉠ 음악 : 백성 교화 수단, 국가 의례 관련, 악기 개량·아악 정비(세종, 정간보, 궁중음악), **악학궤범**(성종, 성현, 전통 음악의 유지 및 발전에 기여), 속악 발달(민간)

> **주관식 레벨 UP**
> 성종 때 성현이 지은 것으로 음악의 원리와 역사, 악기, 무용, 의상 및 소도구까지 망라하여 정리함으로써 전통 음악을 유지하고 발전시키는 데 큰 도움을 준 이 책은 무엇인가?
> 풀이 악학궤범

- ㉡ 무용 : 처용무, 농악무, 무당춤, 승무, 산대놀이(탈춤), 꼭두각시놀이(인형극), 탈춤, 민속무 등 발전

제 5 장 조선 전기 사회 변화와 외세 침략

제1절 경제생활과 수취제도의 변동

01 양반과 농민의 생활

(1) 양반 지주의 생활
① **경제기반** : 과전, 녹봉, 자신 소유의 토지와 노비 등
② **농장경영** : 소작인을 통하여 병작반수의 형태로 수입, 노비를 통하여 자신의 토지를 경작
③ **노비소유** : 재산의 한 형태, 양반들은 노비를 사기도 하였지만, 자신이 소유한 노비를 양인 남녀와 혼인을 시켜 늘리기도 함, 솔거노비를 통하여 가사일·농경·옷감을 제조하게 하였고, 외거노비를 통해 땅을 경작하거나 관리하게 함, 매년 노비 신공(포, 돈)으로 재산 증가

(2) 농민의 생활
① **민생 안정책** : 세력가의 토지약탈 규제, 국가의 농업 권장, 개간 장려, 수리시설 확충, 농서(농사직설·사시찬요·금양잡록) 간행
② **농업기술의 발달** 중요 ★★★
   ㉠ 농업기술 : 조, 보리, 콩의 2년 3작의 윤작법과 모내기가 보급되어 벼와 보리의 이모작이 가능
   ㉡ 시비법의 발달 : 밑거름과 덧거름 등을 주는 시비법의 발달로 휴경지는 거의 소멸
   ㉢ 기타 : 쟁기, 낫, 호미 등 농기구의 개량, 목화 재배의 확대로 **면방직 기술의 발달**, 약초와 과수 재배 등이 확대
③ **농민이탈 방지책** 중요 ★
   ㉠ 구황 방법의 제시 : 정부는 **구황촬요**를 보급하여 잡곡, 도토리, 나무껍질 등을 가공하여 먹을 수 있는 구황 방법을 제시

> **주관식 레벨 UP**
> 조선 명종 때 편찬한 서적으로 잡곡, 도토리, 나무껍질 등을 가공하여 먹을 수 있는 구황방법을 제시하였다. 이 서적의 이름은 무엇인가?
>
> 풀이 구황촬요

   ㉡ 법적 통제 : **호패법, 오가작통법** 등을 강화하여 농민의 유망을 막고 통제를 더욱 강화

02 기타 산업의 발전

(1) 수공업
- ① **관영수공업** : 기술자는 공장안에 등록, 관청에서 필요한 물품 제작·공급, 책임 초과량은 세금을 내고 판매, 16세기 상업이 발전하면서 쇠퇴
- ② **기타 수공업** : 양반 사치품과 농기구 생산하는 민영수공업과 자급자족(무명, 모시, 명주, 삼베) 형태의 생필품을 생산하는 가내수공업이 발달

(2) 상업
- ① **시전상인** 중요 ★★
  - ㉠ **관상** : 시전상인은 왕실이나 관청에 물품을 공급하는 대신에 특정 상품에 대한 **독점 판매권**을 부여받음
  - ㉡ **육의전** : 시전상인 중에서 명주, 종이, 어물, 모시, 삼베, 무명을 파는 점포가 가장 번성

> **주관식 레벨 UP**
> (　　　)은 조선시대 왕실이나 관청에 물품을 공급하는 대신에 6의전에 대한 독점 판매권을 부여받았다.
> 풀이 시전상인

- ② **장시** : 15세기 후반부터 등장, 16세기 중엽 전국적으로 확대, **보부상**이 판매와 유통 확대

> **더 알아두기**
> **조선 전기의 상업**
> 장사꾼이 의복 등속을 판매하며, 심지어는 신·갓끈·빗·바늘·분(粉) 같은 물품을 가지고, 백성에게 교묘하게 말하여 미리 그 값을 정하고 주었다가 가을이 되면 그 값을 독촉해서 받는다.
> 『세종실록』

- ③ **화폐** : 저화(태종)·조선통보(세종) 발행, 쌀과 무명을 화폐로 사용

(3) 대외무역
- ① **명** : 사신 왕래 시 공무역과 사무역 허용
- ② **여진(무역소) 및 일본(왜관)** : 국경 지대의 사무역 엄격히 통제

제2절 성리학의 발전과 문화

01 성리학의 발달

(1) 관학파(훈구파)
  ① **형성**: 조선 초기 새로운 문물제도를 정비하고 **부국강병**을 추진, 건국 초부터 집권하여 세조 때 **훈구파**로 계승
  ② **성향**: 성리학에만 국한하지 않고 한·당의 유학, 불교, 도교, 풍수지리 사상, 민간신앙 등을 포용하여 개혁을 추진

(2) 사학파(사림파)
  ① **형성**: 조선의 건국에 참여하지 않고 재야로 물러난 세력, 사학파의 학문적 전통은 성종 때에 본격적으로 중앙 정계에 진출한 **사림이 계승**
  ② **성향**: 형벌보다는 교화에 의한 통치를 강조, 공신과 외척의 비리와 횡포를 비판하고 **성리학적 이념과 제도의 실천으로 개혁을 추진**

> **더 알아두기**
>
> **관학파와 사학파** 중요 ★★
>
> | 구분 | 훈구파(관학파) | 사림파(사학파) |
> | --- | --- | --- |
> | 인물 | 정도전, 권근 | 정몽주, 길재의 문인 |
> | 출신 | 집현전, 성균관 | 지방 중소 지주 |
> | 성향 | 다양한 사상 포용, 과학기술 중시 | 성리학적 명분론, 과학기술 천시 |
> | 특징 | 중앙 집권과 부국강병 추구
(주례 중시) | 교화에 의한 통치 강조, 향촌 자치 추구
(예기 중시) |
> | 역사관 | 단군(자주적사상) 중시 | 기자(존화사상) 중시 |

02 성리학의 융성(이기론)

(1) 이기(理氣) 철학 중요 ★
  ① **발달 배경**: 16세기 서경덕과 이언적은 각각 조선 성리학의 주기론과 주리론의 선구적인 위치를 차지
  ② **서경덕과 조식**: 서경덕은 이보다는 기를 중심으로 세계를 이해하고 불교와 노장사상에 대해서 개방적인 태도를 지녔고, **노장사상에 포용적이었던 조식은 학문의 실천성을 강조함**
  ③ **이언적**: 이언적은 기보다는 이를 중심으로 이론을 전개하여 주리 철학의 선구적 역할을 함

(2) 성리학의 확립 중요 ★★★

① **이황(1501~1570)**
  ㉠ 성향 : 도덕적 행위의 근거로서 인간의 심성을 중시하고, 근본적이며 이상주의적인 성격, 동방의 주자로 칭송, 주자서절요, 성학십도 등을 저술하여 이기이원론을 발전
  ㉡ 일본 성리학에 영향 : 이황의 사상은 임진왜란 이후 일본에 전해져 일본의 성리학 발전에 영향

② **이이(1536~1584)** : 기의 역할을 강조하여 현실적이며 개혁적인 성격, 동방의 공자로 칭송, 동호문답, 성학집요 등을 저술하였고, 일원론적 이기이원론을 발전

더 알아두기
이황과 이이

구분	이황(1501~1570)	이이(1536~1584)
주장	주리론(主理論) / 영남학파(동인)	주기론(主氣論) / 기호학파(서인)
학문	관념적 도덕 세계 중시, 근본적·이상적	경험적 현실 세계 중시, 현실적·개혁적
논쟁	기대승과 사단칠정 논쟁	성혼과의 인심도심 논쟁
영향	위정척사사상, 일본 성리학	실학사상, 개화사상
저서	주자서절요, 성학십도	동호문답, 성학집요, 만언봉사
칭송	동방의 주자	동방의 공자

● 성학십도 : 군주 스스로 성학을 따라야 할 것을 강조함
● 성학집요 : 현명한 신하가 군주에게 성학을 가르쳐 그 기질을 변화시켜야 한다는 것을 강조함

(3) 학파의 형성과 대립

① **학파의 형성** : 16세기 중반부터 학설·지역적 차이에 따라 서원을 중심으로 형성, 동인(서경덕, 이황, 조식 학파)과 서인(이이, 성혼 학파)의 형성

② **학파의 대립** : 학설과 지역적 차이에 따라 학파 형성

붕당	동인(선조 이후, 영남학파)		서인(인조반정 이후, 기호학파)	
사상	주리론(이기이원론) 도덕적 원리, 실천 중시, 도덕적 규범 확립		주기론(일원론적 이기이원론) 경험적 현실세계, 현실개혁	
출신	안정된 중소지주 출신		산림 출신	
분열	북인	남인	노론	소론
학파	서경덕·조식(남명학파)	이황(퇴계학파)	이이(율곡학파)	성혼(우계학파)
성향	절의중시, 부국강병, 의병장 배출, 개혁적 성향	향촌에서 영향력 행사, 수취체제 완화, 갑인예송·기사환국 때 집권	정통 성리학 강조, 대의명분 중시, 호락논쟁으로 발전	실리추구, 양명학과 노장사상에 호의적, 북방개척

1478	1498	1504	1519	1545	1575
홍문관 정립 (성립)	무오사화 (연산군)	갑자사화 (연산군)	기묘사화 (중종)	을사사화 (명종)	동인·서인 분당 (선조)

03 양반의 특권의식 강화

(1) 예학과 보학의 발달 중요 ★

① **예학**
 ㉠ 역할: 성리학적 도덕 윤리 강조, 삼강오륜 강조, **가부장적 종법 질서로 구현**(성리학 중심의 사회 질서 유지에 기여)
 ㉡ 영향: 향촌의 지배력 강화, 사림의 정쟁 이용, 양반의 우월적 신분 강조, 문벌 형성

② **보학**
 ㉠ 의미: 가족의 내력을 기록·암기
 ㉡ 문벌형성: 친족 공동체의 유대, 신분적 우위 확보
 ㉢ 족보편찬: 종족의 내력 기록(양반 문벌제도의 강화)

(2) 예학과 보학의 기능: 상하관계 중시, 신분제 사회의 질서 유지

제3절 사림·훈구 세력의 대립과 농민 저항

01 사림의 성장

(1) 훈구와 사림 중요 ★★★

더 알아두기

훈구와 사림

구분	훈구파	사림파
집권기	세조 대 / 15세기	성종 대 / 16세기
배경	중앙 / 관학파 / 대지주	지방 / 사학파 / 중소지주
정치	중앙집권체제, 부국강병, 과학기술 중시	향촌자치, 왕도정치(도덕·의리 숭상), 과학기술 천시
성향	자주적 민족의식(단군숭배), 성리학 이외 학문 수용	중국 중심 세계관(기자숭배), 성리학 이외 학문 배척

(2) 사림 세력의 성장

① **중앙 정계 진출**: 성종 때 훈구 세력을 견제하기 위해 사림 중용
② **사림의 활동**: 과거를 통해 전랑과 3사의 언관직에 등용, 훈구 세력의 부정부패와 대토지 소유 비판

02 사화의 발생 중요 ★

(1) 무오사화(1498, 연산군) : 김일손 등의 사림이 훈구에게 화를 입은 사건으로, 김종직의 제자인 김일손이 사초에 삽입한 김종직의 조의제문(弔義帝文)이 발단

> **더 알아두기**
>
> **김종직의 조의제문**
> 정축 10월 어느 날에 나는 밀성으로부터 경산으로 향하면서 답계역에서 자는데, 그날 밤 꿈에 한 신인(神人)이 나타나, "나는 초나라 회왕의 손자인데 우리 조부께서 항우에게 죽임을 당하였다."라고 말하고는 갑자기 사라져 보이지 않았다. 나는 꿈을 깨어 놀라 '회왕은 남초 사람이요, 나는 동이 사람으로, 거리가 만여 리가 될 뿐만 아니라, 세대의 전후도 역시 천 년이 훨씬 넘는데, 꿈속에 나오다니, 이것이 무슨 일일까?'라고 생각하였다.

(2) 갑자사화(1504, 연산군) : 윤비 폐출 사건(윤씨 폐출·사사 사건)

(3) 기묘사화(1519, 중종) 중요 ★★★
① **원인** : 중종이 훈구를 견제하기 위하여 사림세력인 **조광조**를 등용하여 **개혁**을 추진
② **전개** : 조광조는 천거제의 일종인 **현량과**를 통하여 사림을 대거 등용하였고 3사의 언관직 등을 차지하면서 **급진적 개혁**을 추진

> **더 알아두기**
>
> **조광조의 개혁정치**
> • 현량과의 실시(사림 등용 - 훈구 견제)
> • 불교, 도교 행사 폐지(소격서 폐지, 성리학적 질서 강요)
> • 소학 교육 장려(성리학적 질서 강요)
> • 방납의 폐단 시정(수미법 건의)
> • 경연 강화(왕도 정치)
> • 위훈 삭제 추진(훈구파 견제)
> • 향약 시행(향촌자치 시도)

③ **결과** : 훈구 공신들의 반발로 조광조를 비롯한 사림 세력 대부분이 제거

> **더 알아두기**
>
> **기묘사화**
> 남곤은 나뭇잎의 감즙(甘汁)을 갉아 먹는 벌레를 잡아 모으고 꿀로 나뭇잎에다 '주초위왕(走肖爲王)' 네 글자를 쓰고서 벌레를 놓아 갉아 먹게 하였다. … 중종에게 보여 화(禍)를 조성하였다.

1416	1434	1443	1510	1555	1592
4군 설치(세종)	6진 설치(세종)	계해약조(세종)	삼포왜란(중종)	을묘왜변(명종)	임진왜란(선조)

> **주관식 레벨 UP**
>
> 중종 때 조광조의 급진적인 개혁정치로 인하여 사림들이 피해를 입은 사건은 무엇인가?
>
> **풀이** 기묘사화

(4) 을사사화(1545, 명종) : 외척 간의 왕위계승 다툼, 윤원형(소윤) 일파가 윤임(대윤) 일파를 몰아내고 정국 주도

제4절 왜란과 호란

01 조선 초기의 대외관계

(1) 사대정책(明)

① **전개**
  ㉠ 태조 : 정도전이 중심이 되어 추진한 요동 정벌의 준비와 여진과의 관계를 둘러싸고 명과의 불편한 관계가 유지
  ㉡ 태종 이후 : 태종 때 조선왕조의 정통성을 인정받기 위한 친명 정책을 추진하여 교류가 활발, 세종 때는 대명(對明) 사대관계를 원만히 수행하는 데 필요한 인재의 양성에 힘썼고, **자주적 외교**를 추진

② **자주적 실리 외교** : 조선은 명에 대해서 표면적으로 사대 정책을 유지하였으나, 명의 구체적인 내정간섭은 없었고, 선진문물의 수용과 왕권의 안정 및 국제적 지위를 확보하려는 **자주적인 실리 외교**였음

(2) 여진에 대한 회유와 강경

① **4군 6진의 개척** 중요 ★★★
  ㉠ 배경 : 세종 때에는 **김종서**와 **최윤덕**을 보내 여진을 토벌하여 **4군 6진**을 개척하여 압록강과 두만강을 경계로 하는 오늘날과 같은 국경선을 확정
  ㉡ 회유책 : 여진족의 귀순을 장려하기 위하여 관직을 주거나, 정착을 위한 토지와 주택을 주어 우리 주민으로 동화, 사절의 왕래를 통한 무역을 허용하였고, 국경 지방인 **경성과 경원에 무역소**를 두고 북평관을 설치하는 등 국경 무역을 허락

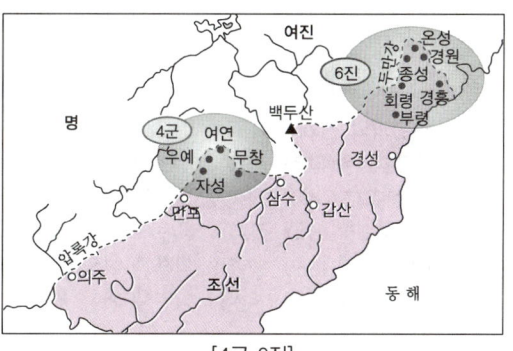

[4군 6진]

ⓒ 강경책 : 여진은 여러 회유 정책에도 불구하고 자주 국경을 침입하여 약탈을 자행하였고, 이때마다 조선에서는 군대를 동원하여 이들을 정벌

② **사민 정책**
  ⊙ 이주 정책의 실시 : 삼남 지방의 일부 주민을 대거 **북방으로 이주**시켜 압록강과 두만강 이남 지역을 개발
  ⓒ 토관제도 : 민심 수습을 위하여 국경지대 일부 군·현에는 수령을 파견하지 않고, **토착민을 토관**으로 임명

(3) 일본에 대한 회유와 강경 〈중요〉★★

① **대마도 정벌** : 왜구의 약탈이 계속되자 1419년(세종 원년) 이종무는 병선 227척, 병사 1만 7,000명을 이끌고 대마도를 정벌하여 왜구의 근절을 약속받음
② **3포 개항** : 조선은 쓰시마 도주의 간청을 받아들여 남해안의 부산포, 제포(진해), 염포(울산) 등 3포를 개방하여 무역을 허용하고, 제한된 범위 내에서 교역을 허락(1426, 세종 8)
③ **계해약조(1443, 세종 25)** 〈중요〉★★★
3포 개항 후 무역량을 제한하는 조치를 취하였는데, 세견선은 1년에 50척, 조선에서 왜인에게 주는 세사미두는 쌀과 콩을 합하여 200석으로 제한

(4) **동남아시아** : 류큐, 시암, 자바 등의 국가와 조공 또는 진상의 형식으로 교류

02 임진왜란

(1) 16세기 일본과의 대립 〈중요〉★★

① **16세기 국내 정세** : 16세기에는 수취체제의 문란으로 농민 생활이 악화, 유민·도적 증가, 임꺽정의 난(명종)
② **16세기 국제 정세**
  ⊙ 왜구의 침입 증가 : 16세기 중종 때의 삼포왜란(1510)이나 명종 때의 을묘왜변(1555)이 발발

> **더 알아두기**
>
> **일본과의 관계**
> • 3포 개항(1426, 세종 8) : 부산포·제포·염포를 개항, 제한된 무역
> • 계해약조(1443, 세종 25) : 무역량 제한, 세견선 1년에 50척, 세사미두 200석 제한
> • 삼포왜란(1510, 중종) : 비변사 설치(임시기구), 3포 폐쇄
> • 을묘왜변(1555, 명종) : 일본과 교류 일시 단절
> • 임진왜란(1592, 선조) : 비변사 기능 강화

  ⓒ 조선의 대응 : 조선은 **비변사**를 설치하여 군사 문제를 전담하게 하는 등 대책을 강구

(2) 임진왜란의 발발(1592) 중요 ★★★

① **왜란의 발발** : 일본의 전국 시대를 통일한 도요토미 히데요시(豊臣秀吉)는 철저한 준비 끝에 20만 대군으로 조선을 침략
② **조선의 대응** : 침략 직후 부산진에는 정발, 동래성에서는 송상현이 분전하였으나 패배, 신립의 충주 전투에서 패배하자 선조는 의주로 피난하여 명에 원군을 요청

> **주관식 레벨 UP**
>
> 임진왜란 발발 직후 부산진에는 (   ), 동래성에서는 (   )이 분전하였으나 패하였다.
>
> 풀이 정발, 송상현

(3) 임진왜란의 전개

① **왜군의 침투** : 왜군의 육군은 북상하여 전투를 하고, 수군은 남해와 황해를 돌아 물자를 조달하면서 육군과 합세하려는 전략
② **이순신의 활약** 중요 ★★★
이순신이 옥포에서 첫 승리를 거둔 이후, 거북선을 이용한 사천·당포 전투와 한산도 전투 등 남해안 여러 곳에서 연승을 거두어 남해의 제해권을 장악하였고 곡창지대인 전라도를 수호

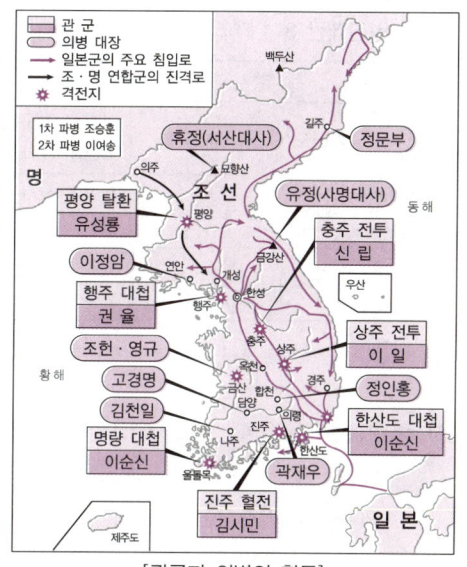

[관군과 의병의 활동]

> **주관식 레벨 UP**
>
> 전라도 지역에서 수군은 옥포에서 첫 승리를 거둔 이후, 거북선을 이용한 사천·당포 전투와 한산도 전투 등 남해안 여러 곳에서 연승을 거두어 남해의 제해권을 장악하였다. 이를 지휘한 조선 수군의 장수는 누구인가?
>
> 풀이 이순신

③ **의병의 항전** 중요 ★★
㉠ 의병의 봉기 : 농민이 주축, 전직 관리와 사림 양반, 승려 등이 조직하고 지도하였고 전쟁이 장기화되면서 상당수가 관군으로 편입됨

제5장 조선 전기 사회 변화와 외세 침략

> **더 알아두기**
> 고경명(전라도 장흥, 금산), 곽재우(경상도 의령), 김천일(전라도 나주), **휴정**(서산대사, 묘향산), 유정(사명대사, 금강산), **정문부**(함경도 경성 길주·회령), 정인홍(경상도 합천·함안), 조헌(충북 옥천·금산)

　　　ⓒ 의병의 활약 : 향토 조건에 알맞은 전술과 무기 사용(왜군에게 큰 타격), 전란의 장기화로 관군에 편입·조직화(관군의 전투 능력 강화)
　④ **전세역전** 중요 ★★★
　　　㉠ 명의 참전 : 수군과 의병의 활약과 명의 원군이 전쟁에 참여하면서 전세역전
　　　ⓒ 연합군의 활약 : 조·명 연합군은 평양성을 **탈환**(유성룡)하였으며, 관군과 백성이 합심하여 **행주산성**(권율) 등에서 적의 대규모 공격을 격퇴

> **더 알아두기**
> 임진왜란 3대 대첩
>
> | 구분 | 내용 |
> |---|---|
> | 한산도 대첩(1592.7.) | 이순신 장군이 이끄는 연합함대가 적을 한산도 앞바다로 유인하여 학익진을 펼쳐 100여 척의 적선을 격파하였고, 왜의 수군에 큰 타격을 주어 제해권을 장악 |
> | 행주 대첩(1593.2.) | 전라 순찰사 권율이 서울 수복을 위해 북상하다가 행주산성에서 왜적을 크게 처부수어 승리하였고, 왜군의 재차 북상을 저지 |
> | 진주 대첩(1592.10.) | 3만의 왜군 연합부대가 진주성을 공격하였고 진주 목사 김시민이 끝까지 이를 고수 |

(4) 휴전협상(1593.4. ~ 1597.1.)
　① **배경** : 경상도 해안으로 후퇴한 왜군은 경상도 일대에서 장기전에 대비하는 한편 명에게 휴전을 제의하여 휴전협상이 시작
　② **조선군의 정비** 중요 ★★★
　　　㉠ 군사 개편 : **훈련도감**을 설치하여 중앙 군대의 편제(삼수병 양성)와 훈련 방법을 바꾸었고, 속오법을 실시하여 지방군 편제도 개편하였으며, 화포를 개량하고 조총도 제작하여 무기의 약점을 보완
　　　ⓒ 훈련도감 : 임진왜란 중 왜군의 조총에 대항하기 위하여 기존의 **활**(사수)과 **창**(살수)으로 무장한 부대 외에 **조총**(포수)으로 무장한 부대를 조직

> **주관식 레벨 UP**
> 임진왜란 때 왜군에 대항하기 위하여 포수, 사수, 살수의 삼수병으로 편제한 무장부대를 편성했는데, 이 군대의 이름은 무엇인가?
>
> 　　풀이 훈련도감

1510	1555	1592	1597	1627	1636
삼포왜란(중종)	을묘왜변(명종)	임진왜란(선조)	정유재란(선조)	정묘호란(인조)	병자호란(인조)

(5) 정유재란(1597)
① **휴전의 결렬** : 3년여에 걸친 명과 일본 사이의 휴전 회담이 결렬되자, 왜군이 다시 침입
② **전쟁의 승리** 중요 ★★
  ㉠ 정유재란의 경과 : 조·명 연합군이 왜군을 직산에서 격퇴하고, 이순신은 왜군의 적선을 **명량**에서 대파한 후 **노량해전**을 승리로 이끌고 전사
  ㉡ 왜군 철수 : 전세가 불리해진 왜군은 도요토미 히데요시가 죽자 본국으로 철수함

(6) 왜란의 결과
① **국내** : 인명 손실, 토지 대장과 호적의 소실로 국가재정 궁핍, 문화재(경복궁·불국사·사고) 손실, 비변사 강화, 민란 발생(이몽학의 난), **신분제 동요(공명첩 발급)**
② **국외** : 일본의 문화 발전(성리학, 도자기), 명의 쇠퇴와 여진족 성장(명·청 교체기)

03 광해군의 중립외교

(1) 명의 원군요청
① **배경** : 여진족의 누르하치가 후금 건국(1616) 후 명에 전쟁 선포, 명은 조선에 원군요청
② **광해군의 정책** 중요 ★★★
  명과 후금 사이에서 중립외교 정책 실시 → 명을 지원하러 갔던 조선군 사령관 **강홍립**이 광해군의 밀명으로 후금에 항복 → 계속된 명의 지원 요청 거절, 후금과 친선관계 추구

> **더 알아두기**
>
> **인조반정(1623)**
> 광해군의 정책(중립외교)은 일부 사림 세력과 충돌을 빚었다. 더구나 광해군은 선조의 왕비였던 인목대비와 갈등을 빚고 있었다. 광해군은 인목대비의 아들인 영창대군을 죽이고, 인목대비를 궁궐에 가두어 버렸다. 사림 세력은 광해군의 이러한 패륜 행위와 명에 대해 의리를 지키지 않은 것을 비난하였다. 결국, 서인 세력은 정변을 일으켜 광해군을 몰아내고 새롭게 인조를 왕위에 앉혔다.

(2) 결과 중요 ★
① **북인 정권의 실정** : 광해군과 북인 정권은 왕권의 안정을 위하여 영창대군을 죽이고(1614), 인목대비를 폐위(1618)하여 서궁(西宮)에 유폐
② **서인 정권의 성립** : 서인 세력은 반정을 주도하여 인조를 즉위시킴(1623, 인조반정)

04 호란의 발발과 전개

(1) 정묘호란(1627, 후금) 중요 ★

① **배경** : 인조반정으로 집권한 서인은 광해군의 중립외교 정책을 비판하고, **친명배금 정책**을 추진하여 후금을 자극

② **전개** : 광해군을 위해 보복한다는 명분으로 후금이 침입(1627)하여 평안도 의주를 거쳐 황해도 평산까지 진격, 의주의 **이립**과 철산(용골산성)의 **정봉수**가 활약

③ **결과** : 후금의 군대는 보급로가 끊어지자 강화를 제의하여 조선과 후금의 **형제관계**가 수립

(2) 병자호란(1636, 청) 중요 ★★

① **배경** : 후금은 국호를 청이라 고치고, 조선에 **군신관계를 맺자고** 요구하였고 별다른 반응을 보이지 않자 12만의 대군을 이끌고 침입(1636)

② **전개**
  ㉠ 남한산성의 항쟁 : 인조는 **남한산성으로** 피난하여 청군에 대항하였으나, 청의 12만 대군이 남한산성을 포위

> **주관식 레벨 UP**
>
> 병자호란 때 국왕(인조)이 피난하여 청군에 대항하는 근거지로 삼은 장소를 쓰시오.
>
> 풀이 남한산성

  ㉡ 주화파와 척화파 : 조정은 외교적 교섭을 통해 문제를 해결하자는 **주화론**과 청과의 전쟁을 치르자는 **척화론**이 대립·갈등

더 알아두기

주화론과 척화론

구분	주장	성향	사상	인물
척화파	주전론	대의명분 중시	성리학	김상헌, 윤집
주화파	강화론	현실적, 실리적	양명학	최명길

③ **결과** : 인조는 청태종에게 항복(1637, **삼전도의 굴욕**), 청과의 **군신 관계**를 맺고 명과의 관계를 단절, 소현세자와 봉림대군이 인질로 납치

④ **호란의 영향** : 조선에서는 청에 대한 적개심이 심화되었고, **효종** 이후 청에 복수하자는 **북벌 운동**을 추진

제6장 조선 후기 경제 발전과 사회 동향

제1절 상품 화폐 경제의 발전

01 농업 경제의 발전

(1) 농업기술의 발전 중요 ★★

① **농민의 노력** : 농민들은 모내기법(이앙법)을 확대하여 벼와 보리의 이모작으로 소득을 증대

> **주관식 레벨 UP**
>
> 조선 후기 농민들이 이앙법을 실시한 이유를 2가지 이상 서술하시오.
>
> 풀이 모내기법을 통해서 노동력을 줄일 수 있고, 생산량을 늘릴 수 있게 되었다.

② **광작의 성행** : 1인당 경작지를 확대하여 경작하였던 광작 농업으로 농가의 소득이 증가하여 부농으로 발전

> **더 알아두기**
>
> 부농층은 땅이 넓어서 빈민을 농업 노동에 고용함으로써 농사를 짓지 않고서도 향락을 누릴 수 있으며, 빈농층 가운데 어떤 농민은 지주의 농지를 빌려 경작함으로써 살아갈 수 있으며, 그들 가운데 어떤 자는 농지를 얻을 수가 없으므로 임노동자가 되어 타인에게 고용됨으로써 생계를 유지한다. 그리고 그것도 할 수 없는 농민들은 농촌을 떠나 유리걸식하게 된다.
>
> 『농포문답』

③ **상품작물의 등장** 중요 ★★★
  ㉠ **상품작물** : 농민들은 시장에 팔기 위한 작물인 **인삼과 담배, 쌀, 목화, 채소, 약초** 등을 재배하여 가계 수입을 증가

> **더 알아두기**
>
> 농민들이 밭에 심는 것은 곡물만이 아니다. 모시, 오이, 배추, 도라지 등의 농사도 잘 지으면 그 이익이 헤아릴 수 없이 크다. 도회지 주변에는 파밭, 마늘밭, 배추밭, 오이밭 등이 많다. 특히 서도 지방의 담배밭, 북도 지방의 삼밭, 한산의 모시밭, 전주의 생강밭, 강진의 고구마밭, 황주의 지황밭에서의 수확은 모두 상상등전(上上等田)의 논에서 나는 수확보다 그 이익이 10배에 이른다.
>
> 『경세유표』

  ㉡ **쌀의 상품화** : 조선 후기에는 **쌀의 수요가 증가**하여 밭을 논으로 바꾸는 현상이 발생

(2) 농민의 몰락

① **토지 상실** : 일부 농민은 소득을 증대시켜 부자가 되는 경우도 있었지만, 토지를 잃고 몰락해 가는 농민도 증가

② **소작지의 상실** : 광작이 가능해지면서 지주들은 대부분의 농토를 소작시켰고, 노비를 늘리거나 머슴을 고용하여 직접 경영하여 소작지 구하기가 힘들어짐

③ **농민의 이탈** : 다수 농민은 상공업자·임노동자로 전락하였고 농촌을 떠난 농민들은 광산·포구 등에 새로운 도시 형성

(3) 소작권 변화

① **타조법과 도조법** 중요 ★

㉠ 타조법 : 소작인이 지주에게 수확량의 반을 납부하는 방법으로 전세와 종자, 그 밖의 농기구도 소작인이 부담하기 때문에 농민에게는 불리한 조건이며 지주의 간섭이 심하여 농민들의 경작 상황은 매우 열악함

㉡ 도조법 : 18세기 일부 지방에서 시행, 농사의 풍흉에 관계없이 매년 일정 지대액을 납부하는 방법으로 지주의 간섭도 타조법에 비하여 낮아져서 소작인에게는 유리함

② **영향** : 도조법의 등장으로 인하여 소작농이라도 상품작물을 재배하거나 일정 액수의 소작료를 지불하고 경작하여 소득 증가 가능

더 알아두기

도조법과 타조법

구분	타조법	도조법
지대	**정율**지대(당해 수확량 1/2)	**정액**지대(일정 소작료)
특징	소작인 불리, 지주 간섭 있음 종자, 농기구 소작인 부담	소작인 유리, 지주 간섭 없음 도지권은 매매, 양도, 전매 가능
관계	지주와 전호의 신분적 예속관계	지주와 전호의 경제적 계약관계

02 상업의 발달과 화폐의 사용

(1) 시장의 번성 중요 ★★

① **장시의 발달** : 15세기 말 남부 지방에서 개설되기 시작한 장시는 16세기 중엽에 전국적으로 확대되고, 18세기 중엽에 이르러서는 전국에 1,000여 개소가 개설

② **사상의 증가** : 18세기 이후에는 사상은 주로 **이현**(동대문), **칠패**(남대문), **송파** 등 도성 주변에서 이루어졌지만, 개성, 평양, 의주, 동래 등 지방 도시에서도 난전이 무수히 많아짐에 따라 정부는 **신해통공**을 실시하여 자유로운 상행위가 형성(1791, 정조)

(2) 상인의 종류

① 관상 중요 ★
- ㉠ 시전상인(서울) : 특정 품목을 독점 판매, 육의전 중심, 금난전권 소유(신해통공 이전)
- ㉡ 공인(서울) : 대동법 시행으로 등장, 국가 수요품 조달 역할
- ㉢ 보부상(지방) : 농촌의 장시를 하나의 유통망으로 연계, 대개 장시를 거점으로 활동(장돌뱅이)

> **주관식 레벨 UP**
> 봇짐장수와 등짐장수를 나타내는 것으로 농촌의 장시를 하나의 유통망으로 연계시킨 조선시대 상인은 누구인가?
> 풀이 보부상

② 사상 중요 ★★★
- ㉠ 난전(서울) : 시전 장부에 등록이 되지 않은 무허가 상인
- ㉡ 경강상인(한양상인) : 선상, 서남부 지방, 배를 이용하여 한양으로 수송·판매, 조운
- ㉢ 송상(개성상인) : 인삼 재배, 청·일본 간 중계무역, 전국적인 유통망으로 송방을 설치
- ㉣ 만상(의주 상인) : 대청무역, 비단·약재·문방구 수입
- ㉤ 유상(평양 상인) : 대청무역
- ㉥ 내상(동래 상인) : 대일본무역, 유황·구리 수입
- ㉦ 객주, 여각 : 상품을 위탁매매하는 중간 상인(중개, 보관, 운송, 숙박업)

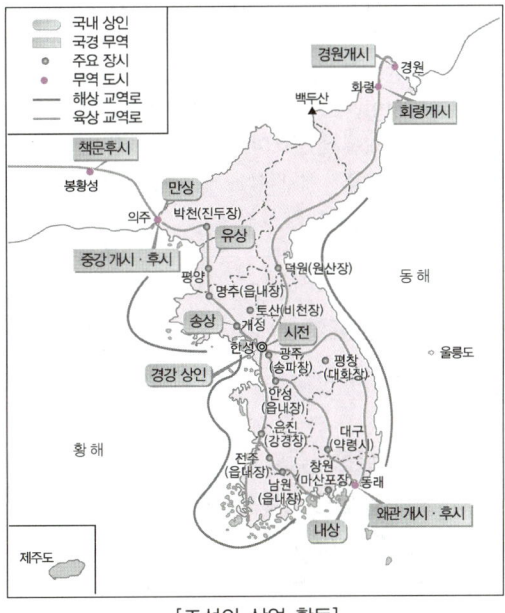

[조선의 상업 활동]

> **주관식 레벨 UP**
> 개성에서 활동했던 상인으로 전국에 송방이라는 지점을 설치하여 인삼을 재배, 판매하고 대외무역에도 깊이 관여하여 부를 축적하였던 상인의 이름은 무엇인가?
> 풀이 송상

(3) 상업의 변화 중요 ★

① **포구상권 형성** 중요 ★★★
세곡이나 소작료 운송 기지였던 포구가 18C 상업의 중심지로 성장, 인근 포구 및 장시와 연결하는 등의 전국적인 유통권 형성

② **선상** : 선상은 선박을 이용해서 각 지방의 물품을 구입하여 포구에서 처분, 운송업에 종사하다가 거상으로 성장한 경강상인이 대표적인 선상

③ **객주·여각** : 객주나 여각은 각 지방의 선상이 물화를 싣고 포구에 들어오면 그 상품의 매매를 중개하고, 부수적으로 운송·보관·숙박·금융 등의 영업에 종사

> **더 알아두기**
>
> **포구 상업**
> 우리나라는 동·서·남의 3면이 모두 바다이므로 배가 통하지 않는 곳이 거의 없다. 배에 물건을 싣고 오가면서 장사하는 장사꾼은 반드시 강과 바다가 이어지는 곳에서 이득을 얻는다. 전라도 나주의 영산포, 영광의 법성포, 흥덕의 사진포, 전주의 사탄은 비록 작은 강이나 모두 바닷물이 통하므로 장삿배가 모인다. 충청도 은진의 강경포는 육지와 바다 사이에 위치하여 바닷가 사람들과 내륙 사람들이 모두 여기에서 서로의 물건을 교역한다. 매년 봄, 여름 생선을 잡고 해초를 뜰 때는 비린내가 마을에 넘치고, 큰 배와 작은 배가 밤낮으로 포구에 줄을 서고 있다.
> 『택리지』

(4) 화폐 사용 중요 ★★★

① **보급** : 상공업의 보급에 따라 동전이 전국적으로 유통, 18세기 후반 세금과 소작료도 동전으로 대납 가능

② **동전 유통** : 상평통보(인조) 유통(효종, 숙종), 동광에서 구리 공급 증가, 각 기관의 동전 발행 권장

③ **전황의 발생** : 지주·대상인이 화폐를 고리대나 재산 축적에 이용, 물가 하락(화폐 가치 상승), 폐전론 주장(이익)

④ **신용화폐의 등장** : 환·어음(상품 화폐 경제의 진전, 상업 자본의 성장)

> **더 알아두기**
>
> **조선 화폐의 발달** 중요 ★★
>
> | 시기 | 화폐 | 시기 | 화폐 |
> |---|---|---|---|
> | 태종(1401) | 저화 | 숙종(1678) | 상평통보(전국) |
> | 세종(1423) | 조선통보 | 고종(1866) | 당백전 |
> | 세조(1464) | 팔방통화 | 고종(1882) | 은표 |
> | 효종(1651) | 십전통보 | 고종(1883) | 당오전 |
> | 인조(1633) | 상평통보(개성) | 고종(1891) | 은전, 백동전, 적동전, 황동전 |
> | 효종(1649) | 상평통보(서울) | | |
>
> ✪ 조선은 화폐의 유통에 힘써 인조 때 동전인 상평통보를 주조하여 개성을 중심으로 통용시켜 그 쓰임새를 살펴보고(1633), 효종 때에는 서울 및 일부 지방에 유통(1649), 18세기 후반 숙종 때에는 세금과 소작료도 동전으로 대납할 수 있게 하여 전국적으로 유통(1678).

(5) 대외무역의 발달

① **청과의 무역** : 국경 지대를 중심으로 공적으로 허용된 무역인 개시와 사적인 무역인 후시가 발달, 비단·약재·문방구 등을 수입하고, 은·종이·무명·인삼 등을 수출

② **일본과의 무역** : 왜관(개시·후시)을 통한 무역이 발달, 은·구리·황·후추 등을 수입하고, 인삼·쌀·무명 등을 수출

03 수공업과 광업

(1) 수공업 중요 ★★

① **민영수공업의 발달** : 장인세 부담, 철점·사기점 발달, 선대제 성행
② **18세기 후반 이후** : 독립 수공업자 출현, 독자적으로 생산·판매

[자리짜기(김홍도)]

> **주관식 레벨 UP**
>
> 조선 후기 등장한 민영 수공업의 생산형태로 대부분 공인이나 상인에게 주문을 받는 데에 그치지 않고, 자금과 원료를 미리 받아 제품을 생산하는 방식은?
>
> 풀이 선대제 수공업

(2) 광업 중요 ★★

① **발전 과정** : 정부 독점(조선 전기) → 민간인 채굴 허가(17세기) → 자유로운 채굴(18세기)
② **개발 증가** : 광물은 수요 급증(민영수공업 발달)
  ㉠ **설점수세제(1651, 효종)** : 17세기 중엽부터 민간인에게 광산 채굴을 허용하고 세금을 받는 정책을 실시
  ㉡ **잠채** : 정부가 설점수세제를 폐지하자 정부에 신고하지 않고 상인 물주들이 덕대를 고용하여 몰래 광산을 개발
③ **광산 운영의 변화** : 덕대(경영전문가)가 상인물주에게 자본을 조달받아 운영, 분업에 토대를 둔 협업으로 진행

[대장간(김홍도)]

제2절 신분제도와 조세제도의 변동

01 사회 구조의 변동

(1) 신분제의 붕괴
① **양반층의 부패** : 양반층의 자기 도태 현상 심화, 권반・향반・잔반으로 분화
② **양반 신분 획득** : 족보의 매입・위조, 납속책, 공명첩 등

> **주관식 레벨 UP**
>
> 조선 후기 신분제의 동요 중에서 양반이 되기 위한 방법을 두 가지 이상 서술하시오.
>
> 풀이 납속, 공명첩

(2) 양반
① **지배력 약화** : 임진왜란 이후에는 납속책과 공명첩의 발급으로 양반의 수는 증가하고, 상민과 노비의 수는 갈수록 감소하여 양반 중심의 신분 체제가 동요
② **양반의 분화** 중요 ★★★
  ㉠ **구향** : 권반(중앙의 사회・경제적 특권층), 향반(향촌에서 겨우 위세 유지 세력), 잔반(몰락양반)
  ㉡ **신향** : 부농들의 양반 신분 획득(신분 매매・족보 위조), 관권과 결탁

> **더 알아두기**
> 근래 아전의 풍속이 나날이 변하여 하찮은 아전이 길에서 양반을 만나도 절을 하지 않으려 한다. 아전의 아들·손자로서 아전의 역을 맡지 않은 자가 고을 안의 양반을 대할 때 맞먹듯이 너 나 하며 자(字)를 부르고 예의를 차리지 않는다.
>
> 『목민심서』

③ **양반들의 향촌 지배 강화 노력** 중요 ★★
- ㉠ 배경 : 신분제 붕괴, 양반 계층의 복잡한 구성, 향촌 사회의 분화
- ㉡ 동약 : 양반은 촌락 단위의 **동약**을 실시하였고 전국에 **동족** 마을을 형성하였으며 문중을 중심으로 서원과 사우를 건립
- ㉢ 청금록과 향안 : 서원 및 향교에 출입하는 명단인 **청금록**과 지방 사족의 명부인 **향안**을 작성하여 자신들만의 특정한 가문 위치를 설정

(3) 중인

① **중간 계층의 불만**
- ㉠ 중인 : 전문직으로서의 중요한 역할 부각, 사회적 역할에 비하여 고급 관료로의 진출 제한
- ㉡ 서얼 : 성리학적 명분론에 의한 문과 응시의 금지 등 여러 사회 활동의 제약

② **신분 상승 추구** 중요 ★
- ㉠ 상소운동 : 철종 때 대규모 소청 운동을 전개하였지만, 정부의 거부로 실패
- ㉡ 서얼 : 왜란 이후 납속책을 이용한 관직 진출, 영·정조 때 **상소 운동** 전개하여 정조 때 규장각 검서관으로 기용(유득공, 박제가)
- ㉢ 역관 : 청과의 외교 업무에 종사, 서학 등 외래문화 수용 주도, 새로운 사회 추구

> **주관식 레벨 UP**
> 첩의 자식으로 태어난 양반 소생으로 문과 응시는 금지되고 무과 응시만 허용되었던 신분은 무엇인가?
>
> 풀이 서얼

(4) 상민

① **농민 분화**
- ㉠ 배경 : 양난 이후 사회 체제 동요, 새로운 사회 질서 모색, 조세·공납·역의 증가로 농민 생활 궁핍
- ㉡ 구성 : 상층(중소 지주층, 소작제 경영), 자영농, 소작농

② **신향** 중요 ★★
부를 축적하여 양반 신분 획득(공명첩, 족보 위조)

㉠ **신향의 등장** : 경제력을 통해 양반이 된 부농층은 수령을 중심으로 한 관권과 결탁하여 향안에 이름을 올리고 향회를 장악하여 향촌 사회에서 영향력을 행사
㉡ **부농층의 양반화의 원인** : 자신은 물론 후손까지 군역 면제, 양반 지배층의 수탈 회피, 경제 활동에서 각종 편의 제공, 향촌 사회에서 자신들의 영향력 행사
③ **임노동자** : 지주에게 밀려난 다수의 농민, 부농층의 임노동자 고용

(5) 노비의 신분 상승 노력

① **군공, 납속** : 군공이나 납속을 통해 신분 상승, 공노비를 입역 노비에서 신공을 바치는 납공 노비로 전환(도망하여 신분의 속박에서 해방)
② **노비제도의 변화** 중요 ★
㉠ 노비종모법(1731, 영조) : 노비의 어머니가 양민이면 양민으로 삼는 법
㉡ 공노비 해방(1801, 순조) : 중앙 관서의 노비 6만 6천여 명의 해방(국가재정 해결책)
㉢ 갑오개혁(1894, 고종) : 신분제가 폐지되면서 사노비 해방(노비제 폐지)

02 향촌 사회의 변화

(1) 가족제도의 변화(부계 중심) 중요 ★★★

① **17C 이후** : 예학·보학의 발달, 가부장적 사회제도 확산, 친영 제도 정착, 장자 중심의 제사와 상속제 확산
② **조선 후기** : 아들이 없을 경우 양자 입양 일반화, 부계 위주의 족보 편찬, 동성 마을 형성, 종중 의식 확산

> **더 알아두기**
>
> **재가 금지**
>
> 경전에 이르기를 "믿음은 부인의 덕이다. 한 번 남편과 결혼하면 종신토록 고치지 않는다." 하였다. 이 때문에 삼종의 의가 있고 한 번이라도 어기는 예가 없는 것이다. … 만일 엄하게 금령을 세우지 않으면 음란한 행동을 막기 어렵다. 이제부터는 재가한 여자의 자손들은 관료가 되지 못하게 풍속을 바르게 하라.
>
> 『성종실록』

(2) 인구 변동

① **호적** : 3년마다 호적대장 작성, 공물과 군역 부과의 자료
② **한계** : 성인 남자만 조사·기록(실제 인구와 차이)

03 조세제도의 변화

(1) 영정법 : 전세(1635, 인조) 중요 ★★

① **배경** : 정부는 개간을 권장하면서 서둘러 경작지를 확충하고자 하였고, 전세를 확보하기 위해 토지 대장인 양안에서 빠진 은결을 색출함
② **내용** : 풍·흉에 관계없이 전세를 토지 1결당 미곡 4두로 고정하여 징수(전세의 정액화)
③ **결과** : 전세 비율이 일시적으로 감소하였으나 여러 명목의 수수료, 운송비, 자연 소모에 대한 보충비용 등이 함께 부과되어 농민들의 부담이 더욱 가중

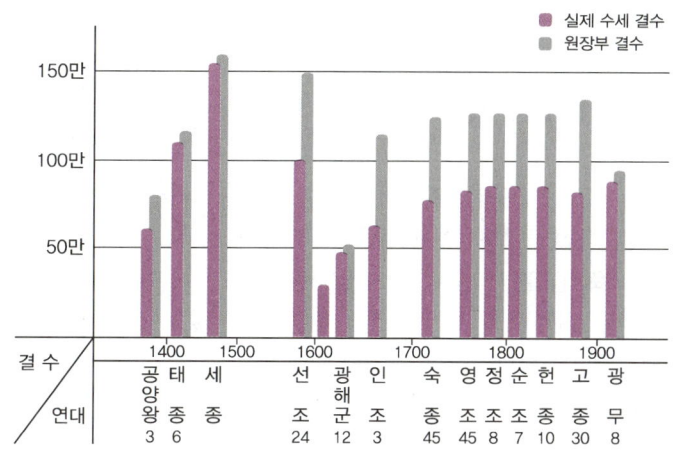

[조선시대 전국의 토지 면적]

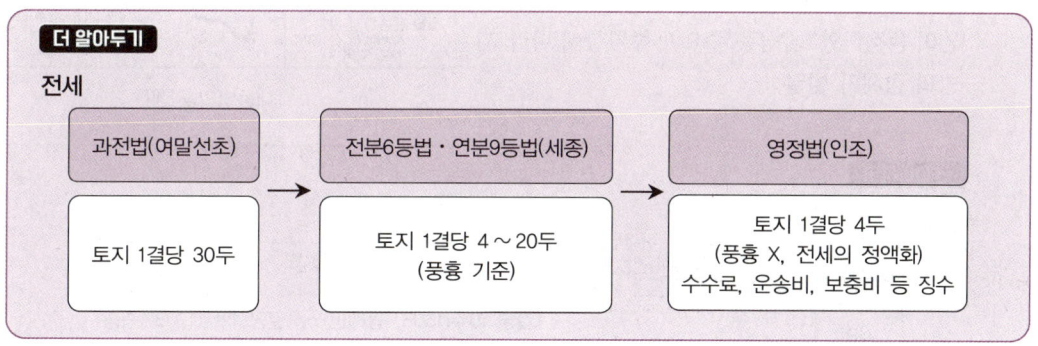

(2) 대동법 : 공납(1608 ~ 1708, 광해군 ~ 숙종) 중요 ★★★

① **배경** : 조선 후기 방납의 폐해가 나타나면서 부담을 견디지 못한 농민들은 향촌을 이탈하기 시작

> **주관식 레벨 UP**
>
> 조선 후기 대동법이 실시된 배경을 약술하시오.
>
> 풀이 방납의 폐단으로 인하여 농민들이 향촌을 이탈하기 시작하였다. 이에 정부는 특산물을 대납할 수 있는 방안을 모색하기 시작하였다.

② **대동법 시행의 전개**
   ㉠ 시행 과정 : 대동법은 광해군 때 경기도에 시험적으로 시행되었고, 이어서 점차 전국으로 확대되어 숙종 때 함경도와 평안도를 제외한 전국에서 실시
   ㉡ 시행 내용 : 대동법은 토지의 결수에 따라 쌀, 삼베나 무명, 동전 등으로 납부하게 하는 제도로 대체로 토지 1결당 미곡 12두만 납부하게 됨(공납의 전세화)
   ㉢ 시행 지연의 원인 : 당시 양반 지주들의 반대가 심하였기 때문에 대동법이 전국적으로 실시되는데 100여 년의 기간이 소요

③ **영향** : 국가에서 현물이 필요할 때 관청에서 공가를 미리 받아 필요한 물품을 사서 납부하였던 공인이 등장하였고, 상품 수요가 증가함에 따라 지방의 장시가 발달

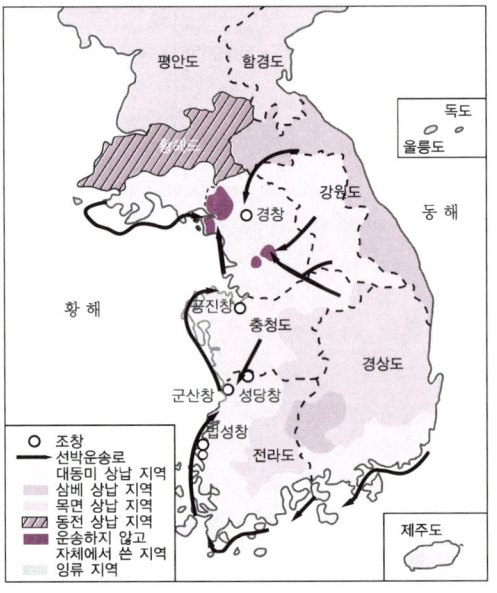

[대동법의 시행]

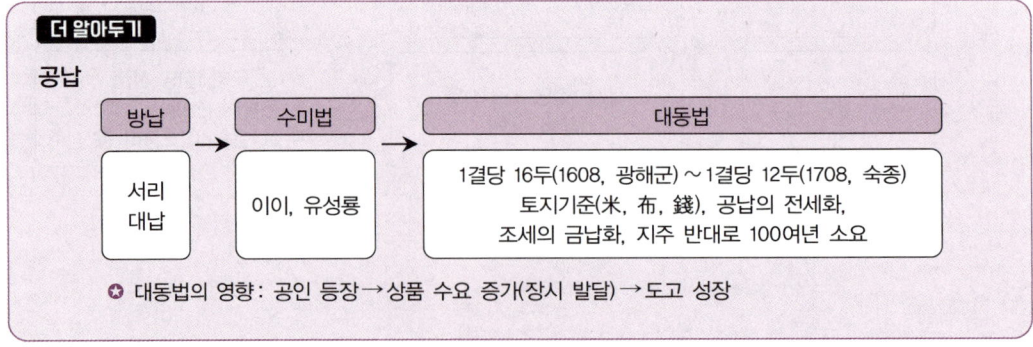

* 대동법의 영향 : 공인 등장 → 상품 수요 증가(장시 발달) → 도고 성장

(3) 균역법: 군역(1750, 영조)

① **배경**: 양 난 이후 불합리한 군포의 차별 징수로 인하여 농민의 부담이 가중되었고 실무를 담당한 수령과 아전들의 농간까지 겹쳐 백골징포·황구첨정·인징·족징 등의 폐단이 자행

② **내용** 중요 ★★★
  ㉠ 원칙: 농민이 1년에 **군포 1필만 부담**하면 되는 군역법이 시행
  ㉡ 부족분의 보충: 균역법의 시행으로 감소된 재정은 지주에게 **결작**이라고 하여 **토지 1결당 미곡 2두**를 부담시키고, 일부 상류층에게 **선무군관**이라는 칭호를 주고 군포 1필을 납부하게 하였으며, 어장세, 선박세 등 잡세 수입으로 보충

③ **결과**: 농민들의 부담은 일시적으로 경감되었으나 토지에 부과되는 결작의 부담이 소작 농민에게 돌아가고 군적 문란이 심화되면서 농민의 부담은 다시 가중

더 알아두기

군역

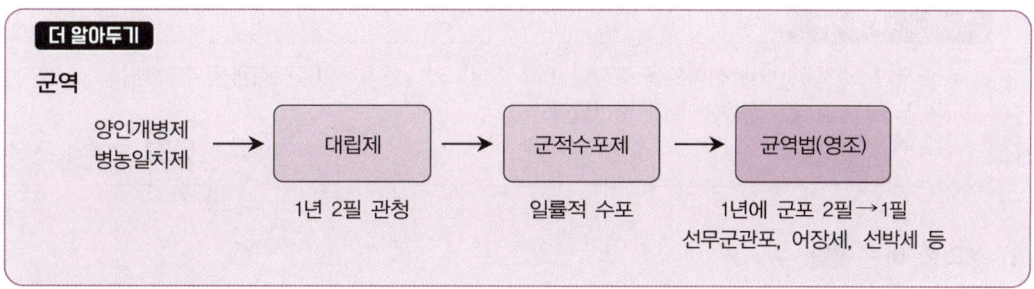

주관식 레벨 UP

조선 후기 균역법의 시행에 따른 재정 적자의 충당 방법에 대해서 2가지 이상 설명하시오.

풀이 지주에게 토지 1결당 미곡 2두를 부담시키는 결작을 부담시켰다. 또한, 일부 상류층에게 선무군관이라는 칭호를 주고 군포 1필을 납부하게 하였다.

제3절 실학과 민중 문화의 발전

01 성리학의 변화

(1) **성리학의 절대화**: 인조반정 이후 송시열을 중심으로 한 서인은 당시 조선 사회가 안고 있던 모순을 해결하기 위해 명분론을 강화하고 성리학을 절대화

(2) 호락논쟁

① **배경**: 노론(충청도와 서울지역의 대립)을 중심으로 벌어진 **심성론**(인간과 사물의 본성에 대한 논쟁)
② **호론**: 충청도 지역의 노론 세력으로 한원진 중심으로 전개, 인간과 사물의 본성이 다르다고 주장
③ **낙론**: 서울·경기 지역의 노론 세력으로 이간 중심으로 전개, 인간과 사물의 본성이 같다고 주장

지역	충청도(호론)	서울(낙론)
주장	**인물성이론**, 주기론 주장(정통 성리학)	**인물성동론**, 주기론 중심, 주리론 수용
학자	한원진	이간
성격	**청, 서양에 배타적 성향**(우리문화에 대한 자부심)	**청, 서양 등 이질적인 것을 포용**
계승	위정척사 사상→의병운동	개화사상에 영향→애국계몽운동

주관식 레벨 UP

조선 후기 노론에서 인물성이론을 주장한 (㉠ : 충청도의 노론)과 인물성동론을 주장한 (㉡ : 서울·경기의 노론) 사이에서 호락논쟁이 벌어졌다.

풀이 ㉠ 호론, ㉡ 낙론

(3) 성리학 비판 중요 ★★

① **대표적 학자**: 윤휴(경전에 대한 독자적 해석), 박세당(사변록, 주자의 학설 비판), 정약용(여유당전서), 이익(성호사설), 안정복(동사강목), 정제두·최한기(명남루총서) 등이 성리학 비판

더 알아두기

성리학의 독자적 해석
천하의 많은 이치를 어찌하여 주자만 알고 나는 모른단 말인가, 주자는 다시 태어나도 내 학설은 인정하지 않겠지만, 공자나 맹자가 다시 태어난다면 내 학설이 승리할 것이다.

『윤휴』

② **결과**: 윤휴와 박세당은 주자의 학문 체계와 다른 모습을 보였기 때문에 당시 서인(노론)의 공격을 받아 **사문난적**으로 몰림

02 양명학

(1) 특징

① **수용**: 성리학의 절대화와 형식화를 비판하며 실천성을 강조한 양명학은 중종 때에 조선에 전래
② **비판**: 양명학은 정통 주자학 사상과 어긋난다며 비판하면서 이단으로 간주되었지만, 17세기 후반 소론 학자들을 통하여 본격적인 수용이 전개

(2) 양명학의 발전 중요 ★★

① 강화 학파
  ㉠ 학파의 형성 : 18세기 초 **정제두**는 거처를 강화도로 옮겨 양명학을 체계적으로 연구하였고, 후진 양성에 힘써 **강화 학파**를 형성
  ㉡ 활동 : 정제두는 양반 신분제를 폐지하자고 주장하기도 하였으나 제자들이 정권에서 소외된 **소론**이었기 때문에, 그의 학문은 집안의 후손과 인척을 중심으로 하여 **가학(家學)**의 형태로 계승됨

② **양명학의 내용** : '인간의 마음이 곧 이(理)'라는 **심즉리(心卽理)** 사상이 바탕이며 앎과 행함은 분리된 것이 아니라 앎은 행함을 통하여 성립한다는 **지행합일설(知行合一說)**과 인간은 상하 존비의 차별이 없다는 **치양지설(致良知說)**이 양명학의 근간

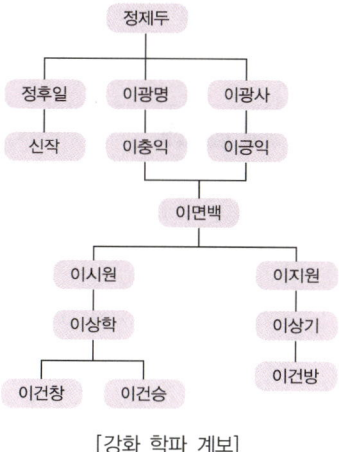

[강화 학파 계보]

> **주관식 레벨 UP**
>
> 18세기 초 (   )는 몇몇 소론 학자가 명맥을 이어가던 양명학을 체계적으로 연구하여 (   ) 학파로 발전시켰다.
>
> 풀이 정제두, 강화

(3) 양명학의 영향

강화학파는 양명학을 바탕으로 역사학, 국어학, 서화, 문학 등에서 새로운 경지를 개척해 갔으며, 실학자들과도 영향을 주고받았고 구한 말 이후에는 국학자인 박은식, 정인보 등이 계승하여 민족운동을 전개

03 실학의 등장

(1) 실학의 발생 배경

① **실학의 대두** : 실학은 17, 18세기 사회·경제적 변동에 따른 사회 모순의 해결책을 구상하는 과정에서 대두한 학문과 사회 개혁론, 이수광의 지봉유설과 한백겸의 동국지리지를 통하여 실학을 주장

② **실학의 확대** : 실학은 농업 중심의 개혁론, 상공업 중심의 개혁론, 국학 연구 등을 중심으로 확산되었으며, 대부분의 실학자는 민생안정과 부국강병을 목표로 하여 비판적이면서 실증적인 논리로 사회 개혁론을 제시

(2) 중농학파의 주장

① **유형원(1622~1673)** 중요 ★

　㉠ **균전론** : 반계수록을 저술하였고 **균전론**을 내세워 관리, 선비, 농민 등 신분에 따라 **차등 있게 토지를 재분배**하여 자영농 육성을 위한 토지제도의 개혁을 주장

> **더 알아두기**
>
> 옛날의 정전법은 아주 이상적인 제도이다. 진실로 현재의 적절하고 마땅한 점을 바탕으로 하여 옛 정전 제도의 취지를 살려 행한다면 할 수 있는 방법도 있으니 반드시 넓지 않고, 공전을 주지 않아도 1/10세를 확립할 수 있을 것이다.
>
> 『반계수록』

　㉡ **신분제 비판** : 조선 사회의 양반 문벌제도, 과거제도, 노비제도의 모순을 비판하였지만, 사·농·공·상의 직업적인 우열과 상민과 노비의 차별을 전제로 하여 **유교적 한계성**을 보임

　㉢ **병역제도** : 농병일치의 군사조직과 사농일치의 교육제도를 확립해야 한다고 주장

② **이익(1681~1763)** 중요 ★★

　㉠ **성호학파** : **성호사설, 곽우록** 등을 저술하였고 자영농 육성을 위한 토지제도 개혁론으로 **한전론**을 주장

　㉡ **한전론** : 한 가정의 생활을 유지하는 데 필요한 규모의 토지를 영업전으로 정한 다음에 영업전은 법으로 매매를 금지하고, 나머지 토지만 매매를 허용하자는 주장

> **더 알아두기**
>
> 농토 몇 부(負)를 한 집의 영업전으로 만들어 주어 농토가 많은 사람도 빼앗지 않고, 모자라는 사람도 더 주지 아니하며, 돈이 없어 사려는 사람은 얼마든지 허락하고, 농토가 있어서 팔려고 하는 사람은 영업전 몇 부를 제외하고 역시 허락한다.
>
> 『성호집』

　㉢ **여섯 가지 폐단** : 나라를 좀먹는 여섯 가지의 폐단인 노비제도, 과거제도, 양반 문벌제도, 사치와 미신, 승려, 게으름을 지적(**육두론**)

　㉣ **기타** : 화폐의 폐단을 지적하여 **폐전론**을 주장

> **주관식 레벨 UP**
>
> 자영농 육성을 위한 한전론(限田論)을 주장하고 나라를 좀먹는 여섯 가지의 폐단을 지적한 인물은?
>
> 풀이 이익

③ **정약용(1762~1836)** 중요 ★★★

　㉠ **실학의 집대성** : 신유박해 때 연루되어 **강진**으로 유배되어 500여 권의 **여유당전서**를 편찬

　㉡ **정전제(井田制)** : 정약용은 **여전론**을 처음 내세웠다가 후에 정전제를 현실에 맞게 실시할 것을 주장, 일종의 토지 국유제

> **더 알아두기**
>
> **정약용의 저서(여유당전서)**
> - 목민심서 : 지방관(목민)의 정치적 도리를 저술
> - 경세유표 : 중앙 정치제도의 폐단을 지적하고 개혁의 내용을 저술
> - 흠흠신서 : 형사법과 관련한 형옥의 관리들에 대한 법률 지침서
> - 기예론 : 인간이 동물과 다른 것은 기술임을 말하며, 과학기술의 혁신과 교육을 실생활에 활용해야 한다는 내용을 저술, 이로 인해 거중기와 배다리를 창안
> - 마과회통 : 홍역에 대한 연구를 담은 의서로 종두법을 연구하였고, 천연두 치료법도 수록

> **주관식 레벨 UP**
>
> 토지를 9등분하여 1/9는 공전으로 삼아 수확물을 조세로 내도록 하고 나머지는 농민들에게 분배하여 공동으로 경작하게 하자는 정전론을 주장한 인물은 누구인가?
>
> **풀이** 정약용

(3) 중상학파의 주장

① **유수원(1694 ~ 1755)** 중요 ★

　㉠ 성향 : 우서를 저술하여 상공업의 진흥과 기술의 혁신을 강조하고, 사농공상의 직업 평등과 전문화를 주장

　㉡ 선대제 수공업 : 상인이 생산자를 고용하여 생산과 판매를 주관하여 효율성을 늘일 것을 주장

> **더 알아두기**
>
> 지금 양반이 명분상으로는 상공업에 종사하는 것을 부끄러워하지만 그들의 비루한 행동은 상공업자보다 심하다. 상공업은 말업이라 하지만 본래 부정하거나 비루한 일은 아니다. 상공업은 재간 없고 덕망 없음을 안 사람이 관직에 나가지 않고 스스로의 노력으로 물품 교역에 종사하며 남에게서 얻지 않고 자기 힘으로 먹고 사는 것인데 어찌 천하거나 더러운 일이겠는가?
>
> 『우서』

② **홍대용(1731 ~ 1783)** 중요 ★★★

　㉠ 성향 : 청에 왕래하면서 담헌서에 수록된 **임하경륜, 의산문답** 등을 저술하였고, 성리학의 극복·기술의 혁신·문벌제도의 철폐 등을 주장

　㉡ 중화사상 비판 : 성리학의 극복이 부국강병의 근본이라고 강조하였으며, 의산문답을 통해 **지전설을 주장하여 중국이 세계의 중심이라는 생각을 비판**

> **주관식 레벨 UP**
>
> 의산문답을 통해 지전설을 주장하여 중국이 세계의 중심이라는 생각을 비판하였고 과학 연구에 힘써 혼천의를 제작한 학자는 누구인가?
>
> **풀이** 홍대용

③ 박지원(1737 ~ 1805) 중요 ★★★
  ㉠ 상공업 진흥 : 청에 다녀와 **열하일기**를 저술하고 상공업의 진흥을 강조하면서 수레와 선박의 이용, 화폐 유통의 필요성 등을 주장
  ㉡ 양반 문벌 비판 : **양반전·허생전·호질** 등을 저술하여 양반 문벌제도의 비생산성을 비판

④ 박제가(1750 ~ 1805) 중요 ★★★
  ㉠ 문물 수용 : 박지원의 제자, 청에 다녀온 후 **북학의**를 저술하여 청의 문물을 적극적으로 수용할 것을 주장
  ㉡ 상공업 진흥 : 상공업의 발달·수레와 선박의 이용 등을 주장
  ㉢ 소비 권장 : 생산과 소비와의 관계를 우물물에 비유하면서 **절약보다 소비를 권장**해야 한다고 주장

> **더 알아두기**
>
> 비유하건대 재물은 대체로 샘과 같은 것이다. 퍼내면 차고, 버려두면 말라 버린다. 그러므로 비단옷을 입지 않아서 나라에 비단 짜는 사람이 없게 되면 여공이 쇠퇴하고, …
>
> 『북학의』

> **주관식 레벨 UP**
>
> 생산과 소비와의 관계를 우물물에 비유하면서 생산을 자극하기 위해 절약보다 소비를 권장해야 한다고 주장한 인물은?
>
> **풀이** 박제가

04 국학 연구의 확대 : 실학의 발달로 민족의 전통과 현실에 대한 관심 고조

(1) 역사 중요 ★★★

시기	역사서(저자)	내용
18C	동사강목(안정복)	고조선에서 고려 말까지 역사, **삼한정통론**, 고증 사학의 토대 마련, 편년체
	발해고(유득공)	발해사 연구, **연구 시야를 만주 지방까지 확대**, 한반도 중심의 협소한 사관 극복(영토의식)
	동사(이종휘)	고구려와 발해 역사, 기전체, 한반도 중심의 협소한 사관 극복

19C	연려실기술(이긍익)	조선의 정치와 문화 정리, 실증적·객관적 정리, 기사본말체
	해동역사(한치윤)	고조선에서 고려 말까지의 역사, 외국자료(중국·일본사) 인용, 민족사 인식의 폭 확대, 기전체
	금석과안록(김정희)	**북한산비**가 진흥왕 순수비임을 밝힘

> **주관식 레벨 UP**
>
> 이 학자는 발해고를 저술하여 발해사 연구를 심화하였는데 고대사 연구의 시야를 만주 지방까지 확대시킴으로써 한반도 중심의 협소한 사관을 극복하는 데 힘썼다. 이는 누구인가?
>
> **풀이** 유득공

(2) 지도와 지리서

① **지도** 중요 ★★★
  ㉠ 동국지도(정상기) : 최초로 100리 척을 사용하여 정확하고 과학적인 지도 제작에 공헌
  ㉡ 대동여지도(김정호) : 산맥·하천·포구·도로망의 표시가 정밀하고, 거리를 알 수 있도록 10리마다 눈금이 표시되었으며, 총 22첩의 목판으로 인쇄

② **지리서**
  ㉠ 역사지리서 : 한백겸의 동국지리지, 정약용의 아방강역고
  ㉡ 인문지리서 : 이중환의 택리지(각 지역의 자연 환경·물산·풍속·인심), 김정호의 대동지지

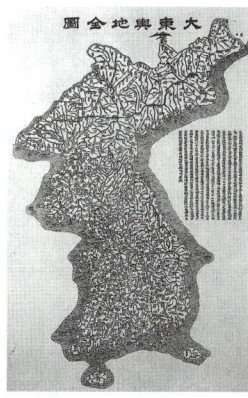

[대동여지도]

(3) 국어와 백과사전

① **국어** : 신경준의 훈민정음운해, 유희의 언문지, 이의봉의 고금석림
② **백과사전** : 이수광의 지봉유설, 이익의 성호사설, 서유구의 임원경제지, 홍봉한의 동국문헌비고

05 조선 후기 기술의 발달

(1) 서양 문물의 수용

① **경로** : 17세기경 베이징의 서양 선교사와 접촉한 중국 왕래 사신을 통하여 수용
② **서양 문물의 유입**
  ㉠ 국내 학자 : 이광정은 세계 지도인 **곤여만국전도**를 전하였고, 인조 때 정두원은 화포·천리경·자명종 등을 전파
  ㉡ 벨테브레 : 무과에 급제하여 **훈련도감** 소속되어 서양식 대포의 제조법과 조종법을 교육

ⓒ 하멜 : 하멜 일행은 15년 동안 억류되었다가 네덜란드로 돌아가 하멜 표류기를 지어 조선의 사정을 서양에 전파

(2) 천문학과 역법
① 천문학
   ㉠ 이익과 김석문 : 이익은 서양 천문학을 연구하였고 김석문은 역학도해를 저술하여 지전설을 처음으로 주장
   ㉡ 홍대용 중요 ★★★
   지구가 우주의 중심이 아니라는 무한 우주론을 주장하여 성리학적 세계관을 비판하였고 조선인의 세계관 확대에 기여

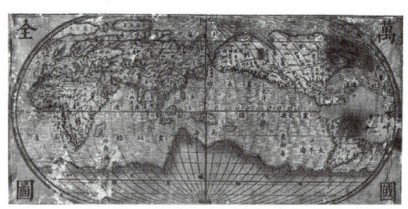
[곤여만국전도]

[혼천의]

> **더 알아두기**
>
> **홍대용의 지전설**
> 천체가 운행하는 것이나 지구가 자전하는 것은 그 세가 동일하니 분리해서 설명할 필요가 없다. … 칠정(태양, 달, 화성, 수성, 목성, 금성, 토성)이 수레바퀴처럼 자전함과 동시에 맷돌을 돌리는 나귀처럼 둘러싸고 있다.
>
> 『담헌집』

② 역법 : 서양 선교사 아담 샬이 중심이 되어 만든 시헌력을 김육이 도입

(3) 농서의 편찬 중요 ★★
① **농가집성** : 효종 때 신속, 벼농사 중심의 농법 소개, 이앙법 보급에 공헌
② **상업적 농업기술 소개** : 색경(숙종, 박세당), 산림경제(숙종, 홍만선), 해동농서(서호수)
③ **서유구의 임원경제지** : 순조, 농촌 생활 백과사전 편찬

(4) 기타 과학기술의 발전 중요 ★★
① 의학 중요 ★★★
   ㉠ 17C : 동의보감(광해군, 허준, 전통 한의학 정리), 침구경험방(인조, 허임, 침구술 집대성)

> **주관식 레벨 UP**
>
> 광해군 때 허준이 편찬한 의학 백과사전으로 전통 한의학을 편찬자의 처방과 함께 체계적으로 정리한 의학서는 무엇인가?
>
> 풀이 동의보감

ⓛ 18C : 마과회통(영조, 정약용, 종두법 소개, 박제가와 함께 종두법 연구)
ⓔ 19C : 동의수세보원(이제마, 사상 의학 확립)

> **주관식 레벨 UP**
>
> (   )는 (   )을 저술하여 사상 의학을 확립하였다. 이는 사람의 체질을 태양인, 태음인, 소양인, 소음인으로 구분하여 체질에 맞게 처방하는 체질 의학 이론으로, 오늘날까지도 한의학계에서 통용되고 있다.
>
> **풀이** 이제마, 동의수세보원

② **수학** : 마테오리치가 유클리드의 기하학을 학문으로 번역한 기하원본을 도입하였고, 홍대용이 주해 수용을 저술하여 수학을 정리
③ **지리학** : 서양 선교사가 만든 곤여만국전도 같은 세계 지도가 중국을 통하여 전해져 조선인의 세계관 확대에 기여

> **더 알아두기**
>
> **세계관의 확대**
> 내가 북경을 다녀온 사신으로부터 얻은 지도는 유럽 국가의 사신이 제작한 것으로 우리나라, 중국, 일본뿐만 아니라 서역에 대해서도 자세하게 표시되어 있다.
>
> 『지봉유설』
>
> 7개의 행성이 수레바퀴처럼 자전함과 동시에 맷돌을 돌리는 나귀처럼 둘러싸고 있다.
>
> 『담헌집』

④ **건축기술** : 정약용이 만든 거중기는 수원 화성을 쌓을 때에 사용되어 공사 기간을 단축하고 공사비를 줄이는 데 크게 공헌하였고, 정조가 수원에 행차할 때 한강을 안전하게 건너도록 배다리도 설계함

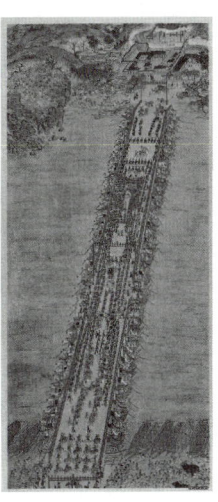

[배다리(화성능행도)]

06 새로운 문화의 형성

(1) 서민 문화의 발달
① **배경** : 조선 후기에는 상공업의 발달과 농업 생산력의 증대를 배경으로 서민의 경제적·신분적 지위가 향상됨에 따라 서민 문화가 대두하기 시작
② **현실 풍자 문화** 중요 ★★
  ㉠ 판소리 : 서민 문화의 중심, 19세기 후반 신재효가 판소리 사설의 창작·정리

- ⓛ 탈춤 : 탈놀이(향촌)・산대놀이(도시에서 성행)・사회적 모순 풍자
- ⓒ 한글소설 : 홍길동전, 춘향전, 별주부전, 심청전, 장화홍련전
- ② 사설시조 : 서민들의 솔직한 감정 표현, 남녀 간의 사랑, 현실 비판
- ⓜ 한문학 : **정약용**(삼정 문란을 비판하는 한시), 시사 조직(중인・서민층), 풍자시인 등장, **박지원**(양반전・허생전・호질, 양반 사회 풍자)

> **더 알아두기**
>
> **조선 후기의 서민 문화**
> 양반 : 나는 사대부의 자손인데.
> 선비 : 아니 나는 팔대부의 자손인데.
> 양반 : 팔대부는 또 뭐야?
> 선비 : 아니 양반이란 게 팔대부도 몰라. 팔대부는 사대부의 갑절이지 뭐. …
>
> 『하회 탈춤 대사』

(2) 서화 중요 ★★★

① **18세기 전반** : 진경산수화를 개척한 화가는 정선으로 인왕제색도와 금강전도에서 바위산은 선으로 묘사하고, 흙산은 묵으로 묘사하는 기법을 사용하여 산수화의 새로운 경지를 이룩

> **주관식 레벨 UP**
>
> 18세기에 중국 남종과 북종 화법을 고루 수용하여 이 땅의 고유한 자연과 풍속에 맞추어 새로이 창안된 화법은 무엇인가?
>
> **풀이** 진경산수화

② **18세기 후반** 중요 ★★★

[씨름도(김홍도)]

- ⓛ 김홍도 : 밭갈이, 추수, 씨름, 서당 등에서 일에 몰두하는 사람들의 특징을 소탈하고 **익살스러운 필치로 묘사**
- ⓒ 신윤복 : 주로 양반과 부녀자의 생활과 **유흥**, 남녀 사이의 **애정** 등을 감각적이고 해학적으로 묘사
- ⓒ 김득신 : 정조의 궁정화가로 김홍도의 화풍을 계승하였으며 파적도 등의 작품을 남김

③ **18세기 말** : 강세황은 서양화 기법으로 **영통동구도**(영통골 입구도) 제작

④ **19세기** : 장승업은 강렬한 필법과 채색법으로 뛰어난 기량을 발휘

⑤ **민화** : 민중의 미적 감각을 잘 나타낸 **민화도** 유행하였는데 해・달・나무・꽃・동물・물고기 등을 소재로 삼아 소원을 기원하고 생활공간을 장식

1545	1575	1608	1623	1659	1674
을사사화(명종)	동인·서인 분당(선조)	광해군 즉위	인조반정	기해예송(현종)	갑인예송(현종)

> **더 알아두기**
>
> 조선 후기 서화
>
>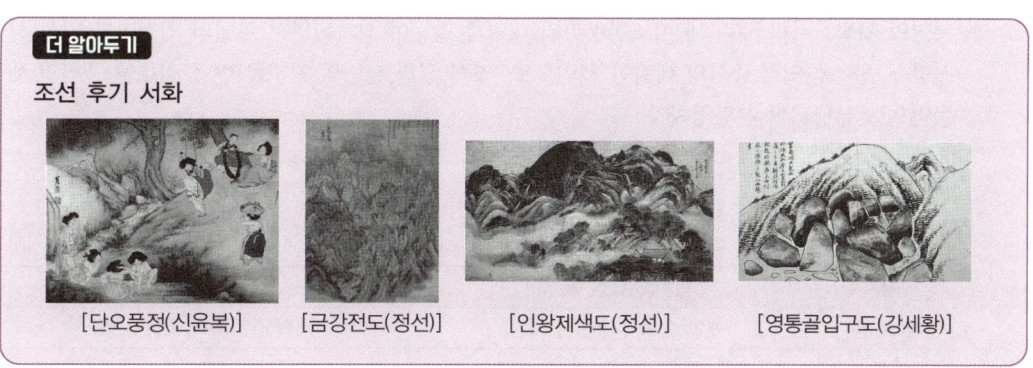
>
> [단오풍정(신윤복)]   [금강전도(정선)]   [인왕제색도(정선)]   [영통골입구도(강세황)]

(3) 서예: 단아한 글씨의 동국진체가 이광사에 의하여 완성되었고 김정희는 고금의 필법을 두루 연구하여 굳센 기운과 다양한 조형성을 가진 **추사체**를 창안함

(4) 건축

① **17세기**: 불교의 사회적 지위 향상과 양반의 경제적 성장 반영(금산사 미륵전, **법주사 팔상전**)
② **18세기**: 부농과 상인의 지원(**화엄사 각황전**, 논산 쌍계사, 부안 개암사, 안성 석남사), 수원 화성(거중기 이용)
③ **19세기**: 국왕 권위 강화(경복궁 근정전, 경회루)

[화엄사 각황전]   [법주사 팔상전]

(5) 공예 및 음악

① **자기공예**: 조선 후기에는 산업 부흥에 따라 공예가 크게 발전, 조선 후기 청화백자가 유행하였고 다양한 형태가 출현
② **음악의 향유층 확대**: 양반층(가곡, 시조), 서민(민요), 광대·기생(판소리, 산조, 잡가), 백자와 생활 공예, 음악

제4절 붕당의 확대와 당쟁

01 붕당정치

(1) 붕당의 형성 중요 ★★★

① **사림의 정국 주도**: 선조(1567~1608) 즉위 이후 사림이 중앙 정계에 대거 진출하여 정국 주도

② **붕당의 시작**: 사림 세력 내 이조전랑직의 대립과 갈등이 심화되면서 왕실의 외척이자 기성 사림의 신망을 받던 **심의겸** 중심의 세력이 **서인**으로, 당시 신진 사림의 지지를 받던 **김효원** 중심의 세력은 **동인**으로 분당되어 분당정치가 시작

더 알아두기
동인과 서인

구분	동인(김효원 세력)	서인(심의겸 세력)
개혁성향	개혁에 적극적(신진 사림)	개혁에 소극적(기성 사림)
학통	이황 계열(주리론), 조식·서경덕	이이 계열(주기론), 성혼
사상경향	자기 수양, 원칙 중시	제도 개혁, 현실 중시

주관식 레벨 UP
16세기 선조 때 사림이 집권하면서 사림 세력 내의 이조전랑직의 대립이 발생하였다. 갈등이 심화되면서 왕실의 외척이자 기성 사림의 신망을 받던 심의겸 중심의 세력이 (　　　)으로, 당시 신진 사림의 지지를 받던 김효원 중심의 세력은 (　　　)으로 발전한다.

풀이 서인, 동인

③ **성격**: 정치 이념과 학문적 경향에 따라 결집 → 16세기 왕권 약화
④ **동인의 분열**: 정여립 모반 사건(1589) 등을 계기로 온건파인 **남인**과 급진파인 **북인**으로 분당

(2) 붕당정치의 전개 ★★★
① **초기**: 동인 주도 → 동인의 남인·북인 분열 → 남인 주도 → 왜란 이후 북인 집권

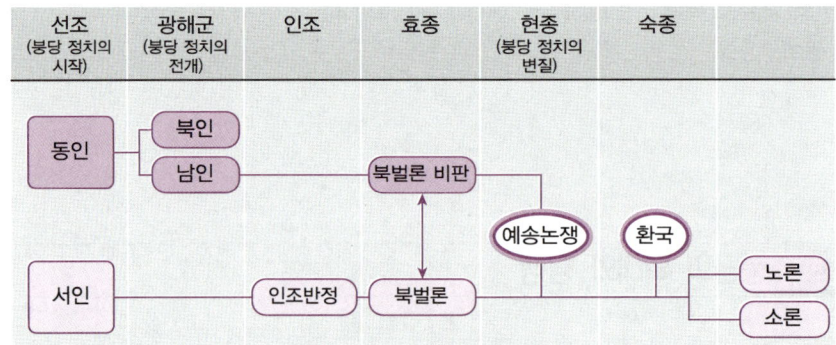

[붕당정치의 전개]

② **광해군(1608~1623)**: 북인 집권, 중립외교, 전후 복구 사업, 영창대군 살해, 인목대비 유폐, 서인의 인조반정(1623)

1623	1627	1636	1654	1658	1712
인조반정	정묘호란(인조)	병자호란(인조)	1차 나선 정벌 (효종)	2차 나선 정벌 (효종)	백두산정계비 건립(숙종)

③ **인조(1623~1649) ~ 효종(1649~1659)**: 서인의 우세 속에 남인 세력 연합, 인조 때 두 차례의 호란을 겪은 후 **효종** 때는 명에 대한 의리를 지켜 청을 복수하자는 **북벌론**이 제기

④ **현종(1659~1674)**: 현종 때 효종의 왕위 계승에 대한 정통성과 관련하여 두 차례의 예송이 발생하면서 서인과 남인 사이에 대립이 격화(자의대비 복제 문제)

> **주관식 레벨 UP**
>
> 왕위 계승에 대한 정통성과 관련하여 서인과 남인 사이에 대립이 격화되어 두 차례의 예송이 발생하였는데 당시 재위 중이었던 왕은 누구인가?
>
> **풀이** 현종

> **더 알아두기**
>
> **예송논쟁**
>
> | 구분 | 기해예송(1659, 1차) | 갑인예송(1674, 2차) |
> |---|---|---|
> | 분쟁원인 | 효종의 상 | 효종 비(인선왕후)의 상 |
> | 주장 | 남인(3년설) / 서인(1년설) | 남인(1년설) / 서인(9개월설) |
> | 채택 | 서인(1년설) | 남인(1년설) |

(3) 붕당정치의 성격

① **원리**: 복수의 붕당이 상호 견제와 협력을 통하여 정치를 운영하는 것
② **특징**: 공론 중시(합좌기구인 비변사를 통해 여론 수렴), 상대 세력 견제와 자기 세력 확대 추구(3사 언관·이조전랑의 정치적 비중 강화), 서원·향교 중시(지방 사족의 의견을 모으는 수단)
③ **한계**: 붕당의 공론은 지배층 의견 수렴에 그침(백성 의견 미반영)

02 대북방 운동

(1) 북벌 운동 중요 ★★

① **효종**: 효종은 청에 반대하는 입장을 강하게 내세웠던 **송시열, 송준길, 이완** 등을 높이 등용하여 군대를 양성하고 성곽을 수리하는 등 **북벌**을 준비
② **숙종**: 청의 정세 변화를 이용하여 **윤휴**를 중심으로 북벌 움직임이 제기되었으나, 현실적으로 북벌을 실천에 옮기지는 못함
③ **한계**: 서인들이 정권유지 수단으로 군사력을 장악하면서 북벌 운동 좌절

(2) 나선 정벌

① **배경**: 러시아는 흑룡강 일대에 진출하여 청나라와 충돌하였고, 계속된 청의 패배로 조선에 원군을 요청

② **전개**
- ㉠ 1차 원정(1654, 효종 5): 조선은 조총군 100명과 초관 50여 명을 이끌고 **변급**을 파견, 혼동강에서 러시아군을 만나 교전하여 7일 만에 적군을 격파
- ㉡ 2차 원정(1658, 효종 9): 조선은 **신유**에게 총군 200명과 초관 60여 명을 주어 다시 파견, 러시아군에 총과 화전(火箭)으로 맞서 싸워 대승, 러시아는 270여 명이 전사하였고 잔당 모두 전멸

> **주관식 레벨 UP**
> 조선 효종 때 변급(1654), 신유(1658) 등 2차례 조총부대를 출병시켜 러시아를 정벌한 사건은 무엇인가?
> **풀이** 나선정벌

(3) 북학 운동: 북벌 실패 이후 조선 사신들에 의한 청의 선진문물 수용을 주장

03 정치 구조의 변화

(1) 정치 구조의 변화 중요 ★★★

① **비변사의 기능 강화**: 비변사는 16세기에 여진족과 왜구에 대비하기 위해 **임시회의 기구**로 설치되었는데, 임진왜란 이후 군사 문제뿐 아니라 외교·재정·사회·인사 문제 등 거의 **모든 정무**를 총괄할 정도로 기능이 강화

> **더 알아두기**
> **비변사의 변질**
> 효종 5년 11월 임인, 김익희가 상소하였다. "요즈음 여기에서 큰 일이건 작은 일이건 모두 취급합니다. 의정부는 한갓 헛 이름만 지니고 6조는 할 일을 모두 빼앗기고 말았습니다. 이름은 '변방 방비를 담당하는 것'이라고 하면서 과거에 대한 판정이나 비빈 간택까지도 모두 여기서 합니다."
> 『효종실록』

② **결과**: 비변사의 기능이 강화되자 왕권이 약화되고 **의정부**와 6조 중심의 행정 체계는 **유명무실화**

1510	1555	1592	1594	1623	1682
삼포왜란 (비변사 처음 설치)	을묘왜변 (비변사 상설 기구)	임진왜란 (비변사 최고 기구)	훈련도감 설치 (선조)	어영청·총융청·수어청 설치(~1626, 인조)	금위영 설치 (숙종)

더 알아두기

비변사의 변천

중종 때 임시기구로 설치(1510, 삼포왜란) → 명종 때 상설기구화(1555, 을묘왜변) → 선조 때 중요 핵심기구로 발전(1592, 임진왜란) → 19세기 이후 최고 권력기구로 변화(세도정치기) → 고종 때 비변사 혁파(1865, 흥선대원군)

(2) 권력기구의 변질 중요 ★★

① **3사의 변질**: 조선 후기 3사는 공론을 반영하기보다는 상대 세력에 대한 비판을 통하여 자기 세력의 유지와 상대 세력의 견제에 앞장서는 기구로 변질

② **이조와 병조 전랑의 변질**: 중·하급 관원들에 대한 인사권과 자기 후임자를 스스로 추천할 수 있는 권한을 행사하면서 자기 세력을 확대하고 상대 세력을 견제에 앞장서는 기구로 변질

(3) 중앙 군사제도의 변화

① **중앙군의 변화**: 5위를 중심으로 운영되던 조선 초기의 중앙군은 임진왜란 이후 새로운 5군영으로 변화

② **중앙군의 개편(17세기 말에 5군영 체제가 갖추어짐)** 중요 ★★★

㉠ 훈련도감: 포수·사수·살수의 삼수병으로 편성한 훈련도감은 임진왜란 중에 설치, 이들은 일정한 급료를 받는 상비군으로 의무병이 아닌 직업 군인의 성격을 가진 군인

㉡ 5군영의 완비: 후금과의 항쟁 과정에서 국방력 강화를 명분으로 어영청·총융청·수어청 등이 설치되었고, 숙종 때에 금위영이 추가로 설치되어 17세기 말에는 5군영 체제가 정비

㉢ 금위영: 숙종 때 설치, 수도(왕실)방위

더 알아두기

중앙군의 변화

5군영	창설	역할
훈련도감	선조 대	직업적 상비군, 서울의 경비 담당, 삼수병(포수, 사수, 살수)으로 구성
어영청·총융청·수어청	인조 대	어영청(수도)·총융청(북한산성)·수어청(남한산성)
금위영	숙종 대	수도 방어 임무

③ **5군영의 변질**: 조선 후기 서인들은 군사적·정치적 안정을 유지하기 위하여 5군영을 자신들의 군사적 기반으로 변질시킴

(4) 지방 군사제도의 변화 중요 ★

① **진관체제(15C, 세조)**
  ㉠ 내용 : 지역 단위의 자체적인 방어 체제로써, 행정 단위인 '읍'과 군사 단위인 '진'을 일치시켜 군·현을 방위, 중앙에서 군사훈련을 받았으며, 군사지휘권은 수령이 보유
  ㉡ 단점 : 소규모 전투에는 유리하지만 많은 수의 외적과 대적하기엔 무리가 있으며, 때에 따라서 연쇄적인 패배가 뒤따르는 경우가 있음

② **제승방략체제(16C, 명종)**
  ㉠ 내용 : 유사시에 필요한 방어처에 각 지역의 병력을 동원하여 중앙에서 파견되는 장수가 지휘하게 하는 방어 체제
  ㉡ 단점 : 신속한 대처가 불가능하고 패배 시 후방에 군사가 없어 무방비, 임진왜란 중 실효성 없음

③ **속오군체제(임란 중, 선조)** 중요 ★★★
  ㉠ 내용 : 진관체제를 기본으로 하였고 양반에서부터 천민인 노비까지 편제된 양천혼성군으로 중앙에서 받았던 군사훈련을 지방에서 받게 하여 군사력의 공백 상태를 보완
  ㉡ 단점 : 양반이 노비와 함께 속오군에 편제되는 것을 회피함에 따라 실질적으로 상민과 노비들만 남아 참여

> **주관식 레벨 UP**
> 조선 시대 지방군의 방어 체제로서 유사시에 필요한 방어처에 각 지역의 병력을 동원하여 중앙에서 파견되는 장수가 지휘하는 방어 체제를 쓰시오.
>
> **풀이** 제승방략체제

04 조선 후기의 정치변화

(1) 붕당정치의 변질
① **배경** : 상업 이익 독점, 군영장악, 신분제 동요, 일당전제화 추세
② **결과** : 고위 관원에 정치권력 집중(왕실 외척·종실의 정치적 비중 증대), 3사와 이조전랑의 정치적 비중감소, 비변사 기능 강화

(2) 탕평론의 대두
① **배경** : 왕권과 신권이 조화를 이루고 붕당의 세력균형 도모
② **숙종(1674~1720)의 탕평책**
  ㉠ 탕평책 : 숙종은 인사 관리를 통하여 세력균형을 유지하려는 탕평론을 제시
  ㉡ 결과 : 실제로는 상황에 따라 한 당파를 일거에 내몰고 상대 당파에게 정권을 모두 위임하는 편당적인 인사 관리로 일관하여 환국이 일어나는 빌미를 제공

③ 환국 중요 ★★★
- ㉠ **경신환국**(1680, 숙종 6) : 서인은 남인 영수인 허적의 서자 허견 등이 복창군을 왕으로 옹립하려 한다고 모함하여 남인을 몰락시키고 **서인이 집권**
- ㉡ **기사환국**(1689, 숙종 15) : 장희빈의 소생인 균(경종)의 세자 책봉을 둘러싸고 서인인 송시열 등이 반대하다 쫓겨나고(민씨 폐출) **남인이 집권**
- ㉢ **갑술환국**(1694, 숙종 20) : 남인이 인현왕후 민씨의 복위 문제로 서인을 무고하다 도리어 축출되어 **서인(노론)이 집권**

> **주관식 레벨 UP**
> 숙종 때 희빈 장씨의 소생이 원자로 책봉되고 남인이 집권하게 된 환국을 무엇이라 하는가?
> 풀이 **기사환국**

(3) **영조(1725 ~ 1776)의 개혁정치** 중요 ★★★

① **탕평책(완론탕평)**
- ㉠ 초기의 탕평책 : 영조는 **탕평 교서**를 발표하고 **탕평비**를 건립, 이인좌의 난 발생
- ㉡ 왕권강화 : 붕당을 없애자는 논리에 동의하는 **탕평파**를 중심으로 정국을 운영, 서원을 대폭 정리, 이조전랑의 권한을 약화시키기 위해 후임자를 천거하는 권한과 3사의 관리를 선발할 수 있게 해 주던 관행을 폐지

> **주관식 레벨 UP**
> 영조가 붕당의 근거지로 지목하면서 대폭 정리를 했던 것은?
> 풀이 **서원**

② **영조의 개혁정치**
- ㉠ 체제 정비 : 속대전을 편찬하고 가혹한 형벌을 폐지하고 사형수에 대한 **3심제**를 엄격하게 시행
- ㉡ 민생안정 : 군포 부담을 2필에서 1필로 경감시키는 **균역법**을 실시(1750)하고 백성들의 억울한 일을 직접 해결하고자 **신문고를 설치(부활)**

③ **한계** : 강력한 왕권을 바탕으로 일시적인 탕평

(4) **정조(1776 ~ 1800)의 개혁정치** 중요 ★★★

① **탕평정치(준론탕평)**
- ㉠ 배경 : 사도세자의 죽음과 시파·벽파의 갈등 경험 후 강한 탕평책 추진
- ㉡ 시파 : 사도세자의 잘못은 인정하면서도 죽음 자체는 지나치다는 입장
- ㉢ 벽파 : 사도세자의 죽음은 당연하고 영조의 처분은 정당하다는 입장
- ㉣ 적극적 탕평책 : **척신과 환관 제거**, 그동안 권력에서 배제되었던 **소론과 남인** 계열도 중용

② 왕권 강화
  ㉠ 초계문신제도 : 신진 인물이나 중·하급 관리 중에서 유능한 인사를 재교육하는 **초계문신제도**를 실시(1781)

> **더 알아두기**
> **초계문신제도**
> 37세 이하의 당하관 중에 재능 있는 문신들을 뽑아 재교육시키는 제도, 인물 선정은 의정부에서, 교육은 규장각에서 선정된 인물들을 대상으로 정조가 직접 강의하고, 시험도 직접 봄

> **주관식 레벨 UP**
> 정조가 붕당의 비대화를 막고 자신의 권력과 정책을 뒷받침하기 위하여 신진 인물이나 중·하급관리 중에서 유능한 인사를 재교육한 제도는 무엇인가?
> **풀이** 초계문신제도

  ㉡ 규장각 : 왕실 도서관 기능의 규장각을 강력한 정치 기구로 육성시켜 **박제가, 유득공, 정약용** 등이 검서관으로 정치에 참여 가능함
  ㉢ 장용영 : 친위부대인 **장용영**을 설치하여 왕권을 뒷받침하는 군사적 기반으로 발전

[수원화성]

[시흥환어행렬도]

  ㉣ 화성 건설 : 수원으로 사도세자의 묘(현륭원)를 옮기고 화성을 세워 정치적·군사적 기능을 부여함과 동시에 **상공인을 육성**시켜 자신의 정치적 이상을 실현하는 상징적인 도시로 건설함

> **주관식 레벨 UP**
> 정조가 강력한 정치기구로 육성하였던 왕실도서기구와 군사적 기반으로 설치한 친위부대는 무엇인가?
> **풀이** 규장각, 장용영

③ 기타 체제 정비
  ㉠ 지방 통치 : 수령이 군현 단위의 향약을 직접 주관하게 하여 지방 사림의 영향력을 줄이고 **수령의 권한을 강화**하여 국가의 통치권을 강화
  ㉡ 사회 개혁 : 서얼과 노비에 대한 **차별**을 완화하였고 육의전을 제외한 시전의 금난전권을 폐지하여 사상(私商)들의 자유로운 상업활동을 허가하여 상업을 발전(1791, **신해통공**)
  ㉢ 편찬 사업 : 대전통편, 동문휘고, 탁지지, 추관지, 무예도보통지

주관식 레벨 UP

다음 정책들의 공통된 목적을 10자 이내로 쓰시오.

- 서원의 정리와 산림의 존재 부인
- 이조전랑과 3사의 권한 약화
- 규장각의 기능 강화와 장용영의 설치

풀이 왕권 강화 정책

제 7 장 | 사회 모순의 심화와 농민 항쟁

제1절 사회 모순의 심화와 농민 생활

01 사회 변혁의 움직임

(1) 사회 동요
① **배경**: 신분제 동요, 농민 경제 파탄, 이양선 출몰, 도적 증가
② **예언 사상**: 비기·도참, 정감록, 말세 도래, 왕조 교체, 변란 예고
③ **신앙**: 무격신앙과 미륵신앙 유행

> **더 알아두기**
>
> **미륵신앙과 정감록**
> 불교에서는 석가의 시대가 다하고 미륵의 시대가 온다고 하니, 속세 또한 새로운 세상이 반드시 올 것이다. 군복과 무기를 미리 갖추어 이 세상이 다할 때 군사를 일으킬 준비를 하라.
> 정씨 성과 최씨 성의 두 진인(眞人)을 얻어, 먼저 우리나라를 평정하여 정씨 성의 사람을 임금으로 세운 뒤에 중국을 공격하여 최씨 성의 사람을 황제로 세울 것이다.

(2) 천주교 탄압
① **배경**: 천주교는 17세기에 중국을 방문한 우리나라 사신들에 의하여 서학으로 처음 소개되었고 18세기 후반에 신앙으로 받아들여 형성

> **주관식 레벨 UP**
>
> 천주교는 17세기에 중국 베이징의 천주당을 방문한 우리나라 사신들에 의하여 (　　　　)으로 소개되었다. 천주교가 신앙으로 받아들여진 것은 18세기 후반이었다.
>
> **풀이** 서학

② **탄압**: 천주교가 **평등사상**을 주장하고 조상에 대한 유교의 **제사 의식**을 거부하자 양반 중심의 신분 질서 부정과 국왕의 권위에 대한 도전으로 받아들여 사교로 규정하여 탄압

1791	1801	1811	1851	1860	1862
신해박해 (정조)	신유박해, 공노비 6만여 명 해방(순조)	홍경래의 난 (순조)	신해허통 (철종)	동학 창시 (철종)	임술농민봉기 (철종)

③ **천주교 박해** 중요 ★★
- ㉠ 신해박해(1791, 정조, 진산사건) : 진산에서 천주교 신자인 **윤지충**이 모친의 장례를 화장법으로 치른 일로 정부에서 이들을 사형에 처한 사건
- ㉡ 신유박해(1801, 순조) : 노론 벽파 세력이 남인 시파를 탄압하기 위하여 천주교 신자를 박해한 사건, **황사영 백서사건** 등으로 탄압이 더욱 강화
- ㉢ 기해박해(1839, 헌종) : 헌종 때, 정하상 등 많은 신도들과 서양인 신부들을 처형한 사건
- ㉣ 병인박해(1866, 고종) : **흥선대원군이 정치와 연관시켜 프랑스 선교사 등을 이용하여 교섭하려다 실패한 사건, 9명의 프랑스 선교사와 8천 명의 교도를 처형**

02 동학의 발생 중요 ★★★

(1) 동학의 시작
① **창시** : 동학은 1860년에 경주 출신인 **최제우**가 창시, 동학은 기존의 부패한 불교와 성리학 등을 부정하였고 천주교도 배척
② **사상** : 유·불·선의 내용에 민간신앙의 요소들이 결합, 모든 사람이 평등하다는 **시천주(侍天主)**와 **인내천(人乃天)** 사상을 강조

> **주관식 레벨 UP**
> 동학은 평등한 사회를 지향하였다. 이러한 주장을 대변할 수 있는 핵심 사상을 1개만 간단히 쓰시오.
> **풀이** 시천주, 인내천 사상(모든 사람이 평등하다.)

(2) 동학의 확대
① **동학의 탄압** : 조정은 신분질서를 부정하는 동학을 위험하게 생각하여 세상을 어지럽히고 백성을 현혹한다(혹세무민)는 죄로 최제우를 처형(1864)
② **교단 정비** : 제2대 교주 **최시형**은 교세를 확대, 동경대전과 용담유사를 펴내어 교리를 정리하였고 교단 조직을 정비

> **주관식 레벨 UP**
> 동학의 2대 교주 최시형이 교세를 확대하면서 정리하여 편찬한 동학 관련 서적은?
> **풀이** 동경대전, 용담유사

제2절　세도정권

01　세도정치 전개

(1) **정의** : 정조 사후 3대 60여 년 동안 안동 김씨나 풍양 조씨 같은 왕의 외척 세력이 권력을 독점하여 행사하는 정치 형태

(2) **전개**
① **초기의 세도정치** : 순조(1800 ~ 1834)가 11세의 나이로 즉위하자 영조의 계비인 정순왕후가 수렴청정을 하면서 노론 벽파 세력이 정국을 주도
② **세도정치의 순환** : 헌종(1834 ~ 1849) 즉위 이후에는 외척인 풍양 조씨 가문이, 철종(1849 ~ 1863)이 즉위한 후에는 안동 김씨 가문이 정국을 주도

02　세도정치 시기의 폐단

(1) **붕당정치의 붕괴** : 세도정치 시기에는 붕당은 없어지고, 중앙 정치를 주도하던 정치 집단은 소수의 가문 출신으로 좁아지면서 그 기반이 축소

(2) **권력구조 변화** 중요 ★★★
① **의정부와 6조의 유명무실화** : 권력 고위직만 정치적 기능이 발휘되었고, 그 아래의 관리는 언론 활동 같은 정치적 기능을 거의 잃은 채 행정 실무만 담당
② **비변사의 권한 강화** : 비변사가 핵심적인 정치 기구로 자리 잡았으며, 유력한 가문 출신의 몇몇이 실제 권력을 행사
③ **수령권의 절대화** : 수령의 견제 세력이 없어 수령직의 매관매직 성행(관리들의 부정과 비리), 농민의 부담 증가

> **더 알아두기**
>
> **세도정치의 폐단**
> 가을에 한 늙은 아전이 대궐에서 돌아와서 처와 자식에게 "요즘 이름 있는 관리들이 모여서 하루 종일 이야기를 하여도 나랏일에 대한 계획이나 백성을 위한 걱정은 전혀 하지 않는다. … 이름 있는 관리들이 말하는 것이 이러하다면 지방에서 거둬들이는 것이 반드시 늘어날 것이다. 나라가 어찌 망하지 않겠는가."하고 한탄하면서 눈물을 흘려 마지않았다.
>
> 박제형, 『근세조선정감』

1791	1801	1811	1851	1860	1862
신해박해 (정조)	신유박해, 공노비 6만여 명 해방(순조)	홍경래의 난 (순조)	신해허통 (철종)	동학 창시 (철종)	임술농민봉기 (철종)

제3절 평안도 농민전쟁

01 세도정치기의 농민 봉기

(1) **삼정의 문란**: 삼정의 문란이 극도에 달한 수령의 부정, 자연재해와 농민들의 조세 부담 과중

(2) **농민의 항거**: 초기에는 소청운동, 벽서·괘서 사건 등으로 저항하였으나 점차 농민 봉기의 형태로 확대

02 홍경래의 난(1811, 순조) 중요 ★★★

(1) **배경**: 세도정치의 폐해와 서북민에 대한 차별 대우 등이 원인이 되어 몰락한 양반인 홍경래의 지휘하에 영세 농민·중소 상인·광산 노동자 등이 합세하여 일으킨 봉기

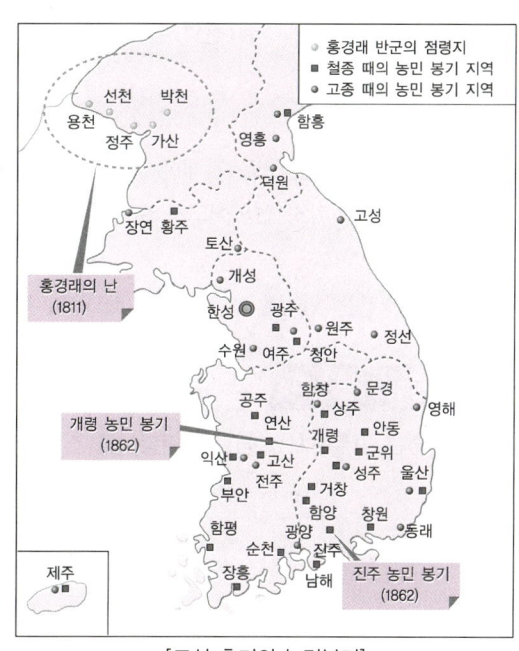

[조선 후기의 농민봉기]

(2) **경과**: 가산·선천·정주 등을 점거하였고 한때는 청천강 이북지역을 거의 장악하였으나 5개월 만에 평정

> **더 알아두기**
>
> **홍경래의 격문**
> 평서대원수는 급히 격문을 띄우노니 … 그러나 조정에서는 관서를 버림이 분토와 다름없다. 심지어 권문의 노비들도 서토의 사람을 보면 반드시 평안도 놈이라 한다. 서토에 있는 자 어찌 억울하고 원통하지 않은 자 있겠는가. … 지금, 임금이 나이가 어려 권세 있는 간신배가 그 세를 날로 떨치고 김조순·박종경의 무리가 국가 권력을 오로지 갖고 노니 어진 하늘이 재앙을 내린다.
>
> 『순조실록』

> **주관식 레벨 UP**
>
> 19세기 초 평안도 지역에서 일어난 농민 항거로 몰락 양반, 영세 농민, 중소 상인, 광산 노동자 등이 합세하여 한때 청천강 이북지역을 거의 장악하였으나 5개월 만에 평정되었던 사건은 무엇인가?
>
> **풀이** 홍경래의 난

제4절　1862년 농민항쟁

01 임술농민봉기(1862, 철종, 진주농민봉기) 중요 ★★★

(1) **원인** : 경상 우병사 백낙신의 수탈에 견디다 못한 농민들이 몰락 양반 출신의 **유계춘** 등을 중심으로 봉기

(2) **경과** : 진주를 중심으로 전개한 농민 봉기는 한때 진주성을 점령하였고 북쪽의 함흥으로부터 남쪽의 제주에 이르기까지 **전국적으로 확대**

(3) **결과** : 정부는 민심을 회유하기 위해 안핵사를 파견하였고 **삼정이정청을 설치**(1862)

> **주관식 레벨 UP**
> 임술년 진주에서 발생한 농민봉기를 진정시키기 위해서 추진한 정책은 무엇인가?
> 풀이　안핵사로 박규수를 파견하였고 삼정이정청을 설치하였다.

02 홍경래의 난과 임술농민봉기의 공통점

농민의식의 성장(양반 중심의 사회 약화), 세도정치 시기의 봉기, 삼정의 문란에 대한 봉기

제 2 편 실전예상문제

01 다음 국왕의 업적으로 옳은 것은?

> - 원년 8월: 김흠돌, 흥원, 진공 등이 반역을 모의하다가 참형을 당하였다.
> - 2년 4월: 위화부령 두 명을 두어 선거 사무를 맡게 했다.
> - 5년 봄: 완산주를 설치하였다. 거열주를 승격시켜 청주를 설치하니 비로소 9주가 갖추어졌다. 서원과 남원에 각각 소경을 설치하였다.

① 문무 관리에게 관료전을 지급하였다.
② 거칠부에게 국사를 편찬하게 하였다.
③ 시장 감독관청인 동시전을 설치하였다.
④ 화랑도를 국가적인 조직으로 개편하였다.

02 (가)와 (나) 사이의 시기에 있었던 사실에 대한 설명으로 옳은 것은?

> (가) 관리의 녹읍을 혁파하고 매년 조(租)를 내리되 차등이 있게 하였다.
> (나) 여러 관리의 월봉을 없애고, 다시 녹읍을 나누어 주었다.

① 처음으로 병부를 설치하였다.
② 화백회의에서 국왕을 폐위시킨 일이 있었다.
③ 호족이 지방의 행정권과 군사권을 장악하였다.
④ 6두품이 학문적 식견을 바탕으로 국왕의 조언자로 활동하였다.

---

01 ① 통일신라 신문왕(681~692)은 즉위하던 해에 일어난 왕(신문왕)의 장인 김흠돌이 일으킨 모역 사건을 계기로 귀족 세력을 숙청하면서 왕권을 전제화하기 시작하였고 왕권을 강화하기 위하여 문무 관리에게 관료전을 지급하였으며(687), 귀족 세력의 기반이 되었던 녹읍을 폐지하였다(689). 또한, 전국을 9주 5소경으로 나누어 지방 행정구역을 정비하였고, 유교 정치 이념의 확립을 위하여 국학(682)을 설립하여 유교 경전을 교육하였으며, 군대를 개편하여 9서당 10정을 편성하였다.
② 6세기 신라 진흥왕 때
③ 6세기 초 지증왕 때
④ 6세기 신라 진흥왕

02 (가) 신문왕 9년(689). 신라 중대 신문왕은 문무 관료에게 관료전을 지급하고 그동안 귀족에게 지급한 녹읍을 폐지하여 왕권을 강화하였다.
(나) 경덕왕 16년(757). 왕권이 다시 약화되기 시작하였고, 귀족 세력이 강화되면서 경덕왕 때에는 관료전을 폐지하고 다시 녹읍을 부활하였다.
④ 신라 중대 진골 세력에 의해 성장할 수 없었던 6두품 세력은 학문적 식견을 바탕으로 왕권과 결탁하여 왕의 정치적인 조언자 역할을 하면서 성장하기 시작하였다.
① 6세기 신라 법흥왕은 병부를 설치하여 군사권을 장악하여 왕권을 강화하였다.
② 신라 진지왕(576~579)은 "정치가 어지럽고 음란하다."라는 이유로 화백회의에 의하여 폐위되었다.
③ 신라 말 지방에서는 성주나 장군을 자칭하는 세력들이 나타났는데 이를 지방호족이라 한다.

정답 01 ① 02 ④

03 밑줄 친 '대씨의 나라'에 대한 설명으로 옳지 않은 것은?

> 옛날에는 고씨가 북에서 고구려를, 부여씨가 서남에서 백제를, 박·석·김씨가 동남에서 신라를 각각 세웠으니, 이것이 삼국이다. 여기에는 반드시 삼국사가 있어야 할 것인데, 고려가 편찬한 것은 잘 한 일이다. 그러나 부여씨와 고씨가 멸망한 다음에 김씨의 신라가 남에 있고, 대씨의 나라가 북에 있으니 이것이 남북국이다. 여기에는 마땅히 남북사가 있어야 할 터인데, 고려가 편찬하지 않은 것은 잘못이다.

① 선왕 때에는 해동성국으로 불리기도 하였다.
② 정당성 아래에 좌사정이 충·인·의 3부를, 우사정이 지·예·신 3부를 각각 나누어 관할하였다.
③ 전략적 요충지에는 5경을, 지방 행정의 중심부에는 15부를 두었다.
④ 군사 조직은 중앙군으로 10정을 두어 왕궁과 수도의 경비를 맡겼다.

04 밑줄 친 '왕'이 재위한 시기의 사실로 옳은 것은?

> 왕이 신하들을 불러 "흑수말갈이 처음에는 우리에게 길을 빌려서 당나라와 통하였다. … (중략) … 그런데 지금 당나라에 관직을 요청하면서 우리나라에 알리지 않았으니, 이는 분명히 당나라와 공모하여 우리나라를 앞뒤에서 치려는 것이다."라고 하였다. 이리하여 동생 대문예와 외숙 임아상으로 하여금 군사를 동원하여 흑수말갈을 치려고 하였다.

① 부족을 통일한 여진족의 침략으로 멸망하였다.
② 중국인들이 해동성국이라고 부를 정도로 전성기를 맞이하였다.
③ 당과 친선관계를 맺었고, 신라도를 통해 신라와 대립관계를 해소하였다.
④ 중국과 대등한 지위에 있음을 과시하기 위해 독자적인 연호를 사용하였다.

---

03 대조영이 세운 발해를 찾는 문제이다. 당의 지방 통제력이 약화되는 7세기 말 고구려 장군 출신 대조영을 중심으로 한 고구려 유민은 말갈족을 규합한 이후 만주 동부 지역으로 이동하여 길림성의 돈화시 동모산 기슭에 발해를 건국하였다(698).
④ 통일신라는 중앙군으로 9서당을 두어 민족융합을 도모하였으며, 지방에는 10정을 두었는데, 9주에 1정씩 배치하고 한주(한산주)에는 1정을 더 두어 2정을 두었다.

04 ④ 발해의 무왕은 인안이라는 독자적인 연호를 사용하여 독자적인 세력을 과시하며 당과 대립하였다. 발해는 당을 공격하기 위해 장문휴의 수군으로 하여금 당의 요서 지방과 산동반도에 위치한 등주를 공격하였다.
① 발해는 내분과 거란의 침략으로 멸망하였다(926, 대인선).
② 발해의 전성기였던 선왕 때에는 중국인들이 발해를 보며 해동성국이라고 칭송하기도 하였다.
③ 발해 문왕 때는 신라도를 통하여 신라와의 친선 정책을 추진하였다.

정답 03 ④ 04 ④

05 신라 말 역사적 사실로 가장 적절하지 않은 것은?

① 귀족과 호족의 대토지 소유가 확대되면서 농민들은 토지를 잃고 노비가 되거나 초적(草賊)이 되었다.
② 6두품 세력은 골품제를 비판하며 새로운 정치 이념으로 성리학을 제시하였다.
③ 후삼국의 정립으로 신라의 지배권은 왕경 부근의 경상도 일대로 축소되었다.
④ 중앙정부의 지방에 대한 통제력이 약화되면서 지방에서는 군사력과 경제력을 갖춘 호족 세력이 성장하였다.

05 신라 말 지방에서는 호족이라는 새로운 세력이 성장하였고, 골품제를 비판하며 6두품은 반신라 세력으로 성장하였다. 이들은 실천적 성향의 선종 사상과 결탁하여 중앙정부에 대항하였다.
② 6두품은 새로운 정치 이념으로 유학을 제시하기는 했지만, 성리학을 받아들인 것은 아니다. 성리학은 송나라 때 주희가 정립한 유학이다. 이 시기에는 중국에서도 아직 성리학이 등장하지 않았으며 고려 말 원나라에서 안향이 우리나라에 성리학을 들여왔다.

06 다음 설명에 해당하는 인물로 옳은 것은?

> 이 인물은 불교 서적을 폭넓게 이해하고, 모든 것이 한마음에서 나온다는 일심 사상을 바탕으로, 다른 종파들과의 사상적 대립을 조화시키고 분파 의식을 극복하려고 노력하였다. 대승기신론소, 십문화쟁론 등을 저술하기도 하였다.

① 혜초　　② 원광
③ 의천　　④ 원효

06 자료의 인물은 원효이다. 당나라 유학길에 일체유심조(一切唯心造)를 깨닫고 돌아와 불교의 대중화에 힘썼다. 원효는 일심사상(화쟁사상)을 바탕으로 종파 간의 사상적 대립을 조화하려 노력하였다.

07 후삼국시대의 정치 상황에 대한 설명으로 옳지 않은 것은?

① 견훤은 900년에 무진주에서 후백제를 건국하였다.
② 궁예는 901년에 송악에서 후고구려를 건국하였다.
③ 궁예는 국호를 마진으로 바꾸고, 도읍을 철원으로 옮겼다.
④ 견훤은 후당(後唐), 오월(吳越)과도 통교하는 등 대중국 외교에 적극적이었다.

07 ① 견훤은 전라도 지방의 군사력과 호족 세력을 통합하여 완산주(전주)에 도읍을 정하고 후백제를 건국하였다(900).
후백제는 충청도 남부와 전라도 일대를 장악하였고, 우세한 경제력을 바탕으로 군사적 우위를 확보하게 되었으며, 중국의 오월 및 일본과 외교 관계를 수립하여 국제적으로 지위를 인정받고자 했다. 무진주(무주)가 아닌 완산주(전주)이다.

정답 05 ②　06 ④　07 ①

08 다음 밑줄 친 왕과 관련된 설명으로 옳은 것은?

> "왕이 쌍기를 등용한 것을 옛 글대로 현인을 발탁함에 제한을 두지 않은 것이라 평가할 수 있을까. 쌍기가 인품이 있었다면 왕이 참소를 믿어 형벌을 남발하는 것을 왜 막지 못했는가. 과거를 설치하여 선비를 뽑은 일은 왕이 본래 문(文)을 써서 풍속을 변화시킬 뜻이 있는 것을 쌍기가 받들어 이루었으니 도움이 없다고는 할 수 없다."

① 2성 6부제를 중심으로 하는 중앙 관제를 마련하였다.
② 국정을 총괄하는 정치 기구인 교정도감을 설치하였다.
③ 호족을 견제하기 위해 사심관과 기인 제도를 마련하였다.
④ 광덕·준풍과 같은 독자적인 연호를 사용하였다.

08 ④ 고려 광종은 노비안검법을 시행하여 호족 세력을 약화시켰고, 공신의 자제를 우선적으로 등용하던 종래의 관리 등용 제도를 억제하고 새로운 관리 선발을 위해 과거제도를 시행하였다. 또한 지배층의 위계질서를 확립하기 위해 백관의 공복을 제정하였으며, 광덕·준풍과 같은 독자적인 연호를 사용하였다.
① 고려 성종은 당의 3성 6부 제도를 수용하여 2성 6부제를 중심으로 하는 중앙 관제를 마련하였다.
② 최충헌은 무신정권 최고의 권력 기구인 교정도감을 설치하여, 도방·정방·서방 등의 기구를 총괄하였다.
③ 고려 태조 왕건은 사심관과 기인 제도를 활용하여 지방 호족을 견제하고 지방 통치를 보완하려 하였다.

09 다음의 시무책이 제안된 국왕 대의 사실로 옳은 것은?

> 불교를 행하는 것은 수신의 도요, 유교를 행하는 것은 치국의 본입니다. 수신은 내생의 자(資)요, 치국은 금일의 요무(要務)로서, 금일은 지극히 가깝고 내생은 지극히 먼 것인데도 가까움을 버리고 지극히 먼 것을 구함은 또한 잘못이 아니겠습니까?

① 12목을 설치하였고 지방관을 파견하였다.
② 서경에 대화궁을 지었다.
③ 5도 양계의 지방 제도를 확립하였다.
④ 광덕, 준풍 등의 독자적인 연호를 사용하였다.

09 ① 성종은 최승로의 건의(시무 28조)를 채택하여 유교정치를 시행하였다. 성종은 2성 6부 제도를 운영하였고(982), 지방에 12목을 설치하고 지방관을 파견하여 중앙 집권을 공고히 하였다(983). 또한, 지방에는 10도를 설치하고 12목을 12군으로 변경하였다(995).
② 고려 인종 때 묘청은 풍수지리설을 내세워 서경으로 천도하여 서경에 궁(대화궁)을 짓고, 황제를 칭하며 연호를 사용하는 등 자주적인 개혁과 금을 정벌할 것을 주장하였다(1135).
③ 고려는 현종 때 전국을 5도 양계, 경기로 크게 나누고, 그 안에 3경, 4도호부, 8목을 비롯하여 군·현·진 등을 설치하였다(1018).
④ 고려 광종은 왕실의 권위를 높이기 위하여 황제의 칭호를 사용하였고 광덕, 준풍 등과 같은 독자적인 연호도 사용하였다.

정답 08 ④ 09 ①

10 고려시대의 향리에 대한 설명으로 옳지 <u>않은</u> 것은?

① 향리의 세력을 억제하기 위해 그 지방 출신의 중앙관리를 사심관으로 임명하였다.
② 향리의 자제들을 일정기간 동안 궁에 머물게 하는 상수리제도를 시행하였다.
③ 향리는 과거를 통하여 중앙에 진출할 수 있었다.
④ 향리와 귀족과의 신분적 차이를 나타내기 위하여 향리의 공복을 제정하였다.

11 고려시대에 대한 설명으로 옳지 <u>않은</u> 것은?

① 지방의 모든 군현에 지방관이 파견되어 행정을 담당하였다.
② 중앙군은 2군 6위, 지방군은 주현군·주진군으로 편성되었다.
③ 어사대는 중서문하성의 낭사와 더불어 대간으로 불렸다.
④ 발해의 중정대와 같은 기능을 하는 기구가 있었다.

10 고려의 향리는 토착 세력으로서 향촌 사회의 지배층으로 굳어갔으며, 일시적으로 파견되었던 지방관보다 실질적인 영향력이 컸다.
② 신라는 지방 세력을 견제하기 위하여 상수리 제도를 시행하였는데, 이는 지방 세력을 일정 기간 서울에 와서 거주하게 하던 것으로 지방 세력 견제책이다. 상수리 제도는 고려시대의 기인 제도로 계승된다.

11 ① 지방의 모든 군현에 지방관이 파견되어 행정을 담당한 것은 조선에 이르러서 완성되었다.
② 고려는 국왕의 친위부대인 2군과 수도와 국경 방위부대인 6위를 중앙군으로 구성하였고, 5도에는 주현군, 양계에는 주진군을 지방군으로 편성하였다.
③ 고려시대 어사대의 관원과 중서문하성의 낭사는 대간이라 불리었는데, 서경·간쟁·봉박권을 가지고 있었다. 대간은 비록 직위는 낮았지만, 왕이나 고위 관리의 활동을 지원하거나 제약하여 정치 운영에 견제와 균형을 이루었다.
④ 고려의 어사대는 발해의 중정대와 같은 기능을 담당하였다.

정답 10 ② 11 ①

12 고려의 농민을 위한 정책으로 옳지 않은 것은?

① 농민 자제의 과거를 위한 기금으로 광학보를 설치하였다.
② 개간지에는 일정 기간 면세하여 줌으로써 농민의 부담을 경감해 주었다.
③ 재해를 당했을 때는 세금을 감면해 농민 생활의 안정을 꾀하였다.
④ 농번기에는 잡역 동원을 금지하여 농사에 지장을 주지 않으려 하였다.

13 고려시대 관학 교육에 대한 설명으로 가장 적절한 것은?

① 국자감에는 율학, 산학, 서학과 같은 유학부와 국자학, 태학, 사문학 등의 기술학부가 있었다.
② 예종 때 도서관 겸 학문 연구소인 청연각, 보문각을 설치하였다.
③ 인종 때 전문 강좌인 7재를 9재 학당으로 정비하였다.
④ 섬학전의 부실을 보충하기 위해 충렬왕 때 양현고를 설치하였다.

14 밑줄 친 '나'에 대한 설명으로 옳지 않은 것은?

> 나는 도를 구하는 데 뜻을 두어 덕이 높은 스승을 두루 찾아다녔다. 그러다가 진수대법사 문하에서 교관을 대강 배웠다. 법사께서는 강의하다가 쉬는 시간에도 늘 "관도 배우지 않을 수 없고, 경도 배우지 않을 수 없다."라고 제자들에게 훈시하였다. 내가 교관에 마음을 다 쏟는 까닭은 이 말에 깊이 감복하였기 때문이다.

① 해동 천태종을 창시하였다.
② 이론과 실천의 양면을 강조하였다.
③ 교종의 입장에서 선종을 통합하였다.
④ 정혜쌍수로 대표되는 결사운동을 일으켰다.

해설

12 고려는 농민 생활의 안정을 위하여 농번기에는 잡역 동원을 금지하여 농사에 지장을 주지 않게 하였다. 재해를 당했을 때는 세금을 감면해 주고, 고리대의 이자를 제한하였으며, 의창제를 실시하는 등 농민 안정책을 더욱 강화하였다.
① 고려시대 광학보(정종 때)는 불법(佛法)을 배우는 사람들을 위하여 설치한 장학재단이었으며, 고려 태조는 관리 양성과 유학 교육을 위하여 개경과 서경에 많은 학교를 세우고 장학재단인 학보를 설치하는 등 교육을 장려하였다.

13 ② 고려 예종 때 청연각·보문각·천장각·임천각 등 도서관 및 학문 연구소를 설치하여 학문을 연구하였다.
① 국자감에는 국자학, 태학, 사문학과 같은 유학부가 있었고, 유학부에는 문무관 7품 이상 관리의 자제가 입학하였다. 또한, 율학, 서학, 산학 등의 기술학부가 있었는데 8품 이하 관리나 서민의 자제가 입학하였다.
③ 인종은 국학의 7재를 정비하여 경사 6학으로 바꾸고 유학 교육을 강화하였으며, 지방의 향교를 증설하였다. 9재 학당은 문종 때 최충이 설립한 사학이었다.
④ 양현고는 예종 때 설치한 장학재단이었으며, 섬학전은 충렬왕 때 만들어진 장학재단이었다.

14 의천은 교종 중심에서 선종을 통합하려 노력하였다. 이를 뒷받침할 사상적 바탕으로 의천은 이론의 연마와 실천의 양면 모두를 강조하는 교관겸수를 제창하였다.
④ 지눌은 선과 교학이 근본에 있어 둘이 아니라는 사상 체계인 정혜쌍수를 사상적 바탕으로 철저한 수행을 선도하였다.

정답 12 ① 13 ② 14 ④

15 (가), (나) 시기에 있었던 사실로 옳은 것은?

> 동북 9성 축조 → (가) → 금의 사대요구 수락 → (나) → 몽골의 1차 침입

① (가) : 고려가 강동 6주를 확보하였다.
② (가) : 강동성 전투에서 거란군을 토벌하는 데 앞장섰다.
③ (나) : 삼별초가 대몽 항쟁을 전개하였다.
④ (나) : 정중부, 이의방 등이 정변을 일으켜 정권을 장악하였다.

16 다음 사건이 일어난 시기를 연표에서 옳게 찾은 것은?

> 이들이 글을 올려 말하기를, "서경에 궁궐을 세워 옮기고, 위로는 천심에 응하고 아래로는 백성들의 바람에 따르시어 금나라를 타도하소서."라고 하였다. …(중략)… 서경을 거점으로 난을 일으키고 왕의 명령이라 속여 여러 성의 수령을 체포해서 창고에 가두었다. 그리고 국호를 대위라 하고, 연호를 천개라 하며, 군대의 칭호를 천견충의군이라 하여 난을 일으켰다.
>
> 『고려사』

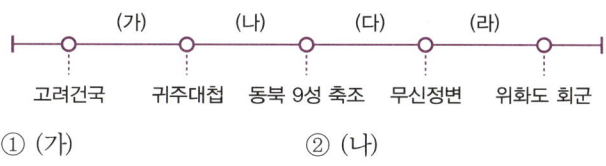

① (가)   ② (나)
③ (다)   ④ (라)

---

15 예종 때 동북 9성 축조(1107), 금의 사대요구 수락(1125), 몽골의 1차 침입(1231)
④ 이의방과 정중부는 정변을 일으켜 정권을 장악하였다(1170, 무신정변).
① 거란의 소손녕은 송과의 교류를 끊을 것과 아울러 고려가 차지하고 있는 옛 고구려의 영토를 요구하며 80만 대군을 이끌고 고려를 침략했는데 이에 맞서 서희는 외교 담판으로 거란과 교류를 약속하고, 고려가 고구려의 후예임을 인정받음과 동시에 압록강 동쪽의 강동 6주를 획득하였다(994, 성종).
② 김취려의 고려군은 몽고군과 연합하여 강동성에서 거란을 섬멸하였다.(1219, 강동의 역)
③ 고려 정부가 몽골과 강화하여 개경으로 환도하자, 강화도에서 항전하던 배중손은 화의에 반발하여 진도(1270~1271)와 제주도(1271~1273, 김통정)를 거치며 끝까지 항전하였으나, 여몽연합군에 의하여 진압되었다.

16 자료는 1135년에 있었던 묘청의 서경천도운동이다. 묘청은 고려가 윤관이 쌓은 9성의 반환 이후, 금의 군신 관계 요구를 수락(1125, 이자겸)하는 등 보수화되자 칭제 건원과 금국 정벌론을 내세워 서경천도운동을 일으켰다.

정답 15 ④ 16 ③

17 ② 윤관은 숙종에게 특수부대인 별무반을 편성할 것을 건의하였고, 숙종은 윤관의 건의를 받아들여 별무반을 조직하였다(1104).
① 서희는 외교 담판으로 거란과 교류를 약속하고, 고려가 고구려의 후예임을 인정받음과 동시에 압록강 동쪽의 강동 6주를 획득하였다(994, 성종).
④ 묘청의 서경천도운동은 인종 때인 1135년에 발생하였다.
③ 공민왕은 유인우 등을 보내 무력으로 쌍성총관부를 공격하여 철령이북의 땅을 수복하였다(1356).
(가) 거란 3차 침략(1019, 현종)
(나) 동북 9성의 반환(1109, 예종)

17 (가), (나) 사이의 시기에 있었던 사실로 가장 옳은 것은?

> (가) 거란의 군사가 귀주를 지나니 강감찬 등이 동쪽 들에서 맞아 싸웠는데, …(중략)… 죽은 적의 시체가 들판을 덮고 사로잡은 군사와 말, 낙타, 갑옷, 투구, 병기는 이루 다 헤아릴 수가 없었다.
> (나) 여진의 추장들은 땅을 돌려달라고 떼를 쓰면서 해마다 와서 분쟁을 벌였다. …(중략)… 이에 왕은 신하들을 모아 의논한 후에 그들의 요구에 따라 9성을 돌려주었다.

① 서희가 강동 6주를 회복하였다.
② 별무반이 편성되었다.
③ 쌍성총관부가 폐지되었다.
④ 묘청이 서경천도운동을 벌였다.

18 친원적인 성향의 ㉠ 권문세족(13세기~14세기)은 고려 후기에 도평의사사에 참여하여 정치적 실권을 장악하는 등 최고 권력층이었으며, 가문의 힘을 이용하여 음서로써 신분을 세습시켜 갔다.
권문세족은 강과 하천을 경계로 삼을 만큼 대규모의 농장을 소유하고도 국가에 세금을 내지 않았으며, 또한 몰락한 농민을 농장으로 끌어들여 노비처럼 부리며 부를 축적하였다.
③ 공민왕은 왕권을 강화하기 위하여 신진사대부를 대거 등용하였고, 신돈을 등용하여 전민변정도감을 설치하였으며 권문세족이 부당하게 빼앗은 토지와 노비를 본래의 소유주에게 돌려주거나 양민으로 해방시켰다(1366). 신돈은 신진사대부와 연대하여 권문세족의 세력을 약화시키려 하였다.

18 다음의 밑줄 친 ㉠과 관련된 설명으로 가장 옳지 않은 것은?

> 원의 간섭을 받으면서 그에 의존한 고려의 왕권은 이전 시기에 비하여 상대적으로 안정되었고 ㉠ 중앙 지배층도 개편되었다. …… 그들은 왕의 측근 세력과 함께 권력을 잡아 농장을 확대하고 양민을 억압하여 노비로 삼는 등 사회 모순을 격화시켰다.

① ㉠은 가문의 권위보다는 현실적인 관직을 통하여 정치 권력을 행사하였다.
② 공민왕은 ㉠의 경제력을 약화시키기 위해 전민변정도감을 설치하였다.
③ ㉠은 사원 세력의 대표인 신돈과 연대하여 신진사대부에 대항하였다.
④ ㉠에는 종래의 문벌 귀족 가문, 원과의 관계에서 성장한 가문 등이 포함되었다.

정답 17 ② 18 ③

19 (가) ~ (라)와 고려의 관계에 대한 설명으로 옳은 것은?

- (가)은(는) 우왕 6년 500여 척의 함선을 이끌고 진포로 쳐들어와 충청·전라·경상도의 연해를 돌며 약탈과 살육을 일삼았다.
- (나)의 군대가 쳐들어오자, 김윤후가 처인성으로 피난하였다. 적의 장수 살리타가 공격하다 김윤후에게 사살당하였다.
- (다)의 동경(東京)도 고려 영역 안에 들어와야 하는데 어찌 침식했다고 하는가. 또 압록강 안팎은 우리 땅이지만 여진이 차지하고 있어 사신을 보낼 수 없다.
- (라)은(는) 옛날에는 소국으로 고려를 섬겼지만, 지금은 강성해져 거란과 송을 멸망시키고 군사력을 강화하여 우리가 사대하지 않을 수 없게 되었다.

① (가)의 침입으로 강화도로 천도하였다.
② (나)의 침입 이후에 천리장성을 쌓았다.
③ (다)는 동북 9성의 반환을 요구하였다.
④ 묘청은 (라)에 대한 정벌을 주장하였다.

19 해설
(가)는 왜, (나)는 몽골, (다)는 거란, (라)는 여진(금)에 해당한다.
④ 묘청은 풍수지리설을 내세워 서경으로 천도하여 서경에 궁(대화궁)을 짓고, 황제를 칭하며 연호를 사용하는 등 자주적인 개혁과 (라) 금(여진족)을 정벌할 것을 주장하였다(1135).
① (나) 몽골과의 장기 항쟁을 위해 강화도로 천도하였으며(1232), 삼별초를 조직하여 전쟁에 대비하였다.
② 압록강에서 도련포까지의 천리장성은 (다) 거란의 3차 침입 이후에 쌓았으며, 거란은 물론 여진의 침입까지 방어하려는 목적이 있었다(1033~1044, 덕종~정종).
③ 윤관은 (라) 여진족을 몰아내고 동북 9성을 쌓았으나(1107), 여진족의 침입이 계속되고 거란과의 대치상황을 고려하여 여진에게 해마다 조공을 바치겠다는 약속을 받고 예종 때 돌려주었다(1109).

20 다음 밑줄 친 왕의 재위시기에 대한 설명으로 옳은 것은?

왕이 변발(辮髮)을 하고 호복(胡服)을 입고 전상에 앉아 있었다. 이연종이 간하려고 문밖에서 기다리고 있었더니, 왕이 사람을 시켜 물었다. 이연종이 말하기를 …… "변발과 호복은 선왕(先王)의 제도가 아니오니, 원컨대 전하는 본받지 마소서."

① 노비와 관련된 문제를 처리하는 장례원을 설치하였다.
② 정동행성 이문소를 폐지하고 요동 지방을 공략하였다.
③ 최충의 문헌공도를 비롯한 사학 12도가 융성하였다.
④ 권문세족의 경제기반을 무너뜨리기 위해서 과전법을 시행하였다.

20 해설
자료의 왕은 공민왕으로 반원 정책을 시행하여 개혁을 추진하였다.
② 공민왕은 친원 세력을 숙청하고, 내정 간섭기구인 정동행성 이문소를 폐지하였다.
① 조선 세조 때에 노비와 관련된 문제를 처리하는 장례원을 설치하였다.
③ 고려 문종 때 최충은 9재 학당을 세워 유학 교육에 힘썼고, 해동공자라는 칭송을 들었다.
④ 고려 말 이성계는 공양왕을 세운 후, 전제 개혁을 단행하였는데, 권문세족의 경제기반을 무너뜨리고 신진사대부의 경제적 기반을 마련하기 위한 것으로 과전법을 실시하였다(1391).

정답 19 ④ 20 ②

21 ④ 고려시대의 향도는 미륵 신앙을 바탕으로 하는 매향 활동을 하면서 불상, 석탑, 절 등을 지을 때 주도적인 역할을 하였다. 이후에 고려 후기나 조선에서는 그 성격이 바뀌어 공동체 생활을 주도하는 농민 조직으로 발전해 갔다.
①, ③ 유향소는 향촌 자치를 위하여 향촌의 유지들로 구성된 자치기구로 수령을 보좌하고 향리를 감찰하며 향촌 사회의 풍속을 바로 잡기 위한 기구이다.
② 조선시대 노비와 관련된 문제를 처리하는 장례원을 설치하였고 대부분은 관습법에 따라 관아 등에서 지방관이 처리하였다.

22 다. 위화도 회군(1388)
나. 과전법의 실시(1391)
라. 조선왕조 개창(1392)
가. 한양 천도(1394)

정답 21 ④ 22 ④

---

21 어느 조직의 기능 변화를 정리한 것이다. (가)에 들어갈 수 있는 내용으로 가장 적절한 것은?

[○ ○]
기원 : 김유신의 화랑도
고려 : _____(가)_____.
조선 : 불교와 민간 신앙 등을 바탕으로 동계와 같은 공동체 조직의 성격을 띠었다. 주로 상을 당하였을 때에나 어려운 일이 생겼을 때에 서로 돕는 역할을 하였다. 상여를 메는 사람인 상두꾼도 여기서 유래하였다.

① 사회 교화 및 질서 유지를 통해 사족들의 지위를 강화시켰다.
② 노비 관련 소송이나 산송을 담당하는 사법기관 역할을 하였다.
③ 수령을 보좌하고 향리를 감찰하며 향촌 사회의 풍속을 바로 잡았다.
④ 위기가 닥쳤을 때에 미륵을 만나 구원을 받고자 하는 염원에서 향나무를 땅에 묻었다.

22 조선 건국을 전후하여 있었던 사실들을 시대순으로 바르게 나열한 것은?

가. 이성계는 즉위 이후 한양으로 천도하였다.
나. 신진사대부의 기반을 마련하기 위하여 과전법을 실시하였다.
다. 요동 정벌군이 위화도에서 회군을 시작하였다.
라. 이성계가 왕좌에 앉아 새로운 왕조를 시작하였다.

① 가 - 나 - 다 - 라
② 가 - 라 - 다 - 나
③ 나 - 다 - 가 - 라
④ 다 - 나 - 라 - 가

23 (가), (나)로 대표되는 정치세력에 관한 설명으로 옳은 것은?

> 이들은 최씨 정권기부터 학문적 교양과 행정 실무 능력을 겸비하여 자신의 능력에 따라 관료로 진출하기 시작하였다. 무신정권 붕괴 이후 과거를 통하여 중앙 정계에 진출하여 하나의 정치세력을 형성하였던 이들은 고려 왕조의 폐단을 맹렬하게 비판하며 사회 개혁을 주장하였으나 이성계의 정권 장악과 새 왕조 개창을 둘러싸고 (가) 혁명파와 (나) 온건파로 분열되었다.

① (가)의 학풍을 계승하여 사림이 형성되었다.
② (나)는 역성혁명을 통해 조선 건국을 주도하였다.
③ (가)는 주로 음서, (나)는 과거를 통해 관직에 진출하였다.
④ (가)와 (나)는 성리학을 바탕으로 불교의 폐단을 비판하였다.

24 밑줄 친 그가 시행한 정책으로 옳은 것은?

> 그는 왕권을 안정시키기 위해 권세 있는 신하는 공신이든 처남이든 가리지 않고 처단하고, 6조를 직접 장악하여 의정부 재상 중심의 정책운영을 국왕 중심체제로 바꾸었다.

① 연분9등법을 실시하여 세금을 낮추고 공평하게 부과하였다.
② 언론기관인 사간원을 독립시켜 대신을 견제하게 하였다.
③ 국가의 통치를 위하여 경국대전 편찬 사업에 착수하였다.
④ 조광조를 등용하여 개혁정치를 실현하려 하였다.

---

23 ④ 자료의 (가)는 급진 사대부, (나)는 온건 사대부를 나타내고 있다. 고려 말 신진 사대부는 사원 경제의 폐단 등 성리학을 바탕으로 불교의 폐단을 비판하였고, 대토지 사유 등 사회 모순의 개혁 방향을 둘러싸고 대립하였다.
온건파 사대부들은 권세가의 대토지 사유는 정리하되 전면적인 토지 개혁에는 반대하였고, 급진파 사대부는 전국적으로 토지 사유를 축소하는 전면적인 토지 개혁을 주장하였다.
① 조선의 훈구파
② 급진 개혁파
③ (가)와 (나) 모두 신진사대부로서 대부분 과거로 진출하였다.

24 ② 두 차례에 걸친 왕자의 난을 통하여 개국 공신 세력을 몰아내고 왕위에 오른 태종 이방원은 왕권을 강화하고 국왕 중심의 통치체제를 강화하기 위하여 6조 직계제를 실시하였으며, 언론 기관인 사간원을 독립시켜 대신들을 견제하였다.
① 세종은 조세제도를 좀 더 체계적으로 운영하기 위하여 풍흉의 정도에 따라 조세를 부과하는 연분9등법으로 바꾸고, 조세 액수를 1결당 최고 20두에서 최하 4두를 차등 있게 내도록 하였다.
③ 세조는 국가의 통치체제를 확립하기 위하여 경국대전을 편찬하기 시작하였다.
④ 중종은 조광조를 등용하여 개혁 정치를 추진하였다.

정답 23 ④   24 ②

25 ③ 유향소는 경재소가 혁파된 후 향청(향소)으로 개칭되면서 기능이 강화되었는데, 수령을 보좌하고 향리를 감찰하며 풍속을 교정하는 기능을 하였다.
① 의정부는 조선의 최고 관부로서 재상들의 합의를 통해 정책을 결정심의하는 기구로 국정을 총괄하였으며, 조선 후기 이후에는 비변사의 권한이 강화되면서 점차 실권이 약화되었다. 조선시대 최고의 행정집행기관은 6조이다.
② 홍문관은 성종 때 집현전을 대체하여 설치된 기구로, 경연과 서연을 담당하였다.
④ 조선시대 지방관은 왕의 대리인으로, 지방의 행정·사법·군사권을 가지고 있었고, 출신 지역의 지방관으로 임명하지 않는 상피제가 적용되었다.

25 조선의 통치기구에 대한 설명 중 옳은 것은?

① 의정부는 최고의 행정집행기관으로 점차 실권을 강화하였다.
② 홍문관은 정치의 득실을 논하고 관리의 잘못을 규찰하는 일을 담당하였다.
③ 유향소는 수령을 보좌하고 풍속을 바로 잡고 향리를 규찰하는 등의 임무를 맡았다.
④ 지방관은 행정의 권한만을 위임받았는데, 자기 출신지에는 임명될 수 없었다.

26 ③ 자료는 왕을 보좌하는 등의 상황으로 보아 승정원에 대한 설명이다. 승정원은 왕명의 출납을 담당하는 국왕의 비서 기구로 도승지 이하 6명의 승지가 6조를 각각 분담하여 담당하였다.
① 한성부는 수도인 서울의 행정과 치안을 담당하였다.
② 홍문관에서는 왕과 대신들이 참여하는 학술 세미나인 경연을 주최하였고, 정책 자문과 정책 협의를 통해 정책을 결정하였다.
④ 사간원은 왕의 잘못을 논하는 간쟁과 논박을 하며 정사를 비판하는 업무를 담당하였다.

26 다음 대화에 나타난 업무를 수행한 기구의 기능으로 가장 적절한 것은?

> A : 전하께 대신들의 상소는 올리고 오셨습니까?
> B : 그렇소이다. 전하께서 상소에 대해 허락하셨소이다. 내일은 전하께서 궁궐 밖으로 행차하시니 업무에 최선을 다하시오.
> C : 명심하겠습니다. 전하를 수행하며 업무 상황을 잘 기록하겠습니다.

① 수도의 행정과 치안을 담당하였다.
② 왕에게 경서를 강론하는 일을 담당하였다.
③ 왕의 명령을 받들어 관리에게 하달하였다.
④ 왕의 잘못을 논하는 간쟁의 업무를 담당하였다.

정답 25 ③ 26 ③

27 다음과 관련이 있는 시험에 대한 설명으로 옳은 것은?

> 이 시험은 식년시, 증광시, 알성시로 나누어 실시하였으며, 소과를 거쳐 대과에서는 초시, 복시, 전시로 합격자를 선발하였다.

① 식년시는 해마다 실시되었다.
② 소과의 합격만으로는 관리가 될 수 없었다.
③ 백정 농민이 주로 응시하였다.
④ 재가한 여자의 손자는 응시할 수 없었다.

27 제시된 자료는 조선의 과거제도이다.
④ 조선의 과거제도는 천인을 제외하고는 특별한 제한이 없었으나, 문과의 경우 수공업자, 상인, 탐관오리의 아들, 재가한 여자의 자손, 서얼에게는 응시를 제한하였다.
① 식년시는 3년마다 실시하는 정기시험이었다.
② 생원시, 진사시 등의 소과에 합격하면 하급 관리가 될 수 있었다.
③ 백정 농민은 고려시대이며, 조선의 백정은 천민이었다. 조선의 과거제도는 천인을 제외하고는 특별한 제한이 없었으나, 문과의 경우 수공업자, 상인, 탐관오리의 아들, 재가한 여자의 자손, 서얼에게는 응시를 제한하였다.

28 (가), (나)는 두 시대의 과거제도를 도식화한 것이다. 이에 대한 설명으로 옳지 <u>않은</u> 것은?

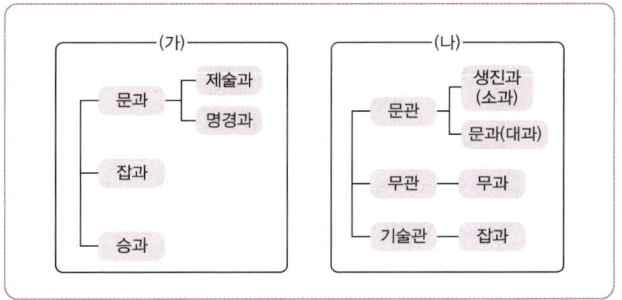

① (가)에서 문과의 경우 재가한 여자의 자손은 응시 제한을 받았다.
② (나)에서 소과 합격자는 성균관에 입학할 수 있었다.
③ (가), (나) 모두 문과를 가장 중시하였다.
④ (가), (나) 이외에도 관리가 되는 방법이 있었다.

28 자료의 (가)는 고려의 과거제도이고, (나)는 조선의 과거제도이다. 조선의 과거에 응시할 수 있는 자격은 천민을 제외하고는 특별한 제한이 없었다.
① (나) 조선의 문과는 탐관오리의 아들, 서얼, 재가한 여성의 자손에게는 응시를 제한하기도 하였다.
② (나) 조선의 생원시, 진사시 등의 소과에 합격하면 성균관에 입학할 자격이 주어졌다.
③ 고려와 조선은 모두 문과를 가장 으뜸으로 쳤다.
④ 과거제도 이외에도 음서, 천거, 취재 등의 방법으로 관리가 될 수 있었다.

정답 27 ④ 28 ①

29
- ㉠ 6세기 백제 무령왕은 지방에 대한 통제를 강화하기 위하여 지방에 22담로를 설치하여 왕족을 파견하였다.
- ㉡ 통일신라 신문왕 때에는 군사·행정상의 요충지에 5소경을 설치하여 수도 금성(경주)이 지역적으로 치우친 것 보완하고, 지방의 균형 있는 발전을 도모하였다.
- ㉢ 고려는 현종 때 전국을 5도 양계, 경기로 크게 나누고(1018) 양계에는 병마사, 5도에는 안찰사를 파견하였다.
- ㉣ 조선의 8도는 태종 때 확정되었다(1413). 조선은 전국을 8도로 나누었고 중앙에서 관찰사를 파견하였고 그 아래 부·목·군·현에는 수령을 파견하였다.

29 다음은 지방 행정 조직의 변화 과정에 대한 서술이다. 시대순으로 가장 적절하게 나열한 것은?

> ㉠ 지방의 22담로에 왕족을 파견하였다.
> ㉡ 군사, 행정상의 요지에 5소경을 설치하였다.
> ㉢ 5도에 안찰사가 파견되었으며, 양계에는 병마사를 파견하였다.
> ㉣ 모든 군현에 수령을 파견하고 전국 8도에 관찰사를 파견하였다.

① ㉠ - ㉡ - ㉢ - ㉣
② ㉡ - ㉠ - ㉢ - ㉣
③ ㉢ - ㉡ - ㉠ - ㉣
④ ㉣ - ㉠ - ㉡ - ㉢

30
- ③ 다음 서적은 세종 때 서울을 기준으로 하여 만든 칠정산이란 역법서이다. 세종 때에는 우리 실정에 맞는 농법을 정리한 농사직설이 편찬되었다.
- ①, ② 조선 후기
- ④ 고려

30 다음 서적이 편찬된 시기의 문화 현상으로 옳은 것은?

> [칠정산]
> 제작 년도 : 1444년
> 제작 참고 : 중국의 수시력, 아라비아 회회력
> 특징 : 우리나라 역사상 최초로 서울을 기준으로 천체 운동을 정확하게 계산한 역법서이다.

① 민중의 미적 감각을 나타낸 민화가 유행하였다.
② 송전의 역법보다 한 걸음 더 발전한 시헌력이 채택되었다.
③ 우리 실정에 맞는 농법을 정리한 농사직설이 편찬되었다.
④ 우리나라 최고(最古)의 의학 서적인 향약구급방이 편찬되었다.

정답 29 ① 30 ③

31 밑줄 친 '이 농서'가 처음 편찬된 시기의 문화에 대한 설명으로 옳은 것은?

> 농상집요는 중국 화북지방의 농사 경험을 정리한 것으로서 기후와 토질이 다른 조선에는 도움이 될 수 없었다. 이에 농사 경험이 풍부한 각 도의 농민들에게 물어서 조선의 실정에 맞는 농법을 소개한 이 농서가 편찬되었다.

① 현실 세계와 이상 세계를 표현한 몽유도원도가 그려졌다.
② 선종의 입장에서 교종을 통합한 조계종이 성립되었다.
③ 윤휴는 주자의 사상과 다른 모습을 보여 사문난적으로 몰렸다.
④ 진경산수화와 풍속화가 유행하였다.

31 제시된 자료는 세종 때 간행한 농사직설을 나타낸 것으로 15세기 당시의 문화를 도출해 내어야 한다.
① 안평대군의 꿈을 그린 몽유도원도는 15세기 안견의 작품으로 현실 세계와 이상 세계를 동시에 그려내었다.
② 고려시대 지눌은 선종을 중심으로 교종을 통합하려 수선사 결사 운동을 전개하였다.
③ 17세기 윤휴는 유교 경전에 대하여 독자적인 해석을 하여 당시 서인(노론)의 공격을 받아 사문난적으로 몰렸다.
④ 18세기 정선의 진경산수화는 우리의 자연을 사실적으로 그려 회화의 토착화를 이룩하였으며, 김홍도와 신윤복의 풍속화는 당시 사람들의 생활 정경과 일상적인 모습을 생동감 있게 나타내어 회화의 폭을 확대하였다.

32 다음 내용에서 언급된 인물의 신분에 대한 설명으로 옳지 않은 것은?

> 열일곱에 사역원(司譯院) 한학과에 합격하여, 틈이 나면 성현의 책을 부지런히 연구해 쉬는 일이 없었다. 경전과 백가에 두루 통달하여 드디어 세상에 이름이 났다. …(중략)… 공은 평생 고문(古文)을 좋아하였다. 일에 종사하느라 거기에 힘을 오로지 쏟지 못했지만 공의 시와 문장은 당시 안목 있는 사람들에게 인정을 받았다.
> 『완암집』

① 신분은 양인이지만 천한 역에 담당하기도 하였다.
② 고급 관료로 진출할 수 있는 길이 제한되어 있었다.
③ 청과의 무역에 관여하여 부를 축적하기도 하였다.
④ 개화사상의 형성에 중요한 역할을 하였다.

32 자료에서 사역원에서 실시하는 과거에 합격했으므로 이는 중인이다. 중인 신분으로 직역과 신분이 세습되었고 무역에 관여하여 부를 축적하였으며 관료로 진출할 수 있는 길이 제한되었고 개화사상의 형성에 중요한 역할을 하였다.
① 조선시대 신량역천인은 신분은 양인이지만 천한 역을 담당했던 신분으로 칠반천역이라고도 한다. 수군(해군), 조례(관청의 잡역 담당), 나장(형사 업무 담당), 일수(지방 고을 잡역), 봉수군(봉수 업무), 역졸(역에 근무), 조졸(조운 업무) 등 힘든 일에 종사한 일곱 가지 부류를 말한다.

정답 31 ① 32 ①

33 ① 제시된 자료는 사민 정책에 관한 것이다. 조선 초기 여진을 정벌하여 4군과 6진을 개척하였다. 이후 삼남 지방의 일부 주민을 대거 북방으로 이주시켜 압록강과 두만강 이남 지역을 개발하는 사민 정책을 실시하였고, 토착민을 토관으로 임명하여 민심을 수습하려 하였다.
② 개시는 조선 후기 국경 지대를 중심으로 공적으로 허용된 무역을 말한다.
③ 기병을 중심으로 한 특수부대는 여진 정벌을 위한 별무반을 가리킨다.
④ 조선 세종 때 쓰시마 섬을 정벌한 이후 일본을 회유하기 위한 정책이다.

33 다음 자료의 정책 중 밑줄 친 부분과 관련이 깊은 것은?

[세종대왕의 업적]
- 왕도 정치 – 의정부 서사제의 실시
- 학문 연구 – 집현전 설치, 한글 창제
- 대외 정책 – <u>4군 6진 개척</u>, 대마도 정벌
- 문화 발전 – 칠정산, 앙부일구, 측우기, 자격루 등

① 토착민을 토관으로 임명하였다.
② 경원개시와 회령개시를 설치하였다.
③ 기병을 중심으로 한 특수부대를 편성하였다.
④ 제포와 염포를 개방하여 제한된 무역을 허용하였다.

34 김종직의 제자인 김일손이 김종직의 조의제문(弔義帝文)을 사초에 삽입하였는데, 이를 두고 훈구파는 세조가 단종으로부터 왕위를 빼앗은 일을 비방한 것이라 하여 연산군에게 고하였다. 연산군은 김일손 등을 심문하고 이와 같은 죄악은 김종직이 선동한 것이라 하여, 이미 죽은 김종직의 관을 파헤쳐 그 시체의 목을 베었는데, 이가 무오사화였다(1498).
④ 태조 때 정도전은 조선경국전과 경제문감을 저술하여 민본적 통치 규범을 마련하고, 성리학을 국가의 통치이념으로 확립시켜 재상 중심의 정치를 주장하였다.

34 밑줄 친 '그'와 관련된 설명으로 옳지 <u>않은</u> 것은?

임금이 교지를 내렸다. "지금 <u>그</u>의 제자 김일손이 찬수한 사초 내에 부도덕한 말로 선왕의 일을 터무니없이 기록하였다. …(중략)… 성덕을 속이고 논평하여 김일손으로 하여금 역사에 거짓을 쓰는 지경에까지 이르렀다."

① 조의제문을 지어 무오사화의 원인이 되었다.
② 길재의 학통을 잇고 세조 대에 정계에 나아갔다.
③ 제자들이 과거를 통해 주로 삼사 언관직에 진출하였다.
④ 국가 통치를 위하여 조선경국전과 경제문감을 간행하였다.

정답 33 ① 34 ④

35 조선의 대외 교류와 항쟁에 관한 아래의 설명 중에서 옳은 것은?

① 삼포왜란이나 을묘왜변과 같은 왜적들의 소요가 일어나자 비변사를 설치하였다.
② 일본이나 동남아시아의 여러 나라에 대해 사대외교 정책을 수립하였다.
③ 인조반정으로 북인이 집권한 후 친명배금정책을 수립하였다.
④ 광해군은 강홍립을 도원수로 삼아 명나라 정벌에 나섰다.

35 ① 비변사는 16세기 중종 때 북쪽의 여진과 남쪽의 왜구 침략이 증가하자 삼포왜란 이후(1510) 이를 효율적으로 대처하기 위하여 변방을 담당하는 임시기구로 창설되었고, 명종 때는 을묘왜변(1555)을 거치면서 상설기구가 되면서 국방을 담당하게 되었다.
② 조선은 건국 초기부터 명과 사대 관계를 유지하였고 일본이나 동남아시아 등의 여러 나라에 대해서는 교린정책을 추진하였다.
③ 광해군이 즉위하여 북인 정권이 수립되었으나 인조반정으로 서인이 집권한 후 친명배금정책을 추진하였다.
④ 강홍립은 명나라 원군의 입장으로 참여하였던 것이지 정벌에 나선 것이 아니다.

36 (가), (나) 사이의 시기에 있었던 사실로 가장 옳은 것은?

(가) 적선이 바다를 덮어오니 부산 첨사 정발은 마침 절영도에서 사냥을 하다가, 조공하러 오는 왜라 여기고 대비하지 않았는데 미처 진(鎭)에 돌아오기도 전에 적이 이미 성에 올랐다. 이튿날 동래부가 함락되고 부사 송상현이 죽었다.
(나) 정주 목사 김진이 아뢰기를, "금나라 군대가 이미 선천·정주의 중간에 육박하였으니 장차 얼마 후에 안주에 도착할 것입니다." 하였다. 임금께서 묻기를, "이들이 명나라 장수 모문룡을 잡아가려고 온 것인가, 아니면 전적으로 우리나라를 침략하기 위하여 온 것인가?" 하니, 장만이 아뢰기를, "듣건대 홍태시란 자가 매번 우리나라를 침략하고자 했다고 합니다." 하였다.

① 정국이 급격하게 변하는 환국이 발생하였다.
② 사화가 일어나 사림이 피해를 입었다.
③ 왕의 정통성 문제로 예송논쟁이 전개되었다.
④ 광해군의 정책에 반발하여 반정이 일어났다.

36 ④ 서인 세력인 이귀, 김자점, 이괄 등이 반정을 주도하여 인조를 즉위시켰다(1623, 인조반정).
① 숙종 때 정국을 주도하는 붕당과 견제하는 붕당이 서로 교체됨으로써 정국이 급격하게 전환하는 환국이 나타나기 시작하였다.
② 조선 전기인 15C~16C에 훈구와 사림의 대립으로 사화가 발생하여 대다수의 사림이 피해를 입었다.
③ 현종 때 서인과 남인 사이에 대립이 격화되어 두 차례의 예송논쟁이 발생하였다.
(가) 임진왜란(1592.4.)
(나) 정묘호란(1627).

정답 35 ① 36 ④

37 ② 광해군은 명의 요구를 적절히 거절하면서 후금과 친선을 꾀하는 중립적인 정책을 취하였다.
① 병자호란의 결과 인조는 청에 항복하였고, 군신 관계를 체결하였다(1637.1, 삼전도의 굴욕).
③ 숙종 때 조선 정부는 청과 국경문제를 협의하여 백두산정계비를 세웠다(1712).
④ 비변사는 16세기 중종 초에 여진족과 왜구의 잦은 침입에 대비하여 임시기구로 설치하였다.
(가) 임진왜란 중 휴전회담(1593.4. ~ 1597.1.)
(나) 인조반정(1623)

37 (가), (나) 사이에 일어난 사실로 가장 옳은 것은?

> (가) 조·명 연합군과 이순신의 활약으로 전세가 불리해진 왜군은 명에게 휴전을 제의하였다. 이에 따라 명과 왜군의 휴전 회담이 시작되었다.
> (나) 김류, 이귀, 이괄 등 서인이 광해군을 무력으로 몰아내고 능양군을 추대하여 왕으로 삼았다. 광해군과 대북파는 명을 배신하고 폐모살제의 패륜을 저질렀다는 죄목으로 쫓겨났다.

① 청으로부터 군신 관계의 체결을 요구받았다.
② 명과 후금 사이에서 신중한 중립외교를 펼쳤다.
③ 백두산정계비를 세워 중국과의 국경선을 정하였다.
④ 전쟁의 효율적인 방어를 위하여 비변사를 설치하였다.

38 성리학이 조선 사회에 확고하게 뿌리 내리는데 결정적인 기여를 한 인물은 (가) 이황과 (나) 이이였다.
① (가) 이황의 주리 철학은 임진왜란 이후 일본에 전해져 일본의 성리학 발전에도 영향을 끼쳤다.
② (나) 이이는 방납의 폐단을 개선하기 위해 수미법을 대안으로 제안하였다.
③ (가) 이황은 주세붕의 백운동 서원을 중종에게 건의하여 소수서원으로 사액 받게 하였다(1543)
④ 성학십도는 (가) 이황이 저술하였고, (나) 이이는 성학집요를 저술하였다.

38 (가)와 (나)의 인물에 대한 설명으로 옳은 것은?

> (가) 주자의 이론에 조선의 현실을 반영하여 나름대로의 체계를 세우고자 하였다. 그의 사상은 도덕적 행위의 근거로서 인간 심성을 중시하고, 근본적이며 이상주의적인 성격이 강하였다. 대표적인 저서로 『성학십도』가 있다.
> (나) 현실적이며 개혁적인 성격을 가지고 있었다. 그는 『성학집요』 등을 저술하여 16세기 조선 사회의 모순을 극복하는 방안으로 통치체제의 정비와 수취제도의 개혁 등 다양한 개혁 방안을 제시하였다.

① (가)의 사상은 일본 성리학 발전에 영향을 끼쳤다.
② (가)는 방납의 폐단을 개선하기 위해 수미법을 주장하였다.
③ (나)는 왕에게 주청하여 소수서원이라는 편액을 하사받았다.
④ (나)는 군주 스스로 성학을 따를 것을 주장하였다.

정답 37 ② 38 ①

39. 다음은 조선 시대 붕당에 대한 설명이다. ㉠~㉣에 대한 내용 중 가장 적절하지 않은 것은?

> 사림이 ㉠ 동인과 서인으로 나뉜 후, 동인이 우세한 가운데 정국이 운영되었다. 동인은 ㉡ 온건파인 남인과 급진파인 북인으로 나뉘었다. 그 후 ㉢ 서인과 남인이 격렬하게 대립하였으며, 나중에는 서인에서 갈라져 나온 ㉣ 노론과 소론이 치열하게 경쟁하였다.

① ㉠ – 척신 정치의 잔재 청산 문제에서 동인과 서인이 형성되었다.
② ㉡ – 정여립 모반 사건 등을 계기로 인하여 남인과 북인으로 갈라졌다.
③ ㉢ – 현종 때 효종의 왕위 계승에 대한 정통성 논란이 있었다.
④ ㉣ – 노론과 소론의 갈등이 심화되어 사화가 발생하였다.

39 ④ 조선 전기인 15C ~ 16C에 훈구와 사림의 대립으로 사화가 발생하였다. 노론과 소론의 대립이 아니다.
① 선조 때 사림파 내에서의 정치적 갈등으로 인하여 동인과 서인으로 분당하여 붕당정치가 전개되었다.
② 선조 때 동인은 정여립 모반 사건(1589)을 계기로 온건파인 남인과 급진파인 북인으로 나뉘었다.
③ 현종 때 서인과 남인 사이에 대립이 격화되어 두 차례의 예송논쟁이 발생하였는데 서인은 상대적으로 신권을 강조하였다.

40. 어느 국왕 때의 설명이다. 밑줄 친 (가)~(라) 중 역사적 사실로 옳지 않은 것은?

> 왜란 이후 선조의 뒤를 이어 즉위한 (가) 광해군은 북인의 도움을 받아 전쟁의 상처를 수습하고, 피해 복구에 힘을 쏟았다. (나) 토지 대장과 호적을 새로 만들어 농업 생산력을 높이고, 농지 조사 사업을 실시하여 재정 수입을 늘렸으며, 국방력을 강화하였다. 또한, (다) 허준으로 하여금 동의보감을 편찬하게 하여 의료 구휼에도 힘썼다. 한편, 강성해지고 있던 후금의 위협을 받은 명이 원병을 요구하였다. (라) 광해군은 어쩔 수 없이 원병을 파병하여 명나라를 공격하였다. 서인 세력은 의리를 지키지 않은 것을 비난하여 정변을 일으켜 광해군을 몰아내고 새롭게 인조를 왕위에 앉혔다.

① (가)
② (나)
③ (다)
④ (라)

40 ④ 자료는 왜란 직후인 광해군의 설명이다. 명나라는 후금의 위협을 받자 조선에 출병을 요구하였고 조선의 광해군은 강홍립에게 명하여 출병하게 하였고, 중립 노선을 지키도록 하였다.
① 선조의 뒤를 이어 광해군이 즉위하면서 북인이 집권하게 되었고 이들은 광해군의 중립외교를 지지하였다.
② 광해군은 양전사업과 호적정리를 새로 시행하였다.
③ 17세기 초에 전란으로 질병이 만연하자 광해군은 허준으로 하여금 우리의 전통 한의학을 체계적으로 정리한 동의보감을 편찬하게 하였다(1610).

정답   39 ④   40 ④

41 자료는 영조가 시행한 균역법을 나타내고 있다.
④ 정조는 규장각을 설치하고 박제가·유득공·서이수·이덕무 등의 서얼 출신들을 검서관으로 등용하였다.

42 정조는 선왕의 뜻을 이어받아 탕평의 조화에 힘썼으며, 침실을 '탕탕평평실'이라 명명하고 사색을 고르게 등용해 당론의 융화에 힘을 쏟았다.
③ 정조는 6의전을 제외한 나머지 시전상인(관상)들의 금난전권을 철폐하여 사상들의 자유로운 상업활동을 허용 하였다(1791, 신해통공).
① 숙종 때에 금위영이 추가로 설치되어 17세기 말에 5군영 체제가 갖추어졌다.
② 효종 때 오랑캐에 당한 수치를 씻고, 임진왜란 때 도와준 명에 대한 의리를 지켜 청에 복수하자는 북벌 운동이 전개되었다.
④ 숙종은 편당적 인사 정책으로 일관하여 3차례의 환국이 일어나는 빌미를 제공하게 되었고 정국은 불안하게 되었다.

정답 41 ④ 42 ③

---

41 다음의 기록이 보이는 왕대의 정치변화를 **잘못** 설명한 것은?

> (왕이) 양역을 절반으로 줄이라고 명하셨다. 왕이 말하였다. "호포나 결포는 모두 문제점이 있다. 이제는 1필로 줄이는 것으로 온전히 돌아갈 것이니 경들은 대책을 강구하라."

① 제도 변화와 권력 구조 개편의 내용을 담은 속대전을 편찬하였다.
② 억울한 백성들을 위해 신문고 제도를 부활하여 민생안정에 노력하였다.
③ 산림(山林)의 존재를 인정하지 않고, 그들의 본거지인 서원을 상당수 정리하였다.
④ 규장각을 설치하고 서얼 출신을 검서관으로 등용하였다.

42 밑줄 친 '왕'이 펼친 정책에 해당하는 것은?

> 왕은 각 붕당의 주장이 옳은지 그른지를 명백히 가리는 방식으로 적극적인 탕평책을 추진하였다. 민생의 안정과 문화 부흥에 힘썼으며, 서얼과 노비에 대한 차별을 완화하였고, 왕조의 통치규범을 재정리한 대전통편을 편찬하였다.

① 병권 장악을 위해 금위영을 설치하였다.
② 명에 대한 의리를 지켜 청에 복수하자는 북벌을 추진하였다.
③ 육의전을 제외한 시전상인의 특권을 폐지하였다.
④ 탕평책을 시행하였으나 편당적 인사 조치로 환국이 발생하였나.

43 (가), (나)와 관련된 제도에 대해 적절하게 설명한 것은?

> (가) "토지 1결마다 2번에 걸쳐 8두씩 거두어 본청에 수납하고, 본청은 그때의 물가 시세를 보아 쌀로써 공인에게 지급하여 수시로 물건을 납부하게 하소서."라고 하니, 임금(광해군)이 이에 따랐다.
> (나) 감면한 것을 계산하면 모두 50여 만 필에 이른다. 돈으로 계산하면 1백여 만 냥이다. 아문과 군대의 비용을 줄인 것이 50여 만 냥이다. 부족한 부분은 어세, 염세, 선세와 선무군관에게 받은 것, 은여결에서 받아들이는 것으로 충당하였는데, 모두 합하면 십 수만 냥이다.

① (가): 전세를 정액화하였다.
② (가): 공인의 활동으로 상품 화폐 경제가 한층 발전하였다.
③ (나): 공납을 전세화한 것이다.
④ (나): 양반과 노비도 군포를 납부하게 되었다.

44 (가), (나)에 대한 설명으로 옳지 <u>않은</u> 것은?

> (가) 어른과 아이(父老子弟)와 공사천민(公私賤民)은 모두 이 격문을 들어라. 무릇 관서는 기자와 단군 시조의 옛터로, 훌륭한 인물이 넘친다. …(중략)… 그러나 조정에서 서토(西土)를 버림이 분토(糞土)나 다름없이 한다.
> (나) 금번 난민이 소동을 일으킨 것은 오로지 전 우병사 백낙신이 탐욕을 부려서 수탈하였기 때문입니다. 병영에서 포탈한 환곡과 전세 6만 냥을 집집마다 배정하여 억지로 받으려 하였습니다.

① (가) – 서북민의 차별대우가 원인이 되어 봉기하였다.
② (나) – 노비 문서의 소각과 탐관오리의 엄징을 요구하였다.
③ (가) – 세도 정권과 삼정의 문란에 대한 불만을 표출하였다.
④ (나) – 조정은 삼정이정청을 설치하여 세제 개혁을 약속하였다.

---

43 (가) 대동법은 광해군 때 이원익, 한백겸의 주장으로 선혜청을 설치하고 처음으로 경기도에서 시행(1608)되었다가 전국적으로 확대되었다.
(나) 균역법. 군역의 부담이 과중해지자 군역의 폐단을 시정하려는 개혁 방안이 논의되고, 마침내 영조 때 균역법이 시행되었다(1750).
② 대동법 실시 이후 공인이라는 어용상인이 나타나 관청에서 공가를 미리 받아 필요한 물품을 사서 납부하게 되면서 공인이 시장에서 많은 물품을 구매하게 되었다.
① 인조는 영정법을 시행하여 풍년이건 흉년이건 관계없이 전세를 토지 1결당 미곡 4두로 고정시켰다(1635).
③ 대동법은 토지 1결당 미곡 12두를 납부하게 하여 공납을 전세화하였다.
④ 균역법 체제 아래에서는 양반과 노비가 군포를 납부하지 않았다.

44 ② 동학농민군이 요구한 폐정 개혁안 12개조에는 노비 문서의 소각과 탐관오리의 엄징을 요구하는 내용이 담겨 있다.
(가) 홍경래의 난(1811)
(나) 임술농민봉기(1862)

정답 43 ② 44 ②

45 조선 후기에 들어 포구가 새로운 상업 중심지가 되었다. 포구의 상거래는 장시보다 규모가 훨씬 컸다. 종래의 포구는 세곡이나 소작료를 운송하는 기지의 역할을 했으나, 18세기에 이르러 강경포, 원산포 등이 상업의 중심지로 성장하였다. 포구를 거점으로 선상, 객주, 여각 등이 활발한 상행위를 하였다.
④ 고려 전기 숙종 때에는 삼한통보, 해동통보, 해동중보 등의 동전을 만들었으나 널리 유통되지 못하였다. 조선 후기에는 상평통보가 전국적으로 유통되었다.

46 자료에서 설명하는 것은 보학의 발전이다. 보학의 발전으로 조선은 점차 가부장적 사회로 변화하였다. 이로 인해 친영 제도가 정착되었고, 재산 상속에서도 큰 아들이 우대를 받았다. 아들이 없는 집안에서는 양자를 들이는 것이 일반화되었으며 부계 위주의 족보를 적극적으로 편찬하였고, 같은 성을 가진 사람끼리 모여 사는 동성 마을을 이루어 나갔다.
ㄷ. 조선 후기에는 여성의 재가를 금지하였으며, 재가한 여성의 자녀를 차별하였다.
ㄹ. 가부장적 가족제도가 정착되기 이전인 조선 중기까지의 상황을 설명하고 있다.

45 다음 자료에 나타난 시기의 경제 상황으로 옳지 않은 것은?

> 이현(梨峴)과 칠패(七牌)는 모두 난전(亂廛)이다. 도고 행위는 물론 집방(執房)하여 매매하는 것이 어물전의 10배에 이르렀다. 또 이들은 누원점의 도고 최경윤, 이성노, 엄차기 등과 체결하여 동서 어물이 서울로 들어오는 것을 모두 사들여 쌓아두었다가 이현과 칠패에 보내서 난매(亂賣)하였다.
> 『각전기사』

① 강경, 원산 등이 상업 중심지로 성장하였다.
② 선상은 선박을 이용해서 각 지방의 물품을 거래하였다.
③ 객주나 여각은 상품의 매매를 중개하고, 숙박, 금융 등의 영업도 하였다.
④ 상업활동이 활발해지면서 삼한통보 등의 동전을 만들어 유통하였다.

46 다음과 같은 문화가 보편화된 당시의 사회 현상으로 옳은 것을 〈보기〉에서 고른 것은?

> 종족의 내력과 관계를 나타낸 것으로 양반들이 성리학적 도덕 윤리를 강조하면서 신분질서의 확립을 위해 성립한 학문이 발달하여 족보를 편찬하였는데, 양반들은 족보편찬을 통해 성리학적 신분질서를 유지하고자 하였다. 족보는 가족의 내력을 기록하고 암기하여 친족의 공동체 유대를 가능하게 하였고 신분적 우위를 확보하기 위한 양반들의 노력이었다.

보기
ㄱ. 보학의 발달로 부계 위주의 사회로 변화하였다.
ㄴ. 아들이 없으면 양자를 들이는 것이 관행이었다.
ㄷ. 재가한 여성의 자녀는 사회적 진출에 차별을 받지 않았다.
ㄹ. 사위가 처가의 호적에 입적하여 처가에서 생활하는 경우가 적지 않았다.

① ㄱ, ㄴ ② ㄱ, ㄷ
③ ㄴ, ㄷ ④ ㄴ, ㄹ

정답 45 ④ 46 ①

47 조선 후기 천주교와 관련된 설명으로 옳지 않은 것은?

① 기해사옥 때 흑산도로 유배를 간 정약전은 자산어보를 저술하였다.
② 안정복은 성리학의 입장에서 천주교를 비판하는 천학문답을 저술하였다.
③ 1791년 윤지충은 어머니 상을 화장장으로 지내 처형을 당하였다.
④ 황사영은 신앙의 자유를 보장받게 해달라는 서신을 북경 주교에게 보내려다 발각되었다.

47 ① 신유박해(1801)는 순조가 즉위하고 집권한 노론 벽파 세력이 남인 시파를 탄압하기 위하여 천주교 신자를 박해한 사건으로 당시 남인 세력이었던 이승훈, 정약종 등은 사형을 당하고, 정약용, 정약전 등은 유배를 당하였다.
정약전은 기해사옥이 아닌 신유박해 때 유배를 당하였으며, 그 지역의 어류를 조사한 자산어보를 저술하였다. 기해박해(1839)가 아닌 신유박해가 맞다.
② 안정복은 천주교를 비판하는 천학문답을 저술하였는데(1785, 정조), 문답형식으로 천주학이 사학임을 주장하는 척사론(斥邪論)을 전개하였다.
③ 진산에서 천주교 신자인 윤지충이 모친의 장례를 화장장으로 치른 일로 정부에서 이들을 사형에 처한 사건이다(1791, 진산사건).
④ 황사영은 군대를 동원하여 조선에서 천주교 신앙의 자유를 보장받게 해달라는 서신을 북경에 있는 주교에게 보내려다 발각되었다(1801).

48 다음 내용과 관련된 종교에 대한 설명으로 옳은 것만을 〈보기〉에서 모두 고른 것은?

- 최제우
- 동경대전

보기
ㄱ. 제3대 교주인 손병희가 천도교로 개칭하였다.
ㄴ. 위정척사파의 적극적 지지를 받았다.
ㄷ. 삼남 지방의 농민을 중심으로 교세가 확장되었다.
ㄹ. 최시형이 교리를 정리하고 교단 조직을 정비하였다.

① ㄱ, ㄴ
② ㄷ, ㄹ
③ ㄱ, ㄴ, ㄷ
④ ㄱ, ㄷ, ㄹ

48 ④ 동경대전과 용담유사는 동학의 교리를 정리한 책들로 동학은 경주 지방의 몰락 양반 최제우가 1860년 창시하였고 농민을 중심으로 교세를 확장하였으며 2대 교주인 최시형이 교리를 정리하고 교단 조직을 정비하였다.
또한, 민족 종교인 동학은 제3대 교주인 손병희 때 천도교로 개칭하여 근대 종교로 발전하였다.
ㄴ. 인내천 사상은 평등사상이므로 위정척사파의 탄압 대상이 될 수밖에 없었다.

정답 47 ① 48 ④

49 자료에서 말하는 그림은 조선 후기의 풍속화이다.
① 18세기 김홍도의 씨름도
② 15세기 강희안의 고사관수도
③ 18세기 강세황의 영통동구도
④ 19세기 김정희의 세한도

49 조선 시대 미술에 대하여 어느 학생이 작성한 보고서 일부이다. 첨부할 자료로 가장 적절한 것은?

> 조선 후기 사회의 모습을 사실적이고 때로는 풍자적으로 보여주는 이 양식의 그림은 양반 이외에도 중인, 서얼, 서리 등 다양한 출신의 애호가에게 사랑을 받았다. 서울 광통교 아래에서 그림을 팔았는데, 도화서 일급 화원들이 그린 이러한 양식의 작품들이 가장 많았다고 한다.

①

②

③
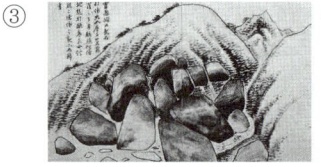

④

50 ① 자료는 세도정치기에 있었던 진주 농민봉기를 나타낸 것이다(1862). 세도정치 시기 삼정의 문란이 극에 달했다. 진주에서는 경상 우병사 백낙신의 수탈에 견디다 못한 농민들이 봉기하였다. 임술농민봉기는 진주를 중심으로 확산되었는데, 농민들은 탐관오리와 토호의 탐학에 저항하여 한때 진주성을 점령하기도 하였다. 이를 계기로 농민의 항거는 북쪽의 함흥으로부터 남쪽의 제주에 이르기까지 전국적으로 퍼졌다.
② 숙종 ③ 효종 ④ 영조

50 다음에 나타난 시기의 정치 상황으로 옳은 것은?

> 임술년 2월, 진주민 수만 명이 머리에 흰 수건을 두르고 손에는 몽둥이를 들고 무리를 지어 진주 읍내에 모여 …… 백성들의 재물을 횡령한 조목, 아전들이 세금을 포탈하고 강제로 징수한 일들을 면전에서 여러 번 문책하는데, 그 능멸하고 핍박함이 조금도 거리낌이 없었다.

① 소수의 유력한 가문이 비변사를 장악하였다.
② 붕당정치의 변질로 환국이 자주 일어났다.
③ 청에 대한 적개심으로 북벌 운동이 추진되었다.
④ 이인좌의 난을 계기로 노론이 정권을 장악하였다.

정답 49 ① 50 ①

주관식 문제

01 다음과 같은 목적을 위해 신라가 삼국을 통일한 후 설치한 것이 무엇인지 쓰시오.

- 지방 사회에 문화를 보급하고자 하였다.
- 수도인 금성(경주)이 지역적으로 치우쳐 있는 것을 보완하고자 하였다.
- 각 지방의 균형 있는 발전을 꾀하였다.

01
정답 5소경
해설 5소경
군사·행정상의 요지에는 5소경을 설치하여, 수도 금성(경주)이 지역적으로 치우친 것 보완하고, 지방의 균형 있는 발전을 도모하였다. 5소경에는 백제, 고구려, 가야의 지배층을 거주하도록 하여 이들을 통합하였으며 지방 세력을 견제하고자 하였다.

02 다음 설명에서 괄호 안에 알맞은 말을 쓰시오.

(ㄱ)은(는) 모든 존재가 상호 의존적인 관계에 있으면서 서로 조화를 이루고 있다는 (ㄴ) 사상을 정립하였다. 그는 이 사상을 바탕으로 교단을 형성하여 많은 제자를 양성하고, 부석사를 비롯한 여러 사원을 건립하여 불교문화의 폭을 확대하였다.

02
정답 (ㄱ) 의상 (ㄴ) 화엄
해설 의상(625~702)

구분	내용
화엄 사상	모든 존재가 상호 의존적인 관계가 있으면서 서로 조화를 이루고 있다는 화엄사상을 정립, 화엄일승법계도 작성
일즉다 다즉일	만물의 상호조화를 강조한 것으로 전제왕권 중심의 중앙집권적 통치체제를 뒷받침(원융사상)
교단 형성	화엄사상을 바탕으로 교단을 형성, 부석사 등 많은 사원을 건립
관음 신앙	현세에서 고난을 구제받고자하는 관음신앙을 설파하여 불교를 일반인에게 널리 전파

03

[정답] 기인제도(고려), 사심관제도(고려), 상수리제도(통일신라), 경재소(조선) 등은 지방 세력을 견제하기 위한 정책이다.

[해설]
- 상수리제도 : 통일신라는 지방 세력을 일정 기간 서울에 와서 거주하게 하던 상수리제도를 시행하였다.
- 기인제도 : 기인제도는 태조가 시행한 것으로 호족 자제를 일정기간 수도(개경)에 머물게 한 지방 세력을 견제하기 위한 정책이었다.
- 사심관제도 : 중앙의 고관을 자신의 출신지에 임명하고 불미스러운 일 발생 시 연대 책임을 물었다.
- 경재소 : 조선의 경재소는 중앙 정부와 수령 사이의 연락 기능을 담당하였다.

04

[정답] 최승로

[해설] 최승로의 시무 28조
최승로는 성종에게 시무 28조의 개혁안을 올리고, 유교 사상을 치국의 근본으로 삼아 사회 개혁과 새로운 문화의 창조를 추구하였다. 최승로는 왕권견제, 중앙집권, 지방관 파견, 자주성 수호, 불교행사 억제, 지배층의 특권 수호, 유학 교육 강조 등을 강조하였다.

05

[정답] 평시에 곡물을 비치했다가 흉년에 빈민을 구제하였다.

[해설] 의창(986, 성종)
고려의 사회 제도 중에는 평시에 곡물을 비치하였다가 흉년에 빈민을 구제하는 의창이 있었는데, 이는 성종 때 흑창을 개칭한 것으로 고구려의 진대법과 유사한 것이었다.

---

03 다음 제도들을 시행한 까닭으로 가장 적절한 것을 쓰시오.

- 기인제도
- 사심관제도
- 상수리제도
- 경재소제도

04 신라 6두품 출신의 유학자로 유교 사상에 입각한 28조의 개혁안을 성종에게 건의하였는데, 그중에서 22조가 전해진다. 그는 누구인지 쓰시오.

05 고려의 사회 제도 중에서 의창이 담당했던 일을 간단히 서술하시오.

06 향도에 대하여 아는 대로 서술하시오.

06

정답 고려 시대의 향도는 미륵 신앙을 바탕으로 하여 위기가 닥쳤을 때에 미륵을 만나 구원을 받고자 하는 염원에서 향나무를 땅에 묻는 매향활동을 하였다.

해설 **향도의 변화**

구분	내용
고려 전기	매향활동을 통한 불교의 신앙 조직
고려 후기	불교 신앙조직 + 농민공동체
조선	불교 신앙조직 + 민간신앙 + 농민공동체

07 전분6등법과 연분9등법에 대하여 아는 대로 서술하시오.

07

정답 세종 때에 조세제도를 좀 더 체계적으로 운영하기 위하여 <u>토지 비옥도</u>에 따라 조세를 부과하는 <u>전분6등법</u>과 <u>풍흉의 정도</u>에 따라 조세를 부과하는 <u>연분9등법</u>으로 바꾸고, 조세 액수를 <u>1결당 최고 20두에서 최하 4두</u>를 차등 있게 내도록 하였다.

08 언관의 활동을 억제하기 위하여 집현전을 폐지하고 경연을 폐지하는 등의 왕권 강화를 추진한 조선시대 왕은 누구인지 쓰시오.

08

정답 세조

해설 세조(1455 ~ 1468)

구분	내용
왕권강화	6조직계제 복귀, 집현전 폐지, 경연 폐지
정치개혁	경국대전 편찬 시작, 종친 등용
경제개혁	경제 안정을 위해 현직관료에게만 토지를 지급하는 직전법 시행
군사개혁	보법 제정, 5위제 및 진관체제 실시

09

[정답] 세종 때에는 김종서와 최윤덕을 보내 여진을 토벌하고 4군과 6진을 설치하여 압록강과 두만강을 경계로 하는 오늘날과 같은 국경선을 확정하였다. 또한, 남방의 백성을 북방으로 이주시키는 사민 정책을 실시하여 국경 지대를 공고히 하였고, 토착민을 토관으로 임명하는 토관제도를 추진하여 민심을 안정시켰다.

[해설] 4군 6진 개척

구분	내용
배경	세종 때 여진 토벌, 4군(최윤덕) 6진(김종서) 개척
회유책	여진의 귀순장려(관직 및 토지와 주택 지급), 무역소(경성, 경원)
사민 정책	삼남 지방 주민을 북방으로 이주(면세 혜택)
토관 제도	국경지대 일부 군·현에는 수령을 파견하지 않고, 토착민을 토관으로 임명

10

[정답] 양반 지주들의 토지 겸병을 억제하고, 농민이 토지에서 이탈하는 것을 막기 위하여 농번기에 안정적으로 농사에 전념할 수 있도록 하였다. 각종 재해를 당한 농민에게는 조세를 덜어주었고, 의창, 상평창 등을 설치하고 환곡제를 실시하여 구제하였다.

11

[정답] 공인

[해설] 공인의 등장

구분	내용
공인	공인은 대동법이 시행되면서 등장한 어용상인으로 관청에서 대금을 미리 받아 필요한 물품을 구매하여 납부
영향	공인의 활동이 활발해 짐에 따라 지방의 장시가 활기를 띠었고, 생산 활동이 활발해지면서 경제 질서가 자급자족에서 유통경제로 변화
결과	공인이 시장에서 많은 물품을 구매하였으므로 상품 수요가 증가

---

09 세종 때 설치한 4군 6진에 대하여 아는 대로 서술하시오.

10 농민 생활을 안정화시키기 위하여 조선 정부가 실시한 사회 정책 및 사회 제도를 2가지만 서술하시오.

11 대동법이 실시되면서 나타난 어용상인의 명칭을 쓰시오.

12 성리학을 체계화하여 동호문답, 성학집요 등을 저술하였고 일원론적 이기이원론을 주장한 학자로 동방의 공자로 칭송받았던 인물은 누구인지 쓰시오.

13 공인의 등장으로 조선의 변화는 어떤 것들이 있는지 아는 대로 서술하시오.

14 본래 역대 왕의 글과 책을 수집 보관하기 위한 왕실 도서관의 기능으로 설치한 기관으로 비서실의 기능과 문한 기능이 통합적으로 부여되고, 과거 시험의 주관과 문신 교육까지 맡게 되었던 기구는 무엇인지 쓰시오.

12
정답 이이
해설 율곡 이이(1536~1584)

구분	내용
주장	주기론(主氣論), 기호학파(서인)
학문	경험적 현실 세계 중시, 현실적·개혁적, '동방의 공자' 칭송
영향	실학사상, 개화사상
저서	동호문답, 격몽요결, 성학집요, 만언봉사
향약	서원향약(청주), 파주향약, 해주향약

13
정답 대동법이 실시되면서 공인이라는 어용상인이 나타났는데 이들은 국가에서 현물이 필요할 때 관청에서 공가를 미리 받아 필요한 물품을 사서 납부하였다. 공인의 활동이 활발해 짐에 따라 지방의 장시가 활기를 띠었고, 생산 활동이 활발해지면서 경제 질서가 자급자족에서 유통경제로 변화하였다. 공인이 시장에서 많은 물품을 구매하였으므로 상품 수요가 증가하여 상품 화폐 경제가 한층 발전하였다.

14
정답 규장각
해설 규장각
창덕궁 후원의 주합루 1층은 규장각, 2층은 열람실로 사용하였다. 정조는 붕당의 비대화를 막고 자신의 권력과 정책을 뒷받침하기 위하여 인재를 육성하였는데, 규장각을 창덕궁 후원에 설치(1776)하여 강력한 정치 기구로 육성시켰다.
규장각은 본래 역대 왕의 글과 책을 수집, 보관하기 위한 왕실 도서관의 기능을 가지는 기구로 설치되었으나 정조는 여기에 비서실의 기능과 문한 기능을 통합적으로 부여하고, 과거 시험의 주관과 문신 교육의 임무까지 부여하였다.

교육이란 사람이 학교에서 배운 것을 잊어버린 후에 남은 것을 말한다.

– 알버트 아인슈타인 –

제 3 편

근대 사회

제1장	개항과 근대 변혁 운동
제2장	대한제국기 열강의 경제 침탈과 개혁 운동
제3장	국권 피탈과 국권 회복 운동
제4장	일제의 무단통치와 3·1 운동
제5장	일제의 기만적 문화통치와 민족 해방 운동
제6장	전시하 일제의 수탈과 항일 무장 투쟁
실전예상문제	

우리 인생의 가장 큰 영광은 결코 넘어지지 않는 데 있는 것이 아니라
넘어질 때마다 일어서는 데 있다.

– 넬슨 만델라 –

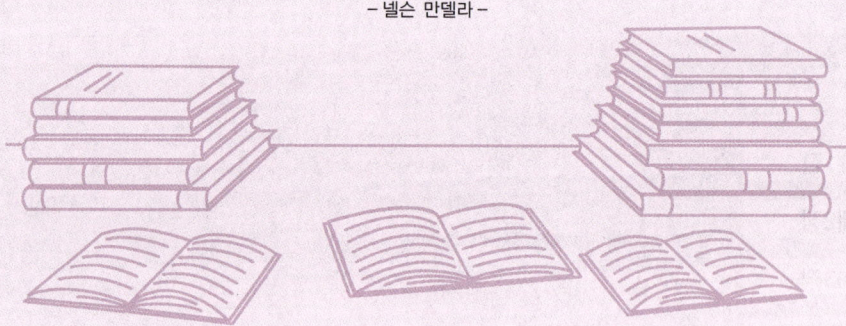

보다 깊이 있는 학습을 원하는 수험생들을 위한
시대에듀의 동영상 강의가 준비되어 있습니다.
www.sdedu.co.kr ➜ 회원가입(로그인) ➜ 강의 살펴보기

제 1 장 │ 개항과 근대 변혁 운동

제1절 구미 열강의 침략과 대원군의 내정 개혁

01 제국주의 시대의 세계

(1) 19세기 후반의 세계
  ① **제국주의(帝國主義)** : 19세기 말 자본을 투자할 해외 시장을 획득하기 위한 경쟁적 대외 팽창 정책
  ② **동아시아의 근대화**
    ㉠ 양무운동(청, 중체서용) : 청일전쟁의 패배로 한계 노출
    ㉡ 메이지유신(1868, 일본) : 미국의 강압으로 개방하여 근대화에 성공
    ㉢ 강화도조약, 갑오개혁 : 일본에 의해 개방, 갑오개혁에 의한 본격적 근대화

(2) 제국주의 열강의 침략
  ① **아프리카의 분할** : 영국과 프랑스, 독일, 이탈리아 등이 아프리카 대부분 지역을 분할 점령하면서 식민지 확대
  ② **열강의 아시아 침략** : 영국은 인도와 주변국가, 프랑스는 인도차이나반도, 네덜란드는 인도네시아, 미국은 필리핀을 차츰 점령해 나갔고, 중국 대륙 또한 영국, 프랑스, 일본, 러시아 등에 의하여 분할 점령 확대

02 개화와 자주 운동

(1) 19세기 후반의 국내외 정세
  ① **국내** : 세도정치로 인한 정치 기강 문란, 삼정의 문란, 농촌 경제 파탄, 농민 봉기
  ② **국외** : 이양선 출몰(위기의식의 고조), 청·일의 문호 개방(난징 조약, 미·일 화친 조약), 러시아 연해주 차지, 천주교 확산, 서양 상품의 유입

(2) 흥선대원군의 집권(1863 ~ 1873) 중요 ★★★

① 왕권강화
   ㉠ 세도정치 타파 : 세도가문 축출, 능력에 따른 인재 등용

> **더 알아두기**
> **흥선대원군의 개혁 의지**
> 나는 천리를 끌어다 지척으로 삼고(종친 등용 의지), 태산을 깎아 평지를 만들 것이며(노론 억압), 남대문을 3층으로 높이려 한다(남인 등용 의지).
> 『매천야록』

   ㉡ 비변사 폐지 : 의정부(정치)와 삼군부(군사)의 기능 부활
   ㉢ 법전 편찬 : 대전회통, 육전조례 간행
   ㉣ 서원 정리 : 전국 600여 개의 서원 중 47개만 남기고 철폐(국가재정 확충)

> **더 알아두기**
> **서원 정리**
> 대원군이 크게 노하여 "백성을 해치는 자는 공자가 다시 살아난다 하여도 내가 용서 못한다. 하물며 서원은 우리나라의 선유(先儒)를 제사지내는 곳인데 어찌 이런 곳이 도적이 숨는 곳이 되겠느냐?" 하면서 … 유생들을 해산시키고 …

   ㉤ 경복궁 중건 : 왕실 권위 회복(원납전 징수, 당백전 발행), 노동력 강제 동원·묘지림 벌목(양반·백성의 원성)
   ㉥ 군제 개혁 : 훈련도감과 수군 강화

② 민생 안정책
   ㉠ 삼정 문란의 시정 : 전정(양전 사업, 은결 색출, 토지 겸병 금지), 군정(양반에게 군포징수, 호포제 = 동포제), 환곡(환곡제를 사창제로 개편)
   ㉡ 한계 : 전제 왕권 강화 목적, 성리학적 질서 유지

> **더 알아두기**
> **흥선대원군의 개혁 정리**
>
> | 구분 | 내용 |
> |---|---|
> | 왕권강화 | 당파·지방색·신분을 가리지 않고 능력에 따라 인재 등용, 비변사 폐지, 의정부·삼군부 부활, 대전회통·육전조례 편찬, 서원철폐(국가재정 확충), 경복궁중건(원납전·당백전), 양진 사업(은결 색출), 호포제·사창제 실시 |
> | 민생안정 | 전정(양전사업, 은결 색출), 군정(호포법 = 동포제), 환곡(사창제) |

1863	1865	1866	1868	1871	1873
고종 즉위	경복궁 중건	병인박해·제너럴 셔먼호 사건·병인양요	오페르트 도굴 사건	신미양요	고종 친정

주관식 레벨 UP

흥선대원군의 민생안정 정책을 아는 대로 나열하시오.

풀이 양전사업 실시, 호포제(동포제) 시행, 사창제 시행

(3) 흥선대원군의 대외 정책 ★★

① **배경** : 서양 선박의 빈번한 출몰과 통상 요구
② **병인박해(1866)**
  ㉠ 배경 : 프랑스 선교사를 통해 프랑스 세력으로 러시아 남하 견제 의도
  ㉡ 과정 : 교섭의 실패, 유생들의 탄압요구, 9명의 프랑스 선교사와 8천 명의 교도 처형
③ **제너럴셔먼호 사건(1866)** : 미국 상선이 평양에서 통상을 요구하며 약탈을 자행하다 평양 군민에게 격침됨
④ **병인양요(1866)** ★★★
  ㉠ 배경 : 병인박해의 구실로 로즈 제독의 **프랑스 군함** 7척이 침략

더 알아두기

병인양요
병인년에 프랑스 배들이 강화도를 향해 돌진하여 포를 터트리니 소리가 천지를 진동시켰다. 여러 진(鎭)이 공격을 받아 불꽃이 하늘로 치솟았다.

『근세 조선 정감』

  ㉡ 과정 : 문수산성의 한성근, 정족산성의 양헌수 부대가 프랑스군 격퇴
  ㉢ 결과 : 외규장각의 문화재 및 서적과 병기들 약탈

더 알아두기

외규장각도서
프랑스는 병인박해의 구실로 병인양요(1866)를 일으켰는데, 이 시기에 프랑스 군인들이 강화도의 외규장각 문화재를 비롯하여 서적과 병기들을 약탈하여 갔다. 2010년 G20 서울정상회의 기간 이명박 전대통령과 니콜라스 사르코지 프랑스 대통령이 5년 단위 갱신이 가능한 대여 방식의 반환에 합의함으로써 2011년 4월 임대형식으로 국내로 반환되었다(現 프랑스 도서관 소장 우리 문화재 – 직지심체요절, 왕오천축국전).

⑤ **오페르트 도굴사건(1868)**
  ㉠ 배경 : 독일 상인 오페르트의 통상요구 거절, 흥선대원군의 아버지인 **남연군 묘 도굴 미수 사건**
  ㉡ 결과 : 흥선대원군의 통상수교 거부 의지 강화, 존화양이 인식의 확산

⑥ **신미양요(1871)** 종요 ★★★
  ㉠ 배경 : 병인양요 직전 제너럴셔먼호 사건을 계기로 로저스 제독의 **미국 군함** 5척이 강화도 공격
  ㉡ 과정 : 미군의 강화도 침입, 초지진·덕진진 등 점령, **어재연**의 조선 수비대가 **광성보와 갑곶**에서 격퇴, 미군 철수

> **주관식 레벨 UP**
> 제너럴셔먼호 사건으로 인하여 미국이 강화도로 침략한 사건은 무엇인가?
> 풀이 신미양요

⑦ **척화비(1871)** : 신미양요 직후 전국에 각지에 건립, 통상 거부 의지 천명, 위정척사 정신 반영, 쇄국정책의 강화

> **더 알아두기**
> **척화비**
> 洋夷侵犯 非戰則和 主和賣國
> (서양 오랑캐가 침범하는 데 싸우지 않으면 화친하는 것이요, 화친을 주장하는 것은 곧 나라는 파는 것이다.)

제2절 개항과 사회경제 변화

01 개항과 불평등 조약

(1) 강화도조약의 배경
  ① **흥선대원군의 하야(1873)** : 양반과 유생들의 비판(토목공사 중지, 서원 철폐, 인플레이션), 고종의 국왕 친정 선언
  ② **민씨 정권**
    ㉠ 대내 정책 : 서원 복구 등 구제도 복원, 민심 수습에 노력
    ㉡ 대외 정책 : 청과의 친교유지, 일본에 유화정책 등 개방정책 추진
  ③ **통상 개화론의 대두** : 통상 개화론자들(박규수·오경석·유홍기)은 열강의 침략을 피하기 위해 문호 개방을 주장
  ④ **운요호 사건(1875)** 종요 ★
    ㉠ 배경 : 일본이 조선에 국교 수립 요청, 일본 내 정한론 고조, 조선의 문호 개방을 수차례 시도

1875	1876	1882	1883	1884	1886
운요호 사건	강화도 조약	조·미수호통상조약, 조청상민수륙무역장정	조·영수호통상조약	조·러수호통상조약	조·프수호통상조약

ⓒ 전개 : 고종의 친정이 시작되자 **일본 군함 운요호**를 강화 해역에 보내 군사 도발
ⓒ 결과 : 포함의 위협 하에 수교 조약을 체결(1876, 포함외교)

(2) 강화도조약(1876, 조일수호조규)

① **강화도조약의 체결** 중요 ★★★
  ㉠ 의미 : 최초의 근대적 조약, 불평등 조약, 일본의 경제·정치·군사적 침략 발판 마련, 이후 서구 열강과 맺게 되는 조약의 선례가 됨
  ㉡ 내용 : 3개 항구 개방(부산, 인천, 원산), 개항장에서의 **치외법권**, 일본의 해안측량권 허가

더 알아두기

강화도조약

조항	조약 내용
1관	조선국은 자주의 나라이며 일본국과 평등한 권리를 가진다.
2관	양국은 15개월 뒤에 수시로 사신을 파견하여 교제 사무를 협의 한다.
4관	조선국은 부산 외에 두 곳(인천, 원산)의 항구를 개항하고 일본인이 와서 통상을 하도록 허가한다.
7관	조선국 연해의 도서와 암초는 조사하지 않아 위험하므로 일본국의 항해자가 자유롭게 해안을 측량하도록 허가한다.
10관	일본국 국민이 조선국에서 죄를 범하거나 조선국 국민에게 관계되는 사건일 때는 모두 일본국 관원이 심판한다.

주관식 레벨 UP

강화도조약의 체결로 인하여 개항한 항구 세 곳은 어디인가?

풀이 부산, 원산, 인천

② **강화도조약의 부속 조약** 중요 ★
  ㉠ 수호조규 부록(1876) : 일본 외교관의 국내 여행 자유, 개항장에서 일본 **거류민의 거주 지역 설정**(10리)과 일본 화폐의 유통 허용
  ㉡ 조일무역규칙(1876, 조일통상장정) : 양곡의 무제한 유출 허용, 일본 상선의 **무항세**, 일본 상품에 대한 무관세

더 알아두기

조일무역규칙과 조일통상장정
1876년 8월 체결한 조일무역규칙은 1883년 7월에 개정하게 되는데, 이때 개정한 조일무역규칙을 조일통상장정이라고 통상적으로 지칭하고 있다.

02 서양과의 통상수교

(1) 미국과의 수교 중요 ★★★

① **조미수호통상조약의 체결**
  ㉠ 배경 : 일본주재 청국외교관 **황준헌**의 조선책략이 조선에 유포(親中國, 結日本, 聯美邦)
  ㉡ 조약 체결의 대두 : 러시아와 일본 세력을 견제하기 위하여 대미수교의 분위기 형성, 청의 알선으로 조약 체결, 서양과 맺은 최초의 불평등 조약

> **더 알아두기**
>
> 조선의 땅은 실로 아시아의 요충을 차지하고 있어 … 러시아가 영토를 넓히려고 한다면 반드시 조선으로부터 시작할 것이다. … 러시아를 막는 책략은 무엇인가? 중국과 친하고(親中國), 일본과 맺고(結日本), 미국과 이어짐(聯美邦)으로써 자강을 도모해야 한다. … 미국을 끌어들여 우방으로 하면 도움을 얻고 화를 풀 수 있을 것이다. 이것이 바로 미국과 이어져야 하는 까닭이다.
>
> 황준헌, 『조선책략』

② **조약의 내용** : 치외법권, 최혜국대우, 거중조정, 관세협정

> **더 알아두기**
>
> **조선책략 유입 후 국내 정세**

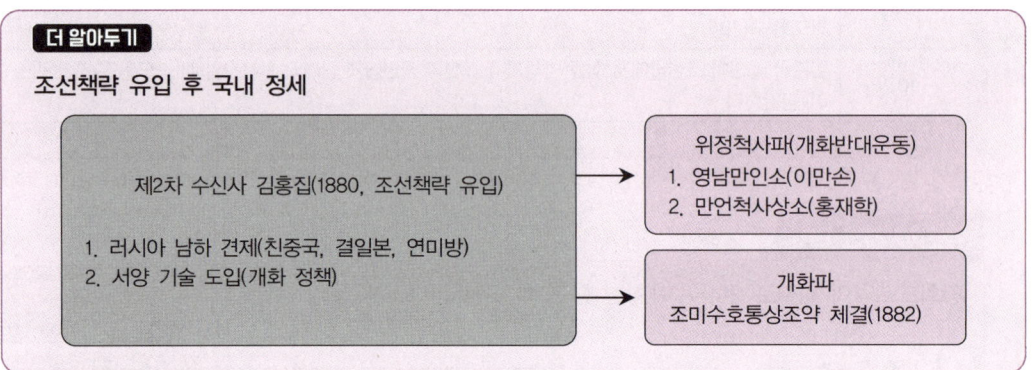

> **주관식 레벨 UP**
>
> 조선이 서양과 최초로 수교를 맺은 국가와 조약의 이름은 무엇인가?
>
> 풀이 미국, 조미수호통상조약

1880	1881	1882	1883	1884	1885
수신사 파견, 통리기무아문 설치	조사 시찰단·영선사 파견	임오군란	박문국·기기창 설치	갑신정변	거문도 사건 (~1887)

(2) 개항 이후 열강과의 근대조약

조약	의의	내용
강화도조약(1876, 일본)	최초의 근대·불평등 조약	청의 종주권 부인, 치외법권
조미통상조약(1882, 미국)	서양과 맺은 최초 조약	치외 법권, 최혜국대우, 청 알선
조청상민수륙무역장정(1882, 청)	청 상인의 통상 특권	치외 법권, 최혜국대우
조영통상조약(1883, 영국)	서양 최초의 통상요구	최혜국대우, 청의 알선
조독통상조약(1883, 독일)	서양과의 통상	치외 법권, 최혜국대우, 청 알선
조이통상조약(1884, 이탈리아)	서양과의 통상	치외 법권, 최혜국대우
조러통상조약(1884, 러시아)	조선이 직접 수교	최혜국대우, 민씨 정권 직접 수교
조프통상조약(1886, 프랑스)	천주교 문제로 지연	천주교 선교 자유 허용

제3절 개화파의 개혁 운동

01 개화 정책

(1) 개화사상의 발전

① 배경
- ㉠ 국내 : 19세기 중엽에 형성, 자주적인 문호 개방과 근대적 개혁 주장, 북학파 실학사상의 발전적인 계승
- ㉡ 국외 : 청의 양무운동, 일본의 메이지 유신

② 인물
- ㉠ 박규수 : 양반 출신, 청의 양무운동을 견학하는 등 왕래하며 **개화사상의 선각자**
- ㉡ 오경석 : 중인(역관) 출신, 청을 왕래하며 개화사상, 해국도지(위원), 영환지략(서계여) 유입
- ㉢ 유홍기 : 중인(한의사) 출신, 오경석에 의한 서양서적을 보고 개화사상, 김옥균, 홍영식 등을 지도

(2) 개항 후 추진된 정부의 개화 정책 중요 ★★

① 수신사 파견
- ㉠ 수신사 : 강화도조약 이후 일본의 개화 상황과 문물을 시찰
- ㉡ 1차 김기수(1876) : '일동기유'를 저술하여 근대 문물을 소개
- ㉢ 2차 김홍집(1880) : 황준헌 '조선책략'을 가져와 미국과의 수교에 영향

② 개혁 기구 중요 ★★★
정부의 **통리기무아문** 설치(1880), 그 아래 12사를 설치(외교·군사·산업)

> **주관식 레벨 UP**
>
> 개항 이후 조선 정부가 1880년 개화 정책을 전담하기 위해 세운 기구는?
>
> **풀이** 통리기무아문

③ **군제 개편**: 5군영을 2영(무위영, 장어영)으로 통합, 신식 군대인 **별기군** 창설(1881, 일본인 교관 채용, 사관생도 양성)

④ **시찰단 파견**
  ㉠ 조사시찰단(1881, 신사유람단): 일본의 정부·산업·군사시설 시찰, 귀국 후 박문국·전환국 설치
  ㉡ 영선사(1881, 청, 김윤식): 근대 무기 제조·군사 훈련법 습득, 정부의 재정부족으로 1년 만에 귀국, 귀국 후 기기창(무기제조) 설치
  ㉢ 보빙사(1883, 미국, 민영익): **최초의 구미 사절단**, 조미수호통상조약 체결 후 파견, 미국 순방, 일부는 유럽시찰(유길준)

02 개화 정책의 추진에 대한 반발

(1) 위정척사 운동
① **배경**: 외세의 침략적 접근, 일본에 의한 개항, 천주교의 유포, 개화사상, 개화정책에 대한 반발
② **개념**: 성리학을 수호하고 성리학 이외의 모든 종교와 사상을 사학(邪學)으로 규정하여 배척하자는 주장

(2) 전개 과정 *중요* ★
① **통상 반대 운동**(1860년대, 이항로, 기정진): 대원군의 통상수교 거부정책 지지(척화주전론)

> **더 알아두기**
>
> 서양 오랑캐의 화가 오늘날에 이르러서는 홍수나 맹수의 해보다 더 심합니다. 전하께서는 부지런히 힘쓰시고 경계하시어 안으로는 관리들로 하여금 사학의 무리를 잡아 베게 하시고 밖으로는 장병으로 하여금 바다를 건너오는 적을 정벌케 하소서.
>
> 이항로, 『척화주전론』

② **개항 반대 운동**(1870년대, 최익현, 유인석): 왜양일체론(倭洋一體論), 개항 불가론

1880	1881	1882	1883	1884	1885
수신사 파견, 통리기무아문 설치	조사 시찰단· 영선사 파견	임오군란	박문국·기기창 설치	갑신정변	거문도 사건 (~1887)

> **더 알아두기**
>
> 일단 강화를 맺고 나면 저들은 물화를 교역하는 데 욕심을 낼 것입니다. 저들의 물화는 모두 지나치게 사치스럽고 기이한 놀이개로, 손으로 만든 것이어서 그 양이 무궁합니다. 우리의 물화는 모두가 백성의 생명이 달린 것이고 땅에서 나는 것이므로 한정이 있습니다.....저들이 비록 왜인이라고 하나 실은 양적입니다.
>
> 최익현, 『왜양일체론』

③ **개화 반대 운동**(1880년대, 홍재학, 이만손) 중요 ★★★

조선책략 유포·정부의 개화 정책 반발, 유생들의 집단적 상소 운동 발발, 영남 만인소(이만손), 척사 상소(홍재학)

> **더 알아두기**
>
> 러시아, 미국, 일본은 같은 오랑캐입니다. 그들 사이에 누구는 후하게 대하고, 누구는 박하게 대하기는 어려운 일입니다. 더욱이 세계에는 미국, 일본 같은 나라가 헤아릴 수 없이 많았습니다. 만일 저마다 불쾌해 하며, 이익을 추구하여 땅이나 물품을 교구하기를 마치 일본과 같이 한다면, 전하께서는 어떻게 이를 막아내시겠습니까?
>
> 이만손, 『영남만인소』

④ **항일 의병 운동**(1890년대, 유인석, 기우만) : 일본의 침략에 반발(을미의병)

(3) **의의** : 외세의 침략에 강력히 저항, 열강으로부터 우리 경제와 전통을 수호, 일부는 서양 문물과 전통문화의 발전적 계승 주장

(4) **한계** : 전통적 신분제 사회를 유지, 시대의 흐름에 뒤떨어진 한계

03 임오군란(1882)

(1) **배경**

① 군제 개혁, 구식 군인에 대한 차별 대우, 민씨 정권과 개화 정책에 대한 반발
② 일본으로의 곡물 유출로 인한 가격 폭등, 서민 생활의 궁핍화 가중

(2) **전개**

구식 군인 봉기(대원군에 도움 요청) → 일본 공사관 공격(일본 교관 살해) → 민중(도시 빈민층)들이 합세 → 민씨 정권의 고관과 왕궁 습격 → 흥선대원군 일시 집권(개화정책 중단, 군제 복구) → 민씨 정권의 요청으로 **청군의 개입** → 청군의 군란 진압(청이 대원군을 군란의 책임자로 압송)

> **주관식 레벨 UP**
>
> 1882년 개화 정책의 추진 과정에서 소외되고 피해를 입은 구식 군인과 하층민들이 일어나 민씨 정부를 공격한 사건은 무엇인가?
>
> **풀이** 임오군란

(3) 임오군란의 결과 중요 ★★★

① **일본의 요구**
　㉠ 제물포조약 체결(조 – 일) : 일본 공사관의 일본 경비병 주둔, 일본에 배상금 지불

> **제5조** 일본 공사관에 군인 약간을 두어 경비한다. 그 비용은 조선국이 부담한다.

　㉡ 조일수호조규 속약(1882, 조 – 일) : 일본인에 대한 거류지 제한이 50리로 확대

> **제1조** 부산·원산·인천항에 일본인 이정을 각 50리로 하고, 2년 후 100리로 할 것

　㉢ 조일통상장정(1883) : 최혜국 대우, 방곡령, 관세 추가

② **청과의 관계**
　㉠ 조청상민수륙무역장정의 체결(1882, 조 – 청) : 청 상인의 통상 특권 허용(청·일 상인 간의 경쟁적 경제 침탈이 심화되는 계기)

> **제1조** 청의 북양 대신과 조선 국왕은 대등한 지위를 가진다.
> **제4조** 베이징과 한성의 양화진에서의 개잔 무역을 허락하되 양국 상민의 내지 채판을 금하고, 다만 내지 채판이 필요한 경우 지방관의 허가서를 받아야 한다.

　㉡ 고문 파견 : 위안스카이(군사고문), 마젠창(정치고문), 묄렌도르프(외교고문) 파견
　㉢ 정부의 성향변화 : 청의 내정간섭과 정부의 친청 정책으로 개화 정책 후퇴

> **주관식 레벨 UP**
>
> 임오군란의 결과로 인하여 조선과 청의 (　　　　　　)장정 체결 이후 일본 상인과 청 상인의 상권 다툼이 치열하게 전개되었다.
>
> **풀이** 조청상민수륙무역

04 갑신정변(1884)

(1) 개화당의 형성과 활동

① **개화파의 형성** 중요 ★★★

㉠ 개화 세력의 형성 : 1880년대 개화사상의 영향을 받은 김옥균, 박영효, 홍영식, 서광범, 유길준, 김윤식 등이 하나의 정치세력으로 성장하여 개화파를 형성

구분	온건개화파(수구당, 사대당)	급진개화파(개화당, 독립당)
인물	김홍집, 김윤식, 어윤중	김옥균, 박영효, 홍영식, 서광범
성향	친청적 민씨 정권과 결탁, 청과 사대	청의 내정간섭 반대, 청과 사대 반대
사상	동도서기론, 점진적 개혁, 소극적 개혁	급진적 개혁 추구, 적극적 개혁
모델	청의 양무운동(전제군주제)	일본의 메이지 유신(입헌군주제)

㉡ 국외 정세 : 일본 차관도입 실패, 청군의 대부분이 철수(1884, 청프전쟁)

② **개화당의 개화 정책 추진**

㉠ 개화 정책 추진 : 박문국 설치(한성순보 간행), 우정국 설치(근대적 우편사무)

㉡ 개화당 탄압 : 친청 세력인 민씨 정권의 견제로 개화운동의 부진

[갑신정변의 주역]

(2) 갑신정변의 전개

① **경과** : 개화당은 일본 공사의 지원을 약속받고 정변 도모 → 우정국 개국 축하연을 계기로 정변 → 민씨 정권의 요인 살해 → 개화당 정부수립(14개조 정강 발표) → **청군 개입** → 3일 천하로 끝남, 개화 주도 세력 일본 망명

② **14개조 정강의 내용** : 청과의 사대관계 단절, 인민 평등권 확립, 지조법(地租法) 개혁, 모든 재정의 호조 관할, 내각 중심 정치 실시 등의 내용

더 알아두기

갑신정변의 14개조 정강 중요 ★★

	조항	내용
1	흥선대원군을 곧 귀국시키고 청에 대한 조공의 허례를 폐지한다.	청과의 사대관계 폐지, 자주독립
2	문벌을 폐지하고 인민 평등권을 제정하여 능력에 따라 관리를 임명한다.	문벌 타파, 과거제 폐지, 인민 평등
3	지조법(地租法)을 개혁하여 관리의 부정을 막고, 국가 재정을 확충한다.	국가재정 확보, 지주전호제 인정

4	내시부를 없애고 재능 있는 자만을 등용한다.	입헌군주제
5	탐관오리 중에서 그 죄가 심한 자는 처벌한다.	국가 기강 확립과 민생안정
6	각 도의 환상(환곡)을 영구히 받지 않는다.	환곡제 폐지, 민생안정
7	규장각을 폐지한다.	국왕 보좌 기관인 규장각 폐지
8	급히 순사를 두어 도둑을 방지한다.	근대적 경찰 제도 도입
9	혜상공국(보부상 보호관청)을 혁파한다.	특권상인 폐지, 자유 상업 발전
10	귀양살이를 하거나 옥에 갇혀 있는 자는 다시 조사하여 형을 감한다.	민심 확보
11	4영을 1영으로 합하되, 영 가운데에서 장정을 뽑아 근위대를 설치한다.	군사제도 개혁
12	모든 재정은 호조에서 관할한다.	국가재정의 일원화, 왕권견제
13	대신과 참찬은 의정부에 모여 정령을 의결하고 반포한다.	입헌군주제
14	의정부와 6조 외에 필요 없는 관청을 없앤다.	내각 제도 수립

주관식 레벨 UP

김옥균, 홍영식, 서광범 등의 개혁세력이 중심이 되어 우정국 개국 축하연을 기화로 수구 사대당 요인들을 살해한 정치적 사건은 무엇인가?

풀이 갑신정변

(3) 갑신정변의 영향

① **결과**
　㉠ 한성 조약(1884, 조 – 일) : 일본에 배상금 지불, 공사관 신축 비용 부담

> **제4조** 일본공관을 신기지로 이축함을 요하는 바,… 그 수축 증건을 위해서 조선국이 다시 2만원을 지불하여 공사비에 충용하도록 한다.

　㉡ 천진(톈진) 조약(1885, 청 – 일) **중요** ★★★
　　양국 군대의 공동 철수, 조선에 군대 파병 시 상대국에 사전 통보(훗날 청일전쟁의 빌미)

> **제1조** 청국과 일본국은 조선에 주둔한 군대를 철수한다.
> **제3조** 앞으로 만약 조선에 변란이나 중대 사건이 일어나 청·일 두 나라나 어떤 한 국가가 파병을 하려고 할 때는 그에 앞서 쌍방이 문서로 알려야 한다.

② **의의** : 입헌군주제 추구, 봉건적 신분제도 폐지 등의 평등 사회 지향
③ **한계** : 위로부터의 개혁(민중의 지지 부족), 일본에 의존적 태도, 국방·토지개혁 소홀

1880	1881	1882	1883	1884	1885
수신사 파견, 통리기무아문 설치	조사 시찰단· 영선사 파견	임오군란	박문국·기기창 설치	갑신정변	거문도 사건 (~1887)

05 갑신정변 이후 국외 정세(1884 ~ 1894) 중요 ★★

(1) 배경
① **국제정세** : 열강의 침략 경쟁은 갑신정변 후에 더욱 가속화, 청국과 일본 간의 대립 격화, 러시아와 영국 가담
② **전개** : 정부의 친러경향 → 조러통상조약(1884, 베베르) → **영국의 거문도사건**(1885, 러시아견제 구실) → 조러비밀협정 추진(1886) → 조러육로통상조약(1888)

> **더 알아두기**
> **영국의 거문도 불법 점령**
> 조선과 러시아의 비밀 협약 소문을 빌미로 영국이 거문도를 불법으로 점령(1885 ~ 1887)

(2) 중립론
① **부들러** : 독일 부영사관, 조선의 **영세 중립화**를 건의(1885. 2.)
② **유길준** : 열강의 침략으로부터 조선의 안전을 보장받기 위한 **중립화론** 제기, 민씨 정권이 반대

> **더 알아두기**
> **중립론**
> 서양에 2, 3의 소국이 있는데 대국들이 상호 보호함으로써 그 소국이 받는 이익은 실로 크다. …… 서양에서 실시하는 법에 따라 청, 러시아, 일본 3국이 서로 입약하여 영원히 조선을 보호하는 것이다. 해양 세력인 일본과 대륙 세력인 청 사이의 충돌을 방지하기 위하여 조선은 중립을 선택해야 한다.
> — 부들러

06 개항 이후 국내의 사회·경제적 변화

(1) 일본의 경제적 침략
① **일본상인** : 치외법권, 무관세 무역, 양곡의 무제한 유출 가능(조일통상장정, 1876)
② **개항초기(일본 상인의 무역독점)** : 개항장 10리 이내로 활동 범위 제한 → 조선상인(객주, 여객, 보부상 등)을 매개로 무역활동

(2) 임오군란 이후 청·일 상인의 경쟁
① 배경
  ㉠ 조청상민수륙무역장정(1882) 중요 ★★★
    청 상인의 내륙 진출 허용, 치외법권, 청·일 상인의 경쟁 심화

> **더 알아두기**
> **상업 개방 이후 조선의 장시**
> 어떤 벽촌이라 하더라도 장날에 청나라 상인이 들어온다. 공주, 강경, 예산 등 시장의 어디에서나 20~30인이 와서 장사를 한다. … 공주, 강경 같은 곳은 청나라 상인이 자기 상점을 갖고 장사를 하고 있으며, 전주 같은 곳은 30명 정도 들어와 있다.
> 『통상휘찬』

　　　ⓒ 조일통상장정(1883) : 최혜국대우, 방곡령, 관세 추가
　　　ⓒ 조일수호조규 속약(1882) : 10리 → 50리 → 100리(2년 후인 1884년에 100리로 확대)
　② 청일전쟁(1894) 이후 중요 ★★
　　　일본 상인의 조선 무역 독점, 일본의 영국산 면직물 판매(국내 수공업자 타격), 일본의 개항장을 통한 약탈적 무역활동, 일본이 쌀·콩 등 대량 구매(국내 식량 부족)

> **더 알아두기**
> **조선의 대외무역 변화**
> • 임오군란(1882)의 결과 체결된 조청상민수륙무역장정으로 인하여 청 상인 대거 침투
> • 청 상인이 가격 면에서 우위를 차지하면서 상권을 장악한 결과 청·일 상인 간의 경쟁 심화
> • 일본 상인은 곡물 수출에 주력, 입도선매, 고리대, 조선의 흉작 등으로 조일 무역 쇠퇴
> • 조일 무역의 쇠퇴와 청 상인의 상권 장악 결과 청일전쟁의 한 원인이 됨

(3) 조선의 대응
　① 국내산업
　　　㉠ 1870년대 : 거류지 무역을 중개하면서 객주, 여각 등 일부 상인이 자본 축적에 성공
　　　ⓒ 1880년대 : 외국 상인의 내륙 진출로 타격
　　　ⓒ 1890년대 : 각종 상회사 및 회사 설립 운동, 운수업, 금융업, 농·수산업 부문에 두드러짐
　② 상회사
　　　㉠ 상회사 : 상회사(대동상회, 장통 회사 등), 동업조합(객주회)
　　　ⓒ 해운회사 : 이운사(세곡운반, 화물 승객 운송)
　　　ⓒ 동맹철시 : 시전상인을 중심으로 외국 상인의 점포 수를 요구하는 시위 전개
　　　㉣ 유기공장 : 유기 제조업자들의 공장 설립, 납청 유기 제조 공장, 안성 유기 제조 공장
　③ 방곡령(1889) 사건
　　　㉠ 근거 : 조일통상장정(1883)에 규정된 방곡령의 규정을 근거로 흉년이 들면 지방관의 직권으로 실시 가능
　　　ⓒ 배경 : 개항 이후 곡물의 일본 유출이 늘어나면서 곡물 가격의 폭등 현상이 나타났고 여기에 흉년이 겹쳐 도시 빈민과 영세 농민의 생활이 악화

1882	1884	1894	1895	1896	1897
임오군란	갑신정변	동학농민운동, 갑오개혁	을미개혁	아관파천, 독립협회	대한제국 수립

ⓒ 전개 : **함경도**(1889), **황해도**(1890), **충청도** 등지의 **지방관이 방곡령 선포**하였으나 조일통상장정(1883)의 규정을 구실로 일본의 철회 요구

ⓒ 결과 : 일본 상인들은 방곡령으로 인하여 손해를 입었다고 하여 거액의 배상금을 요구하였고, 결국 조선 정부는 일본에 배상금을 지불하게 되었으며, 방곡령도 철회

> **주관식 레벨 UP**
> 19세기 후반 흉년 등으로 쌀이 부족해질 경우 지방관이 쌀의 수출을 금지할 수 있도록 내리는 명령을 무엇이라 하는가?
>
> **풀이** 방곡령

제4절 | 1894년 농민전쟁

01 동학의 성장

(1) 국내 상황
① **정치 기강의 문란** : 외세의 간섭과 지배층의 부패 심화, 관리의 수탈
② **농민의 부담 증가** : 임오군란과 갑신정변 등으로 막대한 배상금 지불, 근대화 비용 지출로 재정 악화, 농민 부담 증가, 지배층의 수탈
③ **잦은 농민 봉기** : 지배층의 수탈, 일본의 경제적 침탈→농민의 정치·사회의식 성장, 반일 감정 고조, 사회 변혁 욕구 증대, 잦은 농민 봉기(일회성, 전국적 연계는 안 됨)

(2) 동학의 성장
① **동학의 창시(1860, 최제우)** : 인내천(인간 존중, 평등사상), 사회 개혁 사상(후천 개벽), 경상도 지역 중심으로 전파, 정부는 최제우를 혹세무민을 이유로 처형(1864)
② **최시형의 활동(제2대 교주)** : 동경대전과 용담유사를 편찬 유포, 포접제를 활용한 동학 조직(충청·전라에 교세 확장)
③ **교조신원(敎祖伸寃) 운동** 중요 ★
   ㉠ 목적 : 동학의 공인, 교조 최제우의 명예 회복, 정부의 탄압 중지
   ㉡ 전개 : 삼례 집회(1892.11. 1차 신원운동) → 한양 복합 상소(1893.2. 2차 신원 운동, 왕에게 직접 상소, 실패) → 보은 집회(1893.3. 3차 신원 운동, 탐관오리와 서양세력의 축출을 요구)
   ㉢ 발전 : 교조신원 회복이었던 종교 운동에서 농민 운동으로 변화

02 동학농민운동의 전개

(1) 1차 농민 봉기

① 제1기, 고부농민봉기(1894.1.) 중요 ★
   ㉠ 배경 : 고부 군수 조병갑의 횡포
   ㉡ 과정 : 전봉준이 1천여 명의 농민을 이끌고 고부 관아 점령 → 정부의 폐정 시정 약속 → 안핵사 파견 → 10여 일 만에 농민군 해산

② 반봉건·절정기(1894.4.) 중요 ★★★
   ㉠ 배경 : 안핵사 이용태가 봉기 참가자와 주모자를 역적으로 몰아 탄압, 농민 수탈 심화
   ㉡ 전개 : 전봉준, 손화중, 김개남 등 재봉기 '보국안민, 제폭구민' → 백산 집결, 농민군의 4대 강령 격문 발표 → 황토현, 황룡촌 전투에서 관군 격퇴 → 전주성 점령(1894.4.)

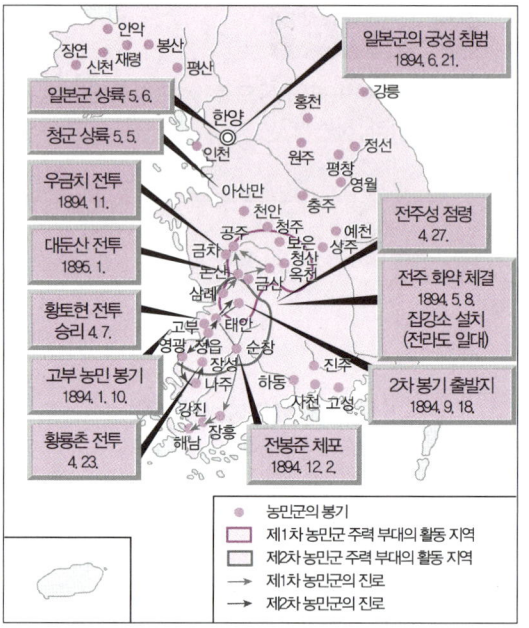

[동학농민운동의 전개]

> **더 알아두기**
> 사람을 죽이지 말고 가축을 잡아먹지 마라 / 충효를 다하여 세상을 구하고 백성을 편안하게 하라 / 왜놈을 몰아내어 없애고 나라의 정치를 바로 잡는다 / 군대를 몰아 서울로 들어가 권세가와 귀족을 모두 없앤다.
>
> 『농민군의 4대 강령』

   ㉢ 사발통문 : "우리가 의를 들어 여기에 이르렀음은 그 본의가 결코 다른 데 있지 아니하고, 창생을 도탄 중에서 건지고 국가를 반석 위에다 두자 함이라. 안으로는 탐학한 관리의 머리를 베고, 밖으로는 횡포한 강적의 무리를 쫓아 내몰고자 함이라."

③ 집강소와 폐정 개혁안 실천기 중요 ★★★
   ㉠ 전개 : 정부의 요청에 따라 청군 파견(5.5. 아산만 상륙) → 톈진조약 위반을 명분으로 일본 군대 파병(5.6. 인천 상륙) → 전주화약 체결(5.8. 동학농민군은 외국 군대 철수와 폐정 개혁을 조건으로 정부와 화친) → 집강소 설치 → 교정청 설치(6.11.)

1882	1884	1894	1895	1896	1897
임오군란	갑신정변	동학농민운동, 갑오개혁	을미개혁	아관파천, 독립협회	대한제국 수립

더 알아두기

폐정 개혁안 12개조

조항	개혁내용
1. 동학교도는 정부와의 원한을 씻고 협력한다.	조선왕조 체제 유지
2. 탐관오리는 그 죄상을 조사하여 엄징한다. 3. 횡포한 부호를 엄징한다. 4. 불량한 유림과 양반의 무리를 징벌한다.	봉건 지배 세력 타도
5. 노비 문서를 불태울 것 6. 백정이 쓰는 평양갓을 없앤다. 7. 청 과부의 재혼을 허가할 것 8. 무명의 잡세는 일절 폐지한다. 9. 관리채용에는 지벌을 타파하고 인재를 등용한다.	봉건적 신분질서 폐지 봉건적 폐습 개선 ※갑오개혁에 가장 잘 반영된 부분
10. 왜와 통하는 자는 엄하게 징벌한다.	반침략, 반외세 성격
11. 공사채를 물론하고 기왕의 것을 무효로 한다. 12. 토지는 균등히 나누어 경작한다.	조세제도 개혁 토지 평균 분작

ⓒ 결과 : 일본군이 정부의 철수요구를 거부 → **일본의 경복궁 장악**(6.21.) → 친청(민씨) 정부의 붕괴 → 대원군의 섭정(반청 정부) → 청일전쟁(6.23.) → **군국기무처의 설치**(6.25.) → 갑오개혁(1894.7.)

주관식 레벨 UP

동학농민군은 정부와 전주화약을 맺은 후 농민들의 자치개혁기구인 (　　　)를 설치하였다.

풀이 집강소

더 알아두기

동학농민운동의 전개(정리)

시기	구분	내용
제1기 고부봉기	배경	고부 군수 조병갑의 횡포
	전개	전봉준이 고부 관아 점령
제2기 1차 봉기 (절정기)	배경	안핵사 이용태가 봉기 참가자와 주모자를 역적으로 몰아 탄압
	전개	'보국안민, 제폭구민'(사발통문) → 전봉준, 손화중, 김개남 등 백산봉기 → 농민군의 4대 강령 격문발표 → 황토현, 황룡촌 전투에서 관군 격퇴 → 전주성 점령(1894.4.)
제3기 폐정개혁안 (실천기)	전주 화약	정부의 요청에 따라 청군 파견(아산만 상륙 5.5.) → 텐진조약 위반을 명분으로 일본 군대 파병(5.6. 인천 상륙) → 전주화약 체결(5.8. 동학농민군은 외국 군대 철수와 폐정 개혁을 조건으로 정부와 화친) → 집강소 설치 → 교정청 설치(6.11.)
	결과	일본군이 정부의 철수요구 거부 → 일본의 경복궁 장악(6.21.) → 청일전쟁(6.23.) → 군국기무처의 설치(1894.6.) → 갑오개혁(1894.7.)

제4기 2차 봉기	배경	일본군은 철군을 거부하고 경복궁을 점령하여 조선의 내정을 간섭하면서 조선 정부와 함께 농민군을 진압하기 시작함
	전개	전봉준과 손병희, 최시형이 이끄는 연합부대의 논산 집결 → 조일연합군에 대항하여 우금치 전투에서 패배(11.10.)
	결과	우금치 전투 이후에 전봉준, 손화중, 김개남 등 지도자들이 처형

(2) 2차 농민 봉기(1894.9, 제4기, 반외세) 중요 ★★
  ① 배경 : 일본군의 철군 거부, 경복궁 점령(내정간섭), 조정과 함께 농민군을 진압(조·일 연합군)
  ② 전개 : 남접(전봉준 부대)과 북접(손병희·최시형 부대)의 연합부대 논산 집결 → 영동과 옥천에서 공주로 진격 → 조일 연합군에게 우금치 전투에서 패배(1894.11.10.)
  ③ 결과 : 우금치 전투 이후에 전봉준, 손화중, 김개남 등 지도자들이 처형

> **주관식 레벨 UP**
> 전봉준이 이끄는 남접부대와 손병희, 최시형 등이 이끄는 북접의 연합부대가 논산에 집결하여 공주로 진격하였으나 조일연합군에게 (   ) 전투에서 패배하였다.
> 풀이 우금치

(3) 동학농민운동의 의의와 한계
  ① 의의
    ㉠ 농민전쟁의 성격 : 우리 역사에서 가장 규모가 큰 조직적인 농민 운동
    ㉡ 반봉건 운동 : 탐관오리 축출, 신분차별 철폐, 노비 문서 소각, 토지의 평균 분작 요구, 갑오개혁에 영향, 봉건질서의 붕괴 촉진
    ㉢ 반침략·반외세 운동 : 잔여 세력이 을미의병에 가담, 활빈당·영학당 등 농민 무장투쟁의 활성화
  ② 한계
    ㉠ 근대 국가 건설을 위한 구체적 방안을 제시하지 못함
    ㉡ 각 지역의 농민군이 더 긴밀한 연대를 형성하지 못함
    ㉢ 농민층 이외의 더 넓은 지지 기반을 확보하지 못함(아래로부터의 개혁)

03 갑오·을미개혁의 추진

(1) 갑오·을미개혁의 배경
  ① 자주적 개혁의 요구 : 동학 농민군의 개혁 요구, 개화 세력의 개화 필요성 절감, 국왕의 명을 받아 교정청 설치

1882	1884	1894	1895	1896	1897
임오군란	갑신정변	동학농민운동, 갑오개혁	을미개혁	아관파천, 독립협회	대한제국 수립

② **외세의 개입**: 일본이 경복궁을 점령하고 개혁을 강요, 1차 김홍집 내각 수립, 군국기무처 설치 (1894.6.)

(2) 개혁의 전개

① **1차 개혁(1894.7. ~ 1894.12. 군국기무처)** 중요 ★★★
   - ㉠ 전개: 일본이 개혁을 강요, 민씨 정권 붕괴, 대원군의 섭정, **김홍집 내각 수립, 군국기무처 주도** (김홍집, 유길준 등)
   - ㉡ 정치: 왕실사무(궁내부)과 국정사무(의정부) 분리, 6조를 80아문으로 변경, 개국기원 사용, 경무청 신설, 과거제 폐지
   - ㉢ 경제: **재정 일원화(탁지아문)**, 은본위제, 조세의 금납화, 도량형 통일
   - ㉣ 사회: 신분제 철폐(평등사회), 공·사 노비제도 폐지, 인신매매 금지, 조혼 금지, 과부 재가 허용, 고문·연좌제 폐지

> **주관식 레벨 UP**
>
> 갑오개혁 때 김홍집 내각이 설치한 초정부적 심의 기구로 정치, 경제, 사회 등 국가의 주요 정책에 대한 개혁을 추진하였던 기구는 무엇인가?
>
> **풀이** 군국기무처

② **2차 개혁(1894.12. ~ 1895.7. 홍범 14조)** 중요 ★★
   - ㉠ 전개: 청일전쟁에서 일본이 우세, 박영효·김홍집 연립 친일 내각(제2차 김홍집 내각) → 군국기무처 폐지, 홍범 14조 → 삼국간섭(일본세력 약화) 이후 제2차 개혁 중단

더 알아두기

홍범 14조

조항	내용
1. 청에 의존하는 생각을 버리고 자주 독립의 기초를 세운다.	자주 독립 선포, 청 연호 폐지
2. 왕실 전범(典範)을 제정하여 왕위 계승의 법칙과 종친과 외척과의 구별을 명확히 한다.	왕실 권위 강화
3. 임금은 각 대신과 의논하여 정사를 행하고, 종실, 외척의 내정 간섭을 용납하지 않는다.	국정 사무와 왕실 사무의 분리
4. 왕실 사무와 국정 사무를 나누어 서로 혼동하지 않는다.	국정 사무와 왕실 사무의 분리
5. 의정부(議政府) 및 각 아문(衙門)의 직무, 권한을 명백히 한다.	국정 사무와 왕실 사무의 분리
6. 납세는 법으로 정하고 함부로 세금을 거두지 않는다.	조세 징수의 합리화
7. 조세의 징수와 경비 지출은 모두 탁지아문(度支衙門)의 관할에 속한다.	재정의 일원화
8. 왕실 경비는 절약하고, 각 아문과 지방관의 모범이 되게 한다.	국정 사무와 왕실 사무의 분리
9. 왕실과 관부(官府)의 1년 회계를 예정하여 재정의 기초를 확립한다.	예산제도

10. 지방 제도를 개정하여 지방 관리의 직권을 제한한다.	지방관 권한 제한
11. 총명한 젊은이들을 파견하여 외국의 학술, 기예를 견습시킨다.	선진 문물 수용, 근대학교 설립
12. 장교를 교육하고 징병을 실시하여 군제의 근본을 확립한다.	개병제의 실시
13. 민법, 형법을 제정하여 국민의 생명과 재산을 보전한다.	법치주의
14. 문벌을 가리지 않고 인재 등용의 길을 넓힌다.	문벌 폐지, 능력 중시

  ⓒ 정치 : 중앙(8아문 → 7부)·지방(8도 → 23부 337군), 행정개편, 사법권 독립, 지방관의 권한 축소(행정권만 유지)
  ⓒ 경제 : 탁지부 산하에 관세사, 징세사를 설치하고 업무를 강화
  ⓔ 군사 : **훈련대와 시위대만 설치**(군사개혁 미비)
  ⓜ 교육 : **교육입국조서 발표**(1895, 한성사범학교 설립)
  ⓑ 중단 : 청일전쟁의 종결 → 시모노세키 조약 → **삼국간섭**(1895, 러·프·독) → 친러파 득세 → 제2차 개혁 중단 → 온건개화파와 친러파의 연립 내각(제3차 김홍집 내각)

 ③ **을미개혁(1895.8. ~ 1896.2.)** 중요 ★★
  ⊙ 변화 : 삼국간섭 이후 친러파 득세 → 을미사변 → 김홍집 내각이 친일개편(제3차 개혁, 제4차 김홍집 내각)
  ⓒ 내용 : **태양력 사용, 연호 제정(건양), 소학교 설치, 친위대(중앙군)·진위대(지방군) 설치, 단발령 실시, 우편사무 재개, 종두법 실시**
  ⓒ 중단 : 을미의병과 아관파천으로 인하여 개혁이 중단

> **주관식 레벨 UP**
>
> 을미개혁의 내용을 아는 대로 나열하시오.
> 풀이 태양력 사용, 연호 제정(건양), 소학교 설치, 친위대(중앙군)·진위대(지방군) 설치, 단발령 실시, 우편사무 재개, 종두법 실시

(3) 개혁의 영향
 ① **긍정적인 면** : 집권층과 농민층의 개혁 의지 반영(갑신정변, 동학농민운동)하여, 사실상 자주적인 개혁(자율성), 봉건적 질서를 타파하는 근대적 개혁
 ② **부정적인 면** : 일본 세력에 의해 강요된 개혁(타율성), 민중과 유리된 개혁(토지개혁 미실시), 상공업과 국방 개혁에 소홀

더 알아두기
근대화 운동의 공통 주장

근대화 운동	공통의 주장 내용
갑신정변·동학운동·갑오개혁	신분제 철폐, 조세제도 개혁, 문벌제도 타파, 관리등용 개선
갑신정변·갑오개혁	입헌군주제, 경찰제, 재정 일원화 [호조(갑신정변), 탁지아문(갑오개혁)]
동학운동·갑오개혁	봉건적 신분제 철폐, 과부의 개가 허용
동학운동	토지의 균등 분배

04 을미의병의 전개

(1) **을미의병의 활동(1895)** 중요 ★★
  ① **배경**: 을미사변과 단발령
  ② **세력**: 위정척사 사상의 유생들이 주도(유인석, 이소응), 일반 농민·동학 농민군의 잔여 세력 가담
  ③ **해산**: 아관파천 후 단발령 철회, 고종의 의병 해산 권고 조칙으로 자진 해산

(2) **활빈당 조직**(1900~1905) : 해산된 농민군, 해산 후 반침략, 반봉건 운동, 행상, 유민, 노동자, 걸인 등의 무장 조직

주관식 레벨 UP
을미의병의 배경은 무엇인가?

풀이 을미사변과 단발령

제 2 장 | 대한제국기 열강의 경제 침탈과 개혁 운동

제1절 대한제국의 성립

01 독립협회

(1) 배경

① **아관파천** : 삼국간섭(1895) 이후 러시아를 등에 업은 친러파와 러시아 공사 베베르 등이 신변 보호 명목으로 고종을 러시아 공사관으로 이어(移御) ← 임금이 거처하는 곳을 옮김

② **결과** : 친일 내각이 무너짐에 따라 일본의 침략 세력은 일단 견제되었지만, 러시아 등 열강의 이권 침탈은 심화되었고 국가의 위신은 더욱 추락

> **주관식 레벨 UP**
> 을미사변 후 신변의 위협을 느낀 고종이 러시아 공사관으로 피신하였던 사건은?
> **풀이** 아관파천

(2) 독립협회의 창립(1896) 중요 ★

① **배경** : 아관파천 이후 국가 위신 추락, 근대 문물의 필요성, 열강의 이권 침탈 심화, 민중 의식 성장

② **창립 주도** : 서재필, 윤치호, 이상재, 남궁억 등 개혁적 정부 관료와 개화 지식인들이 주도하여 도시 시민·학생·노동자·여성·천민 등 각계계층의 인사들이 참여

③ **창립 과정** : 독립신문 발간(1896.4.) → 독립협회 창립(1896.7.) → 독립문 및 독립관 건립, 강연회·토론회 개최, 독립협회가 민중의 입장을 대변하는 정치·사회단체로 변화

(3) 독립협회의 활동 중요 ★★

① **자주 국권**

㉠ 영은문이 있던 자리에 독립문 건립

㉡ 고종의 환궁 요구(1897.2.) → 고종 환궁(경운궁) → 대한제국 선포

㉢ 구국 운동 상소문(1898.2.) : 러시아의 절영도 조차 요구 저지(자주독립 수호)

[독립문]

1894	1895	1896	1897	1904	1905
동학농민운동	을미개혁	아관파천, 독립협회	대한제국 성립	러일전쟁	을사조약

ⓔ 만민공동회 개최(1898.3.) : 최초의 근대적 민중대회, 러시아의 군사교련단과 재정고문단 철수, 한·러은행 폐쇄

> **더 알아두기**
> **자주 국권 운동의 전개**
> 서재필이 정교에게 비밀히 청하여 러시아 사관의 고용 기한이 찬 것을 가지고 종가에서 만민공동회를 열 것을 의논하여 정하고, 정부 및 외부의 서한을 보내 탁지부 고문관 알렉셰에프와 군부 교련 사관을 해고할 것을 청하였다. 9일 종가에서 만민공동회를 열어, 이승만, 홍정후 등이 재정·병권은 타국에게 맡겨질 수 없는 것이라고 연설을 하니 민중이 박수를 아끼지 않으며 '옳소'라고 소리쳤다.

② **자유 민권** : 민권 보호 운동(1898.3.), 의회설립운동 추진(국민 참정권 운동)
③ **자강 개혁** 중요 ★★★
  ㉠ 박정양 내각 수립(1898.10.) : 진보 내각 설립, 의회설립운동 전개
  ㉡ 관민공동회 개최(1898.10.) : 헌의 6조 결의, 정부관료·학생·시민 등 여러 단체의 참여(국권수호, 민권보장, 국정개혁 주장)

> **더 알아두기**
> **헌의 6조**
>
> | 조항 | 내용 |
> |---|---|
> | 1. 외국인에게 의지하지 말고 관민이 합심하여 황제권을 공고히 할 것 | 자주 국권 수호 |
> | 2. 외국과의 이권에 관한 계약과 조약은 해당 부처의 대신과 중추원 의장이 함께 날인하여 시행할 것 | 국정개혁 주장 |
> | 3. 재정은 탁지부에서 전담하여 맡고, 예산과 결산을 국민에게 공포할 것 | 국정개혁 주장 |
> | 4. 중대한 범죄는 공판하고, 피고의 인권을 존중할 것 | 민권보장 |
> | 5. 칙임관(2품 이상 고관)은 정부에 그 뜻을 물어 과반수가 동의하면 임명할 것 | 국정개혁 주장 |
> | 6. 정해진 규정을 실천할 것 | 개혁 의지 |

  ㉢ 중추원 관제 반포(1898.11.) : 관선 25명, 민선 25명으로 구성된 의회식, 우리나라 최초의 의회가 설립될 단계에 이름

> **더 알아두기**
> **만민공동회와 관민공동회의 주장**
> • 만민공동회 계열 - 박영효·서재필 중심, 군주권 제한·민권신장 주장
> • 관민공동회 계열 - 윤치호·남궁억 중심, 정부에 협조(왕정 지지)·국권수호·민권신장 주장·헌의 6조 발표·의회식 중추원 관제 반포

> **주관식 레벨 UP**
>
> 독립협회는 자강 개혁, 자유 민권 운동의 일환으로 (　　　)운동을 전개하였다. 그 영향으로 고종은 중추원을 의회로 전환하는 신중추원 관제를 선포하였으나, 보수파의 반발로 실시되지는 못하였다.
>
> **풀이** 의회 설립

(4) **해산(1898.12.)** : 독립협회가 공화정을 추진하려 한다는 보수파의 모함, 정부에서 황국협회와 군대를 동원하여 강제 해산

(5) **의의 및 한계**
   ① 의의
      ㉠ 민권 신장 : 민중에 바탕을 둔 자주적 근대화 운동으로 만민공동회 등을 통해 국권 수호, 민권 신장 추구
      ㉡ 의식의 성장 : 근대적 민족주의 사상, 자유 민권의 민주주의 이념을 확산시켜 애국계몽운동의 밑거름
   ② 한계 : 배척의 대상이 주로 러시아에 한정(미·영·일에 대해서는 비교적 우호적)

02 대한제국(1897 ~ 1910, 大韓帝國)

(1) **대한제국의 성립(1897.10.12.)** 중요 ★★
   ① 배경 : 독립협회의 환궁 요구, 독립협회와 국제 여론의 요구, 고종의 경운궁 환궁, 대한제국 선포
   ② 성립 : 국호는 대한제국, 연호는 광무, 환(원)구단에서 황제 즉위식

[환(원)구단]

> **주관식 레벨 UP**
>
> 아관파천에서 환궁한 고종은 (　　　)에서 황제라 칭하고 황제 즉위식을 거행하여 자주 국가임을 내외에 선포하였다.
>
> **풀이** 환(원)구단

1712	1902	1905	1907	1909
백두산정계비 (숙종)	간도관리사 파견 (이범윤)	을사늑약	간도파출소 설치	간도협약 (청-일본)

(2) 개혁의 추진(광무개혁) 중요 ★★

① **성향** : 구본신참(舊本新參)의 원칙에 바탕을 둔 점진적 개혁, 전제 황권의 강화 추구, 황제 직속 입법기구인 교정소를 설치, 군대통수권·입법권·사법권을 황제에게 집중시킴

② **내용** 중요 ★★★

㉠ 정치 : **대한국 국제 반포(1899, 최초 헌법, 전제황권강화)**, 지방제도 개편(23부→13도)

> **더 알아두기**
>
> **대한국 국제(國制)**
> 제1조 대한국은 세계 만국이 공인한 자주 독립 제국이다.
> 제3조 대한국의 대황제는 무한한 군권을 누린다.
> 제5조 대한국 대황제는 육·해군을 통솔한다.

㉡ 경제 : **양전사업(지계 발급)**, 황실 중심의 상공업 진흥(근대적 공장·회사 설립)

㉢ 사회 : 각종 학교 설립(소학교·중학교·사범학교·실업학교), 유학생 파견, 근대 시설 확충(광제원·혜민원)

㉣ 군사 : 원수부 설치(황제가 군권 장악), 무관 학교 설립(장교 양성)

㉤ 외교 : **간도 관리사 파견(1902, 이범윤의 교민보호 정책)**, 한청통상조약(1899, 청과 대등한 관계), 울릉도를 군으로 승격(1902)

③ **의의 및 한계**

㉠ 의의 : 근대 주권 국가 지향, 국방·산업·교육 등의 분야에 성과

㉡ 한계 : 전제군주제 확립(복고주의), 독립협회의 민권 운동 탄압, 집권층의 보수적 성향, 열강의 간섭

> **주관식 레벨 UP**
>
> 대한제국은 양지아문과 지계아문을 설치하고 미국으로부터 측량 기계와 측량사를 받아들여 토지조사를 실시하였고, 최초의 토지 소유권 증명서를 발급하였는데, 이 토지 소유권 증명서의 이름은 무엇인가?
>
> 풀이 지계(地契)

03 간도 귀속 문제

(1) 백두산정계비의 설치 중요 ★★

① **백두산정계비(1712, 숙종)** : 청의 요구에 의해 조선의 박권과 청의 목극등이 간도를 둘러싼 국경 설정에 협의

② 비문의 내용

> 西爲鴨綠, 東爲土門, 故於分水嶺, 勒石爲記, 康熙 五十一年 五月十五日
> 서쪽은 압록강, 동쪽은 토문강으로 경계를 삼고, 물이 나뉘는 고개 위에 돌을 새겨 기록한다. 강희 51년(1712) 5월 15일

(2) 간도 귀속 문제

① 문제의 제기
  ㉠ 배경 : 만주 지역에서 국경 문제 발생, 백두산정계비 건립(1712)
  ㉡ 내용 : 서쪽으로는 압록강, 동쪽으로는 토문강을 경계로 함

② 간도 관련 외교 전개 중요★
  ㉠ 조선 후기 : 어윤중을 서북경략사로 임명(1883), 이중하를 토문감계사로 임명(1885)하여 백두산정계비의 토문강은 송화강 상류이고 간도가 조선의 영토임을 주장
  ㉡ 간도 관리사 파견(1902, 이범윤) : 대한제국 때 간도를 함경도 행정구역에 편입
  ㉢ 을사늑약(1905) : 외교권이 일제에 의해 박탈
  ㉣ 간도파출소 설치(1907) : 지역의 치안유지, 일본이 용정에 간도파출소를 설치하여 관할(독립운동 탄압목적)
  ㉤ 간도협약(1909, 청 – 일본) : 일제는 만주의 철도부설권과 탄광 채굴권을 획득하고, 간도를 청의 영토로 불법적으로 귀속시킴, 간도협약은 불법협약이므로 원천적 무효임

[간도의 위치]

> **더 알아두기**
>
> **간도협약** ●두만강의 지류 중 하나
> 제1조 청일 양국 정부는 토문강을 청국과 한국의 국경으로 하고 강 원천지에 있는 정계비를 기점으로 하여 석을수(石乙水)를 두 나라의 경계로 함을 성명한다.
> 제3조 청국 정부는 이전과 같이 토문강 이북의 개간지에 한국 국민이 거주하는 것을 승인한다.
> 제6조 청국 정부는 앞으로 길장 철도를 연길 이남으로 연장하여 한국의 회령에서 한국의 철도와 연결할 수 있다.

1876	1882	1883	1888	1896	1905
강화도조약	조청상민수륙무역장정	조일통상장정	조러육로통상조약	아관파천	메가타의 화폐정리사업

04 독도 문제

(1) 배경

① **일본의 영토 침범** : 울릉도와 독도는 삼국시대 이래 우리의 영토였으나, 일본 어민이 자주 이곳을 침범하여 충돌 발생

② **국교 재개** : 통신사 파견(외교 사절, 조선의 선진 문화를 일본에 전파), 기유약조 체결(1609)

③ **통신사** 중요 ★★★

일본의 막부 정권이 사절 파견 요청하여 외교 사절의 역할을 수행, 조선의 선진 문화를 일본에 전파 (1607~1811년까지 12회에 걸쳐 파견)

> **주관식 레벨 UP**
>
> 조선통신사를 일본에 파견된 이유를 일본 측 입장에서 정치적인 측면과 문화적인 측면으로 간략히 서술하시오.
>
> 풀이 선진문물의 수용, 에도막부의 새로운 쇼군이 국제적으로 지위를 인정받기 위해서

(2) 조선의 대응 중요 ★★★

① **안용복** : 숙종 때 안용복은 울릉도에 출몰하는 일본 어민들을 쫓아내고, 일본에 건너가 울릉도와 독도가 조선의 영토임을 확인받고 귀국

② **정부의 통치 강화** : 일본 어민의 침범이 계속되자 19세기 말에 조선 정부에서는 적극적으로 울릉도 경영에 나서 주민의 이주를 장려하였고, **울릉도에 군을 설치하여 관리를 파견하고 독도까지 관할**

> **주관식 레벨 UP**
>
> 숙종 때 울릉도에 출몰하는 일본 어민들을 쫓아내고 일본에 건너가 울릉도와 독도가 조선의 영토임을 확인받고 돌아온 인물은 누구인가?
>
> 풀이 안용복

(3) **대한제국의 독도 관할** : 대한제국은 칙령을 반포하는 등 울릉도와 독도에 대한 관리를 강화

> **더 알아두기**
>
> **독도**
> ① 『삼국사기』 : 신라 지증왕 13년 이사부가 울릉도를 흡수하였다고 기록(512)
> ② 『세종실록지리지』 : 강원도 울진현, 무릉도(울릉도)와 별도로 우산도(독도)의 존재를 섬으로 처음 기록
> ③ 안용복(1693, 숙종 19년) : 울릉도 부근에서 조업하다 일본 어부의 불법 어로 발견하고 일본 호끼주 태수에게 정식으로 사과를 받고 귀국
> ④ 대한제국 강령 제2조(1900) : 군청의 위치는 태하동으로 정하고 구역은 울릉도 전체와 죽도(울릉도 옆 섬)와 석도(돌섬, 독도)를 관할함
> ⑤ 러일전쟁 중(1905.1.) : 군사적 목적을 위해 조선 정부 몰래 시마네현에 불법 편입
> ⑥ 해방 이후(1946.1.) : 연합군 최고 사령부 훈령 677호에서 울릉도와 독도가 일본 영역에서 제외된다고 규정
> ⑦ 독도의용수비대 : 1953년 4월부터 1956년 12월까지 독도를 수호하기 위해 조직한 민간단체. 일본 어선 및 순시선으로부터 독도를 수비함

제2절 열강의 이권 침탈과 사회 · 경제적 변화

01 개항 이후의 경제

(1) **열강의 이권 침탈** : 아관파천(1896) 이후 본격화, 러 · 일 · 미 · 프 · 독 등 최혜국 조항으로 각종 이권 요구, 철도부설권 · 광산채굴권 · 삼림채벌권 등이 열강에 넘어감

(2) **일제의 토지약탈** : 1880년대부터 고리대 등을 이용 점차 토지 소유 확대, 러일전쟁 이후 토지약탈 본격화, 토지 회사를 통한 토지 약탈(대규모농장 경영)

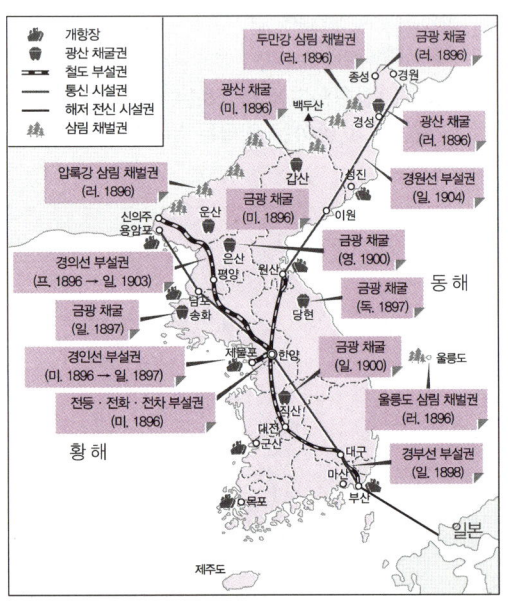

[열강의 이권 침탈]

1876	1882	1883	1888	1896	1905
강화도조약	조청상민수륙무역장정	조일통상장정	조러육로통상조약	아관파천	메가타의 화폐정리사업

02 제국주의 열강의 경제 침탈

국가	내용
러시아	경원·종성 광산 채굴권(1896), 압록강·두만강·울릉도 산림 채벌권(1896)
미국	운산 광산 채굴권(1896), 한양 전등·전차 부설권(1896), 경인선 철도 부설권(1896)
일본	직산 광산 채굴권(1900), 경부선 부설권(1898)
독일	당현 광산 채굴권(1897)
프랑스	경의선 철도 부설권(1896)
영국	은산 광산 채굴권(1900)

제3절 대한제국기의 개혁 운동

01 애국계몽운동의 전개

(1) 애국계몽운동의 전개

① **성격** : 교육·언론·종교 등의 문화 활동과 산업 진흥을 통해 민족의 근대적 역량을 배양(실력 양성)함으로써 국권을 회복하려는 운동

② **주도** : 개화 지식인, 독립협회 운동의 전통을 계승한 지식인, 도시 시민층

(2) 을사늑약 이전 단체의 활동 중요★

① **보안회(1904)** 중요★★★

유생과 관료 중심, 일본의 황무지 개간권 요구 반대 운동 → 철회시킴, 일제 탄압으로 해산

② **헌정 연구회(1905)** : 을사늑약 체결 후 독립협회를 계승하여 조직, 의회 설립을 통한 입헌적 정치체제의 수립과 민권 확대 주장, 친일 행각을 하던 일진회에 대항하다 해산

> **주관식 레벨 UP**
>
> 러일전쟁 때 일제가 황무지 개간을 구실로 막대한 국유지를 빼앗으려 하자 이에 대항한 단체가 출현하여 일제의 요구를 좌절시켰다. 이 단체의 이름은 무엇인가?
>
> **풀이** 보안회

(3) 을사늑약 이후 단체의 활동 ★★

① **대한 자강회(1906)** : 헌정 연구회의 계승, 교육과 산업의 진흥을 통한 실력 양성 운동 전개, 헤이그 특사 파견에 따른 **고종이 퇴위**하자 이에 대한 격렬한 **반대 운동**을 전개하다가 일제의 탄압으로 해산

> **주관식 레벨 UP**
>
> 헌정 연구회를 모체로 하고 사회단체와 언론 기관을 주축으로 하여 창립된 단체로 고종의 강제 퇴위 반대 운동을 주도하다가 해체된 단체의 이름은 무엇인가?
>
> 풀이 대한 자강회

② **대한협회(1907)** : 대한 자강회 계승, 민권 신장 노력 → 친일성격으로 변화(회장 윤효정은 이토 히로부미를 극찬하기도 함)

③ **신민회의 활동(1907~1911)** ★★★
  ㉠ 성립 : 안창호, 양기탁 등이 중심, 민족 운동가들의 **항일 비밀 결사**
  ㉡ 목표 : 국권 회복과 **공화정체**의 근대 국민 국가 건설

> **더 알아두기**
>
> **신민회 취지서**
> 신민회는 무엇을 위하여 일어남이뇨? … 문화의 쇠퇴에 신학술이 시급하며, 실업의 초췌에 신모범이 시급하며, 정치의 부패에 신개혁이 시급이라, 천만가지 일에 신(新)을 기다리지 않는 것이 없도다. … 무릇 대한인은 내외를 막론하고 통일 연합으로써 그 진로를 정하고 독립 자유로써 그 목적을 세움이니…… 오직 신정신을 불러 깨우쳐서 신단체를 조직한 후에 신국가를 건설할 뿐이다.
>
> 『신민회 취지서』

  ㉢ 국내 활동 : 공개적으로 실력 양성 운동 전개 → 민족주의 교육 실시(대성학교 : 평양, 오산학교 : 정주 설립), 민족 산업 육성(자기 회사, 태극 서관 설립)
  ㉣ 국외 활동 : 장기적인 항일 투쟁을 위해 독립운동 기지 건설(남만주의 삼원보), **신흥 강습소** 설립
  ㉤ 해산 : 105인 사건(1911)

> **더 알아두기**
>
> **105인 사건(1911)**
> 안중근의 사촌 동생 안명근이 황해도 일원에서 독립 자금을 모금하다가 적발되자 이를 빌미로 일제는 항일 기독교 세력과 신민회를 탄압하기 위해 데라우치 총독 암살 미수 사건을 날조하여 안악군을 중심으로 황해도 일대의 지식인·재산가·유력 인사 600여 명의 민족지도자를 검거하였다(안악사건). 일제는 안악사건으로 체포된 민족지도자 122명을 기소하였고, 105명이 유죄판결 받았는데 대부분 신민회의 회원이었다(105인 사건). 1913년 항소하여 105명 중 99명은 무죄로 석방되었다.

1904	1905	1906	1907	1911
보안회	헌정 연구회	대한 자강회	대한 협회, 신민회	105인 사건

④ **주요 활동**
  ㉠ 교육 운동 : 국권 회복을 위한 구국 교육 운동, 서북학회, 기호흥학회 등
  ㉡ 언론 운동 : 국민 계몽과 애국심 고취, 황성신문, 대한매일신보 등
  ㉢ 산업 운동 : 경제 단체 조직, 상권 보호, 근대 경제 의식 고취, 국채보상운동

⑤ **애국계몽운동의 의의**
  ㉠ 국권 회복과 근대 국민 국가 건설을 동시에 추구, 실력 양성 운동으로 계승
  ㉡ 일본의 방해와 탄압, 실질적인 성과를 거두는 데에 어려움

> **주관식 레벨 UP**
>
> 표면적으로는 문화적·경제적 실력 양성을 전개하면서 실질적으로는 민족 교육 추진을 위한 대성학교와 오산학교를 설립하였고, 민족 산업 육성을 위한 자기회사(평양)와 태극서관(대구)을 설립하여 운영한 단체의 이름은 무엇인가?
>
> **풀이** 신민회

02 교육 운동과 언론 활동

(1) 학회 설립

① **설립** : 대한제국 말기에 근대학교 설립에 의한 민족주의 교육이 크게 발흥
② **설립 배경** : 신민회와 같은 정치, 사회단체와 서북학회, 호남학회, 기호흥학회, 교남교육원, 관동 학회 등 많은 학회의 교육 구국 운동이 밑거름이 됨

구분	대표자	활동
서북학회	이갑	서북 학보 발행, 순회 강연
기호학회	이광종	기호 학보 발행, 기호 학교 설립
영남학회	장지연	대한 자강회 조직
관동학회	남궁억	황성신문 발행
흥사단	안창호	흥사단보 발행

(2) 대학 교육 실시

이 시기에 우리나라에서는 대학 교육이 함께 실시됨

제4절 민중의 저항

01 근대적 상업·산업·금융 자본의 성장

(1) 상업 자본의 육성
  ① **시전상인** : 황국 중앙 총상회 조직(1898), 상권 수호 운동 전개
  ② **경강상인** : 정부의 세곡 운반이 일본인 증기선에 독점, 증기선을 도입하여 운송권 회복 노력(실패)
  ③ **개성상인** : 일본인의 약탈적 상업에 의해 침해(인삼 재배업)
  ④ **토착상인** : 객주·여각·보부상 등은 문호 개방 초기 이익, 상인들은 큰 타격(외국 상인의 내륙진출이 허용), 일부는 상회사를 설립하여 성장
  ⑤ **상회사의 설립** : 평양에 대동상회, 서울에 장통회사 설립, 종삼회사 설립(인삼관련), 호상상회 설립(미곡무역), 1890년대에는 회사 수가 전국 40여 개

(2) 산업 자본의 성장
  ① **공장제 수공업** : 유기제조 공장(안성)과 조선유기상회(서울) 설립
  ② **면직물 공업** : 종로 직조사 설립(발동기 이용 면직물 생산)

(3) 금융 자본의 성장
  ① **은행의 설립 배경** : 일본 금융 기관의 침투, 일본 상인의 고리 대금업 성행
  ② **민간은행의 설립** : 조선은행(1896~1901, 최초 민간은행), 한성은행, 천일은행 등
  ③ **결과** : 자금부족, 외국상인의 상권장악, 일본의 화폐정리사업으로 민간은행 몰락

02 경제적 구국 운동의 전개

(1) 화폐정리사업 중요★
  ① **사업내용** : 대한제국 화폐인 백동화와 상평통보는 사용할 수 없게 하고 **일본 화폐로 교환하는 것으**로 일본은 이러한 내용을 3일 전에 공고하였고, 1주일간의 한시적 교환을 실시
  ② **교환원칙** : 일본은 소액의 화폐는 교환을 거부하였으며, 백동화의 **상태에 따라 차별** 교환을 원칙으로 하였고, 양호한 상태를 갑·을·병종으로 구분하여 각각 100%·40%·0%로 교환

1889	1898	1904	1905	1907
방곡령 사건	독립 협회의 이권수호운동	보안회, 농광 회사	화폐정리사업	국채보상운동

> **더 알아두기**
>
> **화폐정리사업**
> 상태가 매우 양호한 갑종 백동화는 개당 2전 5리의 가격으로 새 돈과 교환하여 주고, 상태가 좋지 않은 을종 백동화는 개당 1전의 가격으로 정부에서 매수하며, …… 단, 형질이 조악하여 화폐로 인정하기 어려운 병종 백동화는 매수하지 않는다.
>
> 『탁지부령 제1호, 1905년 6월』

③ **결과** : 화폐정리사업으로 구화폐를 가진 조선인들은 제대로 보상을 받지 못하였고, 자본이 유통되지 않아 국내의 상공업자와 금융기관에 큰 타격

(2) 일제의 황무지 개간권에 대한 반대 운동(1904)

① **배경** : 일제가 황무지 개간권 요구, 적극적인 반대 운동 전개
② **민족의 저항** 중요 ★★★
  ㉠ 보안회 : 원세성, 송수만 중심 보안회 설립, 민중 집회와 가두집회(반대운동)
  ㉡ 농광회사 : 농광회사를 설립(우리 손으로 황무지 개간 주장)
③ **결과** : 국민적 호응으로 황무지 개간권 요구를 철회

(3) 국채보상운동(1907)

① **배경** : 일제의 차관 제공(1907년까지 차관 총액은 1,300만 원), 정부의 상환 곤란
② **국채보상운동의 전개** 중요 ★★★
  ㉠ 취지 : 국민의 힘으로 국채를 상환하려는 운동
  ㉡ 전개 : 대구에서 시작(서상돈) → 국채보상기성회 조직(서울), 전국 확대, 모금 운동 전개(금주·금연운동, 여성들의 패물 납부), 언론기관 참여(대한매일신보, 황성신문, 제국신문 등)

> **더 알아두기**
>
> **국채보상운동**
> 국채 1300만 원은 우리 대한의 존망에 관계가 있는 것이다. 갚아 버리면 나라가 존재하고 갚지 못하면 나라가 망하는 것은 대세가 반드시 그렇게 이르는 것이다. … 우리 2천만 동포 중에 애국 사상을 가진 이는 기어이 이를 실시해서 삼천리강토를 유지하게 되기를 간절히 바라는 바이다.
>
> 『대한매일신보』 1907.2.22.

③ **결과** : 양기탁 구속(횡령 누명), 일제의 탄압(1908, 2,000만 원 차관의 강제공급) 등으로 좌절

> **주관식 레벨 UP**
>
> 1907년 국민 모금으로 정부가 진 빚을 갚아서 경제 자립과 국권 수호를 이룩하자는 운동을 무엇이라 하는가?
>
> **풀이** 국채보상운동

제3장 국권 피탈과 국권 회복 운동

제1절 한일 강제 병합과 민족의 분노

01 20세기 초의 세계

(1) 제1차 세계대전
① **전개**: 삼국동맹 결성 → 삼국협상 결성 → 사라예보 사건 → 무제한 잠수함 사건 → 미국 참전 → 러시아 전쟁 이탈 → 오스트리아 항복 → 동맹국 항복
② **결과**: 파리 강화 회의(1919, 윌슨의 14개조 평화 원칙, 군비 축소, 민족 자결, 국제 연맹창설, 하지만 강대국 불참 및 군사력 부재), 베르사유 체제(패전국의 식민지 독립)

> **더 알아두기**
>
> **14개조 평화 원칙**
> 제5조 식민지주권 문제를 결정함에 있어서 이 문제와 관련된 주민들의 이해관계가 장래에 그 주권을 결정하게 될 정부의 정당한 주장과 같은 비중으로 고려되어야 한다.
> 제14조 강대국과 약소국을 막론하고 여러 국가 상호 간에 정치적 독립, 영토의 상호 보장을 목적으로 한 국가 간의 연합 조직이 특별한 규약 밑에 형성되어야 한다.

(2) 사회주의 대두
① **러시아 혁명**: 피의 일요일(1905) → 3월 혁명(1917, 자유주의 임시정부 수립) → 10월 혁명(1917, 레닌이 볼셰비키를 이끌고 소비에트 정부 수립)
② **소련의 변화**: 레닌의 사회주의 개혁 → 신경제 정책 추진 → 소비에트 사회주의 공화국 연방 수립(1922) → 스탈린의 독재 강화

(3) 중국의 민족 운동
① **신해혁명(1911)**: 청조의 붕괴, 중화민국 수립(쑨원, 1912)
② **5·4 운동(1919)**: 반제국주의, 국권 회복을 위한 민족운동 전개
③ **국공합작**
  ㉠ 제1차 국공합작(1924): 반제국주의와 군벌 타도를 위해 국민당과 공산당 합작
  ㉡ 제2차 국공합작(1937): 항일 통일 전선 형성

(4) **인도의 민족운동**: 간디(완전자치 주장, 비폭력, 불복종 운동), 네루(완전독립 주장)

1902	1904	1905	1907	1909	1910
1차 영일 동맹	한일의정서, 1차 한일 협약	2차 영일 동맹, 2차 한일 협약(을사늑약)	한일 신협약, 군대 해산	기유각서	경찰권 박탈, 경술국치

02 을사늑약 이전 일제의 침탈 과정

(1) 제1차 영·일 동맹(1902.1.) : 일본이 청에서의 영국 이권을 승인하고 영국은 한국에서의 일본의 특수 이익을 승인한다는 것으로 제3국과의 교전 시 상호 원조할 것을 약속

(2) 용암포 사건(1903) : 러시아는 한국 용암포와 압록강 일대에 군대를 배치한 후 **용암포 조차**를 강요하여 획득, 러시아와 일본 사이에 전쟁 발발

(3) 러시아와 일본의 대립
  ① 한반도의 분할 논의
    ㉠ 배경 : 한반도의 38도 이북과 이남을 **일본과 러시아가 분할**하여 자신들의 세력권에 놓아 이권을 확보하자는 것
    ㉡ 전개 : 제1차 영·일 동맹 이전에 일본이 러시아에게 제의하였으나 러시아가 거절, 제1차 영·일 동맹 이후에 러시아가 일본에 제의하였으나, 일본이 거절
  ② **대한제국의 중립 선언** : 대한제국은 전쟁에 휘말리지 않기 위하여 국외 중립을 선언(1904.1.)

(4) 러일전쟁의 발발(1904.2. ~ 1905.9.) : 일본의 기습으로 러일전쟁 발발, 일본이 러시아의 발틱함대를 격파하며 승리

(5) 한일의정서(1904.2.) 중요 ★★
  ① **체결과정** : 러일전쟁 중 일본이 한반도를 세력권에 넣기 위하여 강제로 **한일의정서**를 체결
  ② 내용

  > 제1조 한국 정부는 일본을 신임하고 일본의 시정 개선에 관한 충고를 받아들여야 한다.
  > 제2조 일본 정부는 한국 황실을 친의로써 안전하게 한다.
  > 제4조 일본 정부는 제3국이나 내란에 의하여 한국 황제와 영토에 안녕이 위험해질 경우 일본은 이에 필요한 조치를 취하고, 이 목적을 위해 군사 전략상 필요한 요충지를 사용할 수 있다.
  > 제5조 한국 정부는 일본의 승인 없이는 제3국과 자유로이 조약을 체결할 수 없다.

  ③ **결과** : 국외 중립 무효화, 일본의 군사요충지 사용권 획득, 일본의 충고권, 황무지 개간권

  주관식 레벨 UP
  러일전쟁 중에 일제에 의해 강제 체결된 것으로 충고권, 군사요충지 사용권, 국외중립 무효, 황무지 개척권 등이 포함된 조약은 무엇인가?
  풀이 한일의정서

(6) 제1차 한일 협약(= 한일협정서, 1904.8. 고문통치) 중요 ★★

① **체결과정**: 러일전쟁이 일본에 유리하게 전개되자, 일본은 한국 식민지화 계획안을 확정하고 강제로 체결, 고문통치의 시작

② **내용**

> - 한국 정부는 일본 정부가 추천하는 일본인 1명을 재정 고문으로 하여 한국정부에 용빙하고, 재무에 관한 사항은 일체 그 의견을 물어 시행할 것
> - 한국 정부는 일본 정부가 추천하는 외국인 1명을 외교 고문으로 하여 외부에 용빙하고 외교에 관한 요무(要務)는 일체 그 의견을 물어 시행할 것
> - 한국 정부는 외국과의 조약 체결, 기타 중요한 외교 안건, 즉 외국인에 대한 특권 양여와 계약 등의 처리에 관하여는 미리 일본 정부와 협의할 것

③ **결과**: 재정 고문인 일본인 메가타, 외교 고문에 미국인 스티븐스, 군사, 경찰, 학부, 궁내부 등에 일본인 고문 파견, 대한제국의 내정과 외교 간섭

(7) 일본의 한국 지배를 묵인한 국제 조약 중요 ★

① **가쓰라·태프트 밀약(1905.7.)** 중요 ★★
  ㉠ 배경: 일본과 미국의 비밀협상, 일본이 필리핀에서의 미국의 독점 권익을 인정하고 한국에 있어서 일본의 독점적 지배권을 묵인한 것
  ㉡ 내용

> 첫째, 일본은 필리핀에 어떠한 침략적 의도도 품지 않으며, 미국의 필리핀 지배를 인정한다.
> 둘째, 극동의 평화를 위하여 미·영·일 3국은 실질적인 동맹 관계를 확보한다.
> 셋째, 러일전쟁의 원인이 된 한국은 일본이 지배할 것을 승인한다.

② **제2차 영·일 동맹(1905.8.)**
  ㉠ 배경: 러일전쟁 중에 체결한 것, 일본이 한국에서의 독점적 지배권을 묵인받고, 영국의 인도에 대한 특수 권익을 인정한 것
  ㉡ 내용

> 영국은 일본이 한국에서 가지고 있는 이익을 옹호, 증진하기 위하여 필요하다고 인정하는 지도, 통제 및 보호의 조치 등 한국에서 행하는 권리를 승인한다.

③ **포츠머스 강화 조약(1905.9.)**
  ㉠ 배경: 러일전쟁에서 승리한 일본이 미국에 중재를 요청하여 러시아와 체결한 것, 한국에서의 독점적 지배권을 국제적으로 인정
  ㉡ 내용

> - 일본의 한국에 있어서의 정치상·군사상·경제상의 특별 권리를 승인할 것
> - 요동 반도의 조차권과 장춘·여순 간의 철도를 일본에 넘길 것
> - 북위 50° 이남의 사할린섬을 일본에 할양할 것

1902	1904	1905	1907	1909	1910
1차 영일 동맹	한일의정서, 1차 한일 협약	2차 영일 동맹, 2차 한일 협약(을사늑약)	한일 신협약, 군대 해산	기유각서	경찰권 박탈, 경술국치

제2절 통감통치와 민족경제의 몰락

01 제2차 한일 협약(1905.11.17. 을사늑약, 통감통치) 중요 ★★

(1) 을사늑약 체결과정

① **배경**: 강력한 식민지화 정책을 추진하기 위하여 **이토 히로부미**(1906, 초대통감)는 군대로 궁궐을 포위하고 **통감통치**를 강요

② **진행**
  ㉠ 강제 통과: 고종과 내각은 절대 반대하였으나, 수상 한규설을 감금하고 이완용, 박제순 등 을사5적을 위협하여 조약에 서명하도록 하고 이를 공포
  ㉡ 내용

> **제2조** 일본국 정부는 한국과 타국 간에 현존하는 조약의 실행을 완수하는 임무를 담당하고 한국 정부는 지금부터 일본국 정부의 중개를 거치지 않고서는 국제적 성질을 가진 어떤 조약이나 약속을 맺지 않을 것을 서로 약속한다.
> **제3조** 일본국 정부는 그 대표자로 한국 황제 폐하 밑에 1명의 통감을 두되 통감은 오로지 외교에 관한 사항을 관리하기 위하여 경성에 주재하고 친히 황제 폐하를 알현할 수 있는 권리를 가진다.

③ **결과**: 대한제국의 외교권 박탈, 통감부 설치, 외교뿐만 아니라 내정까지도 간섭

(2) 민족의 저항

① **을사조약 반대운동**: 상소운동(조병세·이상설·안병찬), 항일순국(민영환·조병세), 항일언론운동(장지연), 무효선언(고종, 대한매일신보), 5적 암살단(나철, 오기호)

> **더 알아두기**
>
> **시일야방성대곡**
> 그러나 슬프도다. 저 개돼지만도 못한 소위 우리 정부의 대신이란 자들은 자기 일신의 영달과 이익이나 바라면서 위협에 겁먹어 머뭇대거나 벌벌 떨며 나라를 팔아먹는 도적이 되기를 감수했던 것이다. … 아! 분한지고. 우리 2천만 동포여, 노예된 동포여! 살았는가, 죽었는가? 단군·기자 이래 4천년 국민정신이 하룻밤 사이에 홀연 망하고 말 것인가. 원통하고 원통하다. 동포여! 동포여.
> 장지연, 『시일야방성대곡』

② **헤이그 특사 파견(1907.6.)** 중요 ★★★
  ㉠ 배경: 고종은 을사늑약의 불법성과 침략 행위의 부당성을 전 세계에 호소하여 국제적인 압력으로 파기하기 위하여 이준, 이상설, 이위종을 헤이그에서 개최되는 제2회 만국 평화 회의에 특사로 파견
  ㉡ 결과: 일제는 이를 빌미로 **고종을 강제로 퇴위**(1907.7.)시키고, **한일신협약**(정미 7조약)을 강요

> **주관식 레벨 UP**
>
> 고종은 을사늑약의 불법성과 침략 행위의 부당성을 전 세계에 호소하여 국제적인 압력으로 파기하기 위하여 헤이그에서 개최되는 제2회 만국 평화 회의에 특사로 파견하였다. 헤이그 특사는 누구인가?
>
> 풀이 이준, 이상설, 이위종

02 을사늑약 이후 국권피탈과정

(1) **한일신협약(1907.7. 정미 7조약, 차관통치)** 중요 ★

① **체결과정**: 순종이 즉위한 직후 일제는 한일신협약을 강제로 체결, **차관통치** 시행

② **내용**

> 일본 정부와 한국 정부는 속히 한국의 부강을 도모하고 한국민의 행복을 증진하고자 하는 목적으로 다음 조관을 약정함(요약)
> 제1조 한국정부는 시정개선에 관하여 통감의 지도를 받을 것
> 제2조 한국정부의 법령제정 및 중요한 행정상의 처분은 미리 통감의 승인을 거칠 것
> 제3조 한국의 사법사무는 보통 행정사무와 이를 구분할 것
> 제4조 한국 고등 관리의 임면은 통감의 동의로써 이를 행할 것
> 제5조 한국정부는 통감이 추천하는 일본인을 한국 관리에 임명할 것
> 제6조 한국정부는 통감의 동의 없이 외국인을 한국 관리에 임명하지 말 것

③ **결과**: 일본인 차관으로 행정부를 장악, 고종황제의 강제 퇴위와 정미 7조약에 대한 민족 항일운동이 거세지자 통감 이토는 군대를 해산(1907.8.)

(2) **국권의 강탈(1910.8.29. 경술국치, 한일 병합 조약)** 중요 ★★★

① **체결과정**: 일제는 기유각서(1909.7.)로 사법권 및 감옥 사무권을 강탈, 경찰권(1910.6.) 강탈 이후 국권 강탈

> **더 알아두기**
>
> **한일 병합 조약**
> 일본국 황제 폐하 및 한국 황제 폐하는 양국 간에 특수하고도 친밀한 관계를 고려하여 상호의 행복을 증진하며 동양 평화를 영구히 확보하고자 하며 이 목적을 달성하기 위하여 한국을 일본제국에 병합함이 선책이라고 확신하고 …… 아래의 조항을 협정하였다.
> 제1조 한국 황제 폐하는 한국 전부에 관한 모든 통치권을 완전 또는 영구히 일본 황제 폐하에게 양여한다.
> 제2조 일본국 황제 폐하는 전조에 기재한 양여를 수락하고 완전히 한국을 일본제국에 병합함을 승낙한다.

② **결과**: 조선총독부 설치(총독통치), 헌병무단통치의 시행

제3절 문화 계몽 운동

01 근대 문물의 수용

(1) 근대 시설의 양면성 : 생활의 편리함 이면에는 열강의 이권 침탈 및 침략 목적(통신·철도)

(2) 대표적 근대 시설 중요 ★★★

각종 시설		연대	내용
통신	전신	1884, 일	해저전신 연결, 일본 ~ 부산
		1885, 청	서울 ~ 인천, 서울 ~ 의주
	우편	1884	갑신정변으로 중단(1884), 을미개혁 때 재개(1895), 만국우편연합에 가입(1900)
	전화	1896	경운궁에 가설되었던 전화가 서울, 시내 민가에 가설(1902)
철도	경인선	1899	미국에 의해 최초 착공, 일본이 완성(1900)
	경부선	1905	일본에 의해 최초 착공, 일본이 완성
	경의선	1906	프랑스에 의해 최초 착공, 일본이 완성
전차		1898	미국인 콜브란과 황실이 합작으로 만든 한성전기회사가 발전소를 설립하고 전차를 운행(서대문 ~ 청량리)
의료	광혜원	1885	알렌과 조선 정부와의 공동 출자로 개원(최초의 근대식 병원), 제중원 개칭(1885.3.)
	광제원	1900	정부 출자 신식 의료기관, 지석영(종두법), 대한의원으로 개편, 의료 요원 양성(1907)
	자혜병원	1909	진주, 청주, 함흥 10여 곳에 세운 도립 병원
	세브란스	1904	미국인 에비슨이 건립, 경성 의학교와 더불어 의료 요원을 양성
독립문		1896	프랑스의 개선문을 모방
전등		1887	경복궁 건청궁에서 처음 가설, 서울에 가로등 설치(1900, 한성전기회사)
석조전		1900 ~ 1909	덕수궁 석조전, 르네상스식 건축 양식
명동성당		1887 ~ 1898	중세 고딕 양식
박문국		1883	출판, 근대적 인쇄술 도입, 한성순보 발행
전환국		1883	화폐 주조, 당오전 주조
기기창		1883	영선사의 건의로 세운 최초의 근대식 무기 제조 공장

[명동성당]

[덕수궁 석조전]

[구 러시아 공사관]

(3) 의식주 생활의 변화

① **의복** : 개화파들의 양복 도입
  ㉠ 문관복장규칙(1900) : 갑오개혁 이후 관복과 군복이 양복으로 변화, 관복 간소화
  ㉡ 변화 : 남성(저고리 위 마고자, 조끼), 여성(치마, 저고리, 두루마기, 통치마)
② **식생활** : 궁중과 고위관리층을 중심으로 서양 음식 유행(커피, 홍차), 중국요리, 일본음식 등
③ **주거** : 개항장과 서울 등지에 서양식 건물 등장, 1890년대 이후 민간에서도 한옥과 양옥을 절충한 건물 등장

02 언론기관의 발달 중요 ★★★

신문	내용
한성순보 (1883 ~ 1884)	• 개화 정책의 취지 설명, 국내외 정세 소개, 박영효 등 개화파(박문국 발행), 순 한문, 최초의 신문 • 정부관료 대상, 관보, 최초의 신문(10일에 1회 발간)
한성주보 (1886 ~ 1888)	한성순보 계승, 박문국에서 매주 한 번 간행, 국한문 혼용, 최초 상업 광고 게재
독립신문 (1896 ~ 1899)	• 최초 민간 신문, **서재필** 창간, 시민층 대상, **한글판과 영문판 발행** • 국민 계몽(자주 의식, 근대적 민권 의식 고취)
황성신문 (1898 ~ 1910)	• 일제의 침략 정책과 매국노 규탄, 지식층・유생 대상 • **을사늑약에 대한 항일논설(시일야방성대곡)** → 80일간 정간 • 보안회 지원(황무지 개간권 요구의 부당성 지적) • 국한문 혼용, 민족주의 신문
제국신문 (1898 ~ 1910)	민중 계몽, 자주 독립 의식 고취, 순 한글, **일반 서민층, 부녀자 대상**
대한매일신보 (1904 ~ 1910)	• **영국인 베델, 양기탁, 을사늑약 무효의 고종 친서** • 을사늑약 이후 항일운동의 선봉, 의병운동에 대해 호의적, **일본인 출입금지 간판** 설치, 순한글, 국한문, 영문판 • 황성신문, 제국신문과 함께 **국채보상운동 주도**
만세보 (1906 ~ 1907)	천도교계 신문, 여성교육과 여권 신장에 관심, 일진회 공격

주관식 레벨 UP

박영효 등 개화파가 주도하여 박문국에서 발행한 정부 관료 대상의 신문으로 열흘에 한번 발간한 우리나라 최초의 신문은 무엇인가?

풀이 한성순보

1883	1886	1895	1906	1907	1908
원산 학사	육영 공원	교육입국 조서, 소학교령 공포	서전서숙	대성 학교, 오산 학교	명동 학교

> **주관식 레벨 UP**
>
> 영국인 베델과 양기탁이 설립한 민족 언론으로 고종이 을사조약의 무효 친서를 게재하는 등 을사조약 이후 항일운동의 선봉에 섰던 신문의 이름을 말하시오.
>
> **풀이** 대한매일신보

03 근대 교육과 국학 연구

(1) 근대 교육 중요 ★★★

① **근대 교육의 시작** 중요 ★★★

㉠ 원산학사(1883) : 우리나라 최초의 근대적 사립학교

> **주관식 레벨 UP**
>
> 1883년 덕원·원산 주민들이 개화파 인물들의 권유에 따라 설립한 우리나라 최초의 근대적 사립학교의 이름은 무엇인가?
>
> **풀이** 원산학사

㉡ 동문학(1883) : 정부 지원으로 묄렌도르프가 설립, 영어 강습 기구
㉢ 육영공원(1886) : 최초 관립학교, 상류층 자제에게 근대 학문 교육, 미국인 교사 헐버트와 길모어 초빙

> **주관식 레벨 UP**
>
> 정부가 세운 최초의 관립 학교로 미국인 교사 헐버트와 길모어를 초빙하여 상류층 자제들에게 영어, 수학, 지리, 정치 등 근대 학문을 교육하였던 학교의 이름은 무엇인가?
>
> **풀이** 육영공원

② **관립학교** : 교육입국조서 반포(1895, 고종, 각종 학교 설립)

③ **사립학교**

㉠ 개신교 계통 학교 : 배재학당, 이화학당, 경신학당, 정신여학교, 숭실학교
㉡ 민족주의 계통 학교 : 애국계몽운동의 일환으로 다수 설립, 보성학교, 오산학교, 대성학교, 신흥학교

(2) 국학 연구

① **국사**
   ㉠ 신채호 : 독사신론(대한매일신보에 발표), 근대 민족주의 역사학의 방향 제시, 민족의 혼 강조(박은식, 정인보가 계승)
   ㉡ 영웅전기 : 우리나라의 구국 영웅을 통해 독립 의식 고취(이순신전, 최도통전, 을지문덕전)
   ㉢ 외국문학 : 국가 위기에 대한 경각심(미국독립사, 월남 망국사, 이태리 건국 삼걸전)

② **국어**
   ㉠ 국한문 혼용체(한성주보, 서유견문, 황성신문), 순한글체(독립신문, 제국신문, 대한매일신보)
   ㉡ 국문연구소 설립(1907) : 국문의 정리와 국어의 이해체계 확립, 유길준(대한문전), 주시경(국어문법), 지석영(신정국문)

③ **일제의 탄압** : 출판법(1909) 제정으로 교과서 및 일반 서적발행과 내용검열

(3) 문학과 기타 활동

① **신소설** : 이인직의 혈의누(1906, 일본식 문체), 이해조의 자유종(1910), 안국선의 금수회의록(1908) 등(자주 독립·여권 신장·신분 타파 등 주장)

② **신체시** : 최남선의 '해에게서 소년에게' 발표(1908, 최초의 근대시)

③ **외국문학** : 천로역정, 빌헬름텔, 이솝이야기, 걸리버여행기 등 번역

④ **예술의 변화**
   ㉠ 음악 : 서양 음악, 찬송가 등
   ㉡ 창가 : 애국가, 권학가, 학도가, 독립가 등
   ㉢ 창극 : 신재효의 판소리 여섯마당 정리
   ㉣ 원각사(1908) : 최초의 서양식 극장, 은세계, 치악산 등 공연
   ㉤ 미술 : 서양 미술 소개, 민화 등(고희동, 장승업, 안중식)
   ㉥ 건축 : 서양식 건축 양식 도입(명동성당, 정동 교회, 덕수궁 석조전)

⑤ **종교 활동**
   ㉠ 천도교 : 손병희, 동학 계승, 만세보, 3·1 운동의 주도
   ㉡ 대종교 : 나철·오기호 개창, 단군신앙, 5적 암살단 조직(1905)
   ㉢ 불교 : 조선불교유신론(한용운)

> **더 알아두기**
> 불교의 유신은 마땅히 파괴를 해야 한다. 유신이란 무엇인가, 파괴의 자손이요, 파괴란 무엇인가, 유신의 어머니다. … 그러나 파괴라고 해서 모두를 무너뜨려 없애 버리는 것을 뜻을 하지는 않는다. 다만 구습 중에서 시대에 맞지 않는 것을 고쳐서 이를 새로운 방향으로 나아가게 한다는 것뿐이다.
> 한용운, 『조선불교유신론』

   ㉣ 유교 : 유교구신론(박은식), 대동교 창설
   ㉤ 개신교 : 서양 의술 보급, 학교 설립, 한글 보급, 미신타파, 활발한 계몽 활동
   ㉥ 천주교 : 1886년 프랑스와 수교하면서 포교 자유 획득, 고아원, 양로원 등 사회사업

1894	1895	1905	1907	1908
동학농민운동	을미사변 → 을미의병	을사조약 → 을사의병	군대 해산 → 정미의병	서울진공작전

제4절 항일의병전쟁

01 의병운동

(1) 을미의병(1895) 중요 ★★★
   ① 배경 : 을미사변과 단발령
   ② 전개
      ㉠ 주도 세력 : 유생층 주도(문석봉, 유인석, 이소응), 일반 농민, 동학 농민군의 잔여 세력 가담
      ㉡ 해산 : 단발령 철회, 고종의 해산 권고 조칙
   ③ 특징 : 위정척사 사상 계승, 일반 농민·동학 농민군의 잔여 세력 가담

   주관식 레벨 UP
   명성황후 시해(을미사변)와 단발령을 계기로 일어난 의병은 무엇인가?
   풀이 을미의병

(2) 을사·병오의병(1905 ~ 1906) 중요 ★★★
   ① 배경 : 러일전쟁 후 을사늑약 체결
   ② 특징 : 무장투쟁 전개, 국권 회복을 전면에 제기, **평민 의병장의 등장**, 반침략 운동의 성격
   ③ 의병장
      ㉠ 민종식 : 전직 관리, 충남 홍주성 점령
      ㉡ 최익현 : 유생, 전북 태인·순창, 대마도에 유배·순국, 전라도 지역 의병 투쟁에 자극

   주관식 레벨 UP
   을사의병 당시 활동한 양반 유생의 대표로 전북 태인에서 거병하여 순창 등에서 활약하였다. 대마도에 유배되어 순국한 인물은 누구인가?
   풀이 최익현

      ㉢ 신돌석(평민 의병장) : 경북·강원도 일대(평해·울진)

(3) 정미의병(1907) 중요 ★★★

① **배경**: 고종의 강제 퇴위, 군대해산
② **확산**: 해산 군인의 의병 가담으로 전투력 향상, 전국으로 확산, 의병 전쟁의 양상
③ **전개**

[정미의병]

㉠ 서울 진공 작전(1908.1.): 이인영, 허위 등 유생 의병장의 주도로 13도 창의군 결성(총대장 이인영, 경기도 양주에 1만여 명 집결) → 부친상으로 이인영 낙향, 허위 체포, 일본의 반격으로 실패
㉡ 일본의 남한 대토벌 작전(1909.9.): 의병 투쟁 위축, 남한 대토벌 이후 만주와 연해주로 이동하여 독립운동 기지를 마련

④ **특징**: 의병은 서울 주재 각 영사관에 의병을 국제법상 교전단체로 승인해 줄 것을 요구하는 서신을 발송하여 스스로를 '독립군'이라 주장

주관식 레벨 UP

이인영, 허위 등의 유생 의병장의 주도로 조직한 1만여 명의 전국 의병 연합 부대의 명칭은 무엇인가?

풀이 13도 창의군

---

(4) 의병 전쟁의 의의 및 한계

① **의의**: 가장 적극적인 항일 투쟁, 민족의 독립 정신 표출, 항일 무장 독립 투쟁의 기반 마련, 국권 상실 이후 독립군 가담
② **한계**: 봉건적 유생층의 지도 노선으로 결속력 약화(신돌석·홍범도 부대는 독자적 투쟁), 일본군에 비해 조직과 화력 열세, 국제적 고립 상태에서 진행(외교권 피탈)

02 의사들의 활동 중요 ★

(1) 나철, 오기호 : 을사5적 암살단 조직, 을사5적 처단 실패

(2) 전명운, 장인환 : 미국인 외교 고문 스티븐스 처단(1908)

> **더 알아두기**
>
> **장인환・전명운 의거**
> 스티븐스는 3월 21일 기자 회견을 갖고, "일본이 한국을 보호국으로 삼은 뒤 한국에 유익한 바가 많다" 또는 "한국국민은 일본의 보호정치를 환영하고 있다"는 등의 망언을 일삼았다. 장인환과 전명운은 3월 23일 샌프란시스코 페리부두에서 스티븐스를 처단하기로 계획하고, 전명운이 권총으로 저격하였으나 불발로 실패, 직후 장인환이 스티븐스를 저격하여 처단하였다.

(3) 안중근 중요 ★★★

만주 하얼빈, 초대 통감 이토 히로부미 처단(1909)

> **주관식 레벨 UP**
>
> 간도와 연해주에서 활약하던 의병장으로 만주 하얼빈 역에서 한국 침략의 원흉인 초대 통감 이토 히로부미를 저격하여 처단한 인물은 누구인가?
>
> **풀이** 안중근

(4) 이재명 : 명동성당에서 이완용 습격, 중상(1909)

제4장 일제의 무단통치와 3·1 운동

제1절 일제의 무단통치와 식민지체제

01 일제 강점기 시대구분

시기구분		식민 통치내용
무단통치 (1910~1919) [3·1 운동]	정치	총독이 행정·입법·사법·군통수권 등 전권 장악, 헌병 경찰제, 태형·즉결심판권, 언론 집회의 자유 박탈, 관리·교사들도 제복과 착검
	경제	토지조사사업을 통한 토지 약탈, 회사령(허가제)을 통한 민족 기업 성장 억제, 산업 각 부분에 대한 침탈 체제 구축
	교육	일본어 학습, 조선어 수업 축소, 중등교육제한, 역사 지리 교육 금지
문화통치 (1919~1931) [만주사변]	정치	기만적 문화통치(가혹한 식민통치 은폐), 친일파 양성을 통한 민족 분열책, 보통경찰제, 교육 기회의 확대 표방
	경제	산미증식계획(농민층 몰락, 빈곤층 크게 증가, 식량 사정 악화), 회사령 폐지(신고제), 일본 자본 진출, 관세 철폐
	교육	조선어·역사 지리 교육 허용(표면상 일시적 회유), 경성 제국 대학 설립(민족교육억압)
민족말살통치 (1931~1945)	정치	황국신민화 강요, 황국신민의 서사암송, 신사참배·궁성요배·일본식 성명 강요, 학술 언론 단체 해산
	경제	병참기지화, 인적 수탈(국가총동원법, 지원병제, 징병제, 징용제, 정신대), 물적 수탈(전쟁물자·식량공출, 식량배급제), 산미증식재개, 가축증식계획
	교육	우리말 사용 금지, 학도 군사 훈련, 조선어·조선역사·조선지리 과목 폐지

02 헌병무단통치(1910~1919)

(1) 무단통치 시기의 중심 기구 중요★

① 조선총독부
  ㉠ 설치 : 일제 식민통치의 중추기구, 조선 총독이 권력 장악
  ㉡ 조선 총독 : 조선 총독은 현역 일본군 대장 중에서 임명

ⓒ 총독의 권한 : 일본 국왕의 직속으로 입법·사법·행정권 및 군 통수권까지 장악
ⓔ 산하기구 : 총독 아래에 행정을 담당하는 정무총감과 치안을 담당하는 경무총감 존재, 행정 기관, 재판소, 조선은행, 철도국, 전매국, 임시 토지 조사국

[조선총독부]

> **주관식 레벨 UP**
>
> 1910년 국권을 강탈한 일제가 강력한 헌병 경찰 통치를 시행하기 위하여 서울에 설치한 식민통치 중추기관의 명칭은 무엇인가?
>
> 풀이 조선총독부

② **동양척식주식회사** : 토지조사사업, 토지 관련 분배업무, 농업 이민 주선, 공업 건설, 회사 설립 등을 담당했던 일제 식민기구
③ **중추원** : 총독부의 자문 기구, 한국인의 정치 참여 위장, 친일파 회유

(2) 무단통치의 내용(헌병 경찰을 앞세운 일제의 폭력적 통치 방식) 중요 ★★★
① **통치** : 재판 없이 즉결처분권(태형·징역·구류), 헌병이 경찰·행정 업무 모두 관여, 한국인의 정치활동 금지

> **더 알아두기**
>
> **조선태형령(1912)**
> • 태형은 감옥 또는 즉결 관서에서 비밀리에 행한다.
> • 조선인에 한하여 5대 이상의 태형에 처할 수 있다.
> • 태는 길이 1척 8촌, 두께 2푼 5리, 넓이는 위가 7푼, 아래가 4푼 5리로 한다.
> • 수형자를 형판 위에 엎드리게 하고 손과 발을 묶은 후 볼기를 노출시켜 태로 친다.

② **기본권 제한** : 언론·출판·집회·결사의 자유 박탈(보안법, 신문지법, 출판법)
③ **교육** : 관리와 교사들까지도 칼을 차고 제복을 착용, 일본어 중심의 교과목, 초등교육과 실무 내용만 교육

> **주관식 레벨 UP**
>
> 1912년 일제가 갑오개혁 때 폐지한 태형을 부활시켜 조선인을 탄압하기 위하여 제정한 법령의 이름은 무엇인가?
>
> 풀이 조선태형령

제2절 수탈을 위한 토지조사와 농민층의 몰락

01 토지조사사업(1912~1918)의 실시 중요 ★★

(1) 목적: 근대적 토지 소유제도 확립의 명분, **토지조사령 발표(1912)**, 소작인의 경작권 부정

(2) 방법: 복잡한 구비 서류, 기한부 신고제

> **더 알아두기**
>
> **토지조사령**
> 제4조 토지의 소유자는 조선총독이 정하는 기간 내에 그 주소, 성명·명칭 및 소유지의 소재, 지목, 자번호, 사표, 등급, 지적, 결수를 임시토지조사국장에게 신고하여야 한다. 다만, 국유지는 보관관청에서 임시토지조사국장에게 통지하여야 한다.
>
> 『조선총독부 관보』, 1912.8.13.

(3) 결과
① 총독부의 토지 약탈
   ㉠ 토지 정리 : 미신고 농토, 공공 기관 토지, 마을·문중의 토지의 상당 부분을 총독부가 차지
   ㉡ 헐값으로 불하 : **동양척식주식회사** 등 토지 회사나 일본인에 헐값으로 불하(일본인 대지주 증가)
② **과세지 면적 증가** : 총독부의 지세 수입 급증, 농민의 세금 부담 가중
③ 식민지 지주제의 확대
   ㉠ 지주의 권한 강화 : 소작농은 **도지권을 상실했고**(소작농 권리 약화), 기한부 계약에 의한 소작농으로 전락함
   ㉡ 농민의 몰락 : 토지를 약탈당한 농민들은 만주, 연해주 등 국외로 이주

> **주관식 레벨 UP**
>
> 일제가 근대적 소유권을 인정한다는 명목을 빙자하여 제정한 법령으로 실질적으로는 한국인의 토지를 약탈하기 위해 1912년 제정한 법령의 명칭은 무엇인가?
>
> 풀이 토지조사령

1910	1911	1912	1920	1925	1938
경술국치	105인 사건	태형령, 토지조사 사업(~1918)	산미증식계획 (~1934)	치안유지법	국가총동원령

02 산업의 침탈

(1) 회사령(1910) 중요 ★

회사 설립 시 총독의 허가, 회사해산권, 민족기업 억압, 일제의 산업 독점, 한국인 기업은 경공업 한정

> **더 알아두기**
>
> **회사령(1910)**
> 제1조 회사의 설립은 조선 총독의 허가를 받아야 한다.
> 제5조 회사가 본령이나 본령에 의거하여 발하는 명령과 허가 조건에 위반하거나 또는 공공질서와 선량한 풍속에 반하는 행위를 할 때 조선 총독은 사업의 정지, 지점의 폐쇄, 회사의 해산을 명할 수 있다.

> **주관식 레벨 UP**
>
> 일제가 한국인의 회사 설립과 민족 자본의 성장을 저지하기 위한 목적으로 회사 설립 시 총독부의 허가를 받게 하기 위하여 제정한 법령은 무엇인가?
>
> **풀이** 회사령

(2) 산업통제

① **어업령(1911)** : 황실 및 개인 소유의 어장을 일본인이 소유
② **삼림령(1911)·임야조사령(1918)** : 전체 산림의 50% 이상 강탈
③ **광업령(1915)** : 광업권에 대한 허가제, 전체 광산의 80% 이상 강탈

제3절 무단 통치하의 민족운동

01 국권 피탈 후 국내의 민족운동(1910년대)

(1) 의병 항전
의병 부대가 만주·연해주로 이동, 활발한 항일투쟁(마지막 의병장 채응언)

(2) 항일 비밀 결사의 활동

① **활동** : 군자금 모금, 친일파 처단, 독립 의식 고취(선언문·격문)
② **독립의군부(1912)** 중요 ★★
  ㉠ 조직 : 유생 의병장 출신의 **임병찬**이 고종의 밀명을 받아 조직(복벽주의)한 비밀 결사
  ㉡ 활동 : 일본에 **국권반환요구서 제출**, 의병 전쟁 계획(사전 발각, 실패)

> **주관식 레벨 UP**
>
> 유생 의병장 출신의 임병찬이 전제군주제를 복구하자는 복벽주의(復辟主義)를 목적으로 조직한 독립운동 단체의 이름을 쓰시오.
>
> **풀이** 독립의군부

③ **송죽회(1913)**
  ㉠ 조직 : 평양 숭의여학교 교사와 학생들을 중심으로 조직
  ㉡ 활동 : 공화정 표방, 여성계몽운동 전개, 해외 독립운동 자금 지원
④ **조선국권회복단(1915)**
  ㉠ 조직 : 이시영, 서상일 등 **시회를 가장**하여 조직, 단군신앙을 바탕으로 국권회복 운동 전개
  ㉡ 활동 : 3·1 운동에 참여, 만주·연해주의 독립단체와 연계 투쟁, 공화정체
⑤ **대한광복회(1915)** 중요 ★★★
  ㉠ 조직 : **박상진**이 주도하여 대구에서 군대식으로 조직, 김좌진 가입
  ㉡ 활동 : 계몽운동 계열의 독립단체, 복벽주의를 반대하고 공화주의 주장, 군자금모집·친일파처단 활동

> **더 알아두기**
>
> **대한광복회 강령**
> 우리는 대한의 독립된 국권을 광복하기 위하여 우리의 생명을 희생(犧牲)에 바침은 물론, 우리가 일생의 목적을 달성하지 못할 때에는 자자손손이 계승하여 원수 일본을 완전히 몰아내고 국권을 광복하기까지 절대 변하지 않고 한마음으로 힘을 다할 것을 천지신명께 맹세함
> ① 부호의 의연(義捐) 및 일본인이 불법 징수하는 세금을 압수하여 무장을 준비한다.
> ② 만주에 사관학교를 설치하여 독립 전사를 양성한다.
> ③ 중국·러시아 등에 의뢰하여 무기를 구입한다.
> ④ 무력이 준비되는 대로 일본인 섬멸전을 단행하여 최후 목적을 달성한다.

⑥ **기타** : 대한광복단(1913), 자립단(1915), 선명단(1915), 조선국민회(1915)

02 국권 피탈 후 국외의 민족운동(1910년대)

(1) **국외 독립 운동 기지 건설**
  ① **목표** : 무장 독립 전쟁을 통해 독립 쟁취
  ② **활동** : 실력 양성론과 의병 전쟁론 결합, 만주·연해주 지역 독립운동 기지 건설 운동, 민족 산업 육성, 민족 교육 실시, 군사력 양성

1909	1912	1913	1915
남한 대토벌	독립의군부	송죽회	조선국권회복단, 대한광복회

(2) 대표적 독립운동 기지 ★★

① **북간도** : 용정에 서전서숙(이상설), 명동학교(김약연) 등 설립, 대종교 계통의 항일 단체인 중광단 (1911→1918, 북로군정서) 결성

② **서간도** : 삼원보(길림성 유하현), 경학사 → 부민단 → 한족회(이시영, 이상룡), 신흥무관학교(독립군 양성, 서로군정서)

③ **연해주** ★★★
신한촌(블라디보스토크) 중심, 권업회(1911), 대한광복군정부[1914, 이상설(정통령), 이동휘(부통령)] → 대한국민의회[1919, 손병희(대통령)]

> **주관식 레벨 UP**
> 연해주 블라디보스토크에서 이상설과 이동휘를 정·부통령으로 하여 1914년 조직한 독립운동 단체를 쓰시오.
> **풀이** 대한광복군정부

④ **상하이** : 신한청년당[여운형, 파리강화회의에 대표(김규식) 파견(1919.2.)]

⑤ **미주** : 대한인 국민회(안창호, 이승만, 군자금 모금, 외교활동), 국민군단(박용만, 하와이에 가장 큰 군사 조직)

> **주관식 레벨 UP**
> 안창호, 박용만, 이승만이 주축이 되어 외교 활동을 활발하게 전개하기 위해 1910년 미주에서 조직한 독립운동 단체의 이름은 무엇인가?
> **풀이** 대한인 국민회

제4절 1919년 3·1 운동

01 3·1 운동의 배경

(1) 국제정세의 변화

① **러시아 혁명(1917)** : 레닌의 반제국주의, 소수민족 해방운동지지 선언

② **파리 강화 회의(1918)** : 파리 강화 회의에서 윌슨의 민족자결주의 제창

(2) 민족운동의 자극 ★★

① **무오독립선언(1918)**
   ㉠ 배경 : 중광단이 중심이 되어 발표한 독립선언서
   ㉡ 선언 : 이상룡, 안창호, 박은식, 신규식 등 길림의 민족지도자 39인이 선언, 무장투쟁의 혈전을 통한 완전한 독립을 주장

② **고종황제 승하(1919.1.21.)** : 고종의 의문사(독살설 유포)

③ **신한청년단(상하이)의 활동** : 독립청원서를 작성, 파리 강화 회의에 김규식을 대표로 파견하여 독립 주장(1919.2.)

④ **2·8 독립선언(1919)** : 도쿄에서 유학생들이 기독교 청년 회관에 모여 조선청년독립단의 이름으로 독립을 요구하는 선언서와 결의문 발표 → 만세운동 전개

> **주관식 레벨 UP**
>
> 1919년 일본에 유학 중이던 학생들이 도쿄에서 2월 8일 독립선언서와 결의문을 발표하고 시위를 전개하였다. 이 단체의 이름은 무엇인가?
>
> **풀이** 조선청년독립단

02 3·1 운동의 전개 ★★

(1) 전개과정

① **기미독립선언서(최남선)** : 강력한 민족의 독립 의지를 대외적으로 표명, 대내적으로 비폭력 원칙을 표방

> **더 알아두기**
>
> **기미독립선언서**
> 우리조선은 이에 우리조선이 독립한 나라임과 조선 사람이 자주적인 민족임을 선언한다. 이로써 세계 모든 나라에 알려 인류가 평등하다는 큰 뜻을 똑똑히 밝히며, … 아아! 새 천지가 눈앞에 펼쳐지는 도다. 힘의 시대가 가고 도의의 시대가 오는 도다. … 우리가 이에 떨쳐 일어선다.

② **민족대표** : 천도교계 15명, 기독교계 16명, 불교계 2명으로 구성, 고종의 인산일(3.3.)을 기하여 만세운동 준비, 3월 1일을 거사일로 준비

③ **독립선언** : 태화관에서 독립선언서를 낭독하고 자진 체포

④ **만세운동** : 탑골 공원에서 학생, 시민의 독립선언서 낭독한 후 서울 시내로 만세운동 확산

1917	1918	1919	1926	1929
대동단결선언	무오독립선언	2·8 독립 선언, 3·1 운동	6·10 만세 운동	광주학생운동

> **더 알아두기**
> 3·1 운동의 전개
>
> | 과정 | 1단계 | 2단계 | 3단계 |
> |---|---|---|---|
> | 주축 | 종교계 대표, 학생 | 학생, 종교인, 상인, 노동자 | 농민층 |
> | 전개 | 도시(서울) 중심 | 전국 도시 확산 | 전국(농촌) 규모 확대 |
> | 특징 | 비폭력 만세운동 | 상인 철시·노동자 파업 운동 | 무력 저항 운동 |

(2) **일제의 탄압** : 일본 본토의 군대 동원 탄압, 유관순 순국, 제암리 학살사건

> **더 알아두기**
> 화성 제암리 학살 사건(1919.4.)
> 화성 제암리에 파견한 일본군은 30여 명의 제암리 기독교도들을 교회에 모아 놓고 문을 잠근 뒤, 무차별 사격 후에 불을 질러 증거를 인멸하려고 한 비인간적인 만행을 벌인다.

> **주관식 레벨 UP**
> 우리 민족은 고종의 인산일을 기하여 1919년 3월 1일 평화적인 만세운동을 전국적으로 전개하였다. 이 운동의 명칭은 무엇인가?
>
> 풀이 3·1 운동

03 3·1 운동의 의의와 영향

(1) **민족의 정통성 회복** 중요 ★★★
① **민족의 자각** : 독립운동의 조직화·체계화 필요성 대두
② **대한민국 임시정부의 수립** : 최초의 민주 공화제 정부의 수립, 조직적 독립운동의 기반 마련

(2) **독립운동의 확대**
① **국외** : 만주와 연해주 지역 동포들의 만세운동, 미국 필라델피아에서 독립 선언식 거행, 일본 유학생들의 만세운동 전개, 3·1 운동 이후 무장투쟁의 활성화
② **국내** : 실력양성운동의 적극 전개, 농민·노동 운동의 활성화

(3) **민주공화정 운동의 확산** : 기존의 복벽주의를 타파하고 모든 국민이 주인이 되는 공화정체 주장

(4) **반제국주의 민족운동** 중요 ★

중국의 5·4운동, 인도의 비폭력·불복종 운동에 영향

(5) **일제의 통치방식 변화** 중요 ★★★

기존의 억압적이기만 했던 일제의 통치방식이 유화책을 제시하는 문화통치의 방향으로 바뀌는 전기 마련

> **주관식 레벨 UP**
>
> 3·1 운동의 의의와 영향에 대하여 아는 대로 서술하시오.
>
> 풀이 대한민국 임시정부의 수립, 무장투쟁의 활성화, 실력양성운동의 적극적인 전개, 공화정체 주장, 중국의 5·4 운동과 인도의 비폭력·불복종 운동에 영향, 일제의 통치방식이 문화통치로 변화

제5장 일제의 기만적 문화통치와 민족 해방 운동

제1절 문화통치와 민족 분열 책동

01 기만적 문화통치(1919 ~ 1931)

(1) 문화통치의 시행 : 한국인의 강인한 독립의지를 표출한 3·1 운동의 영향, 국제 여론의 악화

> **더 알아두기**
>
> 정부는 관제를 개혁하여 총독 임명의 범위를 확장하고, 경찰 제도를 개정하고 또한 일반 관리나 교원 등의 복제를 폐지함으로써 시대의 흐름에 순응한다. … 나아가 장래 기회를 보아 지방 자치 제도를 실시하여 국민 생활을 안정시키고 일반 복리를 증진시킬 것이다.
>
> 『총독 사이토의 시정 방침 훈시(1919)』

> **주관식 레벨 UP**
>
> 1910년대 진행된 일제의 무자비한 헌병무단통치가 3·1 운동 직후 표면상 유화정책으로 변화하게 되었다. 1920년대 총독부가 실시한 식민통치의 명칭은 무엇인가?
>
> **풀이** 문화통치

(2) 문화통치의 실상 중요 ★★

① **본질** : 유화적인 식민통치 방식을 제시한 기만책, 민족 분열책(친일파 양성)

> **더 알아두기**
>
> **기만 통치의 증거**
> 일본 관동(1923.9. 도쿄, 요코하마)에 대지진이 발생하자, 그의 여파로 사회 혼란이 발생하였고, 이를 선동한 것은 한국인이라고 몰아 한국인 8천여 명을 학살하였다.

② **목적** : 한국인의 이간·분열 유도, 친일파 양성, 독립운동의 역량 약화를 기도

> **더 알아두기**
> - 귀족, 양반, 유생, 부호, 교육가, 종교가에 침투하여 계급과 사정을 참작하여 각종 친일 단체를 조직하게 할 것
> - 친일적 민간 유지들에게 편의와 원조를 주고, 수재 교육의 이름 아래 우수한 조선 청년들을 친일 분자로 양성할 것
>
> 『총독 사이토의 문화통치 관련 방침(일부)』

02 문화통치의 내용

(1) **문화통치의 내용** 중요 ★★★

① **총독 임명 규정 제정**: 현역 육·해군의 대장 중에서 조선 총독을 임명·파견하던 것을 수정하여 문관도 그 자리에 임명할 수 있게 하였으나 광복이 될 때까지 단 한 명의 문관 총독도 임명되지 않음

② **보통경찰 통치의 실시**: 헌병경찰제를 보통경찰제로 전환(헌병 경찰을 제복만 교체), 경찰의 수와 장비 등은 이전보다 3배 이상 증가, 감옥 증설

③ **고등경찰 제도**: 정당·사회단체, 비밀결사, 정치집회, 사상·정치 범죄 등을 감시하고 단속하는 고등경찰 제도를 도입

④ **치안유지법 공포(1925)**: 1920년대 사회주의 운동이 일어나자 일제는 이를 탄압하기 위해 국내 치안 유지를 빙자해 1925년 치안유지법을 제정

> **더 알아두기**
>
> **치안유지법**
> "일본의 국체 및 정체의 변혁과 사유 재산을 부인하는 자는 징역 10년에 처한다."라는 등 총독부가 식민 체제를 부인하는 반정부·반체제 운동 또는, 사유 재산제를 부인하는 사회주의 단체의 조직과 활동을 금지하고 탄압하는 법이다.

⑤ **언론 정책**: 조선일보와 동아일보 등 우리 민족의 신문 발행이 허가되었으나(1920) 철저한 사전 검열제도를 시행하였고 기사 삭제, 정간, 압수, 폐간 등을 자행

⑥ **기타**: 중추원의 확대·개편, 제복·착검·태형 폐지, 한국인 관리 임명, 식민사관 정립 등의 친일파 양성을 위한 기만적 통치를 시행

(2) **결과**: 민족독립운동 내부의 분열과 혼선 발생

1910	1911	1912	1920	1925	1938
경술국치	105인 사건	태형령, 토지조사사업(~1918)	산미증식계획(~1934)	치안유지법	국가총동원령

제2절 산미증식계획과 식민지 자본주의의 이식

01 산미증식계획(1920~1934) 중요 ★★

(1) 개요

① **배경**: 제1차 세계대전 후 일본의 공업화 진전 → 이촌향도 현상 심화(일본) → 쌀 수요 증가, 쌀값 폭등 → 산미증식계획

> **더 알아두기**
>
> 일본 내에서의 쌀 소비는 연간 6599만 석이다. 일본 내 생산고는 약 5800만 석을 넘지 못한다. … 따라서 지금 미곡 증식 계획을 수립하여 일본제국의 식량문제를 해결하는 데 도움을 주는 것은 진실로 국책 상 급무라고 믿는다.
>
> 조선총독부, 『조선 산미증식계획 요강(1926)』

② **내용**: 한국에 대규모 농업 투자, 개간과 간척 사업, 수리 시설 개선, 종자 개량 등으로 쌀 생산량 증대 추구

(2) 전개

① **1차 계획(1920~25)**: 15년 동안 연간 920만 석을 증산하고, 그중 700만 석을 일본으로 실어간다는 목표 설정, 무리한 계획으로 1925년에 중단
② **2차 계획(1926~34)**: 1929년 경제 공황으로 한국의 쌀 공급이 일본 쌀값을 폭락시키는 요인으로 작용, 일본 지주들이 한국 쌀 수입을 반대하여 1934년에 중단

(3) 결과

① **농민 몰락**: 수리 조합비, 품종 개량비, 비료 대금 등 증산 비용을 농민이 부담
② **농촌의 변화** 중요 ★★★
소작쟁의 전개, 쌀 중심의 단작형 농업 구조 변화, 식민지 지주제 강화(쌀 수출로 지주의 이익은 증대)
③ **잡곡 수입**: 일제는 쌀 수탈로 인한 국내의 식량문제를 만회하기 위하여 만주에서 조, 콩 등의 잡곡을 수입하여 충당
④ **영향**: 목포, 군산은 쌀 수탈항으로 성장

> ✪ 토지조사사업과 산미증식계획의 공통적 결과: 식민지 지주제 강화(친일지주증가), 화전민·국외이주 농민 증가

> **주관식 레벨 UP**
>
> 제1차 세계대전 후 일본 본토의 쌀값이 폭등하는 사회문제가 발생하였고, 일제는 부족한 식량을 한반도에서 착취하려는 계획을 세워 우리 농촌에 강요하였다. 1920년대 우리 민족의 식량을 수탈한 식민 통치는 무엇인가?
>
> **풀이** 산미증식계획

02 일본 자본의 조선 침투

(1) 배경
  ① **일본의 급성장**: 1차 세계대전으로 인하여 일본은 급성장, 일본의 자본가들이 한국에 자본 투자
  ② **일본 상업의 침투**: 한국에 상품 시장 확대와 값싼 노동력을 이용하여 이윤 추구를 극대화 시작

(2) 내용 **중요**★★
  ① **회사령 철폐(1920)**: 회사 설립을 신고제로 전환, 일본 자본이 대거 유입되기 시작
  ② **일본 상품의 관세 철폐(1923)**: 일본 상품의 수출을 증대시키기 위하여 관세를 철폐하여 수출입에 있어서 대일 의존도가 심화되었고 이에 대항하여 국내에서는 **물산 장려 운동**이 발생
  ③ **신은행령(1928)**: 한국인 소유의 은행을 강제 합병하여 조선은행에 예속하려는 목적으로 시행

03 실력 양성 운동의 전개

(1) **실력 양성 운동의 성격**: 즉각 독립에 대한 회의, '선(先) 실력양성 후(後) 독립' 주장, 문화 정치에 대한 기대, 사회 진화론의 영향

(2) 민족기업과 물산 장려 운동
  ① **민족기업의 설립**: 회사령 철폐(신고제), 반사적 이익으로 민족기업·공장 설립
    ㉠ 활동: 경성 방직주식회사(김성수), 평양 메리야스 공장, 고무신 공장 등 설립, 1920년대 전국 메리야스 생산량의 70% 차지(평양 메리야스 공장)
    ㉡ 한계: 일본기업에 열세, 민족자본 축적의 곤란, 1930년대 이후 대부분 민족기업은 해체되거나 일본기업에 흡수

② **물산 장려 운동(민족경제의 자립 달성)** 중요 ★★★
  ㉠ 배경: 일본 자본의 한국 진출 확대로 민족자본의 위기 심화, 민족자립 경제 추구
  ㉡ 전개: 평양에서 조만식 주도로 조선 물산 장려회 발기(1920), 서울에서 조선 물산 장려회(1923) 조직, 전국으로 확산

[국산품 애용 선전 광고]

  ㉢ 활동: '내 살림 내 것으로', 토산품(국산품) 애용·근검·저축·생활 개선·금주·금연 운동
  ㉣ 결과: 민족기업의 생산력 부족, 일제의 방해 및 자본가들의 이기적인 이윤 추구, 사회주의 계열과 민중들이 자본가들을 위한 것이라고 비난, 민중의 외면

> **주관식 레벨 UP**
> 민족기업을 육성하여 경제자립을 이루자는 것으로 1920년대 초부터 '내 살림 내 것으로'라는 구호를 내걸고 평양에서 시작되어 전국으로 확산되었던 민족 경제 운동은?
> 풀이 물산 장려 운동

(3) 민립 대학 설립 운동과 농촌 계몽 운동

① **민립대학 설립 운동(1922)** 중요 ★★
  ㉠ 배경: 교육열 증대에도 한국 내 고등 교육 기관 부재, 총독부의 사립학교 설립 불허
  ㉡ 전개: 민립 대학 기성회 조직(1923), 국내외에서 모금 운동 전개

> **더 알아두기**
> **민립대학 설립 운동**
> … 오늘날 조선인이 세계 문화 민족의 일원으로 남과 어깨를 견주고 우리의 생존을 유지하며 문화의 창조와 향상을 기도하려면, 대학의 설립이 아니고는 다른 방도가 없도다.
> 『조선 민립 대학 설립 기성회의 발기 취지서(1923)』

  ㉢ 결과: 일제의 탄압, 자연재해로 모금 곤란, 총독부 주도로 경성 제국 대학을 설립(1924)하여 교육열에 대한 열망 무마시킴

② **농촌 계몽 운동** 중요 ★★★
  ㉠ 주도: 브나로드 운동(1931~1934, 동아일보), 문자보급 운동(1929~1934, 조선일보)
  ㉡ 전개: 야학·강습소 설립, 한글 보급, 미신 타파, 구습 제거 등 농촌 계몽 운동 전개, 조선총독부의 탄압(1935, 문맹퇴치운동 금지)

> **더 알아두기**
>
> **브나로드 운동**
> 학생 여러분, 여러분의 고향에는 조선 문자도 모르고 숫자도 모르는 이가 얼마쯤 있는가. 그리고 여러분의 고향 사람들은 얼마나 비위생적 비보건적 상태에 있는가. 여러분은 이 상황을 그대로 보려는가.
> 『동아일보』
>
> 지금 조선인에게 가장 필요하고 긴급한 것은 도덕이나 지식 보급밖에 없을 것이다. 전 인구의 2%만 문자를 이해하고, 아동 학령의 30%만 취학할 수밖에 없는 지금 상태에서 간단하고 쉬운 문자의 보급은 민족의 최대 긴급사라 할 수 있다.
> 『조선일보』

제3절 민족주의 운동의 분화와 전개

01 3·1 운동 이후의 독립운동

(1) 독립노선
  ① **무장 투쟁론** : 신민회의 독립운동 기지 건설, 3·1 운동 이후 많은 독립군의 등장
  ② **외교 독립론** : 초기 대한민국 임시정부의 독립 방법론
  ③ **실력 양성론** : 교육 진흥운동, 온건한 문화운동

(2) 임시정부의 통합
  ① **대한 국민 의회(1919.3.17.)** : 연해주에서 손병희를 대통령으로 하고 이승만을 국무총리로 선임하여 최초로 조직
  ② **한성정부(1919.4.23.)** : 국내에서 13도 국민대표 명의로 이승만을 집정관 총재로 하고 이동휘를 국무총리로 하여 수립
  ③ **대한민국 임시정부(1919.4.13.)** : 중국 상하이에서 민주공화제를 바탕으로 수립되어 이승만을 국무총리로 추대

(3) 대한민국 임시정부의 수립 중요 ★
  민족지도자들에 의하여 국내에서 수립된 **한성정부의 법통을 계승**하고 **대한 국민 의회를 흡수**하여 상하이에서 통합된 단일 정부가 수립(1919.9.)

1919	1923	1926	1929	1931
대한민국 임시정부, 의열단	국민대표회의	6·10 만세 운동	광주학생운동	한인 애국단

02 대한민국 임시정부

(1) 대한민국 임시정부의 체제 중요 ★★
① **정부 형태** : 최초의 민주 공화정, 대한민국 임시헌장 선포, 이승만(대통령), 이동휘(국무총리)
② **3권 분립 체제** : 임시 의정원(입법), 법원(사법), 국무원(행정)

> **주관식 레벨 UP**
> 입법기관인 임시 의정원, 사법기관인 법원, 행정기관인 국무원의 3권 분립 헌정 체제를 갖춘 우리나라 최초의 민주공화제 정부의 명칭은 무엇인가?
> **풀이** 대한민국 임시정부

(2) 임시정부의 초기 활동 중요 ★
① **군자금 모금 활동** 중요 ★★★
  ㉠ 연통제와 교통국 : 국내외를 연결하는 비밀 행정 조직망
  ㉡ 이륭양행(만주), 백산 상회(부산) : 군자금, 각종 정보의 전달 경로
  ㉢ 독립공채 발행(1인당 1원씩 인구세), 국민 의연금

> **더 알아두기**
> **독립공채**
> 제1조 기채 정액은 4천만 원으로 하며, 대한민국 원년 독립 공채로 함
> 제4조 상환 기간은 대한민국이 완전히 독립한 후 만 5개년부터 30개년 이내에 수시로 상환하는 것으로 하며, 그 방법은 재무 총장이 이를 정함
> 제17조 본 공채는 외국인도 응모할 수 있는 것으로 함

② **외교 활동** 중요 ★★★
  ㉠ 파리 강화 회의에 대표 파견(김규식, 독립청원서 제출)
  ㉡ 구미위원부 설치, 외교 활동 전개(이승만, 워싱턴)
③ **군사 활동** : 직할 부대 편성(광복군 사령부, 광복군 총영, 육군 주만 참의부), **한국 광복군 창설**(1940, 충칭)
④ **문화 활동** : 사료 편찬소 설립, 독립운동 역사 정리, **한일관계 사료집** 간행, 독립신문 간행

> **더 알아두기**
>
> 임시정부의 헌정 변화
>
> | 구분 | 체제 | 내용 |
> |---|---|---|
> | 임정 헌장(1919.4.) | 임시의정원 중심 | 의장(이동녕), 국무총리(이승만) |
> | 1차 개헌(1919.9.) | 대통령 정치 체제, 3권 분립 | 민족운동 통할, 외교활동 |
> | 국민대표회의(1923) | 창조파 vs 개조파 vs 현상유지파 ||
> | 2차 개헌(1925.3.) | 국무령 중심의 내각책임지도제 | 임시정부 내부 혼란 수습 |
> | 3차 개헌(1927.3.) | 국무 위원 중심 집단 지도 체제 | 좌익, 우익 대립 통합 |
> | 4차 개헌(1940.10.) | 주석 중심제(김구) | 대일 항전 |
> | 5차 개헌(1944.4.) | 주석(김구)·부주석(김규식) | 광복 대비 |

(3) 임시정부의 활동 위축

① **배경**
  ㉠ 활동 : 일제의 탄압으로 1920년대 **연통제와 교통국 발각**, 비밀 조직망 붕괴, 자금난·인력난
  ㉡ 갈등 : 무장투쟁론(창조파)과 외교독립론(개조파)의 노선 갈등, 임시정부 내부의 민족주의와 공산주의 이념 갈등

② **국민대표회의 개최(1923, 독립운동의 새 활로 모색)** 중요 ★★★
  ㉠ 창조파(무장투쟁) : **임시정부 해체**, 연해주에 새로운 조선공화국을 수립 주장(이동휘, 신채호, 김규식, 박은식)
  ㉡ 개조파(외교독립) : 현행 조직을 개편하자는 주장(실력양성·자치운동·외교활동, 안창호)
  ㉢ 현상유지파 : 현행 임시정부를 그대로 유지하자는 주장(이동녕, 김구)
  ㉣ 결과 : 최종적인 합의를 찾지 못한 채 결렬되면서 임시정부의 위상 크게 약화, 이승만 탄핵(대통령제 폐지), **국무령제로 개편(1925, 김구)**, 이후 국무 위원 중심의 집단지도체제(1927)로 개편

> **주관식 레벨 UP**
>
> 대한민국 임시정부에서는 1923년 국민대표회의를 열었는데 임시정부의 조직만 바꾸자는 (   )와 임시정부를 해체하고 새로운 정부를 수립하자는 (   ) 및 현행 임시정부를 유지하자는 (   )로 대립하였다.
>
> 풀이 개조파, 창조파, 현상유지파

1919	1923	1926	1929	1931
대한민국 임시정부, 의열단	국민대표회의	6·10 만세 운동	광주학생운동	한인 애국단

(4) 국민대표회의 이후의 임시정부 활동
① **한인 애국단의 활동(1931)** : 임시정부의 침체 극복(이봉창·윤봉길 의거)
② **1940년대 충칭의 임시정부(한국 독립당)** : 중일전쟁 이후 장제스의 국민당 정부를 따라 충칭으로 이동, 한국 광복군(1940), 좌우 통합의 임시정부 성립

03 국내 무장 항일 투쟁

(1) **배경** : 3·1 운동의 무자비한 탄압, 자립적 독립의 필요성, 조직적인 무장독립전쟁의 필요성 절감, 독립군의 체계적·조직적 군사훈련, 활발한 국내진입작전 전개

(2) **3·1 운동 직후 전개된 국내 무장 항일 투쟁**
① **천마산대** : 평안북도 의주 천마산 중심, 만주의 광복군 사령부와 협조, 대한 통의부에 편입, 일본 군경과 교전, 식민기관 파괴
② **보합단** : 평안북도 의주 동암산 중심, 군자금 모금 전개
③ **구월산대** : 황해도 구월산을 중심, 독립운동을 방해하는 은율군수 처단

(3) **6·10 만세운동(1926)** 중요 ★★
① **배경** : 일제의 식민지 교육 정책에 대한 반발, 순종의 인산일을 계기로 민족 감정이 고조되어 만세운동 준비
② **전개** : 학생과 사회주의계의 추진, 사회주의계는 사전에 일제에 의해 발각, 학생들의 주도로 순종의 장례 행렬에서 만세운동 전개

> **더 알아두기**
> **6·10 만세운동 당시의 격문**
> 대한 독립 만세!/ 횡포한 총독의 정치의 지옥으로부터 벗어나자!/ 동양척식 주식회사를 철폐하라!/ 일본인 공장의 직공은 총파업하라!/ 일본인 지주에게 소작료를 바치지 말자!/ 수감된 혁명가를 석방하라!/ 군대와 헌병을 철수하라!/ 조선인 교육은 조선인 본위로!/ 보통 교육을 의무 교육으로!

③ **의의와 영향**
㉠ 의의 : 민족주의와 사회주의 계열의 연대 가능성 제시
㉡ 영향 : 민족유일당 운동과 신간회 설립에 영향, 학생 운동의 고양에 큰 영향을 미침, 학생이 국내 독립운동 세력의 중심적 위치로 부상

> **더 알아두기**
>
> 3·1 운동(1919)과 6·10 만세운동(1926)
>
> | 구분 | 3·1 운동 | 6·10 만세운동 |
> |------|----------|---------------|
> | 계기 | 고종의 인산일 | 순종의 인산일 |
> | 참여 | 학생, 지식인, 농민, 상공업자 등 | 학생, 시민 등(종교·사회 지도자 사전 체포) |
> | 영향 | 국내외 항일 투쟁 변화, 세계 평화 운동의 선구 | 민족유일당 운동 발전, 농민·노동자층의 투쟁전개 |

> **주관식 레벨 UP**
>
> 일제의 식민지 교육 정책에 대한 반발로 인하여 학생과 사회주의계가 주축이 되어 추진한 민족운동으로 순종의 장례 행렬에서 만세를 전개한 운동은 무엇인가?
>
> 풀이 6·10 만세운동

(4) **동맹 휴학(맹휴) 투쟁** : 6·10 만세운동 이전에는 주로 학내 문제 등으로 비조직적으로 전개하였으나, 6·10 만세운동 이후에는 독서회 등의 학생비밀결사를 조직하여 항일민족운동으로 발전

(5) **광주 학생 항일 운동(1929)** 중요 ★★★

① **배경** : 일제의 민족 차별과 식민지 교육, 6·10 만세운동 이후 학생들의 항일 의식 고조, 학생 운동의 조직화(맹휴투쟁)

② **전개** : 한일 학생 간의 충돌(나주·광주 통학열차에서 여학생희롱 사건) → 일본의 편파적인 사법처리 → 신간회(광주 지회)에서 진상 조사단 파견 → 학생과 시민의 전국적 투쟁으로 발전(1929.11.3.)

> **더 알아두기**
>
> 광주 학생 항일 운동
> … 나는 피가 머리로 역류하는 분노를 느꼈다. … 그자들이 우리 여학생들을 희롱하였으니 …그의 입에서 센징이라는 말이 떨어지기가 무섭게 나의 주먹은 그자의 면상에 날아가 작렬하였다.
> 『신동아, 1929.9. 박준채』

③ **의의** : 3·1 운동 이후 최대의 항일 민족 운동

1919	1923	1926	1929	1931
대한민국 임시정부, 의열단	국민대표회의	6·10 만세 운동	광주학생운동	한인 애국단

04 애국지사들의 항일 의거

(1) 의열단(1919) 중요 ★★

① **결성** : 만주 지린성(길림)에서 김원봉의 주도로 비밀 결사 조직
  ㉠ 의열단의 목표 : 동포들의 애국심 고취, 민중 봉기 유발, 민중이 직접 혁명을 통한 일제 타도, 조선총독부·경찰서·동양척식주식회사 등 **식민지배 기구의 파괴**, 조선총독부 고위관리와 **친일파 처단**

더 알아두기

1920년대의 대표적 의열 투쟁

인물	시기	의열투쟁내용	소속
강우규	1919	사이토 총독 처단 실패	노인단
박재혁	1920	부산 경찰서에 폭탄 투척	의열단
최수봉	1920	밀양 경찰서에 폭탄 투척	의열단
김익상	1921	조선 총독부에 폭탄 투척	의열단
김상옥	1923	종로 경찰서에 폭탄 투척 후 일경과 교전하여 여럿 처단	의열단
김지섭	1924	일본 도쿄 왕궁(이중교)에 폭탄 투척	의열단
나석주	1926	동양척식 주식회사와 조선식산은행에 폭탄 투척 후 일본인 처단	의열단
조명하	1928	타이완의 타이중 시에서 일본 왕의 장인인 육군 대장 구니노미야를 처단	단독의거

  ㉡ 강령 중요 ★★★
  신채호는 김원봉의 요청을 받아 **의열단 강령(1923, 조선혁명선언)**을 작성

더 알아두기

조선 혁명 선언(1923, 의열단 선언)
민중은 우리 혁명의 대본영(大本營)이다./폭력은 우리 혁명의 유일 무기이다./우리는 민중 속에 가서 민중과 손을 잡고 끊임없는 암살·파괴·폭동으로써, 강도 일본의 통치를 타도하고/ 우리 생활에 불합리한 일체 제도를 개조하여/ 인류로써 인류를 압박치 못하며/ 사회로써 사회를 수탈하지 못하는 이상적 조선을 건설할지니라.

신채호

② **의열단의 변화** : 1920년대 후반부터 조직적 활동으로 전환
  ㉠ 조직화 : 일부 단원은 **황푸군관학교에 입학**하여 체계적이고 조직적인 군사·정치 훈련, 중국 국민당정부의 지원 아래 **조선혁명간부학교(1932)**를 세워 운영
  ㉡ 민족 혁명당(1935) : 당 조직을 결성하여 더욱 대중적인 투쟁 시도

> **주관식 레벨 UP**
>
> 1919년 식민 통치 기관 파괴 및 일본인 고관, 친일 인사 처단을 목표로 만주에서 김원봉이 조직한 항일 단체는 무엇인가?
>
> 풀이 의열단

(2) 한인 애국단(1931) 중요 ★★★

① **결성** : 김구가 중심이 되어 상하이에서 조직, 임시정부의 위기를 타개하고자 항일 무력 단체 결성
② **이봉창 의거(1932)** : 도쿄에서 일본 국왕에게 폭탄 투척(1932.1.), 항일민족운동의 활력소, 일제는 이봉창 의거에 대한 중국 언론의 태도를 문제 삼아 상하이 침략(**상하이사변**)

> **더 알아두기**
>
> **상하이사변**
> 만주 침략(1931)과 만주국의 수립을 비판하는 국제 여론이 거세어지자, 일제가 세계의 이목을 돌리기 위한 술책으로 이봉창 의거에 대한 중국 언론의 태도를 문제 삼아 상하이를 침략한 사건이다. 상하이의 중국 신문들은 일제히 이봉창의 의거를 보도하면서 "일본 국왕이 불행히도 명중되지 않았다."라고 표현하자 일본군이 상하이를 공격하였다.

> **주관식 레벨 UP**
>
> 한인 애국단 소속 단원으로 1932년 1월 8일 도쿄 사쿠라다 문 앞에서 일본 국왕에게 폭탄 투척한 독립운동가는 누구인가?
>
> 풀이 이봉창 의사

③ **윤봉길 의거(1932)**
  ㉠ **전개** : 상하이 점령 기념식장(**훙커우 공원**)에 폭탄을 던져 일본군 장성과 고관들 처단(1932.4.)
  ㉡ **영향** : **중국 국민당 정부가 중국 영토 내의 무장 독립 투쟁을 승인**하는 등 임시정부를 적극 지원하는 계기, 세계에 한국인의 독립 의지 천명(장제스, "중국의 1억 인구가 해내지 못한 일을 한국의 한 청년이 단행하였다."), 한국 광복군 탄생의 계기

[윤봉길 의사]

1920. 6.	1920. 10.	1921	1925	1931
봉오동 전투	청산리 대첩 → 간도 참변	자유시 참변	미쓰야 협정	만주 사변, 한중연합작전

> **주관식 레벨 UP**
>
> 한인 애국단 소속 단원으로 1932년 4월 상하이 점령 기념식장(훙커우 공원)에 폭탄을 던져 일본군 장성과 고관들을 처단한 독립운동가는 누구인가?
>
> **풀이** 윤봉길 의사

05 무장 독립 전쟁의 전개

(1) 1920년대 국외 항일 독립 전쟁의 전개

① **독립군 부대의 조직**
  ㉠ 서간도 : 서로 군정서군(신흥무관학교 출신 중심), 대한 독립단(의병장 출신 중심)
  ㉡ 북간도 : 북로 군정서군(대종교 계통, 김좌진 중심), 대한 독립군(의병장 출신의 홍범도 중심)

② **봉오동 전투(1920.6.)** 중요 ★★
  ㉠ 참가 부대 : 대한 독립군(홍범도), 군무도독부군(최진동), 국민회군(안무) 등의 연합부대
  ㉡ 전개 : 활발한 국내진입작전 전개, 삼둔자에서 일본군 격파, 보복을 위해 독립군의 본거지인 봉오동을 기습해 온 일본군 대파

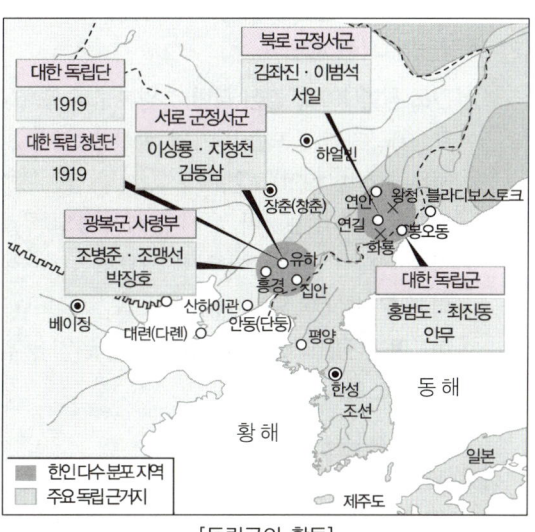

[독립군의 활동]

> **주관식 레벨 UP**
>
> 일제는 삼둔자 전투의 패배 이후 보복을 위해 1920년 6월 독립군의 본거지인 봉오동을 기습하였는데, 홍범도가 이끄는 (   )을 비롯한 연합부대가 항전하여 대승을 거두었다.
>
> **풀이** 대한 독립군

③ **청산리 대첩(1920.10. 독립전쟁사에서 가장 큰 승리)** 중요 ★★★
  ㉠ 참가 부대 : 북로 군정서군(김좌진), 대한 독립군(홍범도) 등의 연합부대
  ㉡ 전개 : 일제가 훈춘 사건을 조작하여 대부대를 만주로 보내 독립군을 포위 → 6일간 10여 차례의 전투에서 일본군 대파

> **더 알아두기**
>
> **훈춘사건**
> 일제는 봉오동 전투의 보복을 위해 만주로 군대를 파병시키기 위한 구실이 필요하였다. 일제는 마적을 매수하여 훈춘의 영사관을 습격하여 일본인을 사살하게 하였고, 일본 영사와 거류민의 보호를 위한 군대 파견의 구실을 얻었다.

> **주관식 레벨 UP**
>
> 김좌진이 이끌던 (   )과 홍범도가 이끈 대한독립군의 연합부대는 청산리 일대에서 6일간 10여 차례의 전투를 통해 일본군을 대파하였다.
>
> **풀이** 북로 군정서군

(2) 독립군의 시련 중요 ★

① **간도 참변(1920, 경신 참변)** : 일본군의 봉오동·청산리 전투 패배에 대한 보복, 독립군 소탕의 핑계로 간도 지역 동포를 무차별 학살(1920.10. ~ 1921.5. 10,000여 명 학살)

② **자유시 참변(1921)** 중요 ★★
독립군 부대의 재정비 및 지휘 체계 통일 목적으로 대한독립군단 결성 → 러시아 혁명군인 적색군의 지원에 대한 기대로 자유시(스보보드니)로 이동 → 독립군 내부 지휘권을 둘러싼 갈등과 적색군에 의한 무장 해제 요구 과정에서 다수의 독립군 사상자 발생

③ **미쓰야 협정(1925)** : 일제가 독립군 탄압을 위해 만주 군벌 간에 맺은 협정, 만주 독립군 토벌에 상호 협조 약속

> **주관식 레벨 UP**
>
> 1921년 소련 내 한인 부대들 간에 군사지휘권 분쟁이 일어났으며 이 과정에서 독립군들의 무장해제를 요구하는 적색군으로부터 공격을 받아 피해를 입은 사건은 무엇인가?
>
> **풀이** 자유시 참변

(3) 독립군의 재정비와 통합운동

① **3부의 결성(1923 ~ 1925)** : 만주 지역 독립군 세력 진영의 진영 재정비, 3개의 군정부 성립
  ㉠ 참의부 : 압록강 연안의 임시정부 직할 단체
  ㉡ 정의부 : 하얼빈 이남 지린과 펑텐을 중심으로 한 남만주 일대
  ㉢ 신민부 : 북만주 일대, 소련 영토에서 되돌아온 독립군 중심
② **3부의 성격과 의의** : 만주 한인사회를 통치하는 자치 조직으로서 민정 기관(자치행정)과 군정기관(독립군 훈련·작전)을 갖춤, 사실상 3개의 자치정부

1917	1919	1923	1925	1927
러시아 혁명	3·1 운동	조선형평사	조선공산당 결성, 치안유지법	조선 소년 연합회

(4) 3부 통합 운동의 전개
① **배경** : 민족유일당 운동의 흐름에 따라 활발한 통합 운동 전개, 완전한 통합에 이르지는 못하고 2개의 정부로 구성
② **혁신의회와 국민부의 결성**
   ㉠ 혁신의회(1928, 북만주) : 김좌진을 중심으로 하는 한족총연합회를 구성, 김좌진 암살 이후 **한국 독립당** 조직, 군사조직으로 **한국 독립군** 결성
   ㉡ 국민부(1929, 남만주) : **조선 혁명당** 조직, 군사조직으로 **조선 혁명군** 결성

제4절 사회주의 운동의 등장과 민중들의 저항

01 민족 협동 전선 운동

(1) 사회주의 사상의 유입
① **사회주의 사상의 수용**
   ㉠ 수용 : 3·1 운동 이후 국내 청년 지식층에 보급, 조선공산당 결성(1925)
   ㉡ 배경 : 민족자결주의에 걸었던 독립에 대한 기대 무산, 소련의 볼셰비키 정권이 약소민족의 독립 운동 지원을 약속
   ㉢ 영향 : 청년·학생 운동, 농민·노동 운동 등 사회·경제적 민족운동 활성화
② **일제의 탄압(1925, 치안유지법)** 중요 ★★★

(2) 사회 운동의 활성화
① **청년 운동** : 3·1 운동 이후 조선 청년 연합회(1920), 서울 청년회(1921), 조선 청년 총동맹(1924, 회원수 3만 7천 명의 전국적 조직) 등 많은 청년 단체 조직
② **소년 운동** 중요 ★
   ㉠ 활동 : **천도교 소년회**, 방정환 중심으로 활동, 어린이날 제정, 어린이 잡지 "어린이" 창간, 조선 소년 연합회 설립(1927)
   ㉡ 해산(1937) : 중일전쟁 이후 청소년 운동 일체 금지
③ **형평 운동** 중요 ★★★
   백정들의 사회적 신분 차별로 인해 조직된 **신분 해방 운동**, 조선형평사(1923, 진주), 민족운동의 성격으로 변화하여 전국으로 확대(1928)

> **더 알아두기**
>
> **조선형평사 취지문**
> 지금까지 조선의 백정은 어떠한 지위와 압박을 받아왔는가? 과거를 회상하면 종일 통곡하고도 피눈물을 금할 수 없다. … 직업의 구별이 있다고 한다면 금수의 생명을 빼앗는 자는 우리들만이 아니다.

> **주관식 레벨 UP**
>
> 일제강점기 백정 출신들에 대한 사회적 차별과 냉대에 저항하기 위해 백정 출신들이 조직한 단체에서 전개한 저항 운동을 무엇이라 하는가?
>
> **풀이** 형평 운동

02 민족 유일당 운동

(1) 배경

① **국내외의 민족 유일당 움직임**
  ㉠ 중국의 제1차 국공합작(1924)의 영향: 국외 민족 운동가들에게 영향(1926, 안창호, 북경촉성회 개최)
  ㉡ 만주의 3부 통합운동: 국민부와 혁신의회 결성
  ㉢ 이광수, 최린 등 일부 민족주의 계열에서 일제와 타협적인 경향(자치론) 증대

> **더 알아두기**
>
> **타협적 민족주의**
> … 지금까지 해 온 정치적 운동은 모두 일본을 적대시하는 운동뿐이었다. 이런 종류의 정치 운동은 해외에서나 할 수 있는 일이고, 조선 내에서는 허용되는 범위 내에서 일대 정치적 결사를 조직해야 한다는 것이 우리의 주장이다.
>
> 이광수, 『민족적 경륜』

  ㉣ 6·10 만세운동의 영향: 민족주의 세력과 사회주의 세력의 연합 필요성 증대, 조선민흥회 조직(1926)

② **정우회 선언(1926)** 중요 ★★
  사회주의 계열인 정우회와 비타협 민족주의 계열의 협동전선(신간회 창립의 중요한 계기)

(2) 신간회(1927) ★★

① **창립(1927)**: 자치운동 배척, 일제강점기 최대의 합법 항일 운동 단체(전국 143개의 지회), 이상재(회장), 홍명희(부회장)

> **신간회 강령**
> 1. 우리는 정치·경제적 각성을 촉진함
> 2. 우리는 단결을 공고히 함
> 3. 우리는 기회주의를 일체 부인함

② **활동** ★★★
민중대회 개최, 전국 순회강연(농민·노동자층 확대), 노동·소작쟁의, 맹휴 등 대중운동 지원, 광주학생운동에 조사단 파견

③ **해소**
㉠ 민족주의 계열 내에 타협적 노선 등장
㉡ 코민테른의 노선변화: 장제스의 쿠데타로 인해 중국의 국·공 합작이 깨지면서 코민테른(국제공산당기구)은 각국의 공산 진영은 민족진영과 결별하도록 지시함

④ **의의**: 3·1 운동 이후 처음으로 **민족 연합전선 구축**, 최대 규모의 반일 사회 운동 단체로서 민족주의 세력과 사회주의 세력의 연합을 통한 국내 민족 운동 세력 역량을 결집

> **주관식 레벨 UP**
> 1920년대 중반 비타협적 민족주의자와 사회주의자들의 연합으로 형성된 독립운동 단체를 작성하시오.
> **풀이** 신간회

(3) 여성 운동

① **배경**: 여성 운동의 활성화(문맹퇴치·구습타파·생활개선)
② **여성단체의 조직**: 조선 여자 교육회, 조선 여자 청년회, 조선 여자 기독교 청년회
③ **근우회 창립(1927)** ★★
여성계의 민족유일당, 신간회의 자매단체, 여성의 단결, 남녀평등, 여성 교육 확대, 여성 노동자 권익 옹호, 새 생활 개선 운동

> **근우회 행동 강령**
> 1. 여성에 대한 사회적·법률적인 일체의 차별 철폐
> 2. 일체의 봉건적인 인습과 미신 타파
> 3. 조혼 방지와 결혼의 자유
> 4. 부인 노동에 대한 임금 차별 철폐 및 산전 산후 임금 지불
> 5. 부인과 소년공에 대한 위험한 노동 및 야업 폐지

[기관지『근우』]

> **주관식 레벨 UP**
>
> 신간회의 자매단체로서 여성 계몽 활동과 함께 여성 노동자의 권익 옹호에 앞장섰던 단체의 이름은 무엇인가?
>
> **풀이** 근우회

03 농민 운동과 노동 운동

(1) 농민 운동(소작쟁의)의 전개
 ① **농민 운동의 배경**: 토지조사사업, 산미증식계획 등 일제의 수탈로 농민 몰락
 ② **농민 운동의 전개**: 소작인 조합, 농민 조합 등 농민 단체를 중심으로 전개
  ㉠ 1920년대: 소작료 인하 반대 투쟁 등 **생존권 투쟁**
  ㉡ 변화: 조선농민총동맹 조직(1927), 전국적인 농민 조합, 조직적으로 쟁의
  ㉢ 1930년대: 사회주의와 연계하여 **항일적 투쟁**으로 발전
 ③ **소작쟁의** 중요 ★★
  암태도 소작쟁의(1923~1924), 황해도 재령 동양척식주식회사 농장의 소작쟁의(1924)

> **주관식 레벨 UP**
>
> 전남 무안군 암태도에서는 70% 이상의 고율 소작료를 징수하던 지주 문재철의 횡포와 일제 경찰의 억압에 맞서 소작인회를 중심으로 뭉친 소작인들이 1년여에 걸친 투쟁을 전개하였다. 이 운동은 무엇인가?
>
> **풀이** 암태도 소작쟁의

(2) 노동 운동(노동쟁의)의 전개
 ① **노동 운동의 배경**: 노동자 수 증가, 값싼 임금, 차별대우
 ② 전개
  ㉠ 1920년대: 조선노동공제회(1920), 조선노동총동맹(1924) 등 노동단체 결성, **생존권 투쟁**(임금 인상·노동시간단축·작업환경과 비인간적 대우개선 요구)
  ㉡ 변화: 조선노동총동맹 조직(1927), 전국적인 노동조합, 조직적으로 쟁의
  ㉢ 1930년대: 사회주의와 연계하여 **항일적 투쟁**으로 발전
 ③ **노동쟁의** 중요 ★★
  원산 노동자 총 파업(1929, 최대 규모의 조직적 노동쟁의, 항일적 성격)

제6장 전시하 일제의 수탈과 항일 무장 투쟁

제1절 일제의 전시 체제와 식민지 수탈 정책

01 민족 말살 통치(1931 ~ 1945)

(1) 민족 말살 통치의 시행 중요 ★★
① **배경**: 세계 경제 공황 등으로 인한 경제위기와 사회 불안, 군부 쿠데타로 군국주의 체제 확립, 만주사변(1931), 중일전쟁(1937), 태평양전쟁(1941)으로 침략 전쟁 확대
② **목적**: 한국인을 침략 전쟁에 효율적으로 동원할 목적으로 한국인의 민족 말살 추진

(2) 민족 말살 통치의 주요 내용 중요 ★★★
① **정책 변화**: 민족 운동 봉쇄를 위한 각종 악법 제정, 언론 탄압, 군과 경찰력 증강
② **황국신민화**: 내선일체·일선동조론, 신사참배·황국신민서사 암송·궁성요배 강요, 중일전쟁 이후 더욱 강화
③ **민족 말살 정책**: 우리말·역사 교육 금지, 일본식 성명 강요(1938), 학술·언론 단체해산
④ **기타**: 집회·결사의 허가제, 조선어학회 사건(1942)

> **주관식 레벨 UP**
> 중일전쟁(1941) 이후 일제가 전쟁 수행에 필요한 인적, 물적 자원을 총동원하는 것은 물론 한민족의 생존과 문화까지 말살하려 하였는데 이러한 식민통치를 무엇이라 하는가?
> 풀이 민족 말살 통치

02 병참기지화 정책

(1) 1930년대 이후의 경제 정책
① **배경**: 침략전쟁 전개, 공업화를 시행하여 전쟁물자 생산기지로 이용 추진, 침략전쟁에 필요한 인적·물적 자원수탈

> **더 알아두기**
>
> **병참기지화 정책**
> 제국의 대륙 병참 기지로서 조선의 사명을 명확히 해야겠다. 이번 사변(중일전쟁)에 있어 우리 조선은 대중국 작전군에 대하여 식량, 잡화 등 상당량의 군수 물자를 공출하여 어느 정도 효과를 올렸다. … 조선의 힘만으로 이를 보충할 수 있을 정도로 조선 산업 분야를 다각화하며 특히 군수 공업의 육성에 역점을 두어 만전을 기할 필요가 있는 것이다.
> 『총독 미나미의 대륙 병참기지에 관한 훈시(1938)』

② **전개**: 군수품 생산에 필요한 중화학 공업・광공업에 집중(북부 지방), 군수 공업 원료 생산
③ **영향**: 공업 발전의 지역적 편차 심화, 농・공업의 불균형 심화, 한국인 노동자에 대한 가혹한 착취

(2) 남면북양(南綿北羊) 정책: 공업원료 증산정책(남부에는 면화, 북부에는 면양)

(3) 인적 수탈 중요 ★

① **배경** 중요 ★★★
중일전쟁 이후(1937) 인력과 자원의 수탈 강화(1938, 국가총동원법)

> **더 알아두기**
>
> **국가총동원령(1938)**
> 제4조 정부는 국가총동원상 필요할 때는 칙령이 정하는 바에 따라 제국 신민을 징용하여 총동원 업무에 종사하게 할 수 있다.
> 제8조 정부는 전시에 국가총동원상 필요할 때는 칙령이 정하는 바에 따라 물자의 생산・수리・배급・양도・기타의 처분, 사용・소비・소지 및 이동에 관하여 필요한 명령을 내릴 수 있다.

② **노동력**: 국민 징용령(1939), 100만여 명의 청년을 탄광, 철도 건설, 군수 공장 등에 동원
③ **병력**: 지원병제(1938), 학도 지원병제(1943), 징병제(1944)를 실시하여 총 20만 명 이상의 청년들을 전쟁터로 동원

시기	내용
1938	지원병제 실시(약 18,000명)
1939	국민 징용령(약 100만여 명)
1943	학도 지원병제 실시(약 4,500명)
1944	징병제 실시(약 20만 명)

④ **여자 정신대 근로령(1944)**: 12~40세의 배우자 없는 여성을 강제 동원, 군수 공장 종사
⑤ **군대 위안부(성노예)**: 조직적 동원(일본 정부 직접 관여), 반인권적・반인류적 범죄

1906	1911	1918	1922	1938	1943
보통 교육령	제1차 조선 교육령	서당규칙 발표	제2차 조선 교육령	제3차 조선 교육령	제4차 조선 교육령

(4) 물적 수탈 중요 ★

① **식량 수탈** : 식량 공출제와 식량 배급제 실시, 산미증식계획 재개, 가축증식계획
② **전쟁 물자** : 무기 생산에 필요한 쇠붙이 공출(농기구, 식기, 제기, 교회나 사원의 종까지 징발)

주관식 레벨 UP

민족 말살 통치 시기인 중일전쟁을 일으켜 대륙 침략을 본격화한 일제는 한국에서 인적, 물적 수탈을 강화하기 위한 악법을 1938년에 제정하였는데, 이 법령은 무엇인가?

풀이 국가총동원령

제2절 국내의 민족 해방 운동

01 일제의 식민지 교육 정책

(1) 식민 교육의 추진

① **목표** : 일제에 순응하는 국민 양성(황국신민화)
② **식민 교육**
  ㉠ 제1차 조선교육령(1911) : 일본어 학습 강요, 우민화 교육, 보통·실업·전문 교육, 보통학교(4년), 사립학교 규칙(1911), 지리·역사·한글 교육 금지, 서당규칙(1918, 허가제)

더 알아두기

조선교육령
제1조 조선에 있는 조선인의 교육은 본령에 따른다.
제5조 보통 교육은 보통의 지식, 기능을 부여하고 특히 국민된 성격을 함양하며, 국어(일본어)를 보급함을 목적으로 한다.
제6조 실업 교육은 농업, 상업, 공업 등에 관한 지식과 기능을 가르치는 것을 목적으로 한다.

  ㉡ 제2차 조선교육령(1922) : 한국인 대학입학 허용(1924, 경성제국대학), **보통학교(4년→6년)**, 고등보통학교(5년), 조선어·역사·지리 교육 허용
  ㉢ 제3차 조선교육령(1938) : 내선일체 일선동조론 강요, **심상소학교(보통학교·소학교 통합)**, 중학교(고등보통학교 개편), **국민학교령(1941, 4년제)**

초등학교 개칭
김영삼 정부는 '역사 바로 세우기'의 일환으로 1996년 국민학교를 초등학교로 개칭하였다.

ⓔ 제4차 조선교육령(1943) : 전시 비상 조치령, 전시 교육 체제, 학도 동원본부, 학도근로령, 조선어・역사 과목 폐지

(2) 한국사 왜곡
① **목적** : 한국사를 왜곡하여 식민통치 합리화
② **국사 왜곡 단체**
㉠ 조선사편수회(1925) : '조선사' 편찬, 민족 말살과 식민통치를 합리화
㉡ 청구학회(1930) : 조선사편수회와 경성제국대학 교수 중심, 식민사관이론 보급에 앞장, 청구학보 간행
③ **주요 내용**
㉠ 정체성론 : 한국사는 봉건사회를 거치지 못하고 전근대에 머물러 있다는 이론
㉡ 타율성론 : 한국사는 자주적・자율적으로 이루어지지 못하고, 외세의 간섭과 압력에 의하여 타율적으로 이루어졌다는 이론
㉢ 당파성론 : 한국인은 분열성이 강하여 항상 내분으로 싸웠다는 이론

02 국학 운동의 전개

(1) 민족교육기관의 설립
① **민족교육기관 설립** : 사립학교・개량서당・야학 설립, 민족의식 고취, 근대적 지식 보급
② **조선 교육회 창설(1920)** : 교육 대중화에 노력 → 민립대학 설립운동 전개

(2) 국어 연구와 한글 보급
① **활동 단체** : 국문연구소(1907, 대한제국) → 조선어연구회(1921) → 조선어학회(1931) → 한글학회(1949)
② **활동 내용(최현배, 이윤재 등이 중심)** 중요 ★★★
㉠ 조선어연구회(1921) : 한글 보급 운동과 대중화 노력, 한글날(가갸날) 제정, 잡지 '한글' 간행

> **주관식 레벨 UP**
> 강습회, 강연회 등을 통하여 한글 보급에 노력하였고, '한글'이란 잡지를 간행하였고, 한글 기념일인 '가갸날'을 정하고 우리말 쓰기를 권장함으로써 한글을 대중화하는 데 기여한 민족단체의 이름은 무엇인가?
> 풀이 조선어연구회

1915	1920	1921	1925	1931	1942
『한국통사』 (박은식)	『한국독립운동지혈사』 (박은식)	조선어 연구회 조직	『조선사 연구초』 (신채호)	『조선상고사』 (신채호)	조선어 학회 사건

ⓒ 조선어학회(1931) : 조선어연구회를 개편하여 결성, '한글 맞춤법 통일안'과 '조선어 표준어' 제정, 우리말 큰 사전 편찬 착수

③ **일제의 탄압** : 조선어학회 사건(1942)

> **더 알아두기**
>
> **한글 맞춤법 통일안**
> ① 한글 맞춤법은 표준말을 그 소리대로 적되, 어법에 맞도록 함을 원칙으로 삼는다.
> ② 표준말은 대체로 현재 중류 사회에서 쓰는 서울말로 한다.
> ③ 문장의 각 단어는 띄어 쓰되, 토는 그 윗말에 붙여 쓴다.

(3) **민족 사학의 전개** : 한국사를 왜곡하는 일제 식민사관에 대항운동 중요 ★★★

① **민족주의 사학** : 박은식·신채호·정인보·문일평·안재홍 등 역사 연구를 독립운동의 한 방법으로 인식, 민족사의 자주성, 주체성 강조

ⓐ 박은식 : 민족정신을 '조선 혼(魂)'으로 강조, 한국통사, 한국독립운동지혈사를 저술, 유교구신론(구한말)

> 옛 사람들이 말하기를 나라는 가히 멸할 수 있으나, 역사는 가히 멸할 수 없으니, 대개 나라는 형(形)이나 역사는 신(神)이기 때문이다.
>
> 박은식, 『한국통사』 서문

ⓑ 신채호 : 낭가사상, 조선상고사(我와 非我의 투쟁), 조선사 연구초 저술, 고대사 연구를 통해 민족의 고유한 문화적 전통·정신을 강조

> 역사란 무엇이뇨. … 무릇 주체적 위치에 선 자를 '아'라 하고, 그 밖에는 '비아'라 하는데, 이를테면 조선 사람은 조선을 '아'라 하고, … 그러므로 역사는 아(我)와 비아(非我)의 투쟁의 기록인 것이다.
>
> 신채호, 『조선 상고사』 총론

> **주관식 레벨 UP**
>
> 아(我)와 비아(非我)의 투쟁이란 역사관을 갖고 있으며 '조선상고사'와 '조선사 연구초'를 저술하여 식민 사관을 비판한 인물은?
>
> 풀이 신채호

ⓒ 정인보 : '조선얼' 강조, 조선사 연구 저술

> 어릿어릿하는 사람을 보면 얼이 빠졌다고 하고, 멍하니 앉은 사람을 보면 얼 하나 없다고 한다.
> … 얼은 남이 빼앗아가지 못한다. 얼을 잃었다면 스스로 잃은 것이지 누가 가져간 것이 아니다.
> 정인보, 『5천 년간 조선의 얼』

ⓔ 문일평 : 심(心)사상, 역사학의 대중화에 관심

② **사회경제 사학** : 백남운이 사적유물론에 바탕을 둔 한국사가 세계사적 발전 과정과 같다고 강조, 식민사관의 정체성론 비판, 조선사회경제사·조선봉건사회경제사 저술

> 우리 조선의 역사적 발전의 전 과정은 … 세계사적인 일원론적 역사 법칙에 이해 다른 민족과 거의 같은 궤도로 발전 과정을 거쳐 온 것이다. 그 발전 과정의 완만한 템포, 문화의 특수인 농담(濃淡)은 결코 본질적인 특수성이 아니다.
> 백남운, 『조선사회경제사』

주관식 레벨 UP
사적 유물론을 바탕으로 한국사에 대한 체계적·법칙적 이해를 최초로 시도하였으며, 조선사회경제사, 조선봉건사회경제사 등을 저술하여 일제 식민 사관의 정체성론을 비판한 민족운동가는 누구인가?

풀이 백남운

③ **실증 사학** : 손진태, 이병도 등 문헌 고증의 방법을 통해 한국사를 실증적으로 연구, 진단학회 조직(1934), 청구학회에 대항, 진단학보 발간

03 종교 및 문화 활동

(1) 종교 활동 ★★

① **천도교** : 3·1 운동의 준비와 실행에 큰 역할, 언론·출판·교육 분야에서 많은 활동, 제2의 3·1 운동 계획(6·10 만세운동), 개벽·어린이·학생 등의 잡지 간행

② **대종교** ★★★
나철, 오기호가 단군 신앙으로 창설, 만주로 이동하여 활발한 무장독립투쟁 전개(중광단, 북로군정서)

주관식 레벨 UP
만주에서 중광단(1911)이라는 단체를 만들어 독립운동을 전개하였으며 후에는 북로군정서(1919)로 개칭하여 항일 무장투쟁을 전개하였던 단군숭배 사상을 통해 민족의식을 고취시킨 종교는 무엇인가?

풀이 대종교

1920	1921	1923	1925	1926	1931
조선 교육회	조선 불교 유신회(한용운)	토월회	신경향파 문학	나운규 '아리랑'	예술 연구회

③ **불교** : 총독부의 불교 예속 정책(1911, 사찰령), 조선불교유신회 조직(1921, 한용운), 불교계 정화·사찰령 폐지 운동

> **주관식 레벨 UP**
> 한국 불교를 일본 불교에 예속시키려는 총독부 정책(1911, 사찰령)에 맞서 조선불교유신회를 조직(1921)하여 민족 종교의 전통을 지키려고 노력한 민족운동가는 누구인가?
> **풀이** 한용운

④ **원불교** : 박중빈, 불교의 생활화·대중화 주장, 실천강조·근면·절약·개간사업·저축·금주·금연 운동 전개
⑤ **개신교** : 안악 사건·105인 사건에 연루, 신사참배 거부운동
⑥ **천주교** : 고아원·양로원 등 사회사업, 의민단 조직(만주), 잡지 출간(경향)

(2) 문학·과학·예술 활동
① **문학 활동** 중요 ★★
   ㉠ 1910년대 : 계몽적 성격, 최남선(해에게서 소년에게), 이광수(무정)
   ㉡ 1920년대 초반 : 동인지[창조(1919), 폐허(1920), 백조(1922)]·잡지[개벽(1920)] 간행
   ㉢ 1920년대 중반 : 신경향파(KAPF 결성), 동반문학(사회주의 동조), 민족문학[김소월(진달래 꽃), 한용운(님의 침묵), 이상화(빼앗긴 들에도 봄은 오는가)]
   ㉣ 1930년대 저항 문학 : 심훈(그 날이 오면), 이육사(청포도, 광야), 윤동주(서시)
   ㉤ 1930년대 친일 활동 : 1930년대 이후 이광수, 최남선, 노천명, 서정주 등 많은 문인들이 일제에 적극 협력
② **과학 활동** 중요 ★
   ㉠ 과학 운동 : 발명학회, 과학문명보급회 창립(1924) → 잡지 '과학조선' 간행, '과학의 날' 제정
   ㉡ 과학·체육 활동 : 전조선자전차경기대회 우승(1913, 엄복동), 안창남의 고국방문 비행(1922, 동아일보 후원), 베를린올림픽 마라톤 우승(1936, 손기정)
③ **예술 활동** 중요 ★
   ㉠ 영화 : 나운규의 아리랑(1926, 단성사 개봉)
   ㉡ 연극 : 신파극 유행(대중적, 통속적), 토월회(1923), 극예술 연구회(1931, 서양 근대 연극 수용)
   ㉢ 음악 : 홍난파, 현제명, 안익태(코리아 환상곡)
   ㉣ 미술 : 고희동(최초의 서양화가), 나혜석(최초의 여류 서양화가), 이중섭(소)
   ㉤ 문화재 수호 : 전형필, 일제의 문화재 약탈에 맞서 우리의 고문화재의 수집과 보존에 크게 기여(現 성북동의 간송 미술관 보존·전시)

제3절 항일 무장 투쟁

01 1930년대 독립 전쟁

(1) 한중 연합작전

① **배경**: 1931년 일제의 만주 침략과 만주국 수립으로 중국 내 반일 감정 고조

② **한국 독립군(총사령관 지청천)** 중요 ★★★

　㉠ 활동: 혁신의회 계열(한국 독립당), 북만주 일대에서 **중국 호로군과 연합작전**

> **더 알아두기**
> **한국 독립군과 중국 호로군의 합의 내용(1931)**
> ① 한·중 양군은 최악의 상황이 오는 경우에도 장기간 항전할 것을 맹세한다.
> ② 중동 철도를 경계선으로 서부 전선은 중국이 맡고, 동부 전선은 한국이 맡는다.
> ③ 전시의 후방 전투 훈련은 한국 장교가 맡고, 한국군에 필요한 군수품 등은 중국군이 맡는다.

　㉡ 대표적 승리: 쌍성보 전투(1932), 경박호 전투, 사도하자 전투, 동경성 전투, 대전자령 전투(1933)

　㉢ 지청천의 활동: 김구의 요청으로 중앙육군군관학교 낙양분교 한국 청년 군사 간부 특별 훈련반 교관 겸 책임자로 활동

> **주관식 레벨 UP**
> 북만주 일대에서 중국 호로군과 연합 작전을 전개하여 쌍성보(1932)·대전자령 전투(1933) 등을 전개하여 승리를 이끌었던 부대와 지휘관을 쓰시오.
>
> 　　　　　　　　　　　　　　　　　　　　　　　　　　　　　　　**풀이** 한국 독립군, 지청천

③ **조선 혁명군(총사령관 양세봉)** 중요 ★★

　㉠ 활동: 국민부 계열(조선 혁명당), 남만주 일대에서 **중국 의용군과 연합작전** 전개

> **더 알아두기**
> **조선 혁명군과 중국 의용군의 합의 내용(1932)**
> 중국과 한국 양국의 군민은 한마음 한뜻으로 일제에 대항하여 싸우고, 인력과 물자는 서로 나누어 쓰며, 합작의 원칙하에 국적에 관계없이 그 능력에 따라 항일 공작을 나누어 맡는다.
> 　　　　　　　　　　　　　　　　　　　　　　　　　　　　한국 광복군 사령부, 「광복」

　㉡ 대표적 승리: 영릉가 전투(1932), 흥경성 전투(1933)

④ **한중 연합작전의 위축**

　㉠ 일제의 탄압: 일본군의 북만주 초토화 작전, 중국군의 사기 저하
　㉡ 갈등: 중국 국민당과 공산당 사이의 항일전에 대한 의견 대립 발생

1925	1931	1937	1938	1940	1942
미쓰야 협정	만주 사변, 한중연합작전	중일전쟁, 보천보 전투	조선의용대	한국광복군	조선의용군

⑤ 조선 혁명군과 한국 독립군의 변화
  ㉠ 한국 독립군 : 임시정부의 요청에 따라 1933년 이후 중국 본토로 이동
  ㉡ 조선 혁명군 : 양세봉이 일제에 의해 암살(1934)된 후 세력이 급속히 위축(1934), 1930년대 중반까지 무장투쟁 전개

(2) 항일 유격대와 조국 광복회(1930년대 후반, 만주 지역)
  ① 항일 유격대
    ㉠ 배경 : 만주사변 이후 공산주의자들의 주도로 항일무장투쟁 전개
    ㉡ 결성 : 한인 항일 유격대가 중국공산당 소속의 동북 인민 혁명군(1933)으로 편성, 동북 항일 연군으로 발전(1936)
    ㉢ 보천보 전투(1937.6.) : 동북 항일 연군 내의 한인 항일 유격대가 함경남도 갑산의 보천보에 들어와 경찰주재소 및 면사무소 파괴
    ㉣ 소련 영내로의 이동 : 일본군이 동북 항일 연군에 대한 대대적 공세, 대부분의 항일 연군은 소련 영내로 이동
  ② 조국 광복회의 결성(1936) : 동북 항일 연군의 간부들이 조직, 김일성(위원장), 보천보 전투 지원

(3) 민족 혁명당 결성과 조선 의용대(1930년대 후반, 중국 관내)
  ① 조선 민족 혁명당(1937)
    ㉠ 결성 : 한국 독립당, 조선 혁명당, 의열단 등 중국 본토의 항일 독립 운동 세력이 단일정당으로 통합하려는 목적으로 민족 혁명당(1935)을 결성
    ㉡ 분열 : 사회주의 계통이 민족 혁명당을 주도(지청천, 조소앙 탈퇴)
    ㉢ 변화 : 민족 혁명당은 조선 민족 혁명당(1937)으로 개편, 조선 의용대 편성
    ㉣ 결과 : 조선 민족 전선 연맹을 결성(1937)
  ② 조선 의용대(1938) 중요 ★
    ㉠ 결성 : 조선 민족 혁명당(김원봉)이 중일전쟁 직후 중국 국민당 정부의 도움으로 한커우에서 조선 의용대 조직, 중국 국민당 정부군과 항일 전쟁에 참가
    ㉡ 활동 : 정보 수집 및 후방 교란 등 중국군 작전을 보조하는 부대로 중국 여러 지역에서 항일 투쟁 전개
    ㉢ 변화 : 충칭에 남은 조선 의용대와 지도부는 임시정부의 한국 광복군에 합류(1942), 지도부를 제외한 대부분 세력이 중국 공산당이 활동하는 화북지방으로 이동(조선 의용대 화북지대 결성)

주관식 레벨 UP

중국 관내에서 결성된 최초의 한인 무장 부대로 중국의 지원을 받으며 대일 심리전과 후방 공작 활동을 전개한 부대는 무엇인가?

풀이 조선 의용대

③ 전국 연합 전선 협회(1939)
  ㉠ 조직 : 한국 국민당 창당(김구 중심), 한국광복운동단체 연합회 결성, 조선 민족 전선 연맹(김원봉 중심)과 제휴하여 전국 연합 전선 협회 결성
  ㉡ 결과 : 완전한 통합에는 이르지 못함

02 1940년대 독립 전쟁

(1) 임시정부의 조직과 정비 중요 ★★
  ① 한국 독립당의 합당(1940)
    ㉠ 한국 독립당(1940) : 민족주의 계열의 한국 국민당(김구), 한국 독립당(조소앙), 조선 혁명당(지청천) 등 3개 정당이 연합하여 결성(위원장 김구)
    ㉡ 특징 : 김구가 중심이 된 단체로서 대한민국 임시정부의 집권 정당의 성격을 띰
  ② 임시정부 체계 변경(1940) : 충칭에 정착 후 주석제로 정치 지도 체계 변경(1940) → 주석·부주석 중심제(1944)
  ③ 건국 강령 발표(1941, 삼균주의(조소앙)에 바탕을 둠) 중요 ★★★

  > **더 알아두기**
  >
  > **임시정부 건국 강령**
  > 제1장 임시정부는 13년(1931) 4월에 대외 선언을 발표하고 삼균 제도의 건국 원칙을 천명하였으니
  > …
  > 제3장 삼균(三均) 제도를 골자로 한 헌법을 실행하여 정치와 경제와 교육의 민주적 실시로 실제상 균형을 도모하며 …

  ④ 좌우통합 임시정부의 성립(1942) : 사회주의 인사들의 임시정부 참여(김원봉), 조선 독립 동맹과도 통일전선 결성을 협의

  > **주관식 레벨 UP**
  >
  > 대한민국 임시정부는 조소앙의 (   )에 바탕을 둔 건국 강령 발표하였는데(1941), 보통선거·의무교육·토지국유화·토지분배·생산 기관의 국유화 등의 건국 목표를 세웠다.
  >
  > 풀이 삼균주의

(2) 한국 광복군의 창설과 활동 중요 ★★
  ① 한국 광복군의 창설(1940) : 김구의 주도로 충칭에서 광복군 창설(총사령관 지청천)

1925	1931	1937	1938	1940	1942
미쓰야 협정	만주 사변, 한중연합작전	중일전쟁, 보천보 전투	조선의용대	한국광복군	조선의용군

> **더 알아두기**
> **한국 광복군 선언(1940)**
> 대한민국 임시정부는 대한민국 원년(1919)에 정부가 공포한 군사 조직법에 의거하여 중화민국 영토 내에 광복군을 조직하고 대한민국 22년(1940) 9월 17일 한국 광복군 총사령부를 창설함을 선언한다. … 우리들은 한·중 연합 전선에서 우리 스스로의 부단한 투쟁을 감행하여 동아시아 및 아시아 인민들의 자유와 평등을 쟁취할 것을 약속하는 바이다.

② **한국 광복군의 활동** 중요 ★★★
  ㉠ 군사력의 보강 : 김원봉의 조선 의용대를 흡수 통합(1942), 신흥무관학교 출신의 독립군과 애국 청년 모집, 일본군을 탈출한 학도병·조선 의용대의 잔여세력 합류
  ㉡ 연합작전 수행 : 태평양 전쟁(1941.12.) 발발 직후 대일·대독 선전포고문 발표(1941), 연합군의 일원으로 미얀마와 인도 전선에 파견(1943, 포로 심문, 암호문 번역, 선전 전단의 작성, 회유 방송 등 참여)
  ㉢ 국내 진입 작전 계획 : 총사령관 지청천, 부대장 이범석 등을 중심으로 중국에 주둔한 미군(OSS 부대)과 연합하여 국내 정진군의 특수 훈련 실시, 비행대 편성, 일본의 무조건 항복으로 무산

> **더 알아두기**
> **국내 진공 작전 계획 무산**
> 왜적이 항복한다 하였다. 아! 왜적이 항복! 이것은 내게 기쁜 소식이라기보다는 하늘이 무너지는 듯한 일이었다. 천신만고 끝에 수년 동안 애를 써서 참전할 준비를 한 것도 다 허사이다. … 미국 비행기로 무기를 운반할 계획까지도 미국 육군성과 다 약속이 되었던 것을 한번 해 보지도 못하고 왜적이 항복하였으니 …
> 『백범일지』

> **주관식 레벨 UP**
> 대한민국 임시 정부가 중국 각처에 흩어져 있는 무장 투쟁 세력을 모아 1940년 충칭에서 창설한 군대는 무엇인가?
> 풀이 한국 광복군

(3) **조선 독립 동맹과 조선 의용군**
  ① **조선 독립 동맹(1942, 위원장 김두봉)** : 대한민국 임시정부에 편입되지 않은 조선 의용대가 화북지대로 이동한 후 조선 독립 동맹으로 확대·개편, 산하에 조선 의용군 조직(1942)
  ② **조선 의용군(1942)** : 중국 공산당의 팔로군과 함께 항일전 참전

제3편 | 실전예상문제

01 ③ 자료는 흥선대원군의 서원 철폐의 내용이다. 흥선대원군의 집권 시기는 1863년부터 1873년까지이다.
ⓒ 신미양요(1871)
ⓔ 제너럴셔먼호 사건(1866)
ⓜ 오페르트 도굴 사건(1868)
ⓖ 갑신정변(1884)
ⓒ 임술농민봉기(1862)

02 ㄷ. 제너럴셔먼호 사건(1866, 미국)
ㄹ. 오페르트 도굴 사건(1868, 독일)
ㄴ. 신미양요(1871)
ㄱ. 운요호 사건(1875)

---

01 다음 설명의 밑줄 친 '그'가 집권하여 개혁을 펼치던 시기에 발생한 역사적 사실을 모두 고른 것은?

> 그는 "백성을 해치는 자는 공자가 다시 살아난다 해도 내가 용서하지 않을 것이다."는 단호한 결의로 47개소만 남기고 대부분의 서원을 철폐하였다.

보기
ㄱ. 갑신정변 ㄴ. 신미양요
ㄷ. 임술농민봉기 ㄹ. 제너럴셔먼호 사건
ㅁ. 오페르트 도굴 사건

① ㄱ, ㄴ, ㅁ   ② ㄱ, ㄷ, ㄹ
③ ㄴ, ㄹ, ㅁ   ④ ㄷ, ㄹ, ㅁ

02 다음의 역사적 사실들을 순서대로 바르게 나열한 것은?

> ㄱ. 일본 군함 운요호가 강화도 초지진을 공격하였고, 일본군은 관아와 민가를 노략질하였다.
> ㄴ. 미국의 군함이 초지진을 함락하고 광성보를 공격하자 어재연이 이끄는 부대는 격렬하게 항전하였다.
> ㄷ. 제너럴셔먼호가 대동강에 나타나 통상을 요구하며 난동을 부리자 평양 군민들이 이를 공격하여 침몰시켰다.
> ㄹ. 조선에 통상을 요구하였다가 거절당한 독일 상인 오페르트는 흥선 대원군의 부친 남연군의 묘를 도굴하려고 하였다.

① ㄱ→ㄷ→ㄹ→ㄴ
② ㄴ→ㄷ→ㄹ→ㄱ
③ ㄷ→ㄹ→ㄴ→ㄱ
④ ㄹ→ㄴ→ㄱ→ㄷ

정답 01 ③ 02 ③

03 다음은 일본과 체결한 조약의 일부이다. 이 조약의 특징을 바르게 이해한 것을 〈보기〉에서 모두 고른 것은?

> 1조 : 조선국은 자주의 나라이며, 일본국과 평등한 권리를 가진다.
> 4조 : 조선국은 부산 외에 두 곳의 항구를 개항하고 일본인이 와서 통상을 하도록 한다.
> 7조 : 조선국은 일본국 항해자가 자유로이 해안을 측량함을 허가한다.
> 10조 : 일본국 인민이 조선국 지정 각 항구에 머무르는 동안에 죄를 범한 것이 조선국 인민에게 관계되는 사건일 때에는 모두 일본국 관리가 심판한다.

― 보기 ―
ㄱ. 치외법권 인정   ㄴ. 최혜국 대우 인정
ㄷ. 청의 종주권 부인   ㄹ. 근대적 평등 조약

① ㄱ, ㄴ   ② ㄱ, ㄷ
③ ㄴ, ㄷ   ④ ㄷ, ㄹ

04 다음 사건으로 인해 맺은 조약에 대한 설명으로 옳은 것은?

> 1875년 강화도에 일본 군함이 불법으로 침입하여 조선군과 일본군이 포격전을 벌였다. 이에 일본은 포격전의 책임을 조선 측에 씌워 전권대사를 파견하고 무력으로 개항을 강요하였다.

① 일본의 자유로운 연해 측정을 허용하였다.
② 청은 랴오둥반도와 타이완 등을 일본에 할양하였다.
③ 청과 일본은 조선에 대한 파병권을 동등하게 가졌다.
④ 공사관 경비를 구실로 일본 군대가 주둔하게 되었다.

03 ② 1876년 조일수호조규(강화도조약)의 내용 1조에서 일본은 조선이 자주국임을 명시함으로써 조선과 청의 전통적 관계를 부인하였다. 이는 조선을 침략할 때 청의 개입을 방지하려는 의도를 보여주는 것이다(ㄷ).
10조는 치외법권으로 개항장에 거주하는 일본인의 불법 행위에 대해 조선 정부의 사법권을 배제하려는 의도가 담겨 있다(ㄱ). 이를 통해 볼 때 강화도조약은 불평등 조약임을 알 수 있다(ㄹ).
최혜국 대우는 조미수호통상조약에서 최초로 인정하게 된다(ㄴ).

04 ① 일본은 조선에서 대원군이 물러나고 국왕의 친정 체제가 수립되자 일본의 군함 운요호를 조선 연해에 파견하였고, 강화도의 초지진 포대는 운요호에 경고 사격을 하였다(1875, 운요호사건). 이것을 빌미로 일본은 조선에 개항을 요구하였고, 결국 조선은 포함의 위협 하에 일본과 강화도조약을 맺어 문호를 개방하게 되었다(1876, 포함외교).
② 시모노세키 조약(1895)
③ 톈진 조약(1885)
④ 제물포 조약(1882)

정답 03 ② 04 ①

05 ④ 지문은 순서대로 개화사상의 선각자인 박규수, 오경석의 친구로 개화사상의 영향을 받은 의원 출신 유홍기, 역관으로 개화사상을 전파한 오경석을 설명한 것이다. 이들은 초기 개화 사상가들로서 자주적으로 문호를 개방하여 서양의 문물과 제도를 받아들이자고 주장하였다.
① 위정척사사상
② 독립협회
③ 화폐정리사업은 일본이 조선을 경제적으로 예속시키기 위하여 1905년에 시행하였다.

05 다음에서 설명하는 인물들의 공통적인 주장으로 가장 적절한 것은?

- 박지원의 손자로서 젊은 양반 자제들을 대상으로 실학적 학풍을 전하고 중국에서의 견문과 국제 정세를 가르쳤다.
- 의원(醫員) 출신으로 정계의 막후에서 젊은 양반 자제들에게 영향력을 행사하여 '백의정승'으로 불리었다.
- 역관으로 중국을 왕래하면서 신학문에 눈을 떠 해국도지, 영환지략 등의 서적을 들여왔다.

① 혼란한 사회, 신분 질서부터 바로 잡자.
② 민중 대회를 개최하여 참정권을 획득하자.
③ 화폐 개혁을 단행하여 일본 상인에 대항하자.
④ 문호를 개방하여 서양의 문물제도를 받아들이자.

06 ③ 1882년 조선은 최초로 최혜국 대우 조항이 들어간 조미수호통상조약 체결 이후 미국에 보빙사를 파견(1883)하였고 보빙사의 일원이었던 유길준은 미국과 유럽을 순방하고 서유견문을 집필하였다.
ㄱ. 1880년 2차 수신사 김홍집에 의해 조선책략이 국내로 유포하였다.
ㄹ. 1881년 조선은 김윤식을 청에 영선사로 파견하였다.

06 다음 중 보빙사에 대한 탐구 활동으로 적절한 것을 모두 고른 것은?

ㄱ. '조선책략'의 유포 경로를 찾아본다.
ㄴ. 유길준이 서유견문을 집필한 과정을 알아본다.
ㄷ. 최혜국 대우 조항이 처음으로 나타난 조약을 조사한다.
ㄹ. '기기창'이 만들어진 과정을 알아본다.

① ㄱ, ㄴ
② ㄱ, ㄷ
③ ㄴ, ㄷ
④ ㄷ, ㄹ

정답 05 ④ 06 ③

07 다음 자료의 (가)조약에 대한 설명으로 옳은 것은?

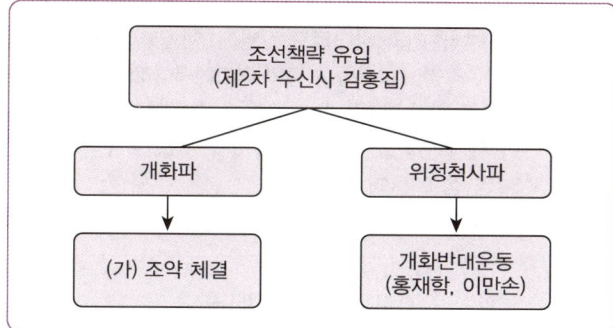

① 임오군란의 영향으로 체결되었다.
② 영사 재판에 의한 치외법권을 허용하였다.
③ 천주교 포교 문제로 조약 체결이 지체되었다.
④ 개항장 객주와 보부상이 성장하는 계기가 되었다.

08 밑줄 그은 '이 나라'와 관련 있는 내용만을 〈보기〉에서 모두 고른 것은?

> 이 나라 사람 부들러는 당시 조선이 청나라의 후정(後庭)과 같은 위치에 있고, 러시아와 일본과는 국경이 인접해 있기 때문에 그 형세가 어쩔 수 없이 분쟁을 일으키게 되어 있다고 주장하였다. 따라서 그것을 미연에 방지하기 위해서는 서양의 예에 따라 청나라, 러시아, 일본이 상호 조약을 체결하여 조선을 영세 중립국으로 하여 영구히 보호해야 한다고 주장하였다.

─ 보기 ─
ㄱ. 갑신정변 직후 거문도를 불법 점령하였다.
ㄴ. 러시아, 프랑스와 함께 삼국간섭을 하였다.
ㄷ. 오페르트는 남연군 묘를 도굴하려다 실패하였다.
ㄹ. 청의 알선으로 조선과 최혜국대우가 들어간 최초의 조약을 맺었다.

① ㄱ, ㄴ   ② ㄱ, ㄷ
③ ㄴ, ㄹ   ④ ㄴ, ㄷ

07 ② 조선이 미국과 수교해야 한다는 황쭌셴의 조선책략이 국내에 유포되자 개화세력은 앞장서서 조약체결에 힘을 쏟는다. 그 결과 청의 알선으로 (가) 조미수호통상조약이 체결되었다(치외법권, 최혜국대우, 관세부과, 거중조정).
① 조청상민수륙무역장정
③ 조프수호통상조약
④ 조일수호조규부록(거류지 제한)

08 ④ 부들러는 조선 주재 독일 부영사로 갑신정변 이후에 중립화론을 주장하였다. 독일은 러시아, 프랑스와 함께 삼국간섭을 주도하였고 독일 상인 오페르트는 남연군의 묘를 도굴하려다 실패하였다.
ㄱ. 영국 ㄹ. 미국

정답 07 ② 08 ④

09 자료는 임오군란 이후 조청상민수륙무역장정이 체결된 1880년 후반 이후의 국내 경제 상황에 대한 내용이다.
① 1904년 애국 계몽 단체인 보안회는 시기적으로 맞지 않다.
④ 조청상민수륙무역장정(1882) 체결 이후 외국 상인의 내륙 시장 진출이 가능해지면서 이들의 내륙 시장 진출이 활발해졌다.
②·③ 강화도조약(1876) 이후 일본이 무역을 독점하다가 청의 위안스카이는 임오군란을 평정하고 조선과 조청상민수륙무역장정을 체결하였다.

10 ② 임술년 진주농민봉기(1862)는 세도정치기 극심한 삼정의 문란으로 인한 농민들의 항쟁이었다. 이에 정부는 민심 안정을 위하여 삼정이정청을 설치하여 삼정의 문란을 시정할 것을 약속하였다(1862, 철종).

11 ④ 일본은 청의 텐진 조약 내용 위반을 구실로 조선에 군대를 파견하여 청일전쟁을 도발하였다(1894.6.).
① 대한제국은 러시아와 일본의 전쟁에 휘말리지 않기 위하여 국외 중립선언을 하였다(1904.1.).
② 갑신정변의 주도 세력이었던 급진 개화파는 문벌 폐지와 청에 대한 사대관계 청산을 주장하였다(1884).
③ 고종은 러시아 공사관에서 환궁한 뒤 대한제국을 선포(1897)하고 구본신참의 개혁을 추진하였다.

정답 09 ① 10 ② 11 ④

09 다음 사료와 관련된 탐구 활동으로 적절하지 않은 것은?

> 어떤 벽촌이라 하더라도 장날에 청나라 상인이 들어온다. 공주, 강경, 예산 등 시장의 어디에서나 20~30인이 와서 장사를 한다. …(중략)… 공주, 강경 같은 곳은 청나라 상인이 자기 상점을 갖고 장사를 하고 있으며, 전주 같은 곳은 30명 정도 들어와 있다.
> 『통상휘찬』

① 보안회가 결성된 배경을 조사한다.
② 임오군란이 끼친 영향을 조사한다.
③ 위안스카이가 조선에서 한 일을 알아본다.
④ 조청상민수륙무역장정의 내용을 알아본다.

10 동학농민운동에 관한 설명으로 옳지 않은 것은?
① 전주화약 이후 조선 정부는 청·일 군대의 철수를 요청하였다.
② 조선 정부는 농민들의 요구에 대응하여 삼정이정청을 설치하였다.
③ 청일전쟁 발발 직후에도 전라도 지역을 중심으로 집강소가 운영되었다.
④ 일본군이 경복궁을 점령한 후 전라도와 충청도 지역의 농민군이 연합하였다.

11 1894년에 있었던 역사적 사실로 가장 적절한 것은?
① 일본이 전쟁을 도발하려 하자 대한제국은 국외중립을 선언하였다.
② 급진 개화파가 문벌 폐지와 청에 대한 사대관계 청산을 촉구하였다.
③ 고종이 칭제건원의 요청을 수용하고 구본신참의 개혁과제를 공포하였다.
④ 일본이 공사관 보호 명분으로 서울에 침입하고 서해 지역에서 청을 공격하였다.

12 다음 중 군국기무처에서 추진한 개혁내용으로 옳은 것은?

① 은본위 화폐 제도를 실시하였다.
② 의정부와 삼군부의 기능을 회복하였다.
③ 양전 사업을 실시하여 지계를 발급하였다.
④ 태양력을 사용하고 단발령을 반포하였다.

13 1894년에 일어난 다음 사건들을 시기 순으로 나열한 것으로 옳은 것은?

ㄱ. 우금치전투   ㄴ. 전주화약 체결
ㄷ. 청일전쟁 발발   ㄹ. 홍범14조 반포

① ㄱ-ㄴ-ㄷ-ㄹ   ② ㄴ-ㄷ-ㄱ-ㄹ
③ ㄷ-ㄹ-ㄱ-ㄴ   ④ ㄹ-ㄱ-ㄴ-ㄷ

14 다음 자료와 관련이 있는 조직에 대한 옳은 설명을 〈보기〉에서 고른 것은?

[독립문]   [독립신문]

보기
ㄱ. 중추원 관제 반포를 이끌어냈다.
ㄴ. 일진회 반대 투쟁을 전개하였다.
ㄷ. 러시아의 이권 침탈을 규탄하였다.
ㄹ. 보안법에 의해 강제 해산당하였다.

① ㄱ, ㄴ   ② ㄱ, ㄷ
③ ㄴ, ㄷ   ④ ㄴ, ㄹ

12 ① 김홍집 내각은 개혁을 추진하기 위하여 초정부적 회의 기관인 군국기무처를 설치(1894.6.)하고 자주적인 개혁을 추진하였다. 제1차 갑오개혁 당시 '은'본위 화폐 제도를 채택하였다.
② 흥선대원군은 비변사를 폐지하고 의정부와 삼군부의 기능을 부활시켰다(1865).
③ 대한제국은 광무개혁의 일환으로 지계아문(1901)을 통해 양전 사업을 실시하여 최초의 토지 소유권 증명서인 지계(地契)를 발급하였다.
④ 1895년 을미개혁 때 기존의 개국 연호를 폐지하고, 건양이라는 연호를 사용하였으며, 단발령을 반포하였고, 태양력을 사용하였다.

13 ㄴ. 전주화약 체결(1894.5.)
ㄷ. 청일전쟁 발발(1894.6.)
ㄱ. 우금치전투(1894.11.)
ㄹ. 홍범 14조 반포(1895.1.)

14 ② 제시된 자료는 독립협회와 관련된 독립문과 독립신문이다. 독립협회는 아관파천 이후 러시아가 내정간섭을 하자 이에 맞서 반러 투쟁을 전개하였다.
관민공동회에 독립협회와 정부 대신들은 헌의 6조를 채택하여 고종에게 제출하였고, 고종은 헌의 6조의 실행을 재가하였을 뿐만 아니라 독립협회가 요구하는 사항에 부합되는 중추원 관제의 개편, 협회와 신문 규칙 제정, 상공 학교 설립 등 개혁적 조치를 반포하였다.
ㄴ. 헌정 연구회(1905)는 일진회의 반민족 행위를 규탄하다가 해산되었다.
ㄹ. 독립협회는 보수적 관리들에 의한 황국협회의 탄압 및 방해로 해산당한다.

정답 12 ① 13 ② 14 ②

15 ① 독립협회는 만민공동회를 개최하고 헌의 6조를 의결하였다.
② 안창호는 1907년 양기탁 등과 함께 신민회를 창설하였고, 1908년에는 평양에 대성학교를 설립하는 등 계몽운동(실력양성)에 앞장섰다.
③, ④ 대한제국은 구본신참(舊本新參)의 시정 방향을 제시하고 광무개혁을 시행하였다. 대한국 국제를 반포하여 전제 황권을 지향하는 전제군주제를 추구하였고 양전 사업을 실시하여 지계를 발급하였다.

15 다음 단체의 활동으로 옳은 것은?

> 정부에서 일하는 관리는 임금의 신하요 백성의 종이니 위로 임금을 섬기고 아래로는 백성을 섬기는 것이라. ···(중략)··· 바라건대 정부에 계신 이들은 관찰사나 군수들을 자기들이 천거하지 말고 각 지방 인민으로 하여금 그 지방에서 뽑게 하면, 국민 간에 유익한 일이 있는 것을 불과 1~2년 동안이면 가히 알리라.
>
> 『독립신문, 1896.4.14.』

① 만민공동회를 개최하였다.
② 대성학교를 설립하였다.
③ 양전 지계 사업을 추진하였다.
④ 전제 황권을 강화하려 하였다.

16 ③ 건물은 원(환)구단이다. 1897년 고종은 러시아 공사관에서 환궁한 뒤 이곳에서 대한제국을 선포하고 토지조사와 지계 발급을 시행하는 광무개혁을 실시하였다. 이후 1899년 대한국 국제를 반포하여 전제 황권을 지향하는 전제군주제를 추구하였다.
① 흥선대원군의 왕권강화 정책
② 1895년 을미개혁
④ 대한국국제를 반포하여 전제 황권을 강화하려 하였다.

16 다음 건물이 지어진 이후 정부에서 실시한 개혁에 대하여 옳게 설명한 것은?

① 비변사의 기능을 축소하고 의정부의 기능을 강화하였다.
② 고종이 러시아 공사관으로 옮겨 가면서 중단되었다.
③ 토지조사와 지계 발급 사업을 시행하였다.
④ 대한국 국제를 만들어 황제권을 제한하는 입헌군주제를 추구하였다.

정답 15 ① 16 ③

17 다음의 경제 조치에 대한 설명으로 옳지 않은 것은?

> 제1조 구 백동화 교환에 관한 사무는 금고로 처리케 하여 탁지부 대신이 이를 감독함
> 제3조 구 백동화의 품위(品位)・양목(量目)・인상(印象)・형체(形體)가 정화(正貨)에 준할 수 있는 것은 매 1개에 대하여 금 2전 5푼의 가격으로 새 화폐로 교환함이 가함

① 한국 상인들이 경제적으로 큰 타격을 받았다.
② 일본제일은행이 중앙은행의 역할을 하게 되었다.
③ 액면가 액수대로 바꾸어 주는 화폐교환 방식을 따랐다.
④ 대한제국의 재정을 일본에 예속시키려 시행한 정책이다.

17 화폐정리사업은 1905년 일본 재정 고문 메가타에 의해 시행된다. 제일은행권을 본위 화폐로 발행하고 구 백동화를 새 화폐로 교환하는 과정에서 부등가 교환이 이루어지고 심지어 교환이 거부되기도 하였다. 화폐정리사업으로 인하여 단기적으로는 시중 화폐의 품귀 현상이 빚어져서 국내 물가가 폭락하는 사태가 발생하였고 한국인 상인과 회사가 줄지어 도산하며 화폐부족으로 인한 금융공황이 오기도 하였다.
③ 일본은 제일 은행권을 본위 화폐로 발행하였으며 대한제국의 백동화를 새 화폐로 교환하는 과정에서 상태에 따른 차등 교환을 원칙으로 하였다.

18 자료에서 설명하고 있는 단체와 관련이 있는 설명으로 옳은 것은?

> 무릇 우리나라의 독립은 오직 자강의 여하에 있을 따름이다. … 자강의 방법을 생각해 보면 다름 아니라 교육을 진작함과 식산흥업(殖産興業)에 있다. … 안으로 조국의 정신을 양성하며 밖으로 문명의 학술을 흡수함이 곧 금일 시국의 급무일새, 이것이 자강회의 발기하는 소이이다.

① 대구에서 국채보상운동을 주도하였다.
② 일제의 105인 사건으로 해체되었다.
③ 고종 황제의 강제 퇴위 반대 운동을 주도하였다.
④ 도쿄에서 일본 국왕에게 폭탄을 투척하였다.

18 ③ 1906년 대한 자강회는 헌정 연구회(1905)를 계승한 단체로 고종 황제의 강제 퇴위를 반대하는 운동을 전개하였다.
① 1907년 국채보상기성회
② 1907 ~ 1911년 신민회
④ 1932년 한인 애국단 소속의 이봉창 의거

정답 17 ③ 18 ③

19 ② 통감부는 1906년 2월 설치되었고, (가) 대한 자강회는 통감부가 설치된 이후인 1906년 4월에 조직하였다.
(가) 대한 자강회(1906)
(나) 신민회(1907~1911).

20 ③ 가쓰라·태프트 밀약(1905.7.)은 일본과 미국의 비밀협상으로서 일본이 필리핀에서의 미국의 독점 권익을 인정하고, 한국에 있어서 일본의 독점적 지배권을 묵인한 것을 약속하였다.
① 톈진 조약(청-일, 1885)은 갑신정변이 이후 청과 일본 사이에 체결된 조약으로 양국 군대의 공동 철수, 조선에 군대 파병 시 상대국에 사전 통보할 것을 약속하였다.
② 1902년 1차 영·일 동맹과 1905년 2차 영·일 동맹을 체결하였다. 각각 영국의 청과 인도, 일본의 조선에 관한 주도권을 묵인한 조약이다.
④ 포츠머스 강화 조약(1905.9.)은 러일전쟁에서 승리한 일본이 미국에 중재를 요청하여 러시아와 체결한 것으로서 한국에서의 독점적 지배권을 국제적으로 인정받았다.

정답 19 ② 20 ③

19 (가), (나)에 대한 설명으로 옳지 않은 것은?

(가) 자강의 방도를 강구하여 할 것 같으면 다른 곳에 있지 않고 교육을 진작하고 산업을 일으키는 데 있으니 무릇 교육이 일어나지 못하면 민지(民智)가 열리지 않고 산업이 일어나지 않으면 국부가 증가하지 못하는 것이다. 교육과 산업의 발달이 곧 자강의 방도임을 알 수 있는 것이다.
(나) 평양 대성학교와 정주 오산학교를 설립하였고, 민족 자본을 일으키기 위해 평양에 자기회사를 세웠다. 또한, 민중 계몽을 위해 태극서관을 운영하여 출판물을 간행하였다. 그리고 장기적으로는 독립운동의 기반을 마련하여 독립전쟁을 수행할 목적으로 국외에 독립운동 기지 건설을 추진하였다.

① (가) : 정미 7조약 체결에 반대하는 투쟁을 전개하였다.
② (가) : 일제의 통감부 설치를 반대하기 위해 설립되었다.
③ (나) : 공화정체의 근대 국민 국가 건설을 위해 노력하였다.
④ (나) : 국내에서 전개된 계몽 운동의 한계를 극복하는데 기여하였다.

20 일본이 상대국에게 필리핀에서의 독점권을 승인하고 한국에서의 독점적 지배권을 인정받은 조약으로 가장 옳은 것은?

① 톈진 조약
② 영·일 동맹
③ 가쓰라·태프트 밀약
④ 포츠머스 조약

21. 다음 (가), (나)와 관련하여 나타난 사건에 대한 설명으로 옳지 않은 것은?

> (가) 대한제국의 시위대 해산
> (나) 13도 창의군의 서울 진공 작전

① (가) – 의병과 연계하여 일본군과 접전을 벌였다.
② (나) – 정미의병에 군인들이 합류하여 조직화 되었다.
③ (가) – 고종이 퇴위하고 정미조약이 강요되는 계기가 되었다.
④ (나) – 허위가 이끄는 선발 부대는 동대문 인근까지 진출하였다.

22. 다음 두 사건이 일어난 이후의 사실로 옳은 것만을 〈보기〉에서 모두 고른 것은?

> • 고종 황제의 강제퇴위   • 일제에 의한 군대해산

보기
> ㄱ. 안중근이 만주 하얼빈에서 이토 히로부미를 처단하였다.
> ㄴ. 민영환이 일제에 대한 저항을 강력하게 표현한 유서를 남기고 자결하였다.
> ㄷ. 장지연이 민족의식을 고취하는 '시일야방성대곡'을 황성신문에 발표하였다.
> ㄹ. 이인영을 총대장으로 하는 13도 연합 의병 부대(창의군)가 서울 진공 작전을 시도하였다.

① ㄱ, ㄴ
② ㄱ, ㄹ
③ ㄴ, ㄷ
④ ㄷ, ㄹ

---

21 ③ 고종은 헤이그에 특사를 파견하여 을사조약의 불법성과 부당성을 전 세계에 호소하여 국제적인 압력으로 이를 파기하려 하였지만, 일제는 이를 빌미로 고종을 강제로 퇴위(1907.7.)시키고, 한일신협약(정미 7조약)을 강요하였다. 따라서 (가)는 ③의 배경이 아닌 결과인 것이다.
(가) 시위대 해산과정(1907)
(나) 서울 진공 작전(1908)

22 ② 일본은 헤이그 특사파견을 구실로 고종황제를 강제 퇴위시켰고 정미 7조약(한일 신협약)을 체결하였다. 이후 정미 7조약에 대한 민족 항일 운동이 거세지자 통감 이토는 순종황제를 협박하여 군대마저 해산(1907.8.)하고 실질적으로 한국을 지배하기 시작하였다.
ㄱ. 안중근 의거(1909)
ㄹ. 서울 진공 작전(1908.1.)
ㄴ. 민영환 순국(1905)
ㄷ. 장지연의 시일야방성대곡(1905)

정답 21 ③   22 ②

23

1912년 총독부가 제정한 태형령은 정식 재판 없이 즉결심판이 가능하였고, 비밀리에 태형을 집행하였다. 이 법의 적용 대상은 오로지 한국인만 해당하였다.

③ 독립 의군부(1912)는 유생 의병장 출신의 임병찬이 전제군주제를 복구하자는 복벽주의(復辟主義)를 추구하여 조직하였다. 대한 광복회(1915)는 박상진이 군대식으로 비밀리에 조직하였다.

① 1931년 상하이에서 김구가 중심이 되어 한인 애국단을 조직하게 되었으며 1930년대 활동이 가장 두드러졌다.

② 한국 광복군은 1940년 충칭에서 창설하여 항일무장투쟁을 전개하였다.

④ 조선어학회(1931~1942)는 한글 교육에 힘써 한글 교재를 출판하기도 하였으며, 회원들이 각 지방을 순회하면서 한글을 보급하는 데 앞장섰다.

24

④ 일제는 1910년대에 토지조사령을 발표하여 토지조사사업을 실시하였는데, 한국인 토지의 약탈, 토지세의 안정적인 확보, 그리고 지주층을 회유하기 위한 것이었다. 토지조사사업으로 자영농이 감소하고 소작농이 증가하였으며 농민들이 관습적으로 누려왔던 경작권 등을 인정받지 못하였으며 식민지 지주제가 강화되었다.

① 자영농이 감소하고 소작농은 증가하였다.

② 1910년대 회사령의 시행으로 민족 자본가의 기업 활동이 억제되었다.

③ 1920년대 산미증식계획으로 인하여 쌀 생산량이 늘어났지만 증산된 양보다 많은 쌀을 수탈해 갔다.

정답 23 ③ 24 ④

---

23 다음과 같은 법령이 제정되어 시행되던 시기 우리 민족의 독립운동으로 옳은 것은?

> 제1조 3월 이하의 징역 또는 구류에 처하여야 할 자는 그 정상에 따라 태형에 처할 수 있다.
> 제11조 태형은 감옥 또는 즉결 관서에서 비밀리에 집행한다.
> 제13조 본령은 조선인에 한하여 적용한다.
> 『조선총독부 관보』

① 한인 애국단원 이봉창과 윤봉길 등이 의열 활동을 전개하였다.
② 임시정부는 한국 광복군을 조직하고 대일 선전 포고를 하였다.
③ 독립 의군부와 대한 광복회 등의 비밀 결사들이 활동하였다.
④ 언론기관과 조선어학회가 한글 보급을 통한 문맹 퇴치 운동을 펼쳤다.

24 일제 강점기에 실시된 다음 정책이 가져온 결과로 가장 적절한 것은?

> 제4조 토지의 소유자는 조선총독이 정하는 기간 내에 그 주소, 성명·명칭 및 소유지의 소재, 지목, 자번호, 사표, 등급, 지적, 결수를 임시토지조사국장에게 신고하여야 한다. 다만, 국유지는 보관관청에서 임시토지조사국장에게 통지하여야 한다.
> 제17조 임시 토지 조사국은 토지대장 및 지도를 작성하여 토지의 조사 및 측량에 대한 사정으로 확정하는 사항 또는 재결을 거치는 사항을 등록한다.
> 『조선총독부 관보, 1912. 8. 13.』

① 자영농이 증가하고 소작농은 감소하였다.
② 민족 자본가의 기업 활동이 억제되었다.
③ 수리 시설이 확충되면서 쌀 생산량이 늘어났다.
④ 농민들이 누려왔던 경작권을 인정받지 못하였다.

25 밑줄 친 ㉠, ㉡에 대한 설명으로 옳은 것은?

> 일제의 가혹한 탄압으로 독립운동은 큰 제약을 받게 되었다. 그러나 그러한 제약 속에서도 비밀 결사의 형태로 독립운동 단체가 결성되었다. ㉠ 독립 의군부와 ㉡ 대한 광복회는 모두 이러한 비밀 결사 단체였다.

① ㉠은 공화국의 건설을 목표로 하였다.
② ㉡은 고종의 비밀 지령을 받아 조직되었다.
③ ㉠과 ㉡은 모두 1910년대 국내에서 결성된 단체이다.
④ ㉠은 박상진을 중심으로, ㉡은 임병찬을 중심으로 한 조직이었다.

26 조선총독부의 '문화통치'에 대한 설명으로 옳지 않은 것은?

① 기만적 문화통치를 위해 토지조사사업을 시행하였다.
② 민족운동을 탄압하고자 치안유지법을 조선에도 적용하였다.
③ 조선인 계통의 신문인 조선일보, 동아일보의 발행을 허가하였다.
④ 친일파 양성을 통한 우리 민족의 분열을 목적으로 하였다.

---

25 ③ ㉠ 독립 의군부(1912, 전라도)
㉡ 대한 광복회(1915, 대구)
① ㉠ 독립 의군부는 공화정체가 아닌 복벽주의였다.
② 임병찬이 고종의 밀명으로 ㉠ 독립 의군부를 조직하였다.
④ ㉠ 독립 의군부는 임병찬을, ㉡ 대한 광복회는 박상진을 중심으로 조직하였다.

26 ① 토지조사사업은 일본이 1910년대에 추진하였던 토지 수탈 정책이었고, 기만적 문화통치는 1920년대 일제가 추진한 민족 분열 정책이었다.
② 1920년대 사회주의 운동이 일어나자 일제는 이를 탄압하기 위해 국내 치안유지를 빙자해 1925년 치안유지법을 제정·공포하여 우리 민족의 독립운동을 억압하려 하였다.
③ 조선일보와 동아일보 등 우리 민족의 신문 발행이 허가되었으나(1920), 철저한 사전 검열제도를 시행하였고, 기사 삭제, 정간, 압수, 폐간 등을 일삼았다.
④ 일제는 1920년 지방제도를 개편하여 도평의회와 부·면 협의회를 설치하여 일부 한국인들을 의원으로 뽑게 하였으나, 실질적으로는 친일파만을 참여시켜 민족 분열을 야기하였다.

정답 25 ③ 26 ①

27 다음 ㉠의 추진 결과 나타난 현상으로 옳지 않은 것은?

> 일본은 1910년대 이후 자본주의 경제가 급속하게 발전하면서 농민들이 도시에 몰려 식량 조달에 큰 차질이 빚어졌다. 이를 해결하기 위해 ㉠을 추진하였는데, 이는 토지 개량과 농사 개량을 통해 식량 생산을 대폭 늘려 일본으로 더 많은 쌀을 가져가고 우리나라 농민 생활도 안정시킨다는 목표로 추진되었다.

① 수리조합비, 비료 대금 등 농민부담이 늘어났다.
② 만주로부터 조, 수수, 콩 등의 잡곡 수입이 증가하였다.
③ 쌀 생산량의 증가보다 일본으로의 수출량 증가가 많았다.
④ 많은 수의 소작농이 이를 통해 자작농으로 바뀌었다.

28 다음 자료와 관련 있는 단체에 대한 설명으로 옳은 것은?

> • 제1조 기채 정액은 4천만 원으로 하며, 대한민국 원년 독립 공채로 함
> • 제4조 상환 기간은 대한민국이 완전히 독립한 후 만 5개년부터 30개년 이내에 수시로 상환하는 것으로 하며, 그 방법은 재무 총장이 이를 정함
> • 제7조 공채의 응모 청약 기한은 대한민국 원년 8월 1일부터 동 11월 말일까지로 함
> • 제17조 본 공채는 외국인도 응모할 수 있는 것으로 함

① 각 지방을 순회하며 민중 계몽 활동을 벌였다.
② 독립문을 건립하고, 독립신문을 창간하였다.
③ 경학사와 부민단을 설립하여 독립군을 양성하였다.
④ 교통국과 연통제를 통해 국내와의 연계를 추진하였다.

---

27 ㉠ 산미증식계획은 1차 세계대전 후 일본 내의 이촌향도 현상이 진행되면서 쌀값이 폭등하여 혼란이 있을 무렵 일제는 부족한 식량을 한반도에서 착취하려 시작한 것이 산미증식계획이다(1920~1934).
④ 대다수 농민은 몰락하여 화전민이 되었다.
① 농가 부채의 증가로 많은 수의 농민층은 몰락하게 되었다.
② 일제는 쌀 수탈로 인한 국내의 식량문제를 만회하기 위하여 만주에서 조, 콩 등의 잡곡을 수입하였다.
③ 일제가 강제로 수탈해 간 미곡이 증산량보다 많아 식량 부족이 심화되었다.

28 ④ 대한민국 임시정부는 독립공채를 발행하여 자금을 모으기도 하였고, 1인당 1원씩의 인구세를 징수, 국민 의연금을 모으기도 하였다. 또한, 교통제와 연통국을 통해 국내와의 연계를 추진하였다.
① 1927년 신간회
② 1896년 독립협회
③ 1907년 신민회

정답 27 ④ 28 ④

29. 다음 중 1919년에 수립된 대한민국 임시정부를 설명한 것으로 옳지 <u>않은</u> 것은?

① 삼권 분립에 기초한 민주공화국이다.
② 중일전쟁 이후 조선 혁명군을 조직하였다.
③ 본국과의 연락을 위해 연통제를 실시했다.
④ 사료편찬부에서 박은식의 한국독립운동지혈사를 간행하였다.

30. 다음 내용을 통해 추론할 수 있는 독립운동의 흐름으로 가장 적절한 것은?

- 신간회는 일제 강점기 최대 규모의 반일 사회 운동 단체로 민중의 전폭적인 지지를 받았으며, 지방에도 조직을 갖추고 있었다.
- 여성노동자의 권익 옹호와 새 생활 개선 등을 내세우며 근우회를 조직하였다.

① 이념을 초월한 민족 유일당 운동이 전개되었다.
② 외교론을 비판하는 적극적인 무장투쟁이 전개되었다.
③ 사회주의의 영향으로 민족해방보다 계급투쟁이 우선시 되었다.
④ 우리의 힘을 길러 독립을 준비하자는 실력 양성 운동이 전개되었다.

29. ② 국민부 계열의 조선 혁명군(총사령관, 양세봉)은 1929년 남만주에서 창설되었다. 조선 혁명군은 남만주 일대에서 중국 의용군과 연합작전을 전개하여 영릉가 전투(1932), 흥경성 전투(1933) 등에서 일본군을 크게 격파하였다.

30. ① 신간회, 근우회의 자료이다. 이러한 활동들은 독립운동에 있어서 이념을 초월한 민족 유일당 운동의 노력이며 산실이었다.
② 1923년 임시정부의 분열(창조파, 개조파, 현상유지파)
③ 사회주의 계열
④ 실력 양성 운동

정답 29 ② 30 ①

31 자료는 정치적·경제적 각성, 민족적 단결, 기회주의(개량주의) 배격은 신간회의 대표적인 강령이다.
① 6·10 만세운동은 1926년에 있었고, 신간회는 1927년에 창설되므로 시기적으로 맞지 않다.

32 ③ 자료는 1930년대의 브나로드 운동이다.
ㄷ. 일제는 산미증식계획이 어려움에 부딪히자, 공업 원료 증산정책으로 방향을 전환하여 남부에는 면화, 북부에는 면양 사육을 시도하는, 이른바 남면북양 정책(1934)을 수립하여 이를 우리 농촌에 강요하였다.
ㄴ. 조선총독부는 1932년 이후 농촌진흥정책이라는 이름 아래 마을마다 부락진흥회를 결성하고 식민 간행물과 강연, 야학 등을 통해 농촌계몽운동을 방해하였다.
ㄱ. 1910년대
ㄹ. 1920년대

31 다음과 같은 강령을 채택한 단체에 대한 설명으로 옳지 <u>않은</u> 것은?

- 우리는 조선 민족의 정치적·경제적 해방의 실현을 도모한다.
- 우리는 전 민족의 총역량을 집중하여 민족적 대표 기관이 되기를 기한다.
- 우리는 일체의 개량주의 운동을 배척하여 전 민족의 현실적인 공동 이익을 위하여 투쟁한다.

① 6·10 만세운동을 전개하였다.
② 민족 유일당 운동의 일환으로 조직되었다.
③ 여성단체인 근우회의 결성에 자극을 주었다.
④ 광주학생항일운동 진상 보고를 위한 민중대회를 계획하였다.

32 다음 운동이 전개되던 시기에 일제의 식민 정책으로 옳은 것을 〈보기〉에서 고른 것은?

보기
ㄱ. 교원이 제복을 입고 칼을 찬 상태에서 수업을 하였다.
ㄴ. 농민들의 반발을 무마하고자 농촌 진흥 운동을 추진하였다.
ㄷ. 남부 지방은 면화 재배를, 북부 지방은 면양 사육을 강요하였다.
ㄹ. 경성 제국 대학을 설립하여 민립 대학 설립운동을 저지하였다.

① ㄱ, ㄴ
② ㄱ, ㄷ
③ ㄴ, ㄷ
④ ㄷ, ㄹ

정답 31 ① 32 ③

33 (가), (나) 자료와 관련된 운동에 대한 설명으로 가장 옳지 <u>않은</u> 것은?

> (가) 비록 우리 재화가 남의 재화보다 품질상 또는 가격상으로 개인 경제상 다소 불이익이 있다 할지라도 민족 경제의 이익에 유의하여 이를 애호하며 장려하여 수요하며 구매하지 아니치 못할지라.
>
> (나) 민중의 보편적 지식은 보통 교육으로 능히 수여할 수 있으나 심원한 지식과 심오한 학리는 고등 교육에 기대하지 아니하면 불가할 것은 설명할 필요도 없거니와 사회 최고의 비판을 구하며 유능한 인물을 양성하려면 최고 학부의 존재가 가장 필요하도다.

① (가)는 사회주의자들의 적극적인 참여로 전개하였다.
② (나)는 전국적인 모금 운동의 형태로 전개하였다.
③ (가)는 조만식, (나)는 이상재를 지도자로 하여 전개하였다.
④ (가)와 (나)는 민족의 실력 양성을 목표로 전개하였다.

33 ① 사회주의계 인사들은 물산 장려 운동에 대하여 자본가 계급 일부의 이익만을 추구한다고 비판하는 등 물산 장려 운동의 성과를 거둘 수 없었다.
(가) 물산 장려 운동(1920∼1923)
(나) 민립 대학 설립 운동(1923∼1925)

34 다음 사건에 대한 설명으로 옳지 <u>않은</u> 것은?

> ㉠ 3·1 운동　　㉡ 6·10 만세운동
> ㉢ 광주학생항일운동　㉣ 소작쟁의

① ㉠은 중국의 5·4 운동, 인도의 비폭력·불복종 운동 등에 영향을 주었다.
② ㉡은 순종의 장례일에 대규모 만세운동을 계획하였다.
③ ㉢은 식민지 교육 제도 철폐 등을 요구하며 대규모 가두시위를 전개하였다.
④ ㉣의 대표인 암태도 소작쟁의는 1년여에 걸친 투쟁에도 효과가 없었다.

34 ④ 식민 지주 문재철과 이를 비호하는 일제에 대항하여 사회주의 청년 서석을 중심으로 시작한 소작료 인하를 요구한 암태도 소작쟁의는 1923년 8월부터 1924년 8월까지 약 1년여의 소작료 인하 운동을 전개하여 소작료를 40%로 인하하였다.
㉠ 3·1 운동(1919)
㉡ 6·10 만세운동(1926)
㉢ 광주학생항일운동(1929)
㉣ 소작쟁의(1920년대)

정답 33 ① 34 ④

35 자료는 신채호의 조선혁명선언으로 의열단의 행동강령이었다.
- ③ 이봉창은 한인 애국단 소속으로 1932년 일본 도쿄에서 일본 국왕에게 폭탄을 투척하였다.
- ① 의열단원 김익상은 조선총독부에 폭탄을 투척하였다(1921).
- ② 의열단원 나석주는 동양척식주식회사와 조선식산은행에 폭탄을 투척한 후 다수의 일본인을 처단하였다(1926).
- ④ 의열단 소속의 김상옥은 종로 경찰서에 폭탄 투척 후 일경과 교전하였다(1923).

36 ④ 박은식은 한국독립운동지혈사를 저술하여 일제의 침략과 독립운동의 역사를 정리하였다.
- ① 신채호는 대한매일신보에 독사신론을 발표하여 근대 민족주의 역사학의 방향을 제시하였다.
- ② 신채호는 조선사연구초에서 묘청의 서경천도운동을 '조선역사상 일천년래제일대사건'이라 평가하였다.
- ③ 백남운 선생은 사적유물론을 주장하여 일제 식민사관을 정면으로 반박하였다.
(가) 신채호, (나) 백남운

정답 35 ③ 36 ④

---

35 다음 강령을 가진 단체에서 활동하지 않은 인물을 고른 것은?

> 민중은 우리 혁명의 대본영(大本營)이다. 폭력은 우리 혁명의 유일 무기이다. 우리는 민중 속에 가서 민중과 손을 잡고 끊임없는 폭력·암살·파괴·폭동으로써, 강도 일본의 통치를 타도하고 우리 생활에 불합리한 일체 제도를 개조하여 인류로써 인류를 압박치 못하며 사회로써 사회를 수탈하지 못하는 이상적 조선을 건설할지니라.

① 김익상
② 나석주
③ 이봉창
④ 김상옥

36 (가), (나) 인물에 대한 설명으로 옳지 않은 것은?

> (가) 역사란 무엇이뇨. 인류 사회의 아(我)와 비아(非我)의 투쟁이 시간에서 발전하여 공간까지 확대하는 심적 활동의 기록이니, 세계사라 하면 세계 인류의 그리 되어 온 상태의 기록이며, 조선사라 하면 조선 민족이 그리 되어 온 상태의 기록이니라.
> (나) 우리 조선의 역사적 발전의 전 과정은 … 세계사적인 일원론적 역사 법칙에 이해 다른 민족과 거의 같은 궤도로 발전 과정을 거쳐 온 것이다.

① (가)는 대한매일신보에 독사신론을 발표하여 근대 민족주의 역사학의 방향을 제시하였다.
② (가)의 저자는 묘청의 난을 '조선 역사상 일천년래 제일대사건'이라고 칭하였다.
③ (나)는 일제의 식민주의 사관인 정체성론을 정면으로 반박하였다.
④ (나)는 독립운동의 역사를 정리하여 한국독립운동지혈사를 저술하였다.

37 다음은 일제 강점기에 이루어졌던 우리 민족의 한국사 연구 경향을 설명한 것이다. (가)~(다)와 연관된 설명으로 옳은 것은?

> (가) 민족 고유의 문화 전통과 정신을 강조함으로써 독립의 정신적 기반을 마련하고자 하였다.
> (나) 사적유물론에 입각하여 우리 민족의 역사 발전 과정이 세계사적인 발전 과정과 궤를 같이하고 있음을 입증하려고 하였다.
> (다) 개별적인 사실을 객관적으로 밝히려는 순수 학술 활동을 목표로 삼아 한국사를 실증적으로 연구하려 하였다.

① (가)는 역사에서 특수성보다는 보편성을 강조하였다.
② (가)는 역사 발전의 주체를 민족으로 파악하여 민족의식을 고양하였다.
③ (나) 계열의 학자들은 진단학회를 창립하고, 진단학보를 발행하였다.
④ (다)는 마르크스 사학의 영향을 받아 철저한 고증주의를 표방하였다.

38 밑줄 친 이 단체에 관한 설명으로 옳지 않은 것은?

> 대한민국 임시정부에서는 만주 지역의 독립군과 각처에 산재해 있던 무장투쟁 세력을 모아 충칭에서 이 단체를 창설하였다.

① 김원봉이 이끄는 조선 의용대의 일부를 통합하여 군사력을 증강하였다.
② 초기에는 중국 군사위원회의 지휘와 간섭을 받았다.
③ 중국의 화북 전선에서 일본군에 대항하여 팔로군과 연합작전을 전개하였다.
④ 중국 주둔 미국전략정보국(OSS)과 합작하여 국내 진공 작전을 계획하였으나 실현되지 못했다.

---

37 ② (가)는 민족주의 사학으로 민족의식을 고양한 사학으로 신채호, 박은식 등이 주장하였다. (나)는 경제사회 사학으로 특수성보다는 세계사적 보편성을 강조하였고 마르크스 사학의 영향을 받아 철저한 고증주의를 표방하였으며 백남운 등이 주장하였다. (다)는 실증 사학으로 1930년대 진단학회를 창립하고 진단학보를 발행하였으며 손진태가 주장하였다.
① 자주성과 주체성을 강조
③ 진단학회는 손진태
④ 백남운의 사회경제 사학

38 한국 광복군은 대한민국 임시정부가 지청천을 총사령관으로 하여 충칭에서 창설하였다(1940).
③ 조선 의용군은 중국 공산당의 팔로군과 함께 호가장 전투를 수행하는 등 항일 독립 전쟁을 전개하였다.
① 한국 광복군은 1942년 김원봉의 조선 의용대를 흡수하여 군사력을 보강하였다.
② 한국 광복군 행동 준승은 총 9개의 항으로 구성되었는데, 광복군은 중국군 참모총장의 지휘를 받아야 하고, 지휘체계는 중국 군사위원회를 거쳐야 한다고 명시되었다.
④ 한국 광복군은 미군(OSS부대)과 연합하여 국내 진공 작전을 계획하였으나 일본의 패망으로 실행에 옮겨지지 못하였다.

정답 37 ② 38 ③

39 ① 국민부 계열의 조선 혁명군(총사령관, 양세봉)은 1929년 남만주에서 창설되었다.
② 한국 광복군은 1940년 충칭에서 창설되어 국내 진공 작전을 준비하였다.
③ 홍범도의 대한 독립군이 이끌었던 봉오동 전투는 1920년 6월에 있었고, 김좌진의 북로 군정서군이 이끌었던 청산리 전투는 1920년 10월에 있었다.
④ 사회주의 계열의 동북 항일 연군은 1936년에 조직되었고, 일제에 반대하는 사람은 사상이나 노선·민족에 관계없이 단결하자는 주장에 따라 편성된 무장부대이다.
(가) 간도 참변(1920.10. 경신참변)
(나) 이봉창 의거(1932.1.)

39 (가)와 (나) 사이의 시기에 만주에서 전개된 무장 항일 운동에 대한 설명으로 옳은 것은?

> (가) 경신년에 왜군이 내습하여 31명이 살고 있는 촌락을 방화하고 총격을 가하였다. 11월 1일에는 왜군 17명, 왜경 2명, 한인 경찰 1명이 와서 남자들을 모조리 끌어내어 죽인 뒤 … (중략) … 남은 주민들을 모아 일장 연설을 하였다.
> (나) 상해의 한국 독립투사 조직에 속해 있는 한국의 한 젊은이는 비밀리에 도쿄로 건너갔다. 그는 마침 군대를 사열하기 위해 마차에 타고 있던 일본 천황에게 수류탄을 던졌다. 그는 영웅적인 행동 후에 무자비하게 살해되었다.

① 남만주에 조선 혁명군이 창설되었다.
② 한국 광복군이 국내 진공 작전을 준비하였다.
③ 독립군이 봉오동·청산리 전투에서 일본군을 크게 무찔렀다.
④ 동북 항일 연군을 중심으로 치열한 항일 유격전이 전개되었다.

40 ㄴ. 대한 광복군 정부(1914)
ㄷ. 봉오동 전투(1920)
ㄹ. 영릉가 전투(1932)
ㄱ. 한국 광복군(1940)

40 다음은 일제 강점기 국외 독립운동에 관한 사실들이다. 이를 시기 순으로 바르게 나열한 것은?

> ㄱ. 대한민국 임시정부가 지청천을 총사령관으로 하는 한국 광복군을 창설하였다.
> ㄴ. 블라디보스토크에서 이상설, 이동휘 등이 중심이 된 대한광복군 정부가 수립되었다.
> ㄷ. 홍범도가 이끄는 대한 독립군을 비롯한 연합부대는 봉오동 전투에서 대승을 거두었다.
> ㄹ. 양세봉이 이끄는 조선 혁명군은 중국 의용군과 연합하여 영릉가 전투에서 일본군을 무찔렀다.

① ㄱ → ㄹ → ㄴ → ㄷ
② ㄴ → ㄷ → ㄹ → ㄱ
③ ㄷ → ㄴ → ㄹ → ㄱ
④ ㄹ → ㄷ → ㄱ → ㄴ

정답 39 ① 40 ②

주관식 문제

01 병인박해로 인하여 프랑스 군대가 강화도로 침략한 사건은 무엇인지 쓰시오.

02 조선은 김윤식과 유학생들을 청국의 톈진에 유학시켜 근대 무기 제조법, 군사훈련법, 자연 과학 등을 배우게 하였다. 1881년 청에 파견한 조선의 단체 이름은 무엇인지 쓰시오.

03 1870년에는 최익현, 유인석 등이 왜양일체론(倭洋一體論)을 내세우며 반대하였다. 그 이유는 무엇인지 쓰시오.

01
[정답] 병인양요
[해설] 병인양요(1866, 프)

구분	내용
배경	병인박해의 구실로 로즈 제독의 프랑스 군함 7척이 침략
전개	프랑스군의 강화읍 점령, 문수산성의 한성근, 정족산성의 양헌수 부대가 프랑스군 격퇴
결과	외규장각의 문화재 및 서적과 병기들을 약탈당함

02
[정답] 영선사
[해설] 영선사(1881.9.)
김윤식과 유학생들을 청국의 톈진에 유학시켜 근대 무기 제조법, 군사훈련법, 자연 과학 등을 배우게 하였다. 학생들의 근대 기술에 대한 기본 지식과 정부의 재정적 뒷받침이 부족하여 소기의 성과를 거두지 못하고 1년 만에 돌아왔는데 이들을 중심으로 서울에 근대식 무기제조창인 기기창을 설치하였다.

03
[정답] 일본은 운요호 사건을 빌미로 강화도조약을 요구하였고 최익현을 비롯한 유생들은 왜양일체론, 개항 불가론을 들어 개항 반대 운동을 전개하였다.
[해설] 최익현, 왜양일체론

일단 강화를 맺고 나면 저들은 물화를 교역하는 데 욕심을 낼 것입니다. 저들의 물화는 모두 지나치게 사치스럽고 기이한 놀이개로, 손으로 만든 것이어서 그 양이 무궁합니다. 우리의 물화는 모두가 백성의 생명이 달린 것이고 땅에서 나는 것이므로 한정이 있습니다 … 저들이 비록 왜인이라고 하나 실은 양적입니다.

04
정답 황국협회

해설 황국협회
전국의 보부상들이 1898년 조직한 단체로서, 보수 세력은 이들에게 만민공동회가 열리는 곳에서 소란을 피우게 하고, 이를 빌미로 독립협회를 해산시켰다.

04 보수 세력은 이들에게 만민공동회가 열리는 곳에서 소란을 피우게 한 다음, 이를 빌미로 독립협회를 해산시켰는데, 전국의 보부상단체인 이 단체는 무엇인지 쓰시오.

05
정답 치안유지법

해설 치안유지법
1920년대 사회주의 운동이 일어나자 일제는 이를 탄압하기 위해 국내 치안유지를 빙자해 1925년 치안유지법을 제정하고 공포하였다.
"일본의 국체 및 정체의 변혁과 사유 재산을 부인하는 자는 징역 10년에 처한다."라는 등 총독부가 식민 체제를 부인하는 반정부·반체제 운동 또는, 사유 재산제를 부인하는 사회주의 단체의 조직과 활동을 금지하고 탄압하는 법이다.

05 1920년대 사회주의 독립 운동가를 탄압하기 위하여 조선총독부가 제정한 악법의 이름은 무엇인지 쓰시오.

06
정답 국내외를 연결하는 밀 행정 조직망으로 전국의 도, 군, 면에 독판, 군감, 면감 등의 조직을 만들어 누구나 독립 운동에 가담할 수 있었고, 군자금 조달과 정보 보고에 기여하였다.

06 대한민국 임시정부의 활동 내용 중 연통제에 대한 내용을 서술하시오.

제 4 편

현대 사회

제1장	해방과 민족의 분단
제2장	분단 체제의 고착화와 4월 혁명
제3장	군부 정권과 산업 근대화
제4장	새로운 국제 질서와 민주주의의 발전
제5장	북한 사회주의 체제의 형성과 변화
실전예상문제	

얼마나 많은 사람들이 책 한 권을 읽음으로써 인생에 새로운 전기를 맞이했던가.

– 헨리 데이비드 소로 –

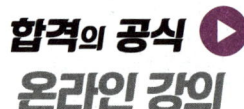  보다 깊이 있는 학습을 원하는 수험생들을 위한
시대에듀의 동영상 강의가 준비되어 있습니다.
www.sdedu.co.kr ➜ 회원가입(로그인) ➜ 강의 살펴보기

제1장 해방과 민족의 분단

제1절 해방과 건국 준비 위원회의 활동

01 제2차 대전 이후의 세계

(1) 냉전의 시대

① 냉전 체제의 성립
- ㉠ 냉전의 시작 : 세계대전 이후 유럽 열강의 세력 약화, 미국의 자유민주주의 진영과 소련의 공산주의 진영으로 대립
- ㉡ 냉전의 격화 : 그리스 내전을 계기로 미국의 반공 정책 강화(1947, 트루먼 독트린)→소련의 베를린 봉쇄(1948)→북대서양조약기구(NATO), 바르샤바조약기구(WTO) 결성
- ㉢ 충돌 : 6·25 전쟁, 쿠바 위기, 베트남 전쟁

② 냉전 체제의 붕괴
- ㉠ 냉전의 완화 : 긴장 완화(데탕트), 흐루시초프의 평화공존 표방(냉전 다소 완화), 서유럽과 일본의 경제 발전, 유럽 공동체 결성, 중·소 분쟁, 이념보다 국익, 미국의 외교정책 변화(1969, 닉슨 독트린), 닉슨의 중국 방문(1972)
- ㉡ 냉전의 붕괴 : 소련의 고르바초프 개혁·개방→동유럽의 민주화 운동으로 공산정권 붕괴, 독일의 통일(1990), 소련의 해체(1992)

③ 제3세계의 형성
- ㉠ 배경 : 민족주의의 발달, 반제국주의, 반식민주의 운동
- ㉡ 콜롬보 회의(1955) : 평화 5원칙 발표, 식민주의 청산, 세계 평화 주장
- ㉢ 반둥 회의(1955) : 아시아, 아프리카 등 29개국 참여, 비동맹 중립노선 표방(반식민주의, 민족주의, 평화공존, 평화 10원칙)→제3세계 형성

(2) 중국 공산당의 변화

중화 인민 공화국 수립(1949)→아시아의 냉전 격화(1950년대)→중·소 분쟁(1960년대)→미국과의 관계 개선, 국제 연합 가입(1970년대, 안전 보장 이사회 상임 이사국)→덩샤오핑의 개혁·개방 정책→시장 경제 체제 도입으로 급속한 경제 성장

02 8·15 광복과 분단

(1) 대한민국 임시정부(우익)
① **활동** : 민족주의 계열의 한국 독립당이 주도, 삼균주의에 기초한 건국 강령 제정, 사회주의계(민족 혁명당) 참여
② **건국 강령** : 보통선거를 통한 민주공화국 수립, 삼균주의, 토지 국유화, 대기업 국유화, 의무 교육 주장

(2) 조선 독립 동맹(1942.7. 좌익)
① **활동** : 화북 지방에서 활동하던 사회주의계 인사(위원장 김두봉)
② **건국 강령** : 보통선거를 통한 민주공화국 수립, 남녀평등, 대기업 국유화, 의무교육 주장

(3) 조선 건국 동맹(1944.8. 좌우합작)
① **활동** : 여운형이 주도, 좌우익이 참여하여 건국 준비 위원회 조직
② **건국 강령** : 일제 타도, 민주주의 원칙, 노동자·농민의 해방

03 광복과 국내 정세의 변화

(1) 배경
① **열강의 한국문제 논의** 중요 ★★
㉠ 카이로 회담(1943) : 미(루즈벨트)·영(처칠)·중(장제스) 3국 참여, 적당한 절차를 거쳐 적절한 시기에 한국을 자유롭게 독립시킬 것을 결의

> **더 알아두기**
> 3대 동맹국의 목적은 … 일본이 중국으로부터 탈취한 일체의 지역을 중화민국에 반환하게 함에 있고, … 3대 동맹국은 한국 인민의 노예 상태에 유의하여 적당한 시기에 한국을 자주 독립케 할 것을 결정한다.
> – 카이로 회담 –

> **주관식 레벨 UP**
> 제2차 세계대전 막바지에 연합국 정상들이 모여 "조선인민의 노예상태에 유의하여 적당한 시기에 맹세코 조선을 자주독립시킬 결의를 한다."고 합의한 회담이 개최된 도시를 적고, 참가국을 열거하시오.
> 풀이 카이로 회담(1943), 미국, 영국, 중국

1943	1945.2	1945.7	1945.8	1945.12
카이로 회담	얄타 회담	포츠담 선언	광복, 건국준비위원회	모스크바 3상 회의

ⓒ 얄타 회담(1945.2.) : 미(루즈벨트)·영(처칠)·소(스탈린) 3국 참여, 소련군의 대일 참전 약속, 한국의 신탁통치 논의

ⓒ 포츠담 선언(1945.7.) : 미(트루먼)·영(애틀리)·중(장제스)·소(스탈린) 4국 참여, 일본의 무조건 항복 요구, 카이로 회담(한국의 독립)을 재확인

> **더 알아두기**
> 카이로 선언의 여러 조항은 이행되어야 하며, 또한 일본국의 주권은 … 연합국이 결정하는 여러 작은 섬들에 국한될 것이다.
> – 포츠담 선언 –

ⓔ 광복 : 국내외 독립운동의 성과

(2) 건국 준비 위원회(1945.8.15.) 중요 ★★

① **조직** : 여운형(중도 좌파)과 안재홍(중도 우파)이 결성(좌우합작)
② **활동** : 전국에 지부 설치, 치안유지, 자주독립 국가 건설, 민주주의 정권수립 목표

> **더 알아두기**
> **조선 건국 준비 위원회의 선언과 강령(1945.8.28.)**
> 본 준비 위원회는 조선의 완전한 독립 국가 조직을 실현하기 위하여 새 정권을 수립하는 한 개의 잠정적 임무를 다하려는 의도에서 아래와 같은 강령을 세운다.
> 1. 우리는 완전한 독립 국가의 건설을 기함
> 2. 우리는 전 민족의 정치, 경제, 사회적 기본 요구를 실현할 수 있는 민주주의 정권의 수립을 기함
> 3. 우리는 일시적 과도기에 있어서 국내 질서를 자주적으로 유지하여 대중 생활의 확보를 기함

> **주관식 레벨 UP**
> 친일 세력을 제외한 좌우익을 망라하여 조직한 광복 당시 최초의 정치 단체로 여운형(중도 좌파)이 조선 건국 동맹을 모체로 안재홍(중도 우파) 등과 함께 1945년 8월 15일 발족한 단체는?
> **풀이** 건국 준비 위원회

제2절 미·소의 한반도 점령과 정치세력의 동향

01 미군정의 등장

(1) 국토 분단
① **38도선 합의(1945.9.2.)** : 원폭 투하(1945.8.6.) → 소련군의 참전(1945.8.9.) → 소련의 한반도 단독 점령을 막기 위한 미국의 38도선 분할 제의, 소련이 수용(미 육군 총사령관 맥아더의 일반 명령 1호) → 남북에 미·소 점령군 진주
② **국토 분단** : 남북에 미·소 점령군 진주(국토의 분단, 독립 국가 달성의 지연)
③ **조선인민공화국(1945.9.6.)** : 이승만(주석)·여운형(부주석)으로 조선인민공화국 선포, 공산당계열이 권력을 장악하자 우익 인사들의 이탈

(2) 미군정의 선포(1945.9.9.)
① **군정의 실시** : 미군정 장관(아놀드)이 남한 군정 실시, 한국의 모든 과거 정부 부인
② **38도선 이북지역** : 소련군 진주, 소련군과 함께 돌아온 김일성 등 공산주의 세력을 중심으로 공산주의 정권수립 추진

02 광복 직후의 정당

(1) 우익
① **한국 민주당(1945.9. 우익)** : 송진우, 김성수 등 민족주의 계열, 미군정과 긴밀한 관계 유지, 반공 노선
② **독립 촉성 중앙 협의회(1945.10. 우익)** : 이승만 중심, 우익 정당들을 잠정적으로 통합, 한민당과 긴밀한 관계
③ **한국 독립당(1940. 우익)** : 김구는 개인 자격으로 귀국, 남북한 통일정부 수립 활동

(2) 중도파
① **국민당(1945.9. 중도우파)** : 안재홍, 김규식 등 중심, 신민족주의 표방, 임시정부에 대한 지지
② **조선 인민당(1945.11. 중도좌파)** : 여운형 중심, 미소의 원조와 민족 국가 건설, 진보적 민주주의 표방, 좌우합작 추진

(3) **좌익(1945.9. 조선공산당)** : 박헌영 중심. 미군정의 탄압(남조선 노동당으로 개편)

1945.12	1946.3	1946.6	1946.7	1947.5	1948.8
모스크바 3상 회담	제1차 미·소 공동위원회	이승만의 정읍 발언	좌우합작 위원회	제2차 미·소 공동위원회	대한민국 정부수립

더 알아두기

광복 직후의 정당

좌파	중도		우파
박헌영 (남조선 노동당)	여운형 (조선 인민당)	김규식, 안재홍 (국민당)	이승만 (독립 총성 중앙 협의회)
김일성 (북조선 공산당)			송진우, 김성수 (한국 민주당)
김두봉 (조선 독립 동맹)			김구 (한국 독립당)

제3절 모스크바 3상 회의 이후 정치적 분열과 대립

01 신탁통치 문제와 좌우익의 갈등

(1) **모스크바 3국 외상 회의(1945.12. 미·영·소)** 중요 ★★★

① **목적**: 미국, 영국, 소련 3국 외무장관의 한반도 문제 논의
② **내용**: 한국에 임시민주정부 수립, 미·소 공동위원회 설치, 미·영·중·소에 의한 최고 5년간의 한반도 신탁통치 실시

더 알아두기

모스크바 3국 외상 회의 결정서
1. 조선을 독립 국가로 재건설하며, … 조선 인민의 민족 문화 발전에 필요한 모든 시설을 취할 임시 조선민주주의 정부를 수립할 것이다.
2. 조선 임시정부 구성을 위해 남조선 미합중국 관할구와 북조선 소련 관할구의 대표들이 공동위원회를 설치한다.
3. 공동위원회의 역할은 … 공동위원회는 미, 영, 중, 소 4국 정부가 최고 5년 기한의 4개국 통치 협약을 작성하는 데 공동으로 참작할 수 있는 제안을 조선 임시정부와 협의하여 제출해야 한다.

③ **신탁통치의 여론**
  ㉠ 우익: 신탁통치 결정을 민주적 모독이라고 보고 **반탁운동**(김구·이승만)
  ㉡ 좌익: "모스크바 협정의 본질은 임시정부 수립에 있다."라고 파악하여 반탁에서 **찬탁**으로 태도 변경(박헌영)
  ㉢ 중도: 김규식, 여운형 등은 모스크바 3국 외상 회의의 결정을 지지하되, 신탁통치 문제는 정부 수립 후 결정하자고 주장

(2) 미·소 공동위원회의 결렬(1946~1947)
  ① **제1차 회의(1946.3.)**: 모스크바 3상 외상 회의에 반대하는 정당이나 단체를 제외하자는 주장(소련)과 모든 단체를 포함하자는 주장(미국)이 맞서 **결렬**
  ② **제2차 회의(1947.5.~7.)**: 자국에 우호적인 정부를 세우려는 미·소의 정책으로 결렬

(3) 영향
  ① **대립의 격화**: 국내세력이 좌우익으로 양분하여 대립
  ② **결과**: 모스크바 3국 회의 결정사항은 실행 못 함

02 공산 세력의 변화

(1) 민주주의 민족전선(1946.2.)
  ① **조직**: 여운형, 박헌영, 김원봉, 백남운 중심, 남한정부 수립에 참여 목적
  ② **강령**: 친일파 처단, 미·소 공동위원회 지지

(2) 조선정판사 위조지폐 사건(1946.5.)
  ① **사건**: 조선공산당(민족주의민족전선)이 남한의 경제 혼란과 당비를 조달할 목적으로 1,300만 원의 위조지폐를 만든 사건
  ② **결과**: 미군정이 공산당에 강경책을 실시하게 된 계기, 공산당 기관지 해방일보가 정간, 공산당과 미군정의 대립 심화(박헌영 월북)
  ③ **영향**: 조선공산당은 미군정에 대해 투쟁 노선으로 변경(1946.7.)

03 좌우합작 운동

(1) 배경
  ① **미·소 공동위원회의 결렬**: 미국과 소련의 별도의 정부를 세우려는 움직임
  ② **단독정부 수립론의 대두**: 북한은 이미 실질적인 단독 정부수립을 준비(1946.2. 북조선임시인민위원회)하고 있었기 때문에 남한의 단독 정부수립 필요성 대두
  ③ **활동**: 이승만의 정읍 발언(남한만의 단독정부 수립 주장), 미국과 한국 민주당(송진우, 김성수)의 지지

1945.12	1946.3	1946.6	1946.7	1947.5	1948.8
모스크바 3상 회담	제1차 미·소 공동위원회	이승만의 정읍 발언	좌우합작 위원회	제2차 미·소 공동위원회	대한민국 정부수립

> **더 알아두기**
>
> 우리는 무기한 휴회된 미·소 공동위원회가 다시 열릴 기색도 보이지 않으며, 통일 정부를 고대하였으나 여의치 않게 되었다. 우리 남한만이라도 임시정부 또는 위원회 같은 것을 조직하여 38도선 이북에서 소련이 물러가도록 세계 여론에 호소하여야 될 것이니 …
>
> – 이승만의 정읍 발언(1946.6.) –

(2) 좌우합작 운동 : 통일 국가 수립 운동의 시작(1946 ~ 1947) 중요 ★★

① **배경** : 이승만의 정읍 발언, 남북 분단방지의 필요성

② **전개**
  ㉠ 주도 : 중도우파(김규식)와 중도좌파(여운형)
  ㉡ 추진 : 좌우합작 위원회 결성(1946.7.), 좌우합작 7원칙 발표(1946.10.) → 미군정의 남조선 과도 입법의원(1946.12.) 설치

> **더 알아두기**
>
> **좌우합작 7원칙**
> 1. 모스크바 3국 외상 회의 결정에 의해 좌우합작으로 임시정부를 수립할 것
> 2. 미·소 공동위원회 속개를 요청하는 공동성명 발표
> …
> 7. 전국적으로 언론, 집회, 결사, 출판 등의 자유를 절대 보장할 것

> **주관식 레벨 UP**
>
> 1946년 이승만의 정읍발언에 반대하여 중도우파 김규식과 중도좌파 여운형이 남북분열을 방지하기 위하여 결성한 단체는 무엇인가?
>
> 풀이 좌우합작 위원회

③ **결과**
  ㉠ 좌우합작 7원칙에 대한 반응 : 한국 독립당(김구)은 찬성, 이승만은 조건부 찬성(사실상 반대), 한국 민주당, 조선 공산당은 토지 개혁에 대한 입장 차이로 반대
  ㉡ 실패 : 주도 세력들의 불참(좌우익 대립의 심화), 미군정의 편파적인 우익 지원, 좌우합작 운동의 중심세력인 여운형의 암살(1947.7.)

제4절 대한민국 정부의 수립과 민족의 분단

01 5·10 총선거

(1) 5·10 총선거의 실시

① 유엔 총회의 결의
  ㉠ 한국문제의 유엔 이관(1947.9.) : 냉전 격화(트루먼 독트린), 미·소 공동위원회 결렬, 좌우합작 운동 실패, 미국은 한국문제를 유엔에 상정
  ㉡ 유엔 총회의 결의(1947.11.) : 유엔 한국 임시위원단을 구성하고, 남·북한 인구비례 총선거를 통하여 통일된 정부를 수립하도록 한 미국의 상정안을 가결하였지만(1947.11.), 소련은 이 제안에 반대
  ㉢ 유엔 한국 임시위원단의 내한(1948.1.) : 8개국 대표로 구성된 위원단은 총선거의 감시 목적으로 내한, 북한의 유엔 한국 임시위원단 입북 거부

② 유엔 소총회의 단독선거 결의(1948.2.)
  ㉠ 내용 : 임시위원단이 접근할 수 있는 지역(남한)에서만 총선거 실시를 결의
  ㉡ 영향 : 이승만과 한국 민주당은 환영, 김구의 한국 독립당은 남북협상에 의한 총선거를 주장, 좌익은 반대투쟁 전개(4·3 제주도 사건)

③ 5·10 총선거(1948.5.10.) : 김구의 한국 독립당·김규식 등의 중도파·공산주의자들의 선거불참, 남한 국회의원 선출

(2) 5·10 총선거 반대 운동

① 남북협상(1948.4.) 중요 ★★
  ㉠ 배경 : 남북한 총선거 무산, 남한 단독선거 실시 결정

> **더 알아두기**
>
> 우리가 기다리던 해방은 우리 국토를 양분하였으며, …… 마음 속의 38도선이 무너지고야 땅 위의 38도선도 철폐될 수 있다. … 나는 통일된 조국을 세우려다가 38도선을 베고 쓰러질지언정 일신의 구차한 안일을 취하여 단독정부를 세우는 데는 협력하지 않겠다.
>
> – 김구의 '삼천만 동포에게 읍고함(1948.2.)' –

  ㉡ 남북협상 : 김구, 김규식 등이 북한을 방문하여 남북협상 개최(1948.4.)
  ㉢ 지도자 협의회 : 남북한 제정당 사회단체 지도자 협의회 공동성명(남한 단독선거 반대, 총선거를 통한 통일 정부수립)
  ㉣ 결과 : 5·10 총선거에 불참하며 통일 정부 수립 운동 전개하였으나 실패

1946.6	1946.7	1947.11	1948.4	1948.5	1948.8
이승만의 정읍 발언	좌우합작 위원회	UN, 총선 결정	남북협상, 4·3 사건	5·10 총선거	대한민국 정부수립

> **주관식 레벨 UP**
>
> 남한 단독선거 실시 결정에 반대하여 김구, 김규식 등이 북한을 방문하여 김일성, 김두봉과 만나 추진하려던 것은 무엇인가?
>
> **풀이** 남북협상을 개최하여 통일 정부 수립을 목적으로 하였다.

② **제주도 4·3 사건(1948.4.3.)** 중요 ★
  ㉠ 배경 : 단독선거 반대시위(1947), 주민 총파업, 미군정이 경찰·우익단체(서북청년회)를 동원하여 무력 탄압→군경의 초토화 작전으로 많은 수의 무고한 주민들이 희생
  ㉡ 영향 : 좌익 세력에 의한 2개 선거구 투표 무산

③ **여수·순천 사건(1948.10.19.)**
  ㉠ 배경 : 제주도 4·3 사건 잔여세력 진압을 위해 여수주둔 군부대에 출동명령, 군부대 내의 좌익 세력이 제주도 출동 반대
  ㉡ 전개 : 통일정부 수립을 주장하며 봉기, 여수·순천 일대 점령(여수 인민공화국 건설)
  ㉢ 결과 : 좌익 세력 진압 후 이승만 정부의 반공정책 강화

02 대한민국 정부의 수립

(1) **국회의 출범** 중요 ★
  ① **5·10 총선거(1948.5.10.)** : 이승만의 독립촉성 계열과 한민당 계열이 압승, 198명 국회의원 선출(임기 2년, 초대 국회의원)
  ② **제헌 국회** : 북한 의석을 제외한 채 제헌국회 소집(1948.5.31.)

> **주관식 레벨 UP**
>
> 제헌국회를 구성하기 위하여 1948년 5월 보통·평등·비밀·직접의 4대 원칙을 수용하여 실시된 우리나라 최초의 선거는 무엇인가?
>
> **풀이** 5·10 총선거

(2) **정부의 수립** 중요 ★
  ① **헌법 제정(1948.7.17.)** : 민주공화국 체제의 헌법 제정(대통령 중심의 단원제 국회, 임기 4년의 대통령 간선제)

> **더 알아두기**
>
> **제헌헌법 전문(前文)**
> 유구한 역사와 전통에 빛나는 우리들 대한국민은 기미 삼일운동으로 대한민국을 건립하여 세계에 선포한 위대한 독립정신을 계승하여 … 안으로는 국민생활의 균등한 향상을 기하고 밖으로는 항구적인 국제평화의 유지에 노력하여 우리들과 우리들의 자손의 안전과 자유와 행복을 영원히 확보할 것을 결의하고 우리들의 정당 또 자유로이 선거된 대표로서 구성된 국회에서 단기 4281년 7월 12일 이 헌법을 제정한다.

② **정부수립(1948.8.15.)** : 이승만을 대통령·이시영을 부통령으로 선출, 대한민국 수립 선포
③ **유엔총회 승인(1948.12.12.)** : 대한민국은 1948년 12월 유엔총회에서 민주적인 절차에 의해 한반도에서 수립된 유일한 합법 정부로 승인받음으로써 대외적 정통성 확보

03 제헌국회의 활동

(1) 일제 잔재의 청산 노력
   ① **친일파 청산의 필요성** : 광복 후 우리 민족의 과제, 북한은 친일파 제거 완료(1946)
   ② **국회의 활동** 중요 ★
      ㉠ 제헌국회 : 제헌국회의 반민족행위 처벌법(반민법) 제정·공포(1948.9.), 특별 소급법 적용(공소시효 2년), 반민족행위 특별조사위원회 구성(1948.10.)
      ㉡ 반민특위의 활동 : 반민특위는 박흥식·노덕술·최린·최남선·이광수 등을 구속·수사
   ③ **결과** 중요 ★★
      ㉠ 정부의 방해 : 이승만 정부의 비협조, 정부 및 경찰 요직에 자리 잡은 친일파의 방해(총 680여 건 조사, 실형 선고 12명), 정부는 간첩혐의로 특위위원 구속, 국회 프락치 사건

> **더 알아두기**
>
> **반민특위에 대한 소극적 자세**
> 국회에서는 치안 혼란을 선봉하고 있다. 즉 경찰을 체포하여 경찰의 동요를 일으킴은 치안의 혼란을 조장하는 것이다. 우리가 공산당과 싸우는 것은 그들이 조국을 남의 나라에 예속시키려는 반역행위를 하기 때문에 싸우는 것이다. … 기나긴 군정 3년 동안에 못한 것을 지금에 와서 단행하면 앞으로 우리 나라가 해나갈 일에 여러 가지 지장이 많을 것이다. …
> – 이승만 대통령 담화, 1949 –

   ㉡ 해체 : 정부는 간첩혐의로 특위위원 구속, 경찰의 반민특위습격(6·6 사건), 반민법 공소시효 단축 및 반민특위 해체(1949.8.31.)

1948.4	1948.5	1948.8	1948.9	1950
남북협상, 4·3 사건	5·10 총선거	대한민국 정부수립	반민족 행위 특별 처벌법	농지 개혁법 시행

주관식 레벨 UP

제헌국회는 친일파를 처벌하고 민족정기를 바로잡기 위하여 (　　　)을 제정하여 공포하였으며(1948.9.), (　　　)위원회를 구성하였다(1948.10.).

풀이 반민족 행위 처벌법, 반민족 행위 특별 조사

(2) 개혁 추진의 입법 활동

① **농지 개혁법(1949.6.) 제정** 중요 ★★
  ㉠ 배경 : 농지 개혁법 공포(1949.6.), 농지 개혁의 시행(1950.3.)
  ㉡ 내용 : 산림과 임야를 제외한 3정보 이상의 농지를 가진 지주의 농지를 국가에서 유상매입하고 영세 농민에게 3정보를 한도로 유상분배 5년간 수확량의 30%씩을 상환함

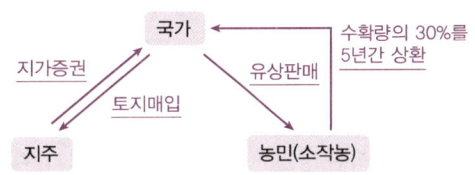

② **농지 개혁의 결과** : 소작 농민들이 농토 소유, 미진한 개혁(지주 중심의 개혁, 한국전쟁)

더 알아두기

남북한의 농지 개혁 비교

구분	북한(토지 개혁)	남한(농지 개혁)
실시연도	1946(산림, 임야, 농경지 모두 포함)	1950(산림 및 임야를 제외한 농경지)
원칙	무상 몰수, 무상 분배	유상 매수, 유상 분배
분배 면적	95만 정보(전체 경지 면적의 45%)	55만 정보(전체 소작지의 38%)
토지소유상한	5정보	3정보
분배결과	평균 호당 4,500평 소유	평균 호당 1,000평 소유

제 2 장 | 분단 체제의 고착화와 4월 혁명

제1절 1950년 한국전쟁

01 6·25 전쟁의 전개

(1) 배경
  ① **한반도 내부의 불안정**: 대한민국 정부와 조선민주주의인민공화국의 수립
  ② **북한의 전쟁 준비**
    ㉠ 화전 양면: 침략의도를 은폐하기 위하여 표면적으로 평화협상 제의, 통일 정부 수립 제안, 소련 및 중국과 군사 지원
    ㉡ 사회 혼란: 유격대 남파 등 사회 혼란 유도, 남한의 공산주의자들에게 무장봉기 지시, 정부수립 직후부터 38도선에서 군사적 충돌 유도, 38도선 상에서 무력충돌은 1949년에 가장 빈번하게 발생, 6·25 전쟁 발발 이전까지 지속
    ㉢ 전력 증강: 소련에서 다량의 현대식 최신 무기(항공기, 전차 등) 도입, 중국 내전에서 활약한 조선의용군 수만 명 편입
  ③ **국제 정세 변화**
    ㉠ 공산 국가의 성장: 중국 대륙의 공산화(1949.10.), 소련의 핵무기 개발 성공(1949)
    ㉡ 미국의 변화: 주한 미군 철수(1949.6.)와 애치슨 선언(1950.1. 미국의 태평양 방어선에서 한반도 제외)

> **더 알아두기**
>
> **애치슨 선언**
> "일본의 패배와 무장 해제에 의해 미국은 미국과 전 태평양 지역의 안전 보장을 위해 필요한 기간 동안 일본의 군사적 방위를 담당하게 되었다. … 이 방위선은 알류산 열도로부터 일본의 오키나와를 거쳐 필리핀을 통과한다. 이 방위선 밖의 국가가 제3국의 침략을 받는다면, 침략을 받은 국가는 그 국가 자체의 방위력과 국제 연합 헌장의 발동으로 침략에 대항해야 한다."

(2) 전개 과정 ★★★
  ① **북한의 남침(1950.6.25.)**: 3일 만에 북한군이 서울 점령(6.28.) → 유엔군 참전(6.27.) → 서울 함락(6.28.) → 미 지상군 참전(7.1.) → 국군 작전 지휘권 이양(7.14.) → 낙동강 방어선 구축(8~9월)
  ② **국군과 유엔군의 반격**: 인천상륙작전(9.15.) → 서울 수복(9.28.) → 평양 탈환(10.19.) → 압록강 최대 진격(11.25.)

③ 30만 중국군의 개입(1950.10.25.) : 서울 함락(1951.1.4. 후퇴) → 서울재탈환(1951.3.) → 38도선 일대 교착 상태(1951.3. ~ 1951.6.) → 소련이 유엔에 휴전 제의(1951.6.)

> **주관식 레벨 UP**
>
> 6·25 전쟁 직후 낙동강 전선까지 밀렸다가 유엔군의 참전으로 맥아더가 (　　　)을 감행하여 전세가 역전되었고, 유엔군은 서울을 수복하고 평양을 점령한 뒤에 유엔군 최대 북진선까지 진격하였다.
>
> **풀이** 인천상륙작전

(3) 휴전 협정

① 휴전 협정의 전개
  ㉠ 배경 : 전선의 교착 상태(1951 ~ 1953)
  ㉡ 정전 회담 개최(1951.7.10. 개성) : 군사분계선 설정, 포로 송환 문제 등의 사안을 둘러싸고 2년간 지속, 군사분계선은 현 접촉선 인정, 포로 송환은 개인의 자유의사 존중 등 합의
  ㉢ 휴전 협정 중 격전 : 회담 기간 중 유리한 지역을 차지하기 위한 격전(백마고지 전투 등)

② 휴전 협정의 결과 **중요** ★
  ㉠ 반공포로 석방 : 이승만의 휴전 반대운동과 반공포로 석방(1953.6.18.)
  ㉡ 정전 협정 조인(1953.7.27. 판문점) : 유엔군, 중국군, 북한군 대표만 서명

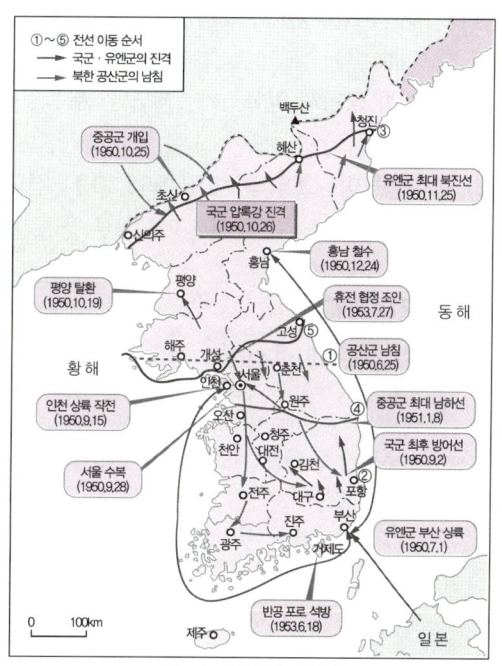

[6·25 전쟁의 전황]

> **더 알아두기**
>
> **정전 협정서 내용(일부)**
> 쌍방의 사령관들은 그들의 통제 아래에 있는 모든 군사력이 일체 적대 행위를 완전히 정지하도록 명령한다. … 본 정전 협정의 효력을 발생하는 당시의 쌍방에서 수용하고 있는 모든 전쟁 포로의 석방과 송환은 본 정전 협정 조인 전에 쌍방이 합의한 바에 따라 집행한다.

02 전쟁의 결과 및 영향

(1) 결과
- ① **인적 피해** : 전쟁으로 인해 수많은 사상자와 이산가족, 전쟁고아 발생
- ② **물적 피해** : 도로, 주택, 철도, 항만 등 사회 간접시설의 대부분 파괴, 한반도의 약 80%가 전장이 되는 엄청난 피해 발생

(2) 영향
- ① **분단의 고착** : 적대 감정 심화, 남북 무력 대결 상태 지속, 자유진영과 공산진영의 냉전 격화(미·소의 핵무기 경쟁으로 발전), 일본은 6·25 전쟁 특수로 인해 장차 경제 대국으로 성장할 수 있는 계기 마련
- ② **민족 공동체 약화** : 가족제도와 촌락 공동체 의식 약화, 서구 문화의 무분별한 유입

(3) **한미상호방위조약의 체결(1953.10.)** : 한국과 미국의 군사 동맹 강화의 계기, 연합방위체제의 법적 근간이며, 주한미군 지휘협정과 정부 간 또는 당국자 간 각종 안보 및 군사 관련 후속 협정의 기초 제공

> **더 알아두기**
>
> **한미상호방위 조약(1953.10.)**
> 당사국 중 어느 1국의 정치적 독립 또는 안전이 외부로부터의 무력 공격에 의하여 위협을 받고 있다고 어느 당사국이든지 인정할 때에는 언제든지 당사국은 서로 협의한다. 당사국은 단독적으로나 공동으로나 자조와 상호 원조에 의하여 무력 공격을 저지하기 위한 적절한 수단을 지속하여 강화시킬 것이며 본 조약을 이행하고 그 목적을 추진할 적절한 조치를 협의와 합의하에 취할 것이다.

제2절 이승만 정권의 독재 강화

01 제1공화국의 발전

(1) 이승만 정부의 독재화
- ① **민심이탈** : 친일파 청산소홀, 농지 개혁의 소극적 태도
- ② **권력기반 약화** : 제2대 국회의원 선거(1950)에서 무소속이 대거 당선

(2) **자유당 조직(1951)** : 반공을 구실로 반대파 탄압, 자유당을 조직(독재기반 구축)

02 발췌 개헌과 사사오입 개헌

(1) 발췌 개헌(1952.7.7. 대통령 간선제 → 직선제, 임기 4년 중임제) 중요 ★

① **배경**: 제2대 국회의원 선거결과 이승만 지지세력 약화, 간접선거 제도로는 이승만의 대통령 당선 불확실
② **전개**: 부산에서 자유당 조직(1951), 부산지역 계엄령 선포(1952.5.), 공포분위기 조성으로 **발췌 개헌안 무력통과**(1952.7.)
③ **결과**: 이승만 대통령 재선(1952.8.), 제3대 국회의원 선거(1954, 자유당 114명 당선)

> **주관식 레벨 UP**
>
> 이승만 대통령의 재선을 위해 여당이 주장한 대통령 직선제 개헌안을 골자로 하고, 야당이 주장한 내각 책임제를 발췌, 절충함으로써 이루어졌던 개헌은 무엇인가?
>
> **풀이** 발췌 개헌

(2) 사사오입 개헌(1954) 중요 ★★

① **배경**: 대통령 3선 금지 조항(초대 대통령에 한하여 중임제한) 폐지 내용의 개헌안 제출
② **경과**: 표결 결과 1표가 부족하여 부결, 자유당의 사사오입 논리로 개헌안 통과

> **더 알아두기**
>
> **사사오입 개헌**
> 국회의원 총원 203명의 2/3는 135.333… 이다. 따라서 136표 이상이 되어야 통과가 된다. 초대 대통령에 한하여 중임 제한 철폐에 대한 개헌안의 개표 결과 135표가 나와 부결되기에 이른다. 하지만, 이틀 뒤 자유당은 '사사오입'이라는 수학적 논리를 들고 나와 소수점 아래의 수는 반올림 법에 의해 버려야 한다고 주장. 고로 135표는 가결된다하여 부정하게 통과시킨 사건을 일컫는다.

③ **결과**: 야당은 민주당을 창당하여 저항, 신익희가 선거 도중 사망, 대통령과 부통령에 각각 **이승만, 장면 당선**(1956, 제3대 대통령선거)

> **주관식 레벨 UP**
>
> 초대 대통령에 한하여 횟수에 제한 없이 대통령에 출마할 수 있다는 내용의 개헌이 국회 표결 결과 1표 차이로 부결되었으나 이틀 후 수학적 논리를 통하여 불법적으로 통과시켰던 개헌은 무엇인가?
>
> **풀이** 사사오입 개헌

(3) 진보당 사건(1958)
① **배경**: 1956년 대통령에 이승만, 부통령에 장면 당선
② **전개**: 자유당 정권은 신국가보안법을 여당 의원만으로 통과(2·4 파동), 진보당을 탄압하여 당수인 조봉암을 간첩혐의로 처형, 정부에 비판적인 경향신문 폐간

(4) 삼백 산업의 발전 중요 ★★
1950년대 미국의 잉여 농산물 제공으로 밀·면·설탕을 공급, 정부는 제분·제당·섬유 공업으로 발전

제3절 4월 혁명

01 4·19 혁명

(1) 배경 중요 ★★
① **국내 정세의 변화**: 미국의 경제 원조 축소로 경기 침체, 실업자 증가
② **3·15 부정선거(1960)**: 부통령에 이기붕을 당선시키기 위한 대대적인 부정 선거 자행

(2) 전개 및 결과 중요 ★★★
① **경과**: 마산의 부정 선거 항의 시위(1960.3.15. 경찰 무력 진압) → 최루탄이 눈에 박힌 **김주열 학생의 시신 발견**(4.11.) → 시위 전국 확산 → 시위 군중을 향한 경찰의 발포로 사상자 증가(4.19.) → 계엄령 선포 → 대학교수들의 시국 선언(4.25.)

> **더 알아두기**
> **4·25 시국선언문 일부**
> 2. 이 데모를 공산당의 조종이나 야당의 사주로 보는 것은 고의의 왜곡이며, 학생들의 정의감에 대한 모독이다.
> 5. 3·15 선거는 부정선거이다. 공명선거에 의하여 정·부통령을 다시 실시하라.

② **결과**: 반대시위가 계속되자 이승만은 직접 하야의 뜻을 밝히고, 다음날 정식으로 **대통령 사임서를 국회에 제출**(4.27.), 자유당 정권은 무너지고 외무장관 허정(대통령 권한 대행)을 수반으로 하는 과도정부가 수립

1952	1954	1958	1960.4	1960.6
발췌 개헌	사사오입 개헌	진보당 사건	4·19 혁명	허정 과도정부

(3) 의의: 학생과 시민이 중심이 되어 독재 정권을 무너뜨린 민주주의 혁명, 민주주의 발전의 밑바탕

> **주관식 레벨 UP**
>
> 1960년 자유당 정권은 장기 집권을 위하여 노골적인 (　　　) 부정선거를 자행하였는데, 이러한 부정 선거에 항의하는 학생과 시민들의 시위가 확대되어 (　　　) 혁명이 전개되었다.
>
> 풀이 3·15, 4·19

02 제2공화국

(1) 성립

① **4·19 혁명 이후의 변화**: 허정 과도정부의 내각 책임제 개헌(1960.6. 3차 개헌) → 총선거 실시에서 민주당 압승 → 장면을 행정 수반으로 하는 민주당 내각 성립(1960.8. ~ 1961.5. 제2공화국)
② **구성**: 대통령 윤보선, 국무총리 장면[내각 책임제, 양원제(민의원·참의원) 국회]
③ **활동**: 민주적 개혁 시도, 경제 개발 5개년 계획 수립, 평화통일 추진

(2) 한계

① **사회혼란**: 민주당 내의 세력 다툼, 부정 선거 관련자·부정축재자 처벌에 소극적, 계속된 경기 침체, 사회의 무질서와 혼란 지속, 국민들의 다양한 요구 수용에 어려움, 소극적 통일정책
② **제2공화국의 붕괴**: 5·16 군사정변으로 인하여 제2공화국의 정체는 붕괴

> **주관식 레벨 UP**
>
> 4·19 혁명 직후 사태 수습을 위해 허정을 내각 수반으로 하는 과도정부가 구성되었으며, 과도정부는 (　A　) 책임제와 (　B　) 국회를 골자로 하는 헌법을 개정하고 총선거를 실시하였다.
>
> 풀이 (A) 내각, (B) 양원제

제3장 군부 정권과 산업 근대화

제1절 5·16 군사 쿠데타와 박정희의 권력 강화

01 군사 정권

(1) **군사 정부(1961.5.16. ~ 1963.12. 약 2년간 군정)** 중요 ★★
   ① **군사정변** : 박정희 중심의 군부 세력이 군사 정변, 국가재건최고회의(초헌법적 통치기구) 구성, 군정 실시
   ② **군부의 정책** : 정치인들의 활동금지, 반공 국시, 국회·정당·사회단체 해산, 언론탄압, 정치활동정화법(정치깡패 소탕), 제1차 경제개발 5개년계획 시작(1962), 부정축재자 처벌, 농어촌 부채 탕감

   > **더 알아두기**
   > 1. 반공을 제1의 국시(國是)로 삼고, 반공 태세를 재정비 강화한다.
   > 3. 이 나라, 사회의 부패와 구악을 일소하고 퇴폐한 국민 도의와 민족정기를 다시 바로 잡기 위하여 청신한 기풍을 진작한다.
   > 5. 민족적 숙원인 국토통일을 위해 공산주의와 대결할 수 있는 실력의 배양에 전력을 집중한다.
   > 6. 이와 같은 과업이 성취되면 참신하고도 양심적인 정치인들에게 언제든지 정권을 이양하고 우리들 본연의 임무에 복귀할 준비를 갖춘다.
   > ― 박정희의 혁명 공약(1961.5.16.) ―

(2) **헌법 개정(1962.12.)** : 대통령제와 단원제(중앙정보부 창설, 민주공화당 창당)

02 제3공화국의 시작

(1) **제5대 대통령 선거** : 제5대 대통령 선거에서 박정희가 윤보선을 제치고 당선(1963)

(2) **3선 개헌(1969, 제6차 개헌)**
   ① **배경** : 경제 성장에 힘입어 제6대 대통령 선거에서 재선(1967)된 박정희의 장기 집권의 기반 마련
   ② **전개** : 변칙적 3선 개헌을 통과시킨 후 국민투표로 확정
   ③ **재선** : 제7대 대통령 선거(1971)에서 신민당 김대중 후보에게 승리하여 대통령 당선

제2절　경제개발정책

01 박정희 정부의 경제 정책

(1) 경제 제일주의 : 경제성장 우선정책 추구, 경제는 급성장하였으나 민주주의는 억압

(2) 한일국교정상화(1965) 중요 ★★★
① **배경** : 미국의 수교 요구, 경제개발에 필요한 자본 확보(김종필-오히라 메모)
② **협정체결** : 학생들의 6·3 항쟁(1964)을 진압하고 계엄령을 선포한 후 한일협정 체결(1965.8.15.)
③ **내용** : 한국정부에 청구권 자금 3억 달러 무상 지급, 경제협력 자금 3억 달러 유상 지급

> **더 알아두기**
>
> **김종필 - 오히라(大平) 메모**
> 일제 35년간의 지배에 대한 보상으로 일본은 3억 달러를 10년간에 걸쳐서 지불하되 그 명목은 '독립 축하금'으로 한다. 경제협력의 명분으로 정부 간의 차관 2억 달러를 3.5%, 7년 거치 20년 상환이라는 조건으로 10년간 제공하며, 민간 상업 차관으로 1억 달러를 제공한다. 독도 문제를 국제 사법재판소로 이관한다.

> **주관식 레벨 UP**
>
> 박정희 정부 당시인 1965년 중앙정보부장 김종필과 일본 외상 오히라는 '무상 3억 달러, 정부 차관 2억 달러, 민간 상업 차관 1억 달러 이상' 등의 대일 청구권과 경제협력 자금 공여에 합의하였는데 이를 무엇이라 하는가?
>
> 풀이 한일국교 정상화

(3) 베트남 파병(1964~1973) 중요 ★★
① **파병** : 국군을 베트남에 파견하는 대가로 미국으로부터 한국군 현대화를 위한 장비와 경제 원조를 제공(1966, 브라운 각서), 약 5만 5천여 명 파병
② **영향** : 주한미군 주둔군 지위 협정인 한미군사행정협정(1966, SOFA)을 체결

02 경제 개발 5개년 계획 추진

(1) 계획 수립
7개년 계획 수립(이승만 정부) → 5개년 계획 수립(장면 내각) → 경제 개발 5개년 계획(군사정부) → 박정희 정부

(2) 제1차·제2차 경제개발계획의 실시 : 군사정부에 의해 재수정되어 1962년부터 실천
① 1차(1962~1966) : 공업화의 기초 성장기 → 수출 산업 육성, 기간 상업과 사회 간접 자본 확충, 경공업 제품(신발, 의류 등) 위주의 수출
② 2차(1967~1971) : 산업 구조의 근대화와 자립 경제의 확립 → 경공업 중심의 수출 주도형 공업화 정책 추진, 새마을 운동 시작(1970), 경부고속도로 건설(1970)

제3절 유신체제와 경제 구조의 재편

01 제4공화국

(1) 유신체제
① **배경**
  ㉠ 독재체제 구축 : 박정희 정권이 대내외적 위기감을 극복하고 독재기반 강화하여 영구 집권 도모
  ㉡ 냉전 체제 완화 : 닉슨 독트린(미·중 수교, 주한 미군 일부 철수)
② **명분** : 국가 안보 강화, 지속적인 경제 성장, 평화통일을 위한 정치 안정, 비상계엄 선포, 10월 유신 선포(국회 해산, 정당 활동 금지)
③ **내용** 중요 ★★★
  ㉠ 개인의 자유와 민주주의 정치 활동 제약(권위주의 독재 체제)
  ㉡ 대통령의 권한 강화 : 의회와 사법부 장악(3권 분립 무시), 초법적인 긴급조치권 부여
  ㉢ 대통령 임기 6년, 중임 제한 철폐, 통일주체국민회의 설립(대통령 간선제)
  ㉣ 국회의원 1/3 임명권, 국회 해산권, 법관 인사권 부여, 정당 및 정치 활동 금지
④ **영향**
  ㉠ 저항문화의 형성 : 1970년대 '아침이슬' 등이 금지곡으로 지정(대학가의 저항 가요로 발전)
  ㉡ 언론탄압 : 유신 정권의 압박으로 동아일보 예약 광고의 무더기 해약사태(1974.12.)
  ㉢ 민중 저항 : 독재체제에 대한 국민적 저항, 국제 사회의 비판적 여론, 경제 불황으로 국민의 불만 고조, 야당의 득표율 증가, 개헌 정권 100만인 서명운동(1973), 독재 타도, 민주 회복, 유신 헌법 개정 운동 전개

1960	1961	1965	1969	1972	1979
4·19 혁명	5·16 군사 정변	한일협정, 베트남 파병	3선 개헌	유신 헌법	10·26 사태

(2) 유신체제의 붕괴 중요 ★

석유 파동으로 인한 경제위기(1978), 장기 집권에 대한 국민적 비판 → 제10대 국회의원 선거(1978)에서 야당 득표율 더욱 증가, 치열한 노동 운동, 반독재운동 전개 → **부·마 항쟁**(1979.10.) → 10·26 사태 (박정희 피살)

02 경제 정책

(1) 경제 개발 5개년 계획 추진

① 제3차·제4차 경제개발계획의 실시 중요 ★★★
  ㉠ 3차(1972~1976) : **중화학 공업화 추진**, 포항제철 준공, 수출 증대에 의한 국제 수지 증가, 곡물의 자급, 지역 개발의 균형
  ㉡ 4차(1977~1981) : 자립 성장 구조 확립, 사회 개발, 기술 혁신과 능률 향상, **수출 100억 달러 달성**(1977)
② **성과** : 경부고속국도 개통, 도로·항만·공항 등 시설 확충, 경제 개발의 성공으로 아시아 신흥공업국으로 성장(한강의 기적)
③ **한계** : 빈부격차 심화, 저임금·저곡가, 선성장·후분배(노동 운동 증가), 석유 파동(1차 1973, 2차 1979), 정경유착

(2) 농촌 문제 중요 ★★

① **저곡가정책** : 저임금·저곡가 정책 실시
② **새마을운동** : 1970년대 농촌 사회에서 도시로 확대 농어촌의 환경개선·소득증대에 기여(근면·자조·협동)

> **주관식 레벨 UP**
> 1970년 박정희 정부가 도시와 농촌의 균형 있는 발전을 위해 근면·자조·협동의 구호를 내세워 추진한 경제 정책을 무엇이라 하는가?
> 풀이 새마을운동

(3) 노동 운동

① **배경** : 1960년대 이후 급격한 산업화, 저임금과 노동환경의 열악
② **1970년대 노동 운동** : 전태일 분신 사건(1970.11.)을 계기로 노동자의 요구가 구체적이고도 본격적으로 나타나기 시작, 동일방직 노동 운동, YH무역 노동 운동 등

제4장 새로운 국제 질서와 민주주의의 발전

제1절 광주민중항쟁과 신군부의 제5·6 공화국

01 제5공화국

(1) 5·18 민주화 운동(1980) 중요 ★★★

① 배경
  ㉠ **신군부의 등장**: 10·26 사태 → 계엄 선포 → 최규하 대통령 선출 → 12·12 사태(전두환·노태우 등 신군부 세력이 권력 장악)
  ㉡ **서울의 봄(1980)**: 계엄령 해제와 신군부의 퇴진 요구, 대규모 민주화 시위(서울역 시위 절정)
  ㉢ **계엄령 확대(1980.5.17.)**: 국회 폐쇄, 정치활동 금지, 대학 폐쇄, 파업 금지, 언론 검열 강화 등 무력 진압

② **민중 민주 항쟁의 전개**: 신군부가 비상계엄 전국 확대(1980.5.17.) → 광주 지역에서 비상계엄 철회·민주 헌정 체제 회복 요구 시위 → 계엄군(공수 부대) 투입 진압 → 전국적인 시위로 확대

③ **5·18 민주화 운동의 의의**: 1980년대 이후 급격하게 발전한 반독재 민주화 운동의 밑거름, 군부 독재에 저항하는 민중 의식의 표출

> **주관식 레벨 UP**
> 1980년 신군부 퇴진 요구 시위가 전국으로 확대되었고 신군부가 비상계엄을 전국으로 확대하였다. 특히, 신군부는 광주에 공수 부대(계엄군)를 투입하여 진압하였고 이에 대항하여 민주화 운동이 진행되었는데 이를 무엇이라 하는가?
>
> 풀이 5·18 광주 민주화운동

(2) 전두환 정부

① **제5공화국의 성립(1981.2.)** 중요 ★
  ㉠ **배경**: 신군부가 **국가보위비상대책위원회(1980)**를 조직하여 권력 장악
  ㉡ **제5공화국**: 전두환 대통령 선출(1980.8. 통일주체국민회의) → 제8차 개헌(1980.10. 대통령 7년 단임, 대통령 간선제), 민주정의당 조직 → 대통령 선출(1981)

1979	1980	1981	1987	1988
10·26 사태	5·18 민주화 운동	제5공화국 성립	6월 민주항쟁	노태우 정부

② **전두환 정부의 정치** 중요 ★★
- ㉠ 강압 정치 : 민주화 운동 억압, **삼청교육대**(인권 유린), 언론 통제(**언론 통폐합**)
- ㉡ 유화 정책 : 민주화 인사 복권, **야간 통행금지 해제**, 교복 자율화, 해외여행 자유화, 프로야구 출범, 공직자 윤리법 제정(1981) 등
- ㉢ 경제 성장 : **3저 호황**(저유가·저달러·저금리)으로 경제성장, 물가안정, 수출증대

(3) 6월 민주항쟁과 민주주의의 발전

① **6월 민주항쟁의 전개** 중요 ★★★
- ㉠ 배경 : 박종철 고문치사 사건(1987.1.) 등 불만 여론 활성화(대통령 직선제 개헌 요구), 정부의 **4·13 호헌조치** 발표(1987.4.13.)
- ㉡ 전개 : 야당과 재야의 연합 기구인 '민주헌법쟁취 국민운동본부'가 박종철 고문치사 규탄과 호헌 철폐를 위한 국민 대회를 전국 주요 도시에서 개최(1987.6.10.) → 범국민적 반독재 민주화 투쟁으로 발전

> **더 알아두기**
>
> **6·10 국민 대회 선언문**
> 오늘 우리는 전 세계 이목이 우리를 주시하는 가운데 40년 독재 정치를 청산하고 희망찬 민주 국가를 건설하기 위한 거보를 전 국민과 함께 내딛는다. 국가의 미래요 소망인 꽃다운 젊은이를 야만적인 고문으로 죽여 놓고 그것도 모자라서 뻔뻔스럽게 국민을 속이려 했던 현 정권에게 국민의 분노가 무엇인지를 분명히 보여주고, 국민적 여망인 개헌을 일방적으로 파기한 4·13 폭거를 철회시키기 위한 민주 장정을 시작한다.

- ㉢ 6·29 선언 : 민주정의당의 차기 대통령 후보로 내정된 노태우를 통해 6·29 선언 발표 → 5년 단임의 대통령 직선제 개헌(1987.10.)

② **6월 민주 항쟁의 의의** : 4·19 혁명 이후 가장 규모가 큰 민주화 운동, 국민의 힘으로 헌법을 개정하여 민주주의 발전에 기틀 형성

> **주관식 레벨 UP**
>
> 전두환 정부의 4·13 호헌 조치에 대항하여 국민들은 범국민적 반독재 민주화 투쟁을 전국적으로 확대하게 되었고 마침내 대통령 직선제 개헌을 약속받았다. 이러한 민주와 운동을 무엇이라 하는가?
>
> **풀이** 6월 민주항쟁

02 제6공화국

(1) 노태우 정부
   ① **출범**: 야당 후보의 분열로 당선, 여소 야대 국회 → 3당 합당(1990)으로 거대 여당 출현
   ② **정책**: 서울 올림픽, 북방외교[소련(1990)·중국(1992)과 수교], 남북한 유엔 동시 가입(1991), 남북 기본 합의서 체결(1991), 전국민 의료보험 실시(1989)

(2) 김영삼 정부 중요 ★
   ① **출범**: 문민정부(5·16 이후 30년 만에 민간인 대통령 선출)
   ② **정책** 중요 ★★★
   공직자 재산 등록, 금융 실명제 실시(1993), 쌀시장 개방(1994, 우루과이라운드), 지방 자치제 전면 실시, 수출 1,000억 달러 돌파(1995), WTO출범(1995, 농산물 수입 자유화) OECD 가입(1996), 외환위기[1997, 국제 통화 기금(IMF)에 구제 금융 요청]
   ③ **역사 바로 세우기**: 12·12 사태와 5·18 민주화 운동 진상 조사(전두환·노태우 구속), 초등학교 개칭(1996), 조선총독부 건물철거

   > **주관식 레벨 UP**
   > 김영삼 정부는 은닉자금을 끌어내고 투명한 금융 거래를 위하여 1993년 8월 12일 대통령 긴급 명령을 공포하여 (   )를 시행하였다.
   > **풀이** 금융실명제

(3) 김대중 정부
   ① **출범**: 최초의 평화적인 여야 정권 교체(국민의 정부)
   ② **정책** 중요 ★★★
   외환위기 극복(2001, 금융개혁, 기업의 구조조정 등), 대북 화해협력정책(햇볕 정책), 제1차 남북 정상회담, 6·15 남북공동선언(2000), 금강산 관광 시작(1998)

(4) 노무현 정부
   ① **출범**: 참여정부, 대북 화해 협력 정책 계승, 평화 번영의 동북아 시대 제시
   ② **정책**: 서민정치, 제2차 남북정상회담(2007, 10·4 남북정상회담 개최)

(5) 이명박 정부: 경제발전, 녹색성장추진

(6) 박근혜 정부: 국정농단 사건으로 인해 파면(2017)

(7) 문재인 정부

더 알아두기

공화국 개헌의 과정

개헌	내용
제헌(1948)	대통령 간선제, 단원제 국회, 국회에서 대통령 간접선거(임기 4년, 1회 중임 가능)
1차(1952)	발췌 개헌(대통령 중심제, 임기 4년 중임제, 직선제, 부통령제, 양원제 국회)
2차(1954)	사사오입 개헌(초대 대통령의 중임 제한 철폐, 부통령의 대통령 승계, 직선제)
3차(1960)	4·19 혁명(내각 책임제, 양원제, 사법권의 민주화, 경찰 중립화, 지방차지의 민주화)
4차(1960)	소급 특별법의 제정(부정축재자 처벌 등 소급법 근거 마련, 상기 형사사건 처리를 위한 특별재판부와 특별 검찰부 설치)
5차(1962)	5·16 군사 정변(대통령 중심제, 임기 4년 중임제, 직선제, 단원제 국회)
6차(1969)	3선 개헌(대통령의 3선 연임 허용, 직선제, 국회의원의 국무위원 겸직 허용, 대통령 탄핵소추 요건 강화)
7차(1972)	유신 헌법(대통령 중심제, 대통령의 권한 강화, 임기 6년 중임제한 철폐, 간선제, 통일주체국민회의 신설, 국회권한 조정, 헌법개정절차 일원화)
8차(1980)	12·12 사태(대통령 중심제, 연좌제 금지, 임기 7년 단임제, 간선제, 대통령 선거인단에 의해 선출, 구속적부심 부활, 헌법개정절차 일원화)
9차(1987)	6월 민주항쟁(대통령 중심제, 임기 5년 단임제, 직선제, 비상조치권 및 국회해산권 폐지로 대통령 권한 조정)

제2절 경제 발전을 위한 노력

01 현대의 경제 발전

(1) 경제 정책

① **3저 호황** : 1980년대 중·후반 경제호황과 시장개방(저유가·저달러·저금리로 물가안정)
② **1990년대 이후** : KTX(고속철도) 개통(2004), 한미 FTA(자유무역협정) 타결(2007, 노무현 정부)

(2) 외환위기(1997) 중요 ★★

① **배경** : 성장 위주의 급격한 경제 성장, 금융권 부실 등, IMF 구제 요청(1997, 김영삼 정부)
② **경과** : IMF(국제통화기금)의 구제 금융, 구조조정, 부실기업 정리
③ **극복** : 금 모으기 운동, 노사정위원회 출범, 기업·금융·공공·노동 개혁, IMF 관리 이탈(2001, 외채 상환, 김대중 정부)

02 기타 경제·사회의 변화

(1) 1980년대 이후 경제
 ① 농축산물 수입 개방 저지 및 제값 받기 전국 농민 대회(1988, 노태우 정부)
 ② **쌀 시장 개방**: 우루과이 라운드 체결(1994, 김영삼 정부)
 ③ **WTO 출범**: 농산물 수입 자유화(1995, 김영삼 정부)

(2) 노동 운동
 ① **1980년대**: 1987년 6월 민주 항쟁 이후, 임금의 인상, 노동 조건의 개선, 기업가의 경영 합리화와 노동자에 대한 인격적 대우 등을 강력하게 주장하며 노동 운동이 활성화
 ② **1990년대**: 전국 민주 노동조합 총연맹, 노사정 위원회 구성

(3) 사회 보장 정책
 ① **배경**: 산업화와 도시화로 노약자·빈곤층·실업자 등 사회적 약자 발생
 ② **사회 정책**
  ㉠ 고용보험 및 연금제도: 실업자 문제·노후 생활을 위해서 고용보험 및 연금제도 등을 도입
  ㉡ 의료 보험 제도(1989): 국민 모두가 의료 혜택을 받을 수 있도록 제도적인 장치를 마련
  ㉢ 국민기초 생활보장법(1999): 생활이 어려운 계층의 최저 생활을 보장하는 목적으로 제정

03 교육 및 학술의 발달

(1) 교육 활동
 ① **미군정기**: 6·3·3 학제를 근간으로 하는 교육제도 마련, 남녀 공학제 도입
 ② **1960년대**: 3대 방침(학원 정상화, 사도 확립, 교육 중립성), 교육자치제 확립(1952)
 ③ **5·16 군사정변 이후**: 국민교육헌장 선포, 민족주의적·국가주의적 교육 이념(1968), 대학예비고사제도 실시(1696), 국사·윤리교육 강화(1973), 고등학교 평준화(1974)
 ④ **1980년대**: 국민 윤리교육 강화, 과외 금지, 대입 본고사 폐지
 ⑤ **1990년대 이후**: 대학수학능력시험, 중학교 의무교육

(2) 학술 및 언론
 ① **학술 연구 활동**
  ㉠ 배경: 식민지 잔재 청산, 민족의 자주 독립 국가 수립
  ㉡ 한국학 연구: 한글학회, 진단학회
  ㉢ 학회 창립: 역사학회, 국어국문학회, 한국철학회, 한국고고학회, 민속학회
  ㉣ 1970년대: 정부의 주체적 민족사관 강조, 국사 교육 강화

② **언론 활동**
- ㉠ 미군정기 : 조선일보, 동아일보 복간, 해방일보, 조선인민보 간행
- ㉡ 이승만 정부 : 국보법을 개정하여 언론 통제, 경향신문 폐간(1959)
- ㉢ 4·19 혁명 이후 : 언론 자유와 개방
- ㉣ 5·16 군사 정부 : 언론기관과 정기 간행물 정리
- ㉤ 1960년대 : 언론의 상업주의화 경향 대두
- ㉥ 1970년대 : **동아일보 기자들의 언론자유 수호투쟁(국민들의 지원)**
- ㉦ 언론탄압 : 언론인 강제 해직, 언론 통폐합, 보도지침
- ㉧ 6월 민주 항쟁 이후 : 언론자유 확대, 언론 노동조합연맹 조직

(3) 대중문화 및 체육 활동
① **대중문화**
- ㉠ 대중 미디어 발달 : 라디오 보급(1960년대), TV 확산(1970년대 이후)
- ㉡ 현대의 대중문화 : 정보 통신 혁명, 문화 시장 개방
- ㉢ 한류 열풍 : 1990년대 후반부터 아시아에 유행한 한국 대중문화

② **체육 활동**
- ㉠ 1980년대 : 프로야구·축구 구단 창설, 아시안 게임(1986), **서울 올림픽(1988)**
- ㉡ 1990년대 : 바르셀로나 올림픽(황영조 금메달)
- ㉢ 2000년대 : 시드니 올림픽(2000) 남북한 공동 입장, **월드컵 한·일 공동 개최(2002)**
- ㉣ 2010년대 : 대구 세계육상선수권대회(2011), 제23회 평창 동계올림픽(2018)

제 5 장 북한 사회주의 체제의 형성과 변화

제1절 북한 정권의 성립

01 북한 정권

(1) 조선 민주주의 인민 공화국의 수립
  ① 평남 건국 준비 위원회(1945.8. 위원장 조만식)
  ② 북조선 임시 인민 위원회 조직(1946.3. 중앙행정기관의 모태), 토지개혁법(1946) 제정
  ③ 북조선 인민 회의(1947.2. 입법기관)는 정권수립을 위한 제반 준비작업 진행(위원장 김일성)
  ④ 조선 민주주의 인민 공화국 선포(1948.9.9. 김일성이 내각 수상에 취임)

> **주관식 레벨 UP**
> 1946년 2월 북한은 북조선 임시 인민 위원회를 구성하였고 사실상의 정부로서 활동하였다. 이들은 토지개혁법을 제정하여 실질상의 토지 국유화를 실현하였는데 토지개혁의 원칙은 무엇이었는가?
> **풀이** 무상 몰수, 무상 분배의 원칙

(2) 김일성 유일 체제
  ① **김일성 체제** 〔중요〕★
    ㉠ 독재기반 강화 : 김일성은 반대 세력들을 숙청하여 1인 독재의 기반을 강화
    ㉡ 권력 장악 : 김일성 1인 지배 체제 구축, 김일성파 권력 독점
    ㉢ 군사노선(1960년대) : 1960년대 북한은 4대 군사 노선 채택(전인민의 무장화, 전국토의 요새화, 전군의 간부화, 전군의 현대화), 군수공업 발전
    ㉣ 주체사상 강조(1970년대) : 자주 노선 확립, **북한의 통치 이념**
  ② **대남정책**
    ㉠ 표면적 : 평화적인 남북 연방제 통일 방안 제시
    ㉡ 내면적 : 남한 내부 혁명을 부추겼으며, 무장 군인을 남파하여 무력도발

1948	1957	1970	1972	1994
북한 정권 수립	천리마 운동	주체사상 체계화	사회주의 헌법 제정	김일성 사망

(3) 후계 체제의 확립

① **김정일 후계 체제**

　㉠ 혁명 2세대 : 김정일을 비롯한 김일성의 친인척이 권력 장악

　㉡ 사회주의 헌법제정 **중요** ★★

　　사회주의 헌법 제정(1972.12.), 김정일을 김일성의 유일한 후계자로 공인

더 알아두기

김정일의 권력 승계 과정

구분	내용
1972	7·4 남북 공동 성명 발표
1972	사회주의 헌법 제정 – 주석 중심으로 개편(김일성)
1973	노동당 총비서 선출(김정일)
1974	김정일을 유일한 후계자로 내정
1980	권력의 핵심 요직에 진출하면서 후계체계를 공식화
1991	김정일이 인민군 최고 사령관에 취임, 2년 뒤 위상이 격상된 국방위원장에 취임
1994	김일성 사망 후 유훈 통치 전개
1998	헌법 개정을 통해 국방위원회 중심으로 권력을 개편, 사실상 국가수반인 국방위원장에 다시 취임

주관식 레벨 UP

1972년 7·4 남북공동성명 이후 평화분위기가 조성되었지만, 곧 박정희 정부는 10월 유신을 선포하여 장기 집권을 꾀하였고, 북한도 (　　　) 헌법을 개정하여 유일 지도 체제를 더욱 강화하였다.

풀이 사회주의

② **김정은 후계 체제** : 김정일 사망 후 김정은이 권력 승계(2011)

더 알아두기

김정은 체제의 형성

구분	내용
2010	김정은의 후계체제 구축과 우상화 작업 시작, 당 중앙 군사위 부위원장 임명
2011	김정일 사망 후 권력 승계
2012	당 제1비서, 당 중앙군사위원회 위원장, 국방위원회 제1위원장 등 김정일의 직책을 모두 승계
2012 이후	당의 유일 지도사상으로 주체사상 대신 김일성-김정일 주의 표방

02 북한의 경제

(1) **농업협동화 운동(1953)** : 식량·원료 공급의 증가, 농촌 노동력을 공업 부문으로 이전하는 정책

(2) **천리마 운동(1957)** 중요 ★
① **배경** : 노동 성적이 좋은 사람을 영웅으로 만들어 대중의 생산 경쟁 유도
② **경제 발전** : 노동 참여 독려, 중공업 우선시, 농업과 상업 분야의 협동화

> **주관식 레벨 UP**
> 하루에 천리를 달리는 천리마처럼 빠른 속도로 사회주의 경제를 건설하기 위해 주민들의 증산의욕을 고취하려는 목적으로 북한이 1950년대 후반 추진한 노동 경쟁운동이자 사상 개조운동은 무엇인가?
> 풀이 천리마 운동(1957)

(3) **개방정책** 중요 ★
① **합영법과 합작법(1984)** : 외국인 투자 유치, 외국 기업·자본 도입 추진
② **외국인 투자법(1992)** : 외국인 투자기업을 창설·운영하는 제도와 원칙 규정
③ **나진·선봉 무역지대 개발(2010)**

제2절 통일정책의 추진

01 1950년대(제1공화국)

한국전쟁 이후 남북한 상호 적대감과 증오감, 남북한 사이 대화 단절

02 1960년대(제2공화국)

(1) **4·19 혁명 직후** : 4·19 혁명 직후 학생들과 일부 정치인들을 중심으로 통일 논의가 활발(평화통일 주장 표출)

1970	1972	1973	1982	1985	1988
8·15 선언	7·4 남북공동성명	6·23 평화통일선언	민족화합 민주통일 방안	남북이산가족 고향 방문단	7·7 선언

(2) 내용
① **정부여당** : 북진 통일론 철회, 유엔 감시 아래 남북한 총선거 실시를 통한 평화적 통일 주장
② **평화 통일론** : 진보당 등 혁신 정당 조직, 한반도 중립화 통일론, 남북협상론 등 다양한 평화 통일론 주장
③ **학생** : '가자 북으로, 오라 남으로'라는 구호 아래 통일을 위한 모임을 조직, 일부 학생들은 판문점에서 남북 학생 회담 개최를 추진(1961)

(3) 한계 : 5·16 군사 정변, 남북한 간의 대립으로 통일 논의 곤란

03 1970년대

(1) 닉슨 독트린(1969, 냉전의 완화)
주한 미군 감축, 자주국방 정책의 추진과 한반도 평화 정착을 위한 대북한 교섭을 시도

> **더 알아두기**
> **닉슨 독트린**
> • 미국은 앞으로 베트남 전쟁과 같은 군사적 개입을 피한다.
> • 미국은 '태평양 국가'로서 중요한 역할을 계속하지만, 직접적·군사적인 또는 정치적인 과잉 개입은 하지 않는다.

(2) 통일정책 중요 ★
① **8·15 선언(1970)** : 한반도 평화 정착, 남북 교류 협력, 북한을 대화와 협력 대상으로 인정
② **남북적십자회담 제의(1971)** : 남북한의 이산가족 찾기를 위한 남북 적십자 회담을 제의(1971), 북한과 회담이 성사(1972)
③ **7·4 남북공동성명(1972)** 중요 ★★★
  ㉠ 내용 : 자주통일, 평화통일, 민족적 대단결의 3대 원칙을 성명
  ㉡ 전개 : 통일 문제를 협의하기 위한 남북조절위원회의 설치 합의

> **더 알아두기**
> **7·4 남북공동성명**
> 첫째, 통일은 외세에 의존하거나 외세의 간섭을 받음이 없이 자주적으로 해결하여야 한다.
> 둘째, 통일은 서로 상대방을 반대하는 무력 행사에 의거하지 않고 평화적 방법으로 실현하여야 한다.
> 셋째, 사상과 이념, 제도의 차이를 초월하여 우선 하나의 민족으로서 민족적 대단결을 도모하여야 한다.

④ **6 · 23 평화 통일 선언(1973)** : 남북 유엔 동시 가입제의, 호혜 평등의 원칙하에 모든 국가에 문호 개방, 내정 불간섭
⑤ **평화통일 3대 원칙(1974)** : 남북 상호 불가침 협정의 체결을 제의(1974.1.), 평화 정착 · 상호 신뢰 회복 · 토착 인구 비례에 의한 남북한 자유 총선거를 통한 평화통일 3대 원칙 발표

04 1980년대

(1) 1980년대 초반의 통일정책
 ① **남북한 당국의 최고 책임자 상호 방문 제의(1981.1.)** : 남북한 당국의 최고 책임자가 번갈아 상호 방문할 것을 제의
 ② **민족 화합 민주 통일 방안(1982)** : 민족 자결 원칙에 의거, 민주적 절차와 평화적 방법으로 민족 · 자주 · 자유 · 복지의 이상을 추구하는 통일 국가 수립의 방안

(2) 남북관계의 진전
 ① **남북 이산가족 고향 방문(1985)** 중요 ★★★
  ㉠ 제8회 남북적십자 회담(1985.5.) : 남북 이산가족 고향 방문단 및 예술 공연단의 교환 방문을 추진하기로 합의, 최초의 남북한 이산가족 상봉
  ㉡ 이산가족 상봉(1985.9.) : 남북한 고향방문단과 예술 공연단이 서울과 평양을 각각 방문

> **주관식 레벨 UP**
> 남북한 당국자 간의 통일 논의의 재개를 추진하여 남북 이산가족 고향 방문단 및 예술 공연단의 교환 방문이 최초로 성사된 것은 언제인가?
> 풀이 1985년(전두환 정부)

 ② **7 · 7 선언(1988)**
  ㉠ 민족의 자존과 통일 번영을 위한 특별선언
  ㉡ 내용 : 남북한 관계를 동반 관계, 나아가서는 함께 번영해야 할 민족 공동체 관계로 규정
 ③ **한민족 공동체 통일 방안(1989)** 중요 ★
  ㉠ 원칙 : 자주 · 평화 · 민주의 원칙
  ㉡ 내용 : 남북 연합을 구성하여 남북 평의회를 통해 헌법을 제정하고 총선거를 실시하여 통일 민주 공화국을 구성하자는 제안

05 1990년대

(1) 1990년대 초반의 통일정책

① **남북 유엔 동시가입(1991.9.)** 중요 ★★★

적극적인 북방외교 정책을 전개하여 남북 고위급 회담 시작(1990), 남북이 유엔에 동시 가입(1991)

> **주관식 레벨 UP**
> 급격한 국제정세 속에서 적극적인 북방외교 정책을 전개하여 남북 고위급 회담이 시작되었고(1990), 남북이 유엔에 동시 가입하게 되었다. 가입 시기는 언제인가?
>
> **풀이** 1991년(노태우 정부)

② **남북 기본 합의서 채택 (1991.12.)** 중요 ★★★
- ㉠ 의의 : 최초의 남북한 공식 합의(화해, 불가침, 민족 내부의 교류), 문화·체육의 교류
- ㉡ 발전 : 한반도의 비핵화에 관한 공동선언(1991.12.31.) 채택

> **더 알아두기**
> **남북 기본 합의서(1991)**
> 쌍방 사이의 관계가 나라와 나라 사이의 관계가 아닌 통일을 지향하는 과정에서 잠정적으로 형성되는 특수한 관계라는 것을 인정하고, … 다음과 같이 합의하였다.
> 제1조 남과 북은 서로 상대방의 체제를 인정하고 존중한다.
> 제9조 남과 북은 상대방에 대하여 무력을 사용하지 않으며 상대방을 무력으로 침략하지 아니한다.

③ **3단계 3대 기조 통일 방안(1993)** : 3단계 통일방안(화해·협력, 남북연합, 통일국가 완성)과 3대 기조(민주적 국민합의, 공존·공영, 민족복리)

④ **민족 공동체 통일 방안(1994)** 중요 ★
- ㉠ 성격 : 한민족 공동체 통일 방안(1989)과 3단계 3대 기조 통일 정책(1993)의 내용을 종합한 것, 공동체 통일 방안
- ㉡ 내용 : 자주, 평화, 민주의 3원칙과 화해·협력, 남북연합, 통일국가 완성의 3단계 통일방안을 발표(국민합의, 공존·공영, 민족복리)

(2) 남북관계의 변화

① **정상회담 무산(1994)** : 김일성의 사망으로 정상회담 무산, 김일성 조문 문제로 남북관계는 다시 냉각
② **김대중 정부 이후 남북관계 급진전(1998)** : 남북 화해·협력 정책(햇볕 정책)을 추진, 민간 차원의 교류 확대

06 2000년대

(1) 6·15 남북공동선언(2000) 중요 ★★
 ① **의의**: 평양에서 제1차 남북정상회담, 공동선언 발표, 이산가족 상봉, 긴장 완화와 화해·협력이 진전
 ② **내용** 중요 ★
  ㉠ 통일 문제의 자주적 해결
  ㉡ 통일을 위한 남측의 연합제와 북측의 낮은 단계의 연방제 사이의 공통성 인정
  ㉢ 이산가족 방문단의 교환과 비전향 장기수 문제 해결을 위한 노력
  ㉣ 경제협력을 통한 민족경제의 균형적 발전과 모든 분야의 협력과 교류 활성화, 대화의 계속 등

> **더 알아두기**
> **6·15 남북공동선언**
> 1. 남과 북은 나라의 통일 문제를 그 주인인 우리 민족끼리 서로 힘을 합쳐 자주적으로 해결해 나가기로 하였다.
> 2. 남과 북은 나라의 통일을 위한 남측의 연합 제안과 북측의 낮은 단계의 연방제안이 서로 공통성이 있다고 인정하고 앞으로 이 방향에서 통일을 지향시켜 나가기로 하였다.

 ③ **개성공단** 중요 ★
  ㉠ 합의: 개성공단 조성사업 합의(2000), 개성공단 착공 합의(2002, 남북경제협력추진위원회 합의문)
  ㉡ 북한: 개성 공업 지구법을 제정·공포(2002), 2003년 착공

(2) 평화 번영을 위한 선언(2007)
 ① **배경**: 평양에서 제2차 남북정상회담(2007, 10·4 남북공동선언)
 ② **내용**: 6·15 공동선언 고수·실현, 평화 공존·경제 협력·문화 교류 등 여러 제도의 정비에 대하여 합의, 한반도의 종전 선언에 대한 협력

> **더 알아두기**
> **남북관계 발전과 평화번영을 위한 선언**
> 1. 남과 북은 6·15 남북공동선언을 고수하고 적극 구현해 나간다.
> 2. 남과 북은 사상과 제도의 차이를 초월하여 남북관계를 상호존중과 신뢰 관계로 확고히 전환시켜 나가기로 하였다.
> 3. 남과 북은 군사적 적대관계를 종식시키고 한반도에서 긴장완화와 평화를 보장하기 위해 긴밀히 협력하기로 하였다.

제4편 실전예상문제

01 다음은 어느 국제 회담에서 합의된 내용이다. 이 결정에 따라 나타난 사실로 옳은 것은?

> • 한반도에 독립 국가를 건설하기 위한 임시정부를 수립한다.
> • 임시정부 수립을 논의하기 위해 미·소 공동위원회를 설치한다.
> • 4개국이 공동으로 최고 5년간 한반도를 통치한다.

① 8·15 광복
② 38도선 설정
③ 신탁통치 반대 운동
④ 대한민국 정부 수립

01 ③ 자료는 1945년 모스크바 3국 외상 회의에서 결의된 내용이다. 임시정부의 수립과 미·소 공동위원회 설치, 신탁통치 등의 내용을 거론하였고, 이후 신탁통치의 내용이 전해지자 전국민적인 신탁통치 반대 운동이 일어났다.

02 다음 중 (가)와 (나) 사이에 일어난 사건으로 옳은 것은?

> (가) 이제 우리는 무기 휴회한 미·소 공동위원회가 재개될 기색도 보이지 않으며, 통일정부를 고대하나 여의케 되지 않으니, 우리는 남방만이라도 임시정부 혹은 위원회 같은 것을 조직하여 38 이북에서 소련이 철퇴하도록 세계 공론에 호소하여야 될 것이니 여러분도 결심하여야 할 것이다.
> (나) 현시에 있어서 나의 유일한 염원은 3천만 동포와 손을 잡고 통일된 조국의 달성을 위하여 공동 분투하는 것 뿐이다. 이 육신을 조국이 수요(需要)로 한다면 당장에라도 제단에 바치겠다. 나는 통일된 조국을 건설하려다 38도선을 베고 쓰러질지언정 일신에 구차한 안일을 취하여 단독정부를 세우는 데는 협력하지 않겠다.

① 포츠담 선언
② 모스크바 3국 외상 회의
③ 유엔 총회에서 남북총선거 결정
④ 남북협상

02 ③ 유엔총회에서 남북총선거 결정(1947. 11.)
① 포츠담 선언(1945. 7.)
② 모스크바 3국 외상 회의(1945. 12.)
④ 남북협상(1948. 4.)
(가)는 이승만의 정읍 발언(1946. 6.)
(나)는 김구의 삼천만 동포에게 읍고함(1948. 2.)

정답 01 ③ 02 ③

03 ④ 모스크바 3국 외상 회의에서 '조선 임시정부 수립, 5년 기한의 신탁통치'를 결정했다는 소식이 전해지자, 좌익은 '조선 임시정부 수립'에 초점을 맞춰 모스크바 3국 외상 회의의 결정을 지지했고, 우익은 '신탁통치'에 초점을 맞춰 이를 반대하였다.
결국, 모스크바 3국 외상 회의의 결정사항을 둘러싼 좌우익의 대립은 분단 체제를 성립시키는 결정적 역할을 하였다. 그리고 이 분단 체제를 고착화시킨 결정적 계기가 6·25 전쟁이었다.

04 다. 모스크바 3상 회의(1945.12.)
가. 좌우합작 7원칙(1947.7.)
나. 반민족행위처벌법(1948.9.)

05 ④ 좌우합작 위원회는 좌우의 대립을 극복하고 통일 정부를 수립하려는 중도파의 노력으로 중도우파(김규식)와 중도좌파(여운형)가 중심이 되어 추진하였다. 하지만 좌파와 우파의 극심한 대립으로 인한 주도 세력들의 불참, 미국의 편파적인 우익 지원, 그리고 좌우합작 운동의 중심세력인 여운형의 암살로 인하여 실패하였다.

정답 03 ④ 04 ③ 05 ④

---

03 다음의 주제로 가장 적절한 것은?

- 신탁통치 반대운동
- 6·25 전쟁

① 일제 잔재의 청산
② 근대화의 성과와 한계
③ 항일 독립 운동의 전개
④ 분단 체제의 성립과 고착화

04 다음 사실들을 시간순으로 바르게 배열한 것은?

가. 좌우합작 위원회가 좌우합작 7원칙을 발표하였다.
나. 친일파 청산을 위한 반민족행위처벌법이 제정되었다.
다. 모스크바 3국 외상 회의에서 최고 5년간의 신탁통치 등을 결정하였다.

① 가 – 나 – 다
② 나 – 가 – 다
③ 다 – 가 – 나
④ 다 – 나 – 가

05 다음 밑줄의 '좌우합작 위원회'에 참여한 인물로 옳은 것을 〈보기〉에서 고른 것은?

1947년 5월 두 차례에 걸친 미·소 공동위원회는 결실을 거두지 못하고 결렬되었다. 극심한 좌우익의 갈등이 지속되었고 일부 정치 지도자들은 좌우 대립을 극복하고 통일 정부를 수립하기 위해서 <u>좌우합작 위원회</u>를 구성하였다. 그러나 좌우합작 위원회가 제시한 7원칙은 좌우익 핵심 정치세력의 동의를 얻지 못하고 대립하게 되었으며, 좌우익이 내세운 합작 조건의 차이는 합작을 가로막은 1차적 요인이 되었다.

보기

ㄱ. 이승만   ㄴ. 김구
ㄷ. 김규식   ㄹ. 여운형

① ㄱ, ㄴ
② ㄱ, ㄷ
③ ㄴ, ㄷ
④ ㄷ, ㄹ

06 5·10 총선거에 대한 설명으로 가장 적절하지 않은 것은?

① 당선된 국회의원의 임기는 2년으로 한정되었다.
② 김구와 김규식 등 남북협상파는 참여하지 않았다.
③ 만 19세 이상의 등록 유권자에게 선거권이 부여되었다.
④ 제주도에서는 4·3 사건의 여파로 선거에 차질이 빚어졌다.

06 ③ 1948년 2월 26일 유엔소총회 결의에 의해 치러진 5·10 총선거는 성별을 묻지 않고 21세 이상의 성인에게 동등한 투표권이 주어진 남한 최초의 보통선거였다.

07 다음 중 6·25 전쟁에 대한 설명으로 옳지 않은 것은?

① 북한군의 남침으로 시작되었다.
② 애치슨 선언이 발발 배경 중 하나였다.
③ 중국군의 개입으로 1·4 후퇴가 일어났다.
④ 한국, 미국, 북한, 중국 대표가 휴전 협정에 서명하였다.

07 6·25 전쟁은 애치슨 선언 이후 북한군의 남침으로 시작되었고 중공군의 개입으로 1·4 후퇴가 있었으며 남한에서 반공 체제가 강화되었다.
④ 1953년 7월 27일 판문점에서 국제 연합군 총사령관 클라크와 북한군 최고 사령관 김일성, 중공 인민 지원군 사령관 펑더화이가 최종적으로 서명함으로써 휴전 협정이 체결되었다. 한국은 휴전 협정에 서명하지 않았다.

08 1952년에 통과된 발췌 개헌안의 핵심 내용은?

① 대통령 간선제 실시
② 내각 책임제 실시
③ 초대 대통령의 중임제한 철폐
④ 대통령 직선제와 국회의 국무위원 불신임제

08 ④ 발췌 개헌은 대통령 정부통령 직선제, 양원제 국회, 국회의 국무위원 불신임제 등을 골자로 하는 발췌 개헌안을 무력으로 통과시킨 것이다.
① 발췌 개헌은 1952년 당시의 대통령 간선제를 직선제로 개헌하려 한 것이다.
② 4·19 혁명 후 허정 과도정부에서는 내각 책임제와 민의원·참의원의 양원제 국회를 골자로 하는 헌법을 개정(1960.6. 3차 개헌)하여 총선거를 실시하였고, 윤보선을 대통령으로, 장면을 국무총리로 선출하였다(1960.8. 제2공화국).
③ 초대 대통령에 한하여 중임 제한 조항의 철폐를 골자로 한 개헌안을 수학적 논리로 부당하게 통과시켰던 자유당의 사사오입 개헌은 1954년에 있었다.

정답 06 ③ 07 ④ 08 ④

09 4·19 혁명은 이승만 정부의 부정과 부패, 장기 집권으로 민심을 잃은 상태에서 이승만과 이기붕을 각각 대통령, 부통령으로 당선시키고자 1960년 3월 15일 대대적인 부정선거를 자행하자 학생과 시민들이 중심이 되어 일어난 사건이었다.
이승만 정부는 계속해서 확산되는 시위를 해산시키기 위해 계엄령을 선포하고 군대를 동원하였다. 계엄령 아래에서도 서울 시내 대학교수들이 이승만 대통령의 하야를 요구하는 시국 선언문을 채택하고 국회 앞까지 행진하였다.
③ 대통령 직선제를 요구하는 시위는 1987년 6월 민주화 운동 때 있었다. 4·19 혁명 직후에는 내각 책임제의 제2공화국이 출범한다.

10 이승만 정부는 부정과 부패, 장기 집권으로 민심을 잃은 상태에서 이승만과 이기붕을 각각 대통령, 부통령으로 당선시키고자 1960년 3월 15일 대대적인 부정선거를 자행하게 되었고, 이에 대항하여 학생과 시민들이 중심이 되어 민주화 운동이 전개되었다.
② 4·19 혁명 후 사태 수습을 위해 허정을 내각 수반으로 하는 과도 정부가 구성되었으며, 과도정부는 내각 책임제와 양원제를 골자로 헌법을 개정하고 총선거를 실시하였다. 3·15 부정선거에 대한 재선거는 없었다.
① 3·15 부정선거를 계기로 4·19 혁명이 전개되었다(1960).
④ 이승만 정부는 공산주의자들에 의하여 고무되어 조종된 것이라는 내용의 담화를 발표한 후 탄압하였다.

09 다음 자료에 나타난 역사적 사실로 옳지 않은 것은?

> 3·15 부정선거에 항거하여 마산에서 시위하던 김주열 군은 경찰이 쏜 최루탄에 맞아 숨진 채 마산 앞바다에서 발견되었다. 이를 계기로 정부에 항의하는 시민들의 시위가 전국으로 확산되었다.

① 대학교수들이 정권 퇴진을 요구하는 시위에 나섰다.
② 청년과 학생들이 주도하였고, 민중의 참여로 확대되었다.
③ 대통령 직선제를 골자로 하는 헌법 개정이 이루어졌다.
④ 계엄령이 선포되고 군대가 동원되었다.

10 3·15 부정선거에 대한 설명으로 가장 옳지 않은 것은?

① 4·19 혁명 발발의 중요한 계기가 되었다.
② 장면 정부는 이 선거 결과를 무효로 하고 재선거를 실시하였다.
③ 이승만의 대통령 당선 가능성이 높은 상황에서 실시되었다.
④ 정부는 이 선거를 규탄하는 시위의 배후에 공산주의 세력이 개입되었다고 발표하였다.

정답 09 ③ 10 ②

11 다음 자료와 같은 법 시행에 대한 설명으로 옳은 것은?

> 제1조 본 법은 헌법에 의하여 농지를 농민에게 적절히 분배함으로써 농가 경제의 자립과 농업 생산력의 증진으로 인한 농민 생활의 향상 내지 국민 경제의 균형과 발전을 기함을 목적으로 한다.
> 제5조 정부는 다음에 의하여 농지를 매수한다.
> ………
>
>   2. 다음의 농지는 본 법 규정에 의하여 정부가 매수한다.
>   (가) 농가 아닌 자의 농지
>   (나) 자경하지 않는 자의 농지
>   (다) 본 법 규정의 한도를 초과하는 부분의 농지

① 광복 직후 미군정 주도하에 이루어졌다.
② 이 법의 시행으로 소작 분쟁이 줄어들었다.
③ 농민과 지주 모두가 이 법을 지지하였다.
④ 정부에서 유상 매입하여 무상으로 분배하였다.

11 ② 제시된 자료는 농지 개혁법이다. 농지 개혁의 기본 방향은 사유 재산권을 존중하여 유상 매수, 유상 분배의 자본주의적 방법으로 추진되었다. 그 결과 소작농의 수가 크게 줄어들었으며, 농민 중심의 토지 소유가 어느 정도 실현되었다.
① 농지 개혁법은 대한민국 정부수립 이후 시행되었다.
③ 지주들이 이 법의 시행을 지지하였다고 볼 수 없으며, 유상 분배의 조건 때문에 농민들도 반대하는 경우가 있었다.
④ 대한민국의 농지 개혁은 유상으로 매입하여 유상으로 분배하였다.

12 다음 각서가 작성된 시기를 연표에서 옳게 고른 것은?

> • 한국에 있는 대한민국 국군의 현대화 계획을 위하여 앞으로 수년 동안에 상당량의 장비를 제공한다.
> • 추가로 파견되는 병력에 필요한 장비를 제공하며, 일체의 추가적 원화 경비를 부담한다.
> • 대한민국에서 탄약 생산을 증가하기 위하여 병기창 확장용 시설을 제공한다.
> • 대한민국의 경제 발전을 지원하기 위하여 추가 AID 차관을 제공한다.

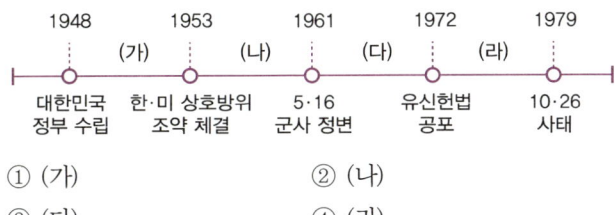

① (가)
② (나)
③ (다)
④ (라)

12 ③ 제시문은 1965년 베트남 파병 당시 작성된 브라운 각서(1966)이다. 국군을 베트남에 파견하는 대가로 미국으로부터 한국군 현대화를 위한 장비와 경제 원조를 제공받기로 하고 약 5만 5천여 명을 파병하였다.

정답 11 ② 12 ③

13 ① 1970년에 시작된 새마을 사업은 근면, 자조, 협동을 바탕으로 한 지역 사회 개발 운동으로 전개되었다.
② 브나로드 운동(1930년대) : 1930년대 브나로드 운동은 문맹 퇴치를 위한 것으로 농촌 계몽 운동으로 전개되었다.
③ 재건국민 운동(1961.6. ~ 1964.8.) : 5·16 군사정변 후 군사정부가 추진한 범국민운동이었다.
④ 물산 장려 운동(1920년대) : 1920년대 실력 양성 운동의 일환으로 전개된 토산품 애용 운동이었다.

13 다음에서 설명하는 운동의 명칭으로 가장 적절한 것은?

> 농가의 소득배가 운동으로 시작하여 점차 도시·직장·공장 등으로 확산되면서 의식개혁 운동으로 이어졌다. 농어촌 지역의 경우, 환경정비 사업을 첫 단계로 하여 지붕 개량, 주택 개량, 농로 개설, 마을도로 확충, 하천 정비, 전기화 사업 등에서 가시적인 성과를 거두었다. 초기에는 겨울철 농한기를 이용하여 전국의 33,267개 이동(里洞)에 시멘트를 335부대씩 무상으로 지급하여, 이동개발위원회(里洞開發委員會)를 중심으로 각 마을의 환경개선 사업을 주민 협동으로 추진하도록 하였다.

① 새마을 운동
② 브나로드 운동
③ 재건국민 운동
④ 물산 장려 운동

14 다. 한일국교정상화(1965, 한일협정)
나. 대통령 3선 개헌(1969)
가. 전태일 분신사건(1970)

14 다음 사건들을 시간순으로 바르게 배열한 것은?

> 가. 근로 조건 개선 등을 요구하며 전태일이 분신자살하였다.
> 나. 대통령의 3선을 가능하게 하는 개헌안이 국민투표를 통해 확정되었다.
> 다. 한국 정부와 일본 정부가 한일기본조약을 체결하여 국교를 정상화하였다.

① 가 – 나 – 다
② 나 – 가 – 다
③ 다 – 가 – 나
④ 다 – 나 – 가

정답 13 ① 14 ④

15 다음의 선언문이 나오게 된 배경으로 옳은 것은?

> 오늘 우리는 전 세계의 이목이 주시하는 가운데 … 독재 정치를 청산하고 희망찬 민주 국가를 건설하기 위한 거보를 전 국민과 함께 내딛는다. 국가의 미래요 소망인 꽃다운 젊은이를 야만적인 고문으로 죽여 놓고 그것도 모자라서 뻔뻔스럽게 국민을 속이려 했던 현 정권에게 국민의 분노가 무엇인지를 분명히 보여주고 … 민주장정을 시작한다.

① 정부가 대통령중심제에서 내각 책임제로 헌법을 개정하였다.
② 정부가 긴급조치권을 발동하여 헌법 개정논의를 탄압하였다.
③ 마산의 중앙부두에서 김주열군의 시신이 발견되었다.
④ 정부가 대통령 간선제 헌법의 고수를 천명하였다.

15 자료는 1987년 6·10 국민대회 선언문이다.
④ 정부는 4·13 호헌 조치를 발표하여 대통령 간선제 헌법의 고수를 천명하였다(1987).
① 4·19 혁명 후 허정 과도정부에서는 내각 책임제와 민의원·참의원의 양원제 국회를 골자로 하는 헌법을 개정(1960.6. 3차 개헌)하여 총선거를 실시하였고, 윤보선을 대통령으로, 장면을 국무총리로 선출하였다(1960.8. 제2공화국).
② 유신체제 이후 정부는 긴급조치권을 발동하여 헌법 개정논의를 탄압하였다(1974, 유신 반대운동 탄압).
③ 3·15 부정선거에 항거하여 마산에서 시위하던 김주열 군은 경찰이 쏜 최루탄에 맞아 숨진 채 마산 앞바다에서 발견되었고(4.11.), 이를 계기로 4·19 혁명이 전개되었다(1960).

16 다음 중 노태우 정부 시기의 남북관계에 관한 설명으로 가장 옳지 않은 것은?

① 한반도 비핵화 선언에 합의하였다.
② 남북한이 유엔에 동시 가입하였다.
③ 평양에서 이산가족 상봉이 최초로 이루어졌다.
④ 남북한 사이의 화해와 상호 불가침 및 교류 협력에 관한 합의서가 채택되었다.

16 노태우 정부는 1988년부터 1993년까지 집권하였다.
③ 전두환 정부에서 남북 이산가족 고향 방문단 및 예술 공연단의 교환 방문이 성사되었다(1985).
① 노태우 정부에서 한반도 비핵화 공동선언에 합의하였다.(1991.12.).
② 노태우 정부에서 남북이 국제연합에 동시 가입하게 되는 성과를 올렸다(1991.9.)
④ 노태우 정부에서 남북 기본 합의서를 채택하여 남북한의 상호 화해와 불가침을 선언하였고 교류와 협력을 하기로 하였다(1991.12.).

정답 15 ④ 16 ③

17 ④ 자료는 1988년 노태우 정부 때의 88 서울 올림픽이다. 야당 후보의 분열로 출범한 노태우 정부는 여소 야대 국회로 시작하였으나 곧 3당 합당(1990)으로 거대 여당이 출현하게 된다. 노태우 정부는 북방외교를 추진하여 소련(1990)·중국(1992)과 수교하였고, 남북한 유엔 동시 가입(1991) 및 남북 기본 합의서를 체결(1991)하였다.
① 김영삼 정부
② 1997년 외환위기는 김영삼 정부
③ 2000년 김대중 정부

17 자료와 관련된 행사를 개최한 정부에 대한 설명으로 옳은 것은?

하늘 높이 솟는 불 / 우리의 가슴 고동치게 하네.
이제 모두 다 일어나 / 영원히 함께 살아가야 할 길 나서자.
손에 손잡고 벽을 넘어서 / 우리 사는 세상 더욱 살기 좋도록
손에 손잡고 벽을 넘어서 / 서로서로 사랑하는 한마음 되자 손잡고.

① 투명한 금융 거래를 위해 금융 실명제를 시행하였다.
② 국제 통화 기금에 구제 금융을 공식 요청하였다.
③ 남북 경제 협력을 위해 개성공단을 조성하였다.
④ 소련과 수교를 맺는 등 북방외교를 추진하였다.

18 ④ 1960년대 북한은 국방을 강조하기 시작하였고, 주체사상과 결합하면서 국방에서의 자위를 강조하는 노선으로 확립되었다. 1970년 김일성 주체사상을 노동당 유일사상으로 규정하였다.

18 다음 중 1950년대 북한 상황에 대한 설명으로 옳지 <u>않은</u> 것은?

① 박헌영 등 남로당계 간부들이 숙청되었다.
② 농업 협동화에 의한 협동 농장 건설이 추진되었다.
③ 주민들의 생산 노동 참여를 경쟁시키기 위해 천리마 운동을 전개하였다.
④ 주체사상을 노동당의 유일사상으로 규정하였다.

정답 17 ④ 18 ④

19 (가), (나) 발표 시기의 사이에 있었던 사실로 옳지 <u>않은</u> 것은?

> (가) 통일은 외세에 의존하거나 외세의 간섭을 받음이 없이 자주적으로 해결하여야 한다. 통일은 서로 상대방을 반대하는 무력행사에 의거하지 않고 평화적인 방법으로 실현하여야 한다. 사상과 이념, 제도의 차이를 초월하여 우선 하나의 민족으로서 민족적 대단결을 도모하여야 한다.
> (나) 남과 북은 나라의 통일을 위한 남측의 연합제안과 북측의 낮은 단계의 연방제 안이 서로 공통성이 있다고 인정하고, 앞으로 이 방향에서 통일을 지향시켜 나가기로 하였다.

① 경의선 철도가 다시 연결되었다.
② 북한에서 국가 주석제가 도입되었다.
③ 남북 이산가족이 서울과 평양을 처음 방문하였다.
④ 한반도 비핵화에 관한 공동선언이 채택되었다.

주관식 문제

01 1950년 6월 25일 북한의 불법적인 남침으로 시작된 전쟁은 무엇인지 쓰시오.

---

19 ① 경의선 철도의 연결 합의(2000.9.)
② 북한은 7·4 남북공동성명을 계기로 권력을 주석에게 몰아주는 사회주의 헌법으로 개정(1972.12.)하여 국가 주석이라는 새 지위를 차지하고, 이후 김정일을 김일성의 유일한 후계자로 공인하였다.
③ 남북한 당국자 간의 통일 논의의 재개를 추진하여 남북 이산가족 고향 방문단 및 예술 공연단의 교환 방문이 성사되었다(1985).
④ 한반도 비핵화에 관한 공동 선언이 채택되었다(1991.12.31.).
(가) 7·4 남북공동성명(1972)
(나) 6·15 남북공동선언(2000, 제1차 남북정상회담)

01
정답 6·25 전쟁(한국전쟁)
해설 한국전쟁
① 침략 : 김일성은 비밀리에 소련을 방문하여 남침을 위한 소련과 중국의 지원을 약속받고 마침내 1950년 6월 25일 38도선 전역에 걸쳐서 무력으로 불법적인 남침을 감행하였다.
② 한국전쟁의 전개과정
불법 남침(1950.6.25.) → 유엔군 참전(1950.6.27.) → 서울 함락(1950.6.28.) → 낙동강 방어선 구축(1950.8. ~ 1950.9.) → 인천상륙작전(1950.9.15.) → 서울 수복(1950.9.28.) → 중공군 개입(1950.10.25.) → 국군의 압록강 최대진격(1950.11.) → 1·4 후퇴(1951.1.4.) → 전쟁의 교착상태(1951.3. ~ 1951.6.) → 휴전회담(1951.7.) → 반공포로 석방(1953.6.18.) → 휴전 협정(1953.7.27.)

정답 19 ①

02
정답 유신 헌법 아래에서는 통일주체국민회의에서 대통령을 간접 선거로 선출하였으며, 임기 6년에 중임제한을 폐지하여 대통령 장기 집권의 발판을 마련하였다(제4공화국). 또한, 대통령이 국회 해산권과 법관 인사권 및 대법원장 임명권을 가지며 국회의원의 1/3을 지명할 수 있는 권한을 가졌으며, 대통령의 판단에 따라 국민의 자유와 권리에 대하여 무제한적 제한을 가할 수 있었던 긴급조치권을 소유할 수 있었다.

02 유신 헌법에 대하여 아는 대로 서술하시오.

03
정답 우리나라 최초로 평양에서 역사적인 남북정상회담이 이루어져 6·15 남북공동선언이 발표되었고 남북 이산가족이 만나는 등 남북 간의 긴장 완화와 화해·협력이 진전되었다.

03 김대중 정부에서 추진한 남북 정상회담의 의미를 서술하시오.

부록

최종모의고사

최종모의고사

정답 및 해설

지식에 대한 투자가 가장 이윤이 많이 남는 법이다.

– 벤자민 프랭클린 –

  보다 깊이 있는 학습을 원하는 수험생들을 위한
시대에듀의 동영상 강의가 준비되어 있습니다.
www.sdedu.co.kr ➜ 회원가입(로그인) ➜ 강의 살펴보기

부록 | 최종모의고사 | 국사

제한시간: 50분 | 시작 ___시 ___분 – 종료 ___시 ___분

정답 및 해설 362p

01 다음 자료를 볼 때, 같은 시대에 볼 수 있는 유물로 옳은 것은?

- 조, 피, 수수 등의 농경이 시작됨
- 특정한 동식물을 자기 부족의 수호신이라 생각하여 숭배한 토테미즘
- 바닥은 원형 또는 둥근 네모 형태이며, 대체로 반지하 형태임

① ② ③ ④

02 다음 자료에서 (가), (나) 국가의 설명으로 옳은 것은?

(가) 현도의 북쪽 천여 리에 있는데, 남쪽은 선비와 접해 있고, 북쪽에는 약수가 있다. … 그 나라의 법률은 사람을 죽인 사람은 사형에 처하고 그 집안을 몰수하며, 도둑질한 사람은 12배를 갚도록 하고, … 전쟁이 있게 되면 소를 잡아서 하늘에 제사를 지내고 그 발굽으로 길흉을 점치는데, 발굽이 갈라지면 흉하고 합해지면 길하다고 생각하였다.

(나) 나라 동쪽에 큰 굴이 있는데 국동대혈이라고 한다. 매년 10월에 온 나라 사람들이 그 굴에서 수신(隧神)을 맞이하여 제사를 지낸다.

① (가) 형사취수제와 서옥제의 풍습이 있었다.
② (가) 별도의 행정구획인 사출도가 있었다.
③ (나) 가족 공동 무덤인 큰 목곽에 뼈를 추려 안치하였다.
④ (나) 읍군이나 삼로 등의 군장이 지배하고 있었다.

03 다음 자료의 역사적 사실을 나타내고 있는 유물로 적절한 것은?

(영락) 9년 기해에 백제가 약속을 어기고 왜와 화통하자, 왕은 평양으로 순수해 내려갔다. 그러자 신라가 사신을 보내 왕에게 말하기를, '왜인이 그 국경에 가득 차 성을 부수었으니, 이에 노객은 백성된 자로서 왕에게 돌아와서 분부를 청합니다.'고 하였다. … 10년 경자에 보병과 기병 5만을 보내, 신라를 구원하게 하였다.

① 광개토대왕릉비 ② 금동대향로

③ 단양적성비 ④ 이차돈순교비

04 다음 중 신라 진흥왕의 활동으로 옳은 것은?

① 귀족들에게 지급한 녹읍을 폐지하고 관료전을 지급하였다.
② 금관가야를 정복하여 영토를 확장하였다.
③ 화랑도를 국가적인 조직으로 개편하였다.
④ 영락이라는 연호를 사용하여 국가의 위상을 높였다.

05 다음 중 발해에 대한 역사적 사실로 옳지 않은 것은?

① 5경 15부 62주로 지방행정제도를 정비하였다.
② 수도를 중경에서 상경으로 옮겨 지배 체제를 정비하였다.
③ 신라와 상설 교통로를 개설하여 대립을 해소하려 하였다.
④ 천통, 개국, 건흥 등의 연호를 사용하였다.

06 다음 민정문서의 내용에 관한 설명으로 옳지 않은 것은?

> 토지는 논·밭·촌주위답·내시령답 등 토지의 종류와 면적을 기록하고, 사람들은 인구·가호·노비의 수와 3년 동안의 사망·이동 등의 변동 내용을 기록하였다. 그 밖에, 소와 말의 수, 뽕나무·잣나무·호두나무의 수까지 기록하였다. 특히 사람은 남녀별·연령별 6등급으로 구분하여 기록하였고, 호(戶)는 9등급으로 나누어 파악하였다.

① 중앙에서 파견된 촌주가 3년마다 작성하였다.
② 국가의 부역과 조세 기준을 마련하기 위하여 작성하였다.
③ 촌주는 직역의 대가로 토지를 지급받았다.
④ 여자와 노비도 조사 대상에 포함시켰다.

07 자료와 같이 평가된 왕인 (가)에 대한 설명으로 옳은 것을 모두 고른 것은?

> 앞서 가신 다섯 임금의 정치와 교화가 잘 되었거나 잘못된 것을 기록하여 조목별로 아뢰겠습니다. … (가)이 즉위한 해로부터 8년간 정치와 교화가 깨끗하고 공평하였고, 형벌과 표창을 남용하지 않았습니다. … 재주 없는 자가 부당하게 등용되고, 차례도 없이 벼슬을 뛰어올라 1년이 못 되어도 문득 재상이 되곤 하였습니다. 한편, (가)은 노비 안검을 실시하여 스스로 화근을 만들었고 말년에 가서 신하들을 많이 죽였습니다.
> — 고려사 —

ㄱ. 과거 제도를 처음 실시하였다.
ㄴ. 최승로의 시무 28조를 채택하였다.
ㄷ. 광덕, 준풍 등의 연호를 사용하였다.
ㄹ. 12목을 설치하고 지방관을 파견하였다.

① ㄱ, ㄴ
② ㄱ, ㄷ
③ ㄴ, ㄷ
④ ㄴ, ㄹ

08 (가)~(다)의 불상에 대한 설명으로 옳은 것은?

(가)　　　(나)　　　(다)

① (가)가 만들어진 시기에는 철로 만든 불상이 함께 유행하였다.
② (나)는 현세에서 고난을 구제받으려는 관음 신앙과 관련이 깊다.
③ (다)는 지방 세력가들의 재정적 지원을 받아 조성되었다.
④ (다) → (나) → (가)의 순서로 만들어졌다.

09 다음 중 민전에 대한 설명으로 옳은 것은?

① 일반 백성은 소유할 수 없었다.
② 당시에는 남녀차별이 존재하였으므로, 남성만 소유할 수 있었다.
③ 개인과의 매매는 법으로 금지되어 있었다.
④ 자녀들에게 골고루 상속할 수 있는 재산이었다.

10 다음 자료에 대한 설명으로 옳은 것은?

〈직지심체요절〉

직지심체(直指心體)는 '직지인심견성성불(直指人心見性成佛)'이라는 오도(悟道)의 명구에서 따온 것이다. 자기의 마음을 올바로 가지면서 참선하여 도를 깨친다면 마음 밖에 부처가 있는 것이 아니라 자기의 마음이 바로 부처가 됨을 뜻한다.

① 병인양요 때 약탈된 문화유산이다.
② 대각국사 의천에 의해 간행되었다.
③ 불국사 3층 석탑 내에서 발견되었다.
④ 프랑스 국립 도서관에 소장되어 있다.

11 다음 사료를 통하여 추론한 내용으로 가장 적절한 것은?

> 상왕이 어려서 무릇 조치하는 바는 모두 대신에게 맡겨 논의 시행하였다. 지금 내가 명을 받아 왕통을 계승하여 군국 서무를 아울러 모두 처리하며 조종의 옛 제도를 모두 복구한다. 지금부터 형조의 사형수를 제외한 모든 서무는 6조가 각각 그 직무를 담당하여 직계한다.
> － 조선 국왕 －

① 경연을 통해 국왕의 정책 결정을 뒷받침하려 하였다.
② 의정부의 권한을 약화시키고 왕권을 강화하려 하였다.
③ 왕권과 신권의 조화를 통한 유교 정치를 추구하려 하였다.
④ 서경과 간쟁을 통하여 권력의 독점과 부정을 방지하려 하였다.

12 다음은 조선의 과거 제도를 도식화한 것이다. 이와 관련된 설명으로 옳지 않은 것은?

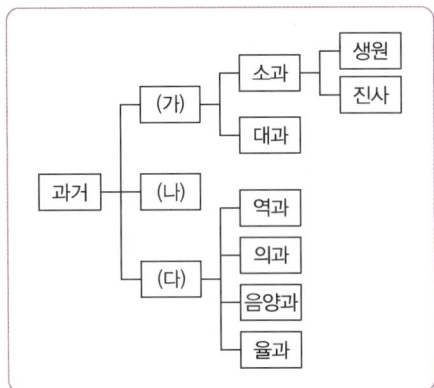

① (가)에 합격하는 것이 고위 관원이 되는 데 유리하였다.
② (가)에는 일반 농민이 응시할 수도 있었다.
③ (나)는 무관을 선발하는 시험으로, 고려 시대부터 널리 시행되었다.
④ (다)는 3년마다 실시되었으며, 분야별로 정원이 있었다.

13 다음 자료의 밑줄 친 '이 관직'을 두고 일어난 선조 때의 사실로 옳은 것은?

> 무릇 내외의 관원을 선발하는 것은 3공에게 있지 않고 오로지 이조에 속하였다. 또한 이조의 권한이 무거워질 것을 염려하여 3사 관원의 선발은 판서에게 돌리지 않고 이 관직에게 오로지 맡겼다. 따라서 이 관직도 3사의 언론권을 주관하게 되었다.
> — 택리지 —

① 동인과 서인의 학파로 양분되었다.
② 사화가 발생하여 정국이 혼란해졌다.
③ 노론의 일당 전제화 경향이 나타났다.
④ 국왕이 탕평책을 강력하게 추진하였다.

14 다음 자료의 밑줄 친 '이들'에 대한 설명으로 옳은 것은?

> • 경국대전에 이들의 악행을 처벌하는 조목이 있습니다. 수령이 탐욕스러우면 이들도 덩달아 백성을 침해합니다. 만일 부정을 저지른 자가 있으면 변방으로 이주시켜 해를 없애야 합니다.
> • 근래에 이들이 여러 가지 핑계를 대고 역을 모면하고자 하나 만약 원하는 대로 들어준다면 각 고을이 쇠잔하게 될 것입니다. 그러므로 혹 2대나 3대가 연달아 입역했더라도 정해진 규정 외에는 면역을 허락하지 마십시오.

① 지방의 행정·사법·군사권을 가지고 있었다.
② 국가의 통제 아래에서 상거래에 종사하였다.
③ 중인 계층으로 행정 실무를 담당하였다.
④ 조세, 공납, 부역 등의 의무를 지고 있었다.

15 다음 자료와 관련되어 있는 왕이 추진한 정책으로 적절한 것은?

> • 장용영   • 규장각
> • 수원화성   • 초계문신제도

① 붕당과 산림의 근거지인 서원을 대폭 정리하였다.
② 왕권이 약화되면서 세도 가문에 권력을 집중시켰다.
③ 백성이 억울한 사정을 호소할 수 있도록 신문고를 설치하였다.
④ 붕당 간 주장의 시비를 명백히 가리는 적극적인 탕평책을 실시하였다.

16 다음에서 설명하고 있는 조선시대의 제도에 대한 설명으로 옳은 것은?

> - 배경: 방납의 폐단 발생
> - 특징: 각 지역의 특산물 대신 쌀, 삼베, 돈으로 납부 체제를 변화함
> - 시행 과정: 양반 지주들의 반대로 인해 전국 시행에 100여 년이 소요됨

① 상품 화폐 경제의 발달을 촉진했다.
② 군역의 부담이 가중되었다.
③ 토지 대장에서 누락된 땅이 많았다.
④ 감영 등에서 독자적으로 군포를 징수하였다.

17 자료에서 말하는 사건에 대한 설명으로 옳지 <u>않은</u> 것은?

> 정변을 겪은 뒤부터 조정과 민간에서 모두 "이른바 개화당이라고 하는 자들은 충의를 모르고 외국과 연결하여 나라를 팔고 겨레를 배반하였다."라고 말하고 있다. 개화에 주목한 사람 가운데 어찌 마음속에 이와 같은 뜻을 품은 사람이 있었겠는가.
> – 윤치호 –

① 이를 결과로 일본에 배상금을 지불하는 한성 조약이 맺어졌다.
② 위로부터의 개혁으로 민중의 지지를 받지 못하였다.
③ 양국군의 공동철수를 조건으로 하는 텐진 조약이 체결되었다.
④ 참정권 운동을 위해 토론회를 열기도 하였다.

18 다음 글을 발표한 단체가 활동할 당시의 상황으로 옳은 것은?

> 이제 대조선국이 독립국이 되어 세계만방에 어깨를 겨누니 이는 우리 대군주 폐하의 위덕이 떨침이요, … 전 영은문 자리에 독립문을 새로이 세우고, 전 모화관을 새로 고쳐 독립관이라고 하여 옛날의 치욕을 씻고 후인의 표준을 만들고자 함이요.
> – 대조선 독립협회 회보 제1호 –

① 신식군대인 별기군을 창설하여 군사훈련을 실시하였다.
② 아관파천 후 열강의 이권 침탈이 심화되었다.
③ 일본의 황무지 개간 요구를 저지시켰다.
④ 고종 퇴위를 반대하는 범국민적 운동이 일어났다.

19 다음 연표의 (가)에 들어갈 사건은?

> ㉠ 세종실록지리지 강원도 울진현, 무릉도(울릉도)와 별도로 우산도(독도)의 존재를 섬으로 처음 기록
> ㉡ 숙종 19년, [(가)] 울릉도 부근에서 조업하다 일본 어부의 불법 어로 발견 스스로 울릉우산도 감세관이라고 가칭, 일본에 건너가 호끼주 태수에게 일본 어선의 범경 사실을 항의하였고, 정식으로 사과를 받고 돌아옴
> ㉢ 대한제국: 울릉도를 울릉군으로 승격
> ㉣ 러일전쟁 직후: 일본이 군사적으로 이용하기 위해 불법적으로 망루를 설치

① 이종무   ② 안용복
③ 이범윤   ④ 이사부

20 자료는 일제의 식민지 경제 정책과 관련된 것이다. 이 정책의 실시 결과로 옳지 않은 것은?

> 어느 날까지 증명 서류를 제출하지 않으면 토지의 소유권을 잃게 된다는 것이므로 그 날까지 제출해야만 함은 말할 것도 없다. 그러나 그 서류 수속의 빠뜨림, 가령 도장을 잊었다든가 형식에 잘못이 있으면 그 서류는 접수할 수 없다. 단 하루 늦어서 소유권을 잃고 이른바 재산의 보호를 받지 못하는 자도 있다.
> – 조선총독부,「도지사 회의 속기록」–

① 총독부의 지세 수입이 증가하였다.
② 미신고 토지, 공유지 등이 일본인에게 헐값에 넘겨졌다.
③ 지주는 소작농의 경작권을 빼앗을 수 없게 되었다.
④ 일본 농민의 한국 이주가 크게 증가하였다.

21 다음 자료와 관련된 민족 운동에 대한 설명으로 옳은 것은?

> 오등(吾等)은 자(玆)에 아(我) 조선의 독립국임과 조선인의 자주민임을 선언하노라. 차(此)로써 세계만방에 고하야 인류 평등의 대의를 극명하며 차로써 자손만대에 고하야 민족자존의 정권을 영유케 하노라.

① 서상돈에 의해 대구에서 시작되었다.
② 광주행 통학 열차의 폭행 사건이 기화가 되었다.
③ 대표적으로 이봉창, 윤봉길 등이 활약하였다.
④ 아시아의 반제국주의 민족 운동에 영향을 주었다.

22 다음 중 의열단에 대한 설명으로 옳지 않은 것은?

① 민중이 직접 혁명을 통해 일제를 타도할 것을 주장하였다.
② 일제 식민 통치 기관을 공격 대상으로 삼았다.
③ 김익상은 조선총독부에 폭탄을 투척하였다.
④ 홍커우 공원 축하연에서 폭탄을 투척하였다.

23 다음 중 제2공화국 당시에 있었던 사실로 옳은 것은?

① 원조 경제를 바탕으로 삼백산업이 발달하였다.
② 저달러, 저유가, 저금리의 3저 호황기였다.
③ 자주·평화 통일, 민족 대단결의 원칙을 성명하였다.
④ 일부 세력은 유엔 감시 아래 남북한 총선거를 주장하였다.

24 역대 대통령 재임 기간 중 있었던 옳은 사실을 모두 고른 것은?

	대통령	사실
ㄱ	윤보선	경부 고속 국도 개통
ㄴ	노태우	서울 올림픽 개최
ㄷ	김대중	금강산 해로 관광 시작
ㄹ	노무현	YH 무역 노동 운동

① ㄱ, ㄴ   ② ㄱ, ㄷ
③ ㄴ, ㄷ   ④ ㄷ, ㄹ

주관식 문제

01 연맹국가 가야의 성립, 발전, 멸망에 대하여 아는 대로 서술하시오.

02 독도가 우리 영토임을 증명하는 역사적 사건을 3가지 이상 서술하시오.

03 일제강점기에 전개된 형평운동의 배경, 활동에 대하여 아는 대로 서술하시오.

04 제1공화국 당시에 시행한 농지 개혁에 대한 내용을 서술하시오.

정답 및 해설 | 국사

01	02	03	04	05	06	07	08	09	10	11	12
④	②	①	③	④	①	②	①	④	④	②	③
13	14	15	16	17	18	19	20	21	22	23	24
①	③	④	①	④	②	②	③	④	④	④	③

주관식 정답

01
① 건국 : 김수로에 의해 금관가야가 건국되었고(44), 낙동강 유역 일대로 발전하였다.
② 발전
  ㉠ 2세기 : 낙동강 하류 변한지역에서 철기문화를 토대로 여러 정치집단이 등장하기 시작하였다.
  ㉡ 3세기 : 김해의 금관가야는 가야연맹의 중심의 연맹 왕국으로 발전하였다. 일찍부터 벼농사가 발달하였고, 철의 생산이 풍부하였으며 해상 중계 무역이 번성하였다.
  ㉢ 4세기 ~ 5세기 초 : 고구려군의 공격으로 금관가야가 거의 몰락하였고, 가야의 중심세력이 고령지방을 중심으로 발전하여 대가야가 새로운 가야의 맹주로 부상하였다.
③ 멸망 : 금관가야는 신라 법흥왕에게 흡수되었고(532), 대가야는 신라 진흥왕에게 정복되었다(562).

02
① 삼국사기 : 신라 지증왕 13년 이사부가 울릉도를 흡수하였다는 기록이 있다(512).
② 숙종(1693, 19년) : 안용복은 일본에 건너가 호끼주 태수에게 일본 어선의 범경 사실을 항의하였고, 정식으로 사과를 받고 귀국하였다.
③ 대한제국 칙령(1900) : '군청의 위치는 태하동으로 정하고 구역은 울릉도 전체와 죽도(울릉도 옆 섬)와 석도(돌섬, 독도)를 관할한다.'고 규정하였다.

03
① 배경 : 백정들은 갑오개혁에 의해 법제적으로는 권리를 인정받았으나, 사회적으로는 오랜 관습 속에서 계속 차별을 받고 있었다. 조선총독부는 백정 출신의 호적에 '도한(屠漢)'이라고 기록하거나 붉은 점을 찍어 차별하였고, 보통학교 입학 통지서에도 신분을 기재하였다.
② 활동 : 백정들은 진주에서 이학찬을 중심으로 조선 형평사를 창립하고(1923), 평등한 대우를 요구하는 형평운동을 전개하였다. 1928년의 형평운동은 신분 해방 운동을 넘어서 민족 해방 운동의 성격까지 내포하게 되었다.

04
① 배경 : 농지 개혁법은 1949년 6월에 제정되었으나 정부의 재정상의 문제로 1950년 3월에 실시되었다.
② 목적 : 농지 개혁의 기본 방향은 경자유전의 원칙하에 농지를 농민에게 적절히 분배함으로써 농가 경제의 자립과 농업 생산력의 증진으로 농민 생활의 향상과 국민 경제의 발전을 위하여 제정하였다.
③ 내용 : 산림과 임야를 제외한 3정보 이상의 농지를 가진 부재지주의 농지를 국가에서 유상매입하고, 영세 농민에게 3정보를 한도로 유상 분배하여 5년간 수확량의 30%씩을 상환하도록 하였다.
④ 결과 : 소작농으로 시달렸던 농민들이 자기 농토를 가질 수 있게 되었으나, 지주 중심의 개혁과 한국 전쟁으로 인하여 미진한 개혁이 되어버렸다.

01 **정답** ④

설명은 신석기시대이다. 신석기시대에는 조, 피, 수수 등 농경의 시작으로 정착 생활이 가능하게 되었으며, 애니미즘·샤머니즘·토테미즘·영혼 숭배·조상숭배 등의 원시 신앙이 발달하였다. 신석기시대의 움집은 반지하 형태로 바닥은 원형, 또는 모서리가 둥근 네모 형태로 되어 있으며, 중앙에는 화덕을 설치하여 취사와 난방을 하였다.
④ 신석기시대 진흙으로 그릇을 빚어 불에 구워서 만든 빗살무늬를 입힌 토기를 사용하여 음식물을 조리하거나 저장하였다.
① 비파형 동검은 청동기시대의 유물이다.
② 미송리식 토기는 청동기시대의 토기이다.
③ 청동기시대에는 정치권력과 경제력을 가진 군장이 등장하였으며, 이들의 무덤인 고인돌을 통해 당시 부족장의 권력을 가늠할 수 있었다.

02 **정답** ②

(가) 부여는 왕 아래에 가축의 이름을 딴 마가, 우가, 저가, 구가를 두었고, 각 가들은 저마다의 행정 구획인 사출도를 다스리고 있었다(5부족 연맹체). 부여는 12월에 영고라는 제천행사를 지냈으며, 순장, 연좌제, 1책 12법, 우제점법, 형사취수제 등이 있었다. 부여는 왕권이 미약하여 수해나 한해로 흉년이 들면 왕에게 책임을 묻기도 하였다.
(나) 고구려는 5부족 연맹체로 왕 밑의 상가·고추가 등 대가(독립족장)들이 사자·조의·선인 등의 관리를 두었다. 법률이 엄격하여 중대한 범죄자는 제가회의를 통하여 사형에 처하고 그 가족을 노비로 삼기도 하였고, 데릴사위제의 혼인 풍속인 서옥제가 있었다. 10월에 제천행사인 동맹을 국동대혈에서 지냈다.
② 부여의 마가, 우가, 저가, 구가들은 행정 구획인 사출도를 다스리고 있었다.
① 고구려는 서옥제라는 혼인풍습이 있었는데, 남녀가 혼인을 하면 신부 집 뒤꼍에 서옥이라는 집을 짓고 살다가, 자식을 낳아 장성하면 신부를 데리고 자기 집으로 갔다.
③ 옥저에는 가족공동묘 풍습이 있었는데 가족이 죽으면 가매장한 후, 나중에 뼈를 추려 커다란 목곽에 매장하였던 것으로 목곽 입구에는 죽은 자의 양식으로 쌀을 담은 항아리를 매달아 놓기도 하였다.
④ 옥저와 동예의 읍락은 각각의 읍군이나 삼로 등의 군장이 지배하였고, 각기 자기 부족을 다스릴 뿐 통합된 큰 정치 세력은 형성하지 못하였다.

03 **정답** ①

① 사료는 광개토대왕릉비의 내용이다. 광개토대왕릉비는 아버지의 업적을 기리기 위하여 장수왕이 건립하였다(414). 광개토대왕(391~413)은 신라를 후원하여 왜구를 토벌함과 동시에 낙동강 유역의 전기 가야 연맹을 공격하였다(400).
② 금동대향로는 백제 사비시대의 유물로 불교 및 도교적 성격을 엿볼 수 있다.
③ 신라 진흥왕은 한강 상류를 장악하고 단양적성비를 세웠다(551).
④ 6세기 신라 법흥왕은 이차돈의 순교 이후 비로소 국가적으로 불교를 공인하였다(527).

04 **정답** ③

신라의 진흥왕은 고구려 지배하에 있었던 한강 유역을 장악하고, 남으로는 고령의 대가야를 정복하여 낙동강 서쪽을 장악하는 등 영토를 확장하였다(562). 신라는 한강을 장악함에 따라 당항성을 통하여 중국과 직접 교역이 가능해졌고, 그에 따라 경제적인 기반도 강화되었다.
③ 6세기 신라 진흥왕은 인재를 양성하기 위하여 청소년 집단이었던 화랑도를 국가적인 조직으로 개편하였다.
① 7세기 신문왕은 왕권을 강화하기 위하여 문무 관리에게 관료전을 지급하였고(687), 귀족 세력의 기반이 되었던 녹읍을 폐지하였다(689).

② 6세기 신라 법흥왕은 금관가야를 병합하였다(532).
④ 4세기 광개토대왕은 영락이라는 연호와 태왕의 호칭을 사용하는 등 대외적으로 강국으로서의 면모를 내세우며 국가의 위신을 높였다.

05 정답 ④
④ 발해 고왕 때 연호인 천통을 사용하였고, 선왕 때 건흥이라는 연호를 사용하였다. 개국은 신라 진흥왕이 사용한 연호다.
① 발해 선왕 때 5경 15부 62주를 정비하였고 중국으로부터 해동성국이라 칭송 받았다.
② 발해 문왕 때 통치의 편의를 위해 수도를 중경에서 상경으로 천도하였다.
③ 발해 문왕은 신라와 친선관계를 체결하여 상설 교통로를 개설하였는데, 신라도를 통하여 이를 짐작할 수 있다.

06 정답 ①
자료는 통일신라의 민정문서이다. 민정문서는 1933년 일본 도다이사(東大寺) 쇼소인(正倉院)에서 발견된 통일신라 때 서원경(청주)의 4개 촌의 장적(帳籍) 문서로, 당시 촌락의 경제 상황과 국가의 세무 행정을 알 수 있는 자료이다. 신라장적 또는 신라촌락문서라고도 한다.
① 통일신라의 민정문서는 그 지역의 촌주가 변동 사항을 3년마다 작성하였다. 파견 관리가 아니라 지역 토착세력이다.
② 민정문서는 국가의 조세, 공물, 부역 징수를 위한 자료로 활용하였다.
③ 촌주는 직역의 대가로 촌주위답(村主位畓)을 지급 받았다.
④ 사람들은 성별을 가리지 않았고 인구·가호·노비의 수와 3년 동안의 사망·이동 등 변동 내용을 기록하였다.

07 정답 ②
자료는 최승로가 시무 28조와 함께 올린 상소문인 5조치적평이다. 최승로는 태조를 높게 평가하였고, (가) 광종을 평가절하하였다.
ㄱ. 고려 광종은 후주에서 귀화한 쌍기의 건의를 수용하여 유교 경전 시험을 통해 문반관리를 선발하는 과거제를 시행하였다(958).
ㄷ. 고려 광종은 왕의 권위를 높이기 위하여 황제의 칭호를 사용하였고 광덕, 준풍 등과 같은 독자적인 연호도 사용하였다.
ㄴ. 고려 성종은 최승로의 시무 28조를 채택하여 정치에 반영하였다(982).
ㄹ. 고려 성종은 지방의 12목에 목사를 파견하여 중앙 집권을 공고히 하였다(983).

08 정답 ①
① (가)는 고려 초기에 제작된 관촉사 석조 미륵보살 입상이다. 이 시기에는 광주 춘궁리 철불(하남 하사창동 철조석가여래좌상)과 같은 대형 철불이 많이 조성되었다.
② (나)는 금동 미륵보살 반가상으로 관음 신앙과 관계가 없다.
③ (다)는 신라 중대의 석굴암 본존불이고, 경주 근교에 위치한 것을 고려할 때 석굴암의 축조는 중앙의 진골 귀족과 연결된다고 보는 것이 타당하다.
④ (나) 삼국시대 → (다) 신라 중대 → (가) 고려시대의 순서로 제작되었다.

09 정답 ④
민전은 매매, 상속, 기증, 임대 등이 가능한 사유지로서, 귀족이나 일반 농민의 상속, 매매, 개간을 통하여 형성되었다. 민전은 소유권이 보장되어 함부로 빼앗을 수 없는 토지였으며, 민전의 소유자는 국가에 일정한 세금을 내야 했다. 대부분의 경작지는 개인 소유지인 민전이었지만, 왕실이나 관청의 소유지도 있었다.

④ 민전은 수조권 측면에서는 공전(公田)이지만, 소유권 측면에서는 사전(私田)으로 파악되기 때문에 상속이 가능하였다.
① 민전은 일반 백성이 소유한 토지였다.
② 고려는 남녀 평등사회였기 때문에, 남녀 구분 없이 토지를 소유할 수 있었다.
③ 민전은 매매, 상속, 기증, 임대 등이 가능하였다.

10 정답 ④

직지심체요절은 공민왕 때 저술한(1372) '직지심체(直指心體)'를 우왕 때 청주 흥덕사에서 백운화상(法名, 경한) 스님에 의해 금속활자로 1377년에 2권으로 간행되었다. 1887년 프랑스 대리공사인 '콜랭드 쁠랑시'가 프랑스로 가져간 뒤 골동품 수집가에게 넘겼다.
④ 직지심체요절은 현재 프랑스 파리국립도서관에서 보관하고 있다.
① 프랑스는 병인박해의 구실로 병인양요(1866)를 일으켰는데, 이 시기에 프랑스 군인들이 강화도의 외규장각 문화재를 비롯하여 서적과 병기들을 약탈하여 갔다.
② 의천은 흥왕사의 주지로 있으면서 있는 동안 요나라·송나라·일본 등에서 불교 서적을 수집하고 고려의 고서도 모았으며, 흥왕사에 교장도감을 설치하고 교장(속장경)을 편찬하였다.
③ 불국사 석가탑에서 발견된 두루마리 형태의 무구정광대다라니경은 세계에서 가장 오래된 현존 목판인쇄물이다.

11 정답 ②

자료는 6조 직계제에 관한 내용이다. 태종과 세조 때에 6조에서 의정부를 거치지 않고 곧바로 사안을 국왕에게 올려 재가를 받아 시행하는 제도인 6조 직계제를 채택하여 시행하였다.
② 6조 직계제는 의정부의 권한을 약화시키고 왕권을 강화하는 역할을 하였다.

① 경연은 왕과 신하가 함께 모여 정책을 토론하고 심의하는 중요한 자리로 발전하였는데 홍문관에서 주관하였다.
③ 세종은 왕의 권한을 의정부에 많이 넘기고, 훌륭한 재상들을 등용하여 정치를 맡기고자 하면서도 인사와 군사에 관한 일은 왕이 직접 처리함으로써 왕권과 신권의 조화를 이루려고 노력하였다.
④ 조선의 3사는 서경권과 간쟁권을 함께 행사하여 권력의 부정을 방지하였다.

12 정답 ③

자료는 조선시대의 과거제를 도식화한 것으로 (가)는 문과, (나)는 무과, (다)는 잡과를 나타낸 것이다.
③ 조선시대와는 달리 고려시대에는 (나) 무과가 시행되지 않았다.
① 조선시대에 고위 관원이 되기 위해서는 (가) 문과에 합격하는 것이 유리하였다.
② 조선의 과거 제도는 천인을 제외하고는 특별한 제한이 없었으나, (가) 문과의 경우 탐관오리의 아들, 재가한 여자의 자손, 서얼에게는 응시를 제한하였다.
④ 기술관을 뽑는 (다) 잡과에는 역과, 의과, 음양과, 율과가 있었는데, 모두 3년마다 실시되었고 분야별로 정원이 있었다.

13 정답 ①

자료는 이조전랑직에 대한 설명이다. 16세기 사림이 집권하면서 사림 세력 내의 이조전랑직에 대한 대립으로 동·서 간의 분당이 발생하였다. 이조 전랑은 삼사의 관원 추천권과 자신의 후임자 천거권을 가지고 있었으나 영조 때 탕평책이 실시되면서 후임자 추천 권한을 제한하였다.
① 16세기 선조 때 사림이 집권하면서 이조전랑직의 대립이 발생하여 동인과 서인으로 나뉘게 되었다.

② 사화는 15~16세기에 발생한 훈구파와 사림파의 갈등이다.
③ 숙종 때 서인은 노론과 소론으로 분화되었고, 이후 영조 때 노론이 집권하여 정국을 주도하였다.
④ 영조는 당파와 상관없이 온건하고 타협적인 인물을 등용하여 왕권에 복종시키려는 완론탕평(緩論蕩平)을 추진하였다.

14 정답 ③
③ 사료의 이들은 향리로 중인 계층이고 행정 실무를 담당하였다. 향리는 토착 세력으로서 향촌 사회의 지배층으로 굳어갔으며, 일시적으로 파견되었던 지방관보다 향촌에서의 실질적인 영향력이 컸다.
① 조선시대 수령은 행정권, 사법권, 군사권 등을 행사하였다.
② 조선시대 상인은 16세기 국가 통제 하에 서울 근교 지방에서 발전하였다가 18세기 말에는 전국에 장시가 1,000여 개소로 확대되었다.
④ 상민은 조세·공납·부역 등의 의무를 부담하였다.

15 정답 ④
자료는 조선 정조에 대한 설명이다. 정조는 국왕 친위부대인 장용영을 만들었으며 규장각을 설치하여 많은 인재를 양성하였고, 유능한 인재를 재교육하는 초계문신제도를 실시하였다. 또한, 붕당의 비대화를 막고 자신의 권력과 정책을 뒷받침하기 위하여 인재를 육성하였는데, 규장각을 창덕궁 후원에 설치(1776)하여 강력한 정치 기구로 육성시켰다.
④ 정조는 당파와 상관없이 그동안 권력에서 배제되었던 소론과 남인 계열도 중용하였고, 각 붕당의 주장이 옳은지 그른지를 명백히 가리는 적극적인 탕평책을 추진하였다.
① 영조는 붕당의 뿌리를 제거하기 위하여 공론의 주재자로서 인식되던 산림의 존재를 인정하지 않았고 그들의 본거지인 서원을 대폭 정리하였다.
② 세도 정치 시기(순조~철종)에는 왕권이 약화되었고, 관직이 매매되는 등 비리가 만연하였으며 탐관오리들의 부당한 조세 수탈이 심각한 문제로 대두하였다.
③ 태종 때 백성들의 억울함을 풀어 주기 위하여 신문고를 설치하였고, 영조 때 신문고를 부활하였다.

16 정답 ①
자료는 대동법이다. 광해군 때 이원익, 한백겸의 주장으로 선혜청을 설치하고 처음으로 경기도에서 실시(1608)하였던 대동법에 관련된 문제이다. 조선후기 방납의 폐단을 시정하기 위한 제도로 대동법이 시행되었는데, 공납을 현물 대신 쌀·포·돈으로 대납하는 대동법은 경기도에 시험적으로 시행되었다가 전국적으로 확대되었다.
① 대동법 실시 이후 공인이라는 어용상인이 나타나 관청에서 공가를 미리 받아 필요한 물품을 사서 납부하였다. 공인이 시장에서 많은 물품을 구매하고, 농민이 대동세를 내기 위해 토산물을 시장에 내다 팔게 되면서 물품의 수요와 공급이 증가하면서 상품 화폐 경제가 발달하였다.
②·④ 양난 이후 지방의 감영이나 병영까지도 독자적으로 군포를 징수하면서 장정 한 명에게 이중 삼중으로 군포를 부담시키는 경우가 많았다. 균역법은 과중한 군역의 부담을 시정하고자 영조 때 시행된 것으로 농민은 1년에 군포 1필만 부담하게 되었다(1750).
③ 은결은 양전제도와 관련이 있다.

17 정답 ④
사료에서 제시하고 있는 사건은 갑신정변이다. 개화당 세력은 우정국 개국 축하연을 이용하여 갑신정변을 일으키고 14개조의 정강을 발표하였다. 갑신정변은 정치면으로는 청과의 사대관계 폐지·경찰제도의 실시·내각중심제, 경제면으로는 지조법의 개혁·재정의 호조관할, 사회면으로는 인민평등권·능력에 따른 인재등용 등의 내용을 개혁정강으로 내세웠다.
④ 독립협회는 만민공동회를 열어 민의를 국정에 반영하여 근대 개혁을 추진하려는 국민 참정권 운동을 전개하였다.
① 갑신정변의 결과 한성 조약(1884)을 체결하였는데 조선은 일본 공사관 신축비 부담과 보상금 지불 등을 내용으로 하였다.
② 갑신정변은 지배층 중심으로 추진된 위로부터의 개혁이었으므로 백성들이 원하는 토지제도의 개혁을 외면하였고 일반 백성의 지지를 받지 못해 실패하였다.
③ 갑신정변의 결과 청과 일본은 양국 군대의 공동 철수, 조선에 군대 파병 시 상대국에 사전 통보 등을 내용으로 하는 톈진조약을 체결하였다(1885).

18 정답 ②

지문은 대조선 독립협회 회보 제1호에 실린 글로서 독립협회를 널리 알리기 위한 것이었다. 독립협회의 활동 시기인 1896년부터 1898년까지이다.
② 삼국간섭 이후 러시아를 등에 업은 친러파와 러시아 공사 베베르 등이 신변 보호 명목으로 고종을 러시아 공사관으로 옮겼다(1896. 아관파천). 이후 러시아의 국내 이권 침탈이 심해졌고, 다른 나라도 최혜국 대우를 근거로 각종 이권을 빼앗아 갔다.
① 민씨 정부는 개화정책의 일환으로 신식군대인 별기군(1881~1882)을 창설하였다.
③ 일본의 황무지 개간권 요구에 대항하여 송수만, 원세성이 중심이 되어 항일 운동 단체인 보안회(1904)를 서울에서 조직하여 활동하였고, 일본의 요구를 철회시켰다.
④ 일제는 헤이그 특사 파견을 빌미로 고종을 강제로 퇴위(1907.7)시켰고, 고종 퇴위를 반대하는 운동이 전개되었다.

19 정답 ②

자료 (가)에 들어갈 인물은 안용복이다.
② 숙종 19년 안용복은 울릉도에 출몰하는 일본 어민들을 쫓아내고, 일본에 건너가 울릉도와 독도가 조선의 영토임을 확인받고 돌아왔다(1693).
① 1419년(세종 원년) 이종무는 병선 227척, 병사 1만 7,000명을 이끌고 쓰시마섬을 토벌하여 왜구의 근절을 약속받고 돌아왔다.
③ 1902년 대한제국은 간도를 함경도에 편입시켰으며, 교민 보호를 위하여 북간도에 이범윤을 간도 관리사(북변도관리)로 파견(1902)하였고 연해주에 해삼위(블라디보스토크) 통상 사무관을 파견하였다.
④ 신라 지증왕은 이사부를 보내 우산국(울릉도)을 복속(512)시켜 세력을 확장하였다.

20 정답 ③

일제는 1910년대에 토지조사령을 발표하여 토지조사사업을 실시하였는데, 표면상 근대적 소유권이 인정되는 토지제도를 확립한다고 선전하였으나, 실제로는 한국인 토지의 약탈, 토지세의 안정적인 확보, 그리고 지주층을 회유하기 위한 것이었다.
③ 조선총독부는 토지조사사업을 통해 이전의 영구적인 경작권(도지권)은 인정하지 않았고 지주의 소유권만 인정되어 식민지주제가 강화되었다.
① 토지조사사업으로 인하여 세금의 부과 대상 토지가 증가하여 총독부의 지세 수입이 2배 이상 증가하였고 농민의 세금 부담은 가중되었다.
② 일제는 미신고 토지는 물론 공공 기관에 속해 있던 토지, 마을이나 문중 소유의 토지와 산림, 초원, 황무지 등도 모두 조선총독부 소유가 되었다.
④ 조선총독부에 의해 소유권을 취득한 일본 농민들의 한국 이주가 크게 증가하였다.

21 정답 ④

사료는 기미독립선언서의 일부이다. 이를 기화로 3.1운동이 시작되었다. 민족대표 33인은 고종의 인산일(3.3)을 기하여 3월 1일을 거사일로 정하고, 시위를 준비하였다. 민족대표들은 태화관에서 독립선언서를 낭독하고 자진 체포되었으며, 탑골공원에서는 학생들과 시민들이 독립선언서를 발표하고 국내외에 독립을 선포하였다.

④ 1919년 3.1운동은 중국의 5.4 운동, 인도의 비폭력·복종 운동에 영향을 주었다.
① 서상돈·김광제 등이 대구에서 시작한 국채보상운동(1907)은 전국으로 확산되었는데, 대한매일신보·황성신문·제국신문 등의 언론기관도 동참하였다.
② 광주학생항일운동(1929)은 나주에서 광주까지의 통학 열차 안에서 일본 남학생들이 한국 여학생을 희롱하는 사건을 계기로 시작되었는데 전국적인 규모의 항쟁으로 발전할 수 있었던 것은 성진회와 같은 광주지역 비밀결사의 조직적인 뒷받침이 있었기 때문이다.
③ 임시정부 활동의 침체를 극복하기 위하여 김구는 1931년 상하이에서 한인애국단을 결성하여 이봉창, 윤봉길과 같은 애국투사를 양성하였다.

22 정답 ④

의열단은 김원봉이 만주 길림에서 비밀 결사로 조직(1919)하였다. 이들은 신채호의 조선혁명선언(1923)을 행동강령으로 삼고, 조선총독부·경찰서·동양척식주식회사 등 식민지배 기구의 파괴 및 조선총독부 고위관리와 친일파 처단을 목표로 1920년대 활발한 독립운동을 하였다.

④ 침략 전쟁에 승리한 일제가 상하이 홍커우 공원에서 전승 축하식을 거행하자 한인애국단에서는 윤봉길을 보내 식장을 폭파하여 많은 일본군 장성과 고관들을 처단하였다(1932).
① 의열단은 동포들의 애국심을 고취시키고 민중들의 봉기를 유발하여 민중이 직접 혁명을 통하여 일제를 타도하는 것을 목적으로 하였다.
② 의열단은 조선총독부, 경찰서, 동양척식 주식회사 등 식민 지배 기구의 파괴 활동을 전개하였다.
③ 의열단 소속의 김익상은 1921년 조선총독부에 폭탄을 투척하였다.

23 정답 ④

4.19 혁명 직후 허정 과도정부는 내각 책임제와 양원제(민의원, 참의원)를 골자로 헌법을 개정(3차 개헌, 1960.6)하고 총선거를 실시하였다. 그 결과 민주당이 압승하고, 새로 구성된 국회에서 윤보선을 대통령으로, 장면을 국무총리로 선출하였다(제2공화국, 1960.8).

④ 일부 세력은 북진 통일론을 철회하고 유엔 감시 아래 남북한 총선거 실시를 통한 평화적 통일을 주장하기도 하였다.
① 1950년대 후반기부터 미국의 무상원조로 밀, 면, 설탕을 공급받아, 제분공업, 제당공업과 섬유공업 등 삼백 산업이 성장하였다(이승만 정부).
② 1980년대 중반 이후 3저 호황(저달러·저유가·저금리)으로 경제가 성장하였고 물가도 안정되었으며 수출도 증대되었다(전두환 정부).
③ 박정희 정부는 자주 통일, 평화 통일, 민족적 대단결의 3대 원칙을 성명하고, 통일 문제를 협의하기 위한 남북 조절 위원회의 설치에 합의하였다(1972.7.4 남북공동성명).

24 정답 ③

ㄴ. 노태우 정부 때 제24회 서울 올림픽이 성공리에 진행되었다(1988).
ㄷ. 김대중 정부 때 남북 간의 평화 정착을 위한 햇볕 정책의 추진으로 금강산 관광을 시작하였다(1998).
ㄱ. 경부 고속 국도는 박정희 정부 때인 1970년에 개통되었다.
ㄹ. 박정희 정부 때인 1979년 발생한 YH무역노동 운동으로 인하여 신민당 당수인 김영삼 총재가 국회의원직에서 제명되어 부마항쟁이 전개되었으며, 곧바로 10.26사태가 발생하였다.

주관식 해설

01 정답

① 건국 : 김수로에 의해 금관가야가 건국되었고(44), 낙동강 유역 일대로 발전하였다.

② 발전
  ⊙ 2세기 : 낙동강 하류 변한지역에서 철기문화를 토대로 여러 정치집단이 등장하기 시작하였다.
  ⓒ 3세기 : 김해의 금관가야는 가야연맹의 중심의 연맹 왕국으로 발전하였다. 일찍부터 벼농사가 발달하였고, 철의 생산이 풍부하였으며 해상 중계 무역이 번성하였다.
  ⓒ 4세기~5세기 초 : 고구려군의 공격으로 금관가야가 거의 몰락하였고, 가야의 중심세력이 고령지방을 중심으로 발전하여 대가야가 새로운 가야의 맹주로 부상하였다.

③ 멸망 : 금관가야는 신라 법흥왕에게 흡수되었고(532), 대가야는 신라 진흥왕에게 정복되었다(562).

알/아/두/기

가야의 발전

시기	내용
전기가야 (3C)	3세기 금관가야 중심 발전(전기가야), 벼농사 발달, 철 풍부, 중계무역 발달(낙랑과 왜)
중심변화 (4C~5C)	고구려군의 공격 → 5세기 후반 대가야가 맹주로 부상(후기 가야)
멸망 (6C)	금관가야는 신라 법흥왕에게, 대가야는 신라 진흥왕에게 멸망(해체)

가야의 유적 및 유물

구분	특징
고분	김해의 대성동 고분(금관가야), 고령의 지산동 고분(대가야)
유물	금동관, 철제 무기와 갑옷, 수레형토기, 철 장식 등
문헌	가락국기(고려 문종, 현존X), 삼국유사(충렬왕, 일연)

02 정답

① 삼국사기 : 신라 지증왕 13년 이사부가 울릉도를 흡수하였다는 기록이 있다(512).

② 숙종(1693, 19년) : 안용복은 일본에 건너가 호끼주 태수에게 일본 어선의 범경 사실을 항의하였고, 정식으로 사과를 받고 귀국하였다.

③ 대한제국 칙령(1900) : '군청의 위치는 태하동으로 정하고 구역은 울릉도 전체와 죽도(울릉도 옆 섬)와 석도(돌섬, 독도)를 관할한다.'고 규정하였다.

알/아/두/기

독도

① 삼국사기 : 신라 지증왕 13년 이사부가 울릉도를 흡수하였다고 기록(512)
② 세종실록지리지 : 강원도 울진현, 무릉도(울릉도)와 별도로 우산도(독도)의 존재를 섬으로 처음 기록
③ 동국여지승람(1481), 신증동국여지승람(1531) : 독도와 울릉도는 행정구역상 강원도 울진현에 속한다고 명시하고 신증동국여지승람의 팔도총도에서 울릉도와 우산도를 별개의 두 섬으로 구성되었다고 기록
④ 숙종(1693, 19년) : 안용복은 일본에 건너가 호끼주 태수에게 일본 어선의 범경 사실을 항의하였고, 정식으로 사과를 받고 귀국
⑤ 동국문헌비고 여지고(1770) : 울릉(울릉도)과 우산(독도)은 모두 우산국의 땅이며, 우산(독도)은 일본이 말하는 송도(松島)라고 기술함
⑥ 만기요람(1808) : 조선시대 관찬문서, 독도가 울릉도와 함께 우산국의 영토였다는 내용이 기록
⑦ 대한제국(1900) : 울릉도를 울릉군으로 승격
⑧ 광복 이후(1946.1) : 연합국총사령부는 훈령(SCAPIN) 제677호에서 울릉도와 독도가 일본 영역에서 제외된다고 규정
⑨ 샌프란시스코 강화조약(1951) 제2조 : '일본은 한국의 독립을 인정하고, 제주도, 거문도 및 울릉도를 포함한 한국에 대한 모든 권리, 권원 및 청구를 포기한다.'
⑩ 독도의용수비대 : 1953년 4월부터 1956년 12월까지 독도를 수호하기 위해 조직한 민간단체. 일본어선 및 순시선으로부터 독도를 수비함

03 정답

① 배경 : 백정들은 갑오개혁에 의해 법제적으로는 권리를 인정받았으나, 사회적으로는 오랜 관습 속에서 계속 차별을 받고 있었다. 조선총독부는 백정 출신의 호적에 '도한(屠漢)'이라고 기록하거나 붉은 점을 찍어 차별하였고, 보통학교 입학 통지서에도 신분을 기재하였다.

② 활동 : 백정들은 진주에서 이학찬을 중심으로 조선 형평사를 창립하고(1923), 평등한 대우를 요구하는 형평운동을 전개하였다. 1928년의 형평운동은 신분 해방 운동을 넘어서 민족 해방 운동의 성격까지 내포하게 되었다.

알/아/두/기

형평운동(1920년대)

구분	내용
배경	백정들의 사회적 신분 차별(호적 기록, 붉은 점을 찍어 차별, 보통학교 입학 통지서에 신분 기재)
활동	이학찬 중심, 조선 형평사 창립 (1923. 진주)
변화	1928년 신분 해방 운동을 넘어 민족 해방 운동의 성격

04 정답

① 배경 : 농지 개혁법은 1949년 6월에 제정되었으나 정부의 재정상의 문제로 1950년 3월에 실시되었다.

② 목적 : 농지 개혁의 기본 방향은 경자유전의 원칙하에 농지를 농민에게 적절히 분배함으로써 농가 경제의 자립과 농업 생산력의 증진으로 농민 생활의 향상과 국민 경제의 발전을 위하여 제정하였다.

③ 내용 : 산림과 임야를 제외한 3정보 이상의 농지를 가진 부재지주의 농지를 국가에서 유상 매입하고, 영세 농민에게 3정보를 한도로 유상 분배하여 5년간 수확량의 30%씩을 상환하도록 하였다.

④ 결과 : 소작농으로 시달렸던 농민들이 자기 농토를 가질 수 있게 되었으나, 지주 중심의 개혁과 한국 전쟁으로 인하여 미진한 개혁이 되어 버렸다.

알/아/두/기

남북한의 농지 개혁 비교

구분	북한 (토지개혁)	남한 (농지개혁)
실시연도	1946(산림, 임야, 농경지 모두 포함)	1950(산림 및 임야를 제외한 농경지)
원칙	무상 몰수, 무상 분배	유상 매수, 유상 분배
분배 총면적	95만 정보 (전체 경지 면적의 45%)	55만 정보 (전체 소작지의 38%)
분배농가 총호수	68만	180만
토지 소유상한선	5정보※	3정보
분배결과	평균 호당 4,500평 소유	평균 호당 1,000평 소유

※ 정보 : 1정보 = 약 3천평

년도 학위취득종합시험 답안지(객관식)

컴퓨터용 사인펜만 사용

★ 수험생은 수험번호와 응시과목 코드번호를 표기(마킹)한 후 일치여부를 반드시 확인할 것.

전공분야

성 명

수 험 번 호

과목코드 / 응시과목 (1~24)

교시코드 ① ② ③ ④

답안지 작성시 유의사항

1. 답안지는 반드시 컴퓨터용 사인펜을 사용하여 다음 보기와 같이 표기할 것.
   보기) 잘 된 표기: ●
   잘못된 표기: ⊙ ⊗ ◐ ◑ ○

2. 수험번호 (1)에는 아라비아 숫자로 쓰고, (2)에는 "●"와 같이 표기할 것.

3. 과목코드는 뒷면 "과목코드번호"를 보고 해당과목의 코드번호를 찾아 표기하고,
   응시과목란에는 응시과목명을 한글로 기재할 것.

4. 교시코드는 문제지 전면의 교시를 해당란에 "●"와 같이 표기할 것.

5. 한번 표기한 답은 긁거나 수정액 및 스티커 등 어떠한 방법으로도 고쳐서는
   아니되고, 고친 문항은 "0"점 처리함.

[이 답안지는 마킹연습용 모의답안지입니다.]

※ 감독관 확인란

(인)

관 리 번 호
(응시자수)
(연번)

— 절취선

년도 학위취득 종합시험 답안지(주관식)

전공분야

성명

답안지 작성시 유의사항

1. ※란은 표기하지 말 것.
2. 수험번호 (2)란, 과목코드, 교시코드 표기는 반드시 컴퓨터용 싸인펜으로 표기할 것.
3. 교시코드는 문제지 전면의 교시를 해당란에 컴퓨터용 싸인펜으로 표기할 것.
4. 답란은 반드시 흑·청색 볼펜 또는 만년필을 사용할 것. (연필 또는 적색 필기구 사용불가)
5. 답안을 수정할 때에는 두줄(=)을 긋고 수정할 것.
6. 답란이 부족하면 해당답란에 "뒷면기재"라고 쓰고 뒷면 '추가답란'에 문제번호를 기재한 후 답안을 작성할 것.
7. 기타 유의사항은 객관식 답안지의 유의사항과 동일함.

※ 감독관 확인란

(인)

[이 답안지는 마킹연습용 모의답안지입니다.]

년도 학위취득종합시험 답안지(객관식)

★ 수험생은 수험번호와 응시과목 코드번호를 표기(마킹)한 후 일치여부를 반드시 확인할 것.

컴퓨터용 사인펜만 사용

성명

전공분야

수험번호

※ 감독관 확인란

(인)

관리번호
(응시자수) / (역번)

답안지 작성시 유의사항

1. 답안지는 반드시 컴퓨터용 사인펜을 사용하여 다음 보기와 같이 표기할 것.
   보기 잘된 표기: ● 잘못된 표기: ⊗ ⊙ ◐ ○ ◯
2. 수험번호 (1)에는 아라비아 숫자로 쓰고, (2)에는 "●"와 같이 표기할 것.
3. 과목코드는 뒷면 "과목코드번호"를 보고 해당과목의 코드번호를 찾아 표기하고, 응시과목란에는 응시과목명을 한글로 기재할 것.
4. 교시코드는 문제지 전면의 교시를 해당란에 "●"와 같이 표기할 것.
5. 한번 표기한 답은 긁거나 수정액 및 스티커 등 어떠한 방법으로도 고쳐서는 아니되고, 고쳐 문응은 "0"점 처리함.

[이 답안지는 마킹연습용 모의답안지입니다.]

년도 학위취득 종합시험 답안지(주관식)

전공분야

성명

★ 수험생은 수험번호와 응시과목 코드번호를 표기(마킹)한 후 일치여부를 반드시 확인할 것.

번호	※1차 점수	※1차 채점	응시과목	※2차확인	※2차 채점	※2차 점수
1	⓪①②③④⑤	⑥⑦⑧⑨⑩			⓪①②③④⑤	⑥⑦⑧⑨⑩
2	⓪①②③④⑤	⑥⑦⑧⑨⑩			⓪①②③④⑤	⑥⑦⑧⑨⑩
3	⓪①②③④⑤	⑥⑦⑧⑨⑩			⓪①②③④⑤	⑥⑦⑧⑨⑩
4	⓪①②③④⑤	⑥⑦⑧⑨⑩			⓪①②③④⑤	⑥⑦⑧⑨⑩
5	⓪①②③④⑤	⑥⑦⑧⑨⑩			⓪①②③④⑤	⑥⑦⑧⑨⑩

과목코드: ①②③④⑤⑥⑦⑧⑨⓪ (×4)

교시코드: ①②③④

수험번호
(1) 4 — — —
(2) ①②③●

답안지 작성시 유의사항

1. ※란은 표기하지 말 것.
2. 수험번호 (2)란, 과목코드, 교시코드 표기는 반드시 컴퓨터용 싸인펜으로 표기할 것.
3. 교시코드는 문제지 전면의 교시를 해당란에 컴퓨터용 싸인펜으로 표기할 것.
4. 답란은 반드시 흑·청색 볼펜 또는 만년필을 사용할 것. (연필 또는 적색 필기구 사용불가)
5. 답안을 수정할 때에는 두줄(=)을 긋고 수정할 것.
6. 답란이 부족하면 해당답란에 "뒷면기재"라고 쓰고 뒷면 '추가답란'에 문제번호를 기재한 후 답안을 작성할 것.
7. 기타 유의사항은 재판시 답안지의 유의사항과 동일함.

※ 감독관 확인란   (인)

[이 답안지는 마킹연습용 모의답안지입니다.]

시대에듀 독학사 4단계 교양공통 국사

개정2판1쇄 발행	2025년 07월 10일 (인쇄 2025년 05월 15일)
초 판 발 행	2019년 07월 05일 (인쇄 2019년 05월 30일)
발 행 인	박영일
책 임 편 집	이해욱
편 저	황의방
편 집 진 행	김다련
표지디자인	박종우
편집디자인	차성미·이다희
발 행 처	(주)시대고시기획
출 판 등 록	제10-1521호
주 소	서울시 마포구 큰우물로 75 [도화동 538 성지 B/D] 9F
전 화	1600-3600
팩 스	02-701-8823
홈 페 이 지	www.sdedu.co.kr
I S B N	979-11-383-9383-6 (13910)
정 가	23,000원

※ 이 책은 저작권법의 보호를 받는 저작물이므로 동영상 제작 및 무단전재와 배포를 금합니다.
※ 잘못된 책은 구입하신 서점에서 바꾸어 드립니다.

독학사 시험 합격을 위한
최적의 강의 교재!

심리학과 · 경영학과 · 컴퓨터공학과 · 간호학과 · 국어국문학과 · 영어영문학과

심리학과 2·3·4단계

2단계 기본서 [6종]

이상심리학 / 감각 및 지각심리학 /
사회심리학 / 발달심리학 / 성격심리학 /
동기와 정서

2단계 6과목 벼락치기 [1종]

3단계 기본서 [6종]

상담심리학 / 심리검사 / 산업 및 조직심리학 /
학습심리학 / 인지심리학 / 학교심리학

4단계 기본서 [4종]

임상심리학 / 소비자 및 광고심리학 /
심리학연구방법론 / 인지신경과학

경영학과 2·3·4단계

2단계 기본서 [7종]

회계원리 / 인적자원관리 / 마케팅원론 /
조직행동론 / 경영정보론 / 마케팅조사 /
원가관리회계

2단계 6과목 벼락치기 [1종]

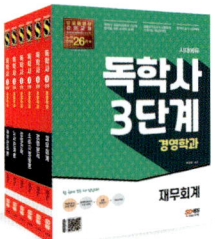

3단계 기본서 [6종]

재무관리론 / 경영전략 / 재무회계 /
경영분석 / 노사관계론 / 소비자행동론

4단계 기본서 [2종]

재무관리+마케팅관리 / 회계학+인사조직론

합격에듀 시대에듀

4단계 교양공통 합격을 위한 최적의 교재!

누적판매 36만 부

독학사 시리즈 18년 연속 베스트셀러 1위

황의방 편저

시대에듀

독학사 4단계 교양공통

국사 핵심요약집

시대에듀

핵심요약집
120% 활용 방안

교수님 코칭!

독학사 시험은 매년 정해진 평가영역에서 개념 위주의 문항이 출제됩니다. 결코 어렵게 출제되는 시험이 아니기에 기본 개념만 잘 정리해 둔다면 충분히 합격 점수인 60점 이상을 획득할 수 있습니다.

좋은 결과를 얻으려면 정리된 학습 방법과 노력이 필요합니다. 본서에 수록된 핵심요약집은 각 단원별로 중요한 내용을 한 번 더 정리한 것으로, 다음과 같이 활용한다면 효율적인 학습에 도움이 될 것입니다.

정리 노트로 활용!

핵심요약집은 기본서의 핵심 내용이 단원별로 정리·요약되어 있으므로 중요한 부분을 확인하기 쉬우며, 나만의 정리 노트로도 활용할 수 있습니다.

자투리 시간에 활용!

바쁜 일상에서 공부할 시간을 따로 내는 것은 어려운 일입니다. 자투리 시간을 활용하여 정리된 요약집으로 틈틈이 복습한다면, 효과적으로 학습 시간을 확보할 수 있을 것입니다.

복습에 활용!

새로운 내용을 파악할 때는 예습보다 복습의 효과가 비교적 더 큽니다. 기본서를 학습한 후 핵심요약집을 통해 중요 내용을 떠올리며 복습하면 내용을 보다 효과적으로 정리할 수 있습니다.

시험 직전에 활용!

시험 직전, 짧은 시간 안에 많은 내용을 확인하려면 평소 정리 및 준비를 잘 해두어야 합니다. 시험에 들어가기 전 핵심요약집으로 중요한 내용만 빠르게 체크해도 합격에 도움이 될 것입니다.

부록

합격의 공식 시대에듀 www.sdedu.co.kr

시험장에 가져가는 핵심요약집

제1장	우리 역사의 시작
제2장	삼국시대
제3장	남북국시대
제4장	고려시대
제5장	조선 전기
제6장	조선 후기
제7장	개항기 · 대한제국
제8장	일제 강점기
제9장	현대
제10장	시대 통합
제11장	지도와 사진으로 본 한국사

시/험/전/에/ 보/는/ 핵/심/요/약/ 키/워/드/

행운이란 100%의 노력 뒤에 남는 것이다.

– 랭스턴 콜먼 –

보다 깊이 있는 학습을 원하는 수험생들을 위한
시대에듀의 동영상 강의가 준비되어 있습니다.

www.sdedu.co.kr ➡ 회원가입(로그인) ➡ 강의 살펴보기

제1장 우리 역사의 시작

01 역사의 이해

사실로서의 역사	• 과거에 있었던 사실을 객관적으로 서술하는 것으로 객관적 의미의 역사를 말하며 과거의 모든 사건을 나타낸다(실증주의). • L.V. Ranke : 역사가는 자기 자신을 죽이고 과거가 본래 어떠했는가를 밝히는 것을 그의 지상 과제로 삼아야 하고, 이때 오직 역사적 사실로 하여금 이야기하게 해야 한다.
기록으로서의 역사	• 역사가에 의해 조사되어 기록된 과거를 나타내는 것으로 주관적 의미의 역사를 말하며 역사가의 가치관과 같은 주관적 요소가 개입한다(상대주의). • E.H. Carr : 역사가와 역사상의 사실은 서로를 필요로 한다. '역사란 무엇인가?'라는 물음에 대한 나의 대답은 결국 다음과 같은 것이 된다. 역사란 역사가와 사실 사이의 부단한 상호 작용의 과정이며, 현재의 사회와 과거의 사회 사이의 끊임없는 대화이다.

02 선사시대의 생활모습

구분	구석기	신석기	청동기	철기
생활	• 동굴, 강가(막집) • 뗀석기 : 주먹 도끼·찍개 → 사냥 • 긁개·밀개 → 조리 • 슴베찌르개(후기) • 뼈도구	• 강가, 바닷가 → 정착 생활, 패총 • 움집 : 바닥 - 원형, 모가 둥근 사각형, 중앙 - 화덕, 저장 구덩 설치 • 간석기 : 돌괭이, 돌삽, 돌보습(농기구) • 가락바퀴·뼈바늘(의복, 그물 제작)	• 배산임수의 구릉 지대에 취락 형성(대체로 직사각형 움집), 화덕은 모퉁이에 위치 → 점차 지상가옥화 • 고인돌, 돌무지무덤, 돌널무덤 • 간석기 : 반달 돌칼, 바퀴날 도끼 • 청동기 : 비파형 동검, 거친무늬 거울	• 널무덤, 독무덤 • 철기 : 철제 농기구, 무기, 도구 • 청동기 : 세형 동검, 잔무늬 거울, 거푸집(틀) - 청동기의 독자적 발전 • 중국과의 교류(명도전, 오수전, 반량전, 붓)
토기		이른 민무늬 토기, 덧무늬 토기, 빗살무늬 토기	미송리식 토기, 민무늬 토기, 붉은 간토기	덧띠 토기, 검은 간토기
경제	채집과 사냥	사냥, 어로 → 농경 시작 (잡곡류)	밭농사(조, 보리, 콩) 중심, 벼농사 시작(일부 저습지)	철제 농기구 사용으로 생산량 증가, 교역 활발
사회	무리 생활, 이동 생활 → 평등 사회	• 씨족 사회 → 족외혼 → 부족 사회 • 평등 사회	• 계급, 사유 재산제 발생 → 군장 사회 → 군장 국가(고조선) • 남성 중심의 가부장적 사회, 선민사상	부족 연맹 사회 → 연맹 국가 성립

신앙·예술	고래·물고기 조각(사냥감의 번성을 비는 주술적 의미)	• 원시 종교 출현 : 애니미즘, 토테미즘, 샤머니즘 • 조상 숭배 – 농경 사회 • 조개껍데기 가면 • 흙으로 빚어 구운 얼굴 모습	• 청동제 의기(儀器), 토제품 – 주술적 의미 • 바위그림, 짐승·물고기 그림 – 풍요 기원	

참고 각 시대의 대표 유물(슴베찌르개, 가락바퀴, 빗살무늬 토기, 반달돌칼, 거푸집 등)을 잘 파악하고 시대별로 그 특징을 비교(예 구석기시대와 신석기시대의 석기 형태, 신석기시대와 청동기시대의 움집 형태와 화덕 위치 등)하여 이해하면 암기하기가 쉽다.

03 선사시대 주요 유적지

구석기	• 경기 연천 전곡리 : 아슐리안 주먹도끼 출토 • 충북 단양 수양개 : 석기제작소로 추정되는 다량의 뗀석기 발견, 고래와 물고기 조각 예술품 • 충남 공주 석장리 : 남한 최초의 구석기 시대 유적지
신석기	• 황해 봉산 지탑리 : 탄화된 좁쌀 출토 → 농경생활 증명 • 서울 암사동 : 빗살무늬 토기, 움집 발견 • 부산 동삼동 : 패총(조개무지) 발견
청동기	• 평북 의주 미송리 : 미송리식 토기 출토 • 경기 여주 흔암리, 충남 부여 송국리 : 탄화미 출토(벼농사의 증거)

참고 구석기시대 유적지들은 주로 내륙에 있는 것을 인식하고, 신석기시대에서는 농경 시작이 중요한데 **봉산 지탑리**에서 출토된 것이 탄화된 쌀(미)이 아니라 **좁(조)쌀**인 점을 주의해야 한다. 이와 비교하여 **여주 흔암리와 부여 송국리**에서는 **탄화된 쌀**이 나왔다는 것을 같이 이해하면 좋다.

04 고조선과 위만 조선

고조선	위만 조선

• 성립
  – 기원전 2333년 아사달에서 단군왕검이 건국
  – 청동기 문화를 배경으로 성립
• 발전
  – 기원전 5세기경 연나라와 대립할 만큼 강성
  – 기원전 3세기경 부왕, 준왕 등 강력한 왕 등장 → 왕위세습제, 상·대부·장군 등 중앙관직 마련
• 쇠퇴
  – 기원전 3세기경 연나라 장수 진개 침입으로 요동 상실
  – 기원전 3세기 말 ~ 2세기 초 진한 교체기에 중국의 유이민이 철기를 가지고 만주와 한반도로 밀려옴
	• 성립
	  – 기원전 194년 유이민 출신인 위만이 준왕을 몰아내고 수립
	  – 단군 조선의 정통 계승
	• 발전
	  – 철기 문화의 본격적 보급
	  – 중계 무역 전개 → 한과의 갈등 초래
	• 쇠퇴
	  – 한 무제의 공격으로 멸망(기원전 108년) → 한사군 설치

참고 고조선의 세력범위와 일치하는 유물 문제가 많이 출제되니 반드시 알아야 한다.
    그 대표적인 유물 4가지가 바로 ① **고인돌**, ② **비파형 동검**, ③ **미송리식 토기**, ④ **거친무늬거울(조문경)**이다.

05 단군 신화

(1) 내용

① **선민사상** : 환웅은 하늘신인 환인의 아들로 천손사상인 선민사상을 상징하는 인물
② **농업사회·계급사회** : 비, 바람, 구름을 관장하는 관리를 이끌고 내려왔다는 내용을 통해 고조선이 농업사회였음을 알 수 있으며, 관리 제도가 존재했던 계급사회였음을 알 수 있음
③ **홍익인간** : '인간을 널리 이롭게 할 만하다'는 이념
④ **토테미즘과 부족의 결합** : 동물을 부족의 상징으로 삼는 토테미즘(곰, 호랑이)
⑤ **단군왕검** : 제정일치 사회

(2) 수록문헌

『삼국유사』(일연, 단군 신화를 최초로 기록한 문헌), 『제왕운기』(이승휴), 『세종실록지리지』, 『응제시주』(권람), 『동국여지승람』

> 참고 단군신화 문제는 『삼국유사』의 **사료형 문제로도 자주 출제**되니 기본서의 사료와 그 문장의 의미를 정확히 이해해야 한다.

06 여러 나라의 성장

구분	정치	경제	풍속	제천행사
부여	5부족 연맹체 → 왕 + 사출도(마가·우가·구가·저가)	• 반농, 반목 • 말, 주옥, 모피	• 우제점법 • 형사취수제 • 순장, 1책 12법	12월 영고
고구려	• 5부족 연맹체 • 왕, 대가(사자, 조의, 선인) • 제가회의	약탈 경제(부경)	• 서옥제 • 형사취수제	10월 동맹 (국동대혈에서 제사)
옥저	읍군, 삼로(군장)	• 소금, 해산물 풍부 • 고구려에 공물을 바침	• 민며느리제 • 가족 공동묘(골장제)	×
동예	읍군, 삼로(군장)	• 방직기술 발달(명주, 삼베) • 단궁, 과하마, 반어피 등	• 족외혼 • 책화(타 부족 침범 시 배상)	10월 무천
삼한	제정 분리 : 정치(신지, 읍차), 제사장(천군 - 소도)	• 벼농사(저수지 축조) • 철 생산 多 → 낙랑·왜에 수출, 화폐로 이용(덩이쇠)	두레	• 5월 수릿날 • 10월 상달제

> 참고 부여와 고구려는 공통점이 많으므로 공통점을 같이 알아두고 그다음 이 두 국가의 차이점을 암기한다. 또한, 우리 연맹국가를 나타낸 『삼국지 위지 동이전』, 『한서』 등의 중국 역사의 내용도 같이 파악하길 바란다. 연맹국가들이 위치하고 있는 지리적 특성에 따라 변화하는 정세도 잘 파악하여야 한다.

07 법률 제도

(1) 고조선 8조금법

> …… (조선에서는) 백성들에게는 금하는 법 8조를 만들었다. 그것은 대개 ① 사람을 죽인 자는 즉시 죽이고, ② 남에게 상처를 입힌 자는 곡식으로 갚는다. ③ 도둑질을 한 자는 노비로 삼는다. 용서받고자 하는 자는 한 사람마다 50만 전을 내야 한다. - 생략 -
> 『한서』

① 살인→사형 ② 사람을 상해한 자→곡물로 배상 ③ 절도죄→노비 또는 50만 전 납부

(2) 부여 4조목

> 그 나라의 법률은 ① 사람을 죽인 사람은 사형에 처하고 그 집안을 몰수하며, ② 도둑질한 사람은 12배를 갚도록 하고, ③ 남녀가 음란한 짓을 하거나 ④ 부인이 질투하면 모두 사형에 처하였다.
> 『삼국지 위지 동이전』

① 살인→사형, 그 가족은 노비 ② 절도→1책 12법 ③ 간음→사형 ④ 투기죄→사형

제 2 장 | 삼국시대

01 왕대별 주요 사건

	고구려	백제	신라
2세기	**태조왕(53 – 146)** 고대국가의 기틀 확립 • 계루부 고씨의 독점 왕위세습 • 옥저 정복 **고국천왕(179 – 197)** • 왕위의 부자 상속 확립 • 진대법 실시		
3세기	**동천왕(227 – 248)** • 서안평 공격 시도	**고이왕(234 – 286)** 고대국가의 기틀 확립 • 한강 유역 점령 • 율령 반포 • 백관의 공복 제정 • 왕위의 형제 상속 확립	
4세기	**미천왕(300 – 331)** • 낙랑, 대방 축출(대동강 진출) **고국원왕(331 – 371)** • 평양성 전투에서 전사 **소수림왕(371 – 384)** • 불교 수용(순도) • 율령 반포 • 태학 설립	**근초고왕(346 – 375)** 백제의 전성기 • 왕위의 부자 상속 확립 • 『서기』 편찬(고흥) • 마한 정복 • 요서·산둥·규슈 진출 • 왜왕에 칠지도 하사 **침류왕(384 – 385)** • 불교 수용(마라난타, 384)	**내물 마립간(356 – 402)** 고대국가의 기틀 확립 • 김씨의 독점 왕위 세습 • 왕호 변경(이사금 → 마립간) • 광개토대왕의 지원으로 왜구 격퇴
5세기	**광개토대왕(391 – 412)** • 최초의 연호 사용(영락) • 후연 격퇴, 숙신과 거란 정벌, 요동 장악 • 한강 이북 진출 **장수왕(412 – 491)** 고구려의 전성기 • 광개토대왕릉비 건립 • 평양 천도(427) • 경당 설치 • 한강 유역 완전 장악 **문자왕(491 – 519)** • 부여 복속, 최대 영토	**비유왕(427 – 455)** • 신라와 나·제 동맹 체결 **문주왕(475 – 477)** • 웅진 천도(475, 충남 공주) **동성왕(479 – 501)** • 나·제 동맹 강화(결혼 동맹)	**눌지 마립간(417 – 458)** • 왕위의 부자 상속 확립 • 불교 전래(수용 ×, 묵호자) • 백제와 나·제 동맹 체결 **소지 마립간(479 – 500)** • 경주에 동시 설치 • 나·제 동맹 강화(결혼 동맹)

6 세 기	영양왕(590 – 618) • 『신집』 5권 편찬(이문진) • 살수대첩(을지문덕)	무령왕(501 – 523) • 22담로 설치(특수 행정 구역) • 중국 남조 양나라와 교류 성왕(523 – 554) • 사비 천도(538, 충남 부여) • 국호 변경(백제 → 남부여) • 22부 설치, 행정구역 정비(5부 5방) • 일본에 불교 전래(노리사치계) • 관산성 전투에서 전사	지증왕(500 – 514) • 왕호 변경(마립간 → 왕) • 국호 변경(사로 → 신라) • 우산국(울릉도) 복속(이사부) 법흥왕(514 – 540) • 율령 반포, 병부와 상대등 설치 • 불교 공인 • 연호 사용(건원) • 금관가야 복속(532) 진흥왕(540 – 576) 　　**신라의 전성기** • 연호 사용(개국, 대창) • 화랑도 조직 개편, 불교 교단 정비 • 한강 하류 확보, 함경도 지역까지 진출 • 대가야 정복(562) • 『국사』 편찬(거칠부)
7 세 기	영류왕(618 – 642) • 천리장성 축조 시작 • 연개소문의 정변 보장왕(642 – 668) • 안시성 전투 • 고구려 멸망(668)	무왕(600 – 641) • 익산 천도 계획(실행 ×) • 익산 미륵사지 석탑(현존 최고 석탑) 의자왕(641 – 660) • 대야성 공격 • 황산벌 전투(계백) • 백제 멸망(660)	선덕여왕(632 – 647) • 황룡사 9층 목탑 건립 • 분황사, 첨성대 건립 진덕여왕(647 – 654) • 마지막 성골 출신 왕 • 집사부, 창부, 좌이방부 설치 • 나·당 연합 결성(648) 무열왕(654 – 661) • 최초의 진골 출신 왕 문무왕(661 – 681) • 나·당 전쟁 • 삼국 통일(676)

(*) 가야 연맹

	전기 가야 연맹	후기 가야 연맹
3세기 ~ 5세기 초	• 김해의 금관가야 중심 • 벼농사 발달, 철 생산, 중계무역 • 고구려(광개토대왕)의 공격으로 약화	
5세기 말 ~ 6세기	532년 금관가야 멸망(법흥왕)	• 고령의 대가야 중심 • 신라(법흥왕)과 결혼동맹 • 562년 대가야 멸망(진흥왕)

02 삼국시대 주요 왕들의 업적 정리

구분	중앙집권	한강차지	전성기	율령반포	불교수용
고구려	소수림왕	장수왕	장수왕	소수림왕	소수림왕
백제	근초고왕	고이왕	근초고왕	고이왕	침류왕
신라	법흥왕	진흥왕	진흥왕	법흥왕	법흥왕

03 삼국시대의 불교

구분	수용		전교자	대표 승려
고구려	소수림왕		전진의 순도	• 보덕: 백제에서 열반종 개창 • 혜자: 일본 쇼토쿠 태자의 스승 • 도현: 『일본세기』 저술
백제	침류왕		동진의 마라난타	• 겸익: 백제에 율종 전파 • 노리사치계: 성왕 때 일본에 불교 전파
신라	전교	눌지 마립간	고구려의 묵호자	• 원광: '세속오계'와 '걸사표' 작성 • 자장: 계율종 개창, 황룡사 9층 목탑 건립 건의
	공인	법흥왕	이차돈의 순교	

04 주요 비석

구분	비문	내용
고구려	광개토대왕릉비	• 414년(장수왕 2년) 만주 집안에 건립, 3부로 구성 　- 1부: 고구려 건국신화와 광개토대왕의 행장 기록 　- 2부: 광개토대왕 때의 정복 활동. 신라에 들어온 왜구 정벌 및 금관가야 공격 내용 　- 3부: 수묘인에 관한 내용 • 일제의 조작: '도해'의 주체를 왜로 보고 이를 근거로 임나일본부설 주장
	충주 고구려비	장수왕의 남진 정책, 신라에 대한 고구려의 우월성이 엿보임
신라	영일 냉수리비	재산 분쟁에 관한 내용
	울진 봉평 신라비	법흥왕의 율령반포에 관한 내용
	단양 적성비	남한강 확보와 복속민에 대한 회유책, 관직명과 율령 정비 내용
	진흥왕 순수비	• 북한산비: 한강 하류 진출(19세기 김정희가 고증) • 창녕비: 대가야 정벌 • 황초령비, 마운령비: 함흥 지방 진출
	영천 청제비	부역 동원 사실 기록
	남산 신성비	부역 동원 사실 기록
	임신서기석	신라 화랑들이 유교 경전을 공부했음을 기록
백제	사택지적비	의자왕 때 건립, 도교적·불교적 내용

참고 **광개토대왕릉비**는 단독으로도 출제가 가능한 내용이므로, 비석의 내용과 임나일본부설까지 알아야 한다. 또한, **신라 비석의 종류와 내용**도 빈출이므로 잘 숙지해야 한다.

제 3 장 | 남북국시대

01 왕대별 주요 사건

	통일신라	발해
7 세 기	**신문왕(681 – 692)** • 14부 체제 완비, 시중의 권한 강화 • 9주 5소경, 9서당 10정 확립 • 관료전 지급, 녹읍 폐지 • 국학(최고 국립 교육) 설치	**고왕(698 – 719)** • 대조영 • 발해 건국(698) • 연호 사용(천통), 국호 진(震)
8 세 기	**성덕왕(702 – 737)** • 정전 지급 **경덕왕(742 – 765)** • 관료전 폐지, 녹읍 부활 • 불국사, 석굴암 축조, 성덕대왕 신종 주조 • 국학을 '태학'으로 개칭, 유교 교육 강화 **혜공왕(765 – 780)** • 96 각간의 반란 **원성왕(785 – 798)** • 독서삼품과 실시(788)	**무왕(719 – 737)** • 대무예 • 북만주 일대 장악, 산동성 공격(장문휴) • 연호 사용(인안) • 돌궐·일본과 교류하며 당·신라 견제 **문왕(737 – 793)** • 대흠무 • 수도 천도(중경→상경→동경) • 연호 사용(대흥, 보력), 전륜성왕 • 당과 친선관계, 신라와 교통로(신라도) 개설 • 일본에 보낸 국서에 '고려국왕' 표시 • 3성 6부 정비, 주자감 설치
9 세 기	**헌덕왕(809 – 826)** • 김헌창의 난 **흥덕왕(826 – 836)** • 청해진 설치(전남 완도) • 사치 금지령 **문성왕(839 – 857)** • 장보고의 난 **진성여왕(887 – 897)** • 시무 10조(최치원, 수용 ×) • 원종과 애노의 난(사벌주) • 적고적의 반란(서남해안 일대)	**선왕(818 – 830)** • 대인수 • 최대 영토 확보(해동성국) • 5경 15부 62주 정비 • 연호 사용(건흥) • 말갈족 복속, 요동 지역으로 진출
10 세 기	**경순왕(927 – 935)** • 고려 왕건에게 귀부 • 신라 멸망(935)	**애왕(906 – 926)** • 대인선 • 거란에 의해 발해 멸망(926)

02 발해를 우리 민족사로 볼 수 있는 근거

(1) **지배층** : 고구려인 → 고구려 역사 계승 의식 표명(일본에 보낸 외교 문서)
(2) **고구려 문화** : 정혜공주 무덤(굴식 돌방무덤, 모줄임 천장 구조), 온돌, 연꽃무늬 기와, 석등, 이불병좌상

03 골품제도

내용	성골	신라 정통 왕족, 진덕여왕을 마지막으로 성골 단절
	진골	무열왕 이후 왕족, 모든 관직 진출 가능
	6두품	• '득난'이라 불렸으며 아찬까지만 승진 가능 • 중대에는 집사부 시랑으로서 왕의 정치적 조언자 역할, 하대에는 지방 호족과 연결하여 신라 비판 세력 형성
성격		• 관등 승진의 상한선이 골품에 따라 정해짐 • 일상생활까지 규제
중위제		• 비진골 출신 관료들의 불만을 무마하기 위한 특진 제도 • 4중 아찬, 9중 대나마, 7중 나마

참고 골품제도를 볼 때 진골은 대아찬까지가 기준이고, 6두품은 아찬부터 급벌찬까지가 기준이다. 나머지 5두품과 4두품을 구별하는 것은 대나마와 나마밖에 없다. 즉, ~찬이 들어가는 관등은 진골과 6두품만 할 수 있으며 그중 **이벌찬과 이찬, 잡찬과 파진찬은 진골로 외우고, 대아찬은 진골, 아찬 이하 다른 ~찬은 6두품**으로 처리하면 쉽게 외울 수 있다.

04 통일신라의 유교

(1) 정치적으로 유교를 중시하기 시작
(2) 국학(신문왕, 682), 독서삼품과(원성왕, 788)
(3) 신라 중대 유학자

① **강수** : 외교문서에 능통, 『청방인문표』와 『답설인귀서』 저술, 불교를 세외교(世外敎)라 비판
② **설총** : 이두 정리, 『화왕계』 저술
③ **김대문** : 진골 출신, 『계림잡전』·『고승전』·『화랑세기』 등 저술

(4) 신라 하대 유학자
① **최치원** : 빈공과 장원 급제, 『토황소격문』・『시무 10조』 및 『계원필경』・『제왕연대력』・『사산비명』 등 저술
② **최언위** : 고려 개국 후 조정에 참여
③ **최승우** : 후백제의 견훤 밑에 들어가 활동, 『대견훤기고려왕서』 저술

05 통일신라의 불교

구분	내용	대표 승려

중대
(교종)
	• 교학 불교, 경전 중시, 귀족, 지배층의 지지
	• 권위적, 형식적 → 절, 탑 건립 多 → 조형미술 발달
	• 교종 5교
	  - 열반종 : 보덕, 경복사, 전주
	  - 계율종 : 자장, 통도사, 양산
	  - 법성종 : 원효, 분황사, 경주
	  - 화엄종 : 의상, 부석사, 영주
	  - 법상종 : 진표, 금산사, 김제
		• 원효
		  - 불교의 사상적 이해 기준 확립(『금강삼매경론』, 『대승기신론소』)
		  - 종파 간의 사상적 대립 극복・조화(『십문화쟁론』)
		  - 일심 사상, 원융회통)
		  - 아미타 신앙
		  - 불교의 대중화(나무아미타불, 무애가), 정토종, 법성종 창시
		• 의상
		  - 화엄 사상 정립(『화엄일승법계도』) : 모든 존재는 상호 의존적인 관계에 있으면서 서로 조화를 이루고 있다는 사상(원융 사상, 일즉다 다즉일) → 왕권 강화에 영향(문무왕의 자문 역할)
		  - 관음 신앙 : 현세에서의 고난 구제
		  - 화엄 사상을 바탕으로 제자 양성, 부석사 건립, 불교 문화의 폭 확대
		• 원측 : 유식불교 정립(서명학파 형성)
		• 혜초 : 인도로 구법 → 『왕오천축국전』(인도, 중앙아시아 기행기)
		• 진표 : 경덕왕 때 점찰법회 개최

하대 (선종)	• 9산 선문 중심 • 참선, 수행 중시 • 돈오점수, 이심전심, 불립문자 • 피지배층, 호족, 6두품의 지지 • 조형미술 침체 → 승탑(부도), 탑비 발달 • 지방 문화의 발달에 기여	• 도선 : 풍수지리설 도입 • 이엄 : 고려 건국에 사상적 바탕 제공

참고 특히 **원효와 의상** 문제는 서로를 비교하거나 단독 문제로도 자주 출제되므로 각 승려들의 저서와 이론 내용을 숙지해야 한다. 또한, **교종과 선종을 비교**하는 문제도 자주 출제되니 교종과 선종의 차이점을 잘 숙지해야 한다.

제 4 장 고려시대

01 왕대별 주요사건

전기	태조(918 – 943) • 고려 건국(918) • 훈요 10조 • 북진정책(서경 중시), 거란 강경책 • 숭불 정책 • 호족 통합 정책: 사성정책, 혼인정책 • 호족 견제 정책: 사심관·기인 제도 • 역분전 지급 • 흑창 설치	광종(949 – 975) • 노비안검법 실시 • 과거제 실시 • 연호(광덕, 준풍), 칭제건원 • 주현공부법 • 공복 제정(자·단·비·녹) • 제위보 설치 • 송과 수교	성종(981 – 997) • 시무 28조(최승로) • 연등회·팔관회 폐지 • 의창·상평창 설치, 노비환천법 • 12목 설치하고 지방관 파견 • 국자감 정비, 12목에 박사 파견 • 분사제도 실시(서경) • 건원중보 주조(최초의 철전) • 강동 6주 획득(서희)
전기	현종(1009 – 1031) • 5도 양계 정비 • 주현공거법, 면군급고법 • 강감찬의 귀주 대첩 • 초조대장경 간행 • 『7대실록』 편찬(현전 ×)	문종(1046 – 1083) • 경정 전시과 시행 • 남경(한양) 설치	
중기	숙종(1095 – 1105) • 서적포 설치 • 삼한통보·해동통보·해동중보·활구(은병) 주조 • 별무반 조직(윤관)	예종(1105 – 1122) • 감무 파견 • 동북 9성 설치(윤관) • 7재, 보문각, 청연각, 양현고 설치 • 복원궁(도교 사원) 설치	인종(1122 – 1146) • 경사 6학 설치 • 이자겸의 난(1126) • 묘청의 난(1135) • 『삼국사기』 편찬(김부식)
무신집권기	이의방(1170 – 1174) • 중방 정치 • 서계민란, 김보당의 난, 조위총의 난	정중부(1174 – 1179) • 중방 정치 • 공주 명학소의 난	경대승(1179 – 1183) • 도방 정치
무신집권기	이의민(1183 – 1196) • 천민 출신 • 김사미·효심의 난	최충헌(1196 – 1219) • 교정도감, 흥녕부 설치 • 만적의 난, 동경의 난, 최광수의 난 • 교종 탄압, 선종 계통의 조계종 지지 • 봉사 10조 건의	최우(1219 – 1249) • 정방, 서방, 삼별초, 마별초 • 몽골 침입 → 강화 천도 • 팔만대장경 조판 • 이연년의 난 • 『상정고금예문』(1234)
원간섭기	충렬왕(1274 – 1308) • 전민변정도감 설치 • 섬학전 설치 • 『삼국유사』(일연), 『제왕운기』(이승휴) 편찬	충선왕(1298, 1308 – 1313) • 정방 일시적 폐지 • 사림원, 만권당 설치 • 소금·철의 전매(각염법) • 전농사 설치	공민왕(1351 – 1374) • 기철 등 친원파 제거 • 정방, 정동행성 이문소 폐지 • 쌍성총관부 탈환 • 원의 연호·몽골풍 폐지, 관제 복구 • 신돈, 전민변정도감 설치 • 홍건적의 1·2차 침입 • 성균관 유교 교육만 전담
말기	우왕(1374 – 1388) • 홍산대첩(최영) • 화통도감 설치(최무선) • 황산대첩(이성계) • 진포대첩(최무선) • 관음포대첩(정지) • 위화도 회군(1388)	공양왕(1389 – 1392) • 과전법 실시(1391) • 고려 멸망(1392)	

02 고려의 대외 관계 변화

시기		대외 관계

전기	거란의 침입	• 원인: 친송 배거 정책, 북진 정책
		• 전개
		  - 1차 침입(성종, 993): 서희의 담판(압록강 동쪽의 강동 6주 확보, 거란과 교류할 것 약속)
		  - 2차 침입(현종, 1010): 계속된 친송 정책과 강조의 정변을 계기로 침입, 현종이 나주로 피난, 개경 함락, 양규의 선전
		  - 3차 침입(현종, 1018): 강감찬의 귀주 대첩(1019)
		• 결과
		  - 고려, 송, 거란 사이의 세력 균형 유지
		  - 국방 대책: 개경에 나성 축조, 천리장성 축조(압록강 어귀에서 동해안의 도련포)

	친송 북진 정책	• 광종 때 수교(962)
		• 수교 목적
		  - 고려: 경제적·문화적 목적
		  - 송: 정치적·군사적 목적

중기	여진의 침입	• 12세기 초 만주 하얼빈 지방의 완예부 추장이 여진족 통일
		• 윤관 별무반(기병 - 신기군, 보병 - 신보군, 승병 - 항마군) 여진 토벌(1107) → 동북 지방에 9성 축조
		• 여진족의 금 건국(1115)
		  - 금은 고려에 군신 관계 요구
		  - 이자겸의 사대 외교로 금의 요구 수용, 정권 유지 목적

무신 집권기	몽골의 침입	• 거란족 토벌 구실로 첫 만남(강동성 전투) → 몽골 사신 저고여 피살 사건을 구실로 침공(박서의 항전) → 개경 함락(강화 천도 성립) • 최우의 강화 천도 → 몽골의 초토화 작전 개시(김윤후의 항전, 농민과 천민들의 적극적 항쟁) → 용인 처인성(살리타 사살), 충주성 전투 → 막대한 피해 발생(황룡사 9층 목탑 소실 등) • 몽골과의 강화, 무신 정권 몰락 → 삼별초의 항쟁(진도 → 제주도)

원 간섭기	원의 내정 간섭	• 여·원 연합군의 일본 정벌
		  - 1차(1274, 충렬왕): 둔전경략사 설치 → 실패
		  - 2차(1281, 충렬왕): 정동행성 설치 → 실패
		• 영토의 축소
		  - 쌍성총관부: 철령 이북 직속령화 → 공민왕 때 탈환
		  - 동녕부: 자비령 이북 차지 → 충렬왕 때 반환
		  - 탐라총관부: 삼별초 항쟁 진압 후 제주도에 설치 → 충렬왕 때 반환
		• 관제 격하
		  - 2성(중서문하성·상서성) → 첨의부(1부)
		  - 6부 → 4사
		• 내정 간섭
		  - 정동행성: 일본 정벌 기구로 설치 → 내정 간섭기구로 변화
		  - 다루가치: 감찰관으로 파견
		  - 순마소: 반원 인사 색출을 위한 감찰기구
		  - 응방: 매 징발

말기	홍건적, 왜구의 침입	• 홍건적의 침입: 공민왕이 복주(안동)까지 피난 • 왜구의 침입: 최영(홍산 대첩) / 최무선(진포 대첩, 화통도감) / 이성계(황산 대첩) • 홍건적과 왜구 토벌 과정에서 신흥 무인 세력 등장

참고 거란(요)과 여진(금)을 구별하는 것이 중요하다. 발해를 멸망시킨 부족이 거란이므로 거란이 먼저 흥하여 요나라를 세웠고, 그 뒤에 여진은 윤관의 별무반, 동북 9성 이후 강성해졌다.

03 불교

전기	• 태조: 연등회와 팔관회 개최(훈요 10조)
	• 광종
	  - 교종(5교)과 선종(9산)의 사상적 대립→통합 노력
	  - 승과 제도 실시
	  - 사원에 별사전 지급, 면역 혜택
	• 성종: 최승로의 건의로 연등회와 팔관회 폐지
	• 현종: 연등회와 팔관회 부활

중기
(교종)
	• 대각국사 의천
	  - 교단 통합 운동: 흥왕사를 근거지로 삼아 화엄종을 중심으로 교종 중심의 선종 통합을 위해 국청사 창건하여 천태종 창시
	  - 교관겸수(敎觀兼修)·내외겸전 주장: 이론의 연마와 실천을 강조
	  - 화폐의 보급을 주장

무신
집권기
(선종)
	• 지눌
	  - 수선사 결사 운동(송광사): 승려 본연의 자세로 돌아가 독경과 선 수행, 노동에 힘쓰자는 운동
	  - 조계종 중심의 선교 통합 운동
	  - 돈오점수(頓悟漸修), 정혜쌍수(定慧雙修) 제창: 참선(선종)과 지혜(교종)를 함께 수행
	• 요세: 강진 만덕사(백련사)에서 백련결사 제창, 자신의 행동을 진정으로 참회하는 법화 신앙 강조
	• 혜심: 유불 일치설을 주장하여 성리학을 수용할 수 있는 사상적 토대 마련

원 간섭기	• 라마불교의 전래: 불교의 미신화 • 불교의 타락: 고리대나 양조업으로 부 축적 • 보우: 고려 말 불교계의 타락을 지적하며 교단을 정비하려 함
말기	• 온건파 신진사대부: 불교 폐단 비판(이제현, 이색) • 강경파 신진사대부: 불교 자체를 비판(정도전 『불씨잡변』)

04 유교

특징	사장 중심→과거에서 제술업 중시, 자주적, 유교와 불교의 병행 발전(유교는 치국의 도, 불교는 수신의 도)
전기	• 태조: 최언위, 최응, 최지몽 등 6두품 유학자의 건국 참여 • 광종: 과거제 실시로 유학 발달 • 성종: 유교 사상이 확고하게 정립(최승로, 「시무 28조」)
중기	• 보수적, 사대적, 소극적, 합리적 성격 • 문종: 9재 학당 건립(최충) • 인종: 『삼국사기』 저술(김부식)
무신 집권기	유학의 위축
원 간섭기	• 불교의 타락과 혜심의 유불 일치설→성리학 수용의 토대→신진사대부의 성리학 수용 • 안향: 충렬왕 때 원에서 성리학 도입 • 이제현: 충선왕이 세운 만권당에서 원의 성리학자들과 교류
말기	• 성리학이 새로운 국가 사회의 지도 이념으로 성장 • 일상생활에서의 실천적 사회윤리 강조→『소학』, 『주자가례』 강조

제5장 조선 전기

01 왕대별 주요 사건

태조(1392~1398)	태종(1400~1418)	세종(1418~1450)
• 조선 건국(1392) • 의흥삼군부 설치 • 정도전의 요동 정벌 계획 • 1차 왕자의 난	• 도평의사사, 사병 폐지 • 6조 직계제 실시 • 의금부 설치, 사간원 독립 • 신문고 제도 실시 • 호패법, 호적 제도 정비 • 서얼차대법, 재가금지법 • 혼일강리역대국도지도 제작 • 계미자 주조 • 도첩제 강화	• 의정부 서사제 실시 • 집현전 설치 • 공법 시행(연분9등법, 전분6등법) • 4군 6진 개척(최윤덕, 김종서) • 쓰시마섬 토벌(이종무) • 갑인자 주조 • 『농사직설』, 『향약집성방』, 『칠정산』, 『의방유취』 편찬 • 훈민정음 반포
세조(1455~1468)	성종(1469~1494)	연산군(1494~1506)
• 6조 직계제 부활 • 집현전·경연 폐지 • 훈구파·종친 등용 • 직전법 실시 • 『경국대전』 편찬 착수 • 간경도감 설치 • 원각사 10층 석탑 건립 • 동국지도 제작(양성지)	• 『경국대전』 완성 • 홍문관 설치 • 경연의 부활 및 강조 • 사림파 등용 • 도첩제 폐지 • 관수관급제 실시	• 무오사화(김종직의 조의제문이 계기) • 갑자사화(폐비 윤씨 사건이 계기) • 신문고 폐지
중종(1506~1544)	명종(1545~1567)	선조(1567~1608)
• 조광조의 개혁정치 → 기묘사화 • 현량과 실시 • 군적수포제 실시 • 삼포왜란, 비변사 설치 • 백운동 서원 건립	• 직전법 폐지 • 임꺽정의 난 • 을사사화	• 동인·서인 분열(붕당정치) • 임진왜란 발발 • 비변사 최고기구화 • 훈련도감 설치

02 조선 전기의 대외관계

명	• 15세기: 실리적 자주 외교 • 16세기: 존화주의 사상 확대
여진	• 교린책: 귀순 장려 • 강경책: 4군 6진 개척(세종)
일본	• 3포 개항(1418): 태종 때 부산포, 제포, 염포 개항 • 계해약조(1443): 세종 때 제한된 조공무역 허락(세견선 50척, 세사미두 200석) • 삼포왜란(1510): 중종 때 발발, 임시기구로서 비변사 설치 • 임신약조(1512): 중종 때 계해약조의 반으로 조건 개정(세견선 25척, 세사미두 100석) • 사량진왜변(1544): 중종 때 발발, 무역 단절 • 정미약조(1547): 명종 때 세견선 25척, 인원 제한규정 강화 • 을묘왜변(1555): 명종 때 발발, 국교 단절, 지역 방어체제를 제승방략체제로 전환, 비변사 상설기구화 • 임진왜란(1592~1598): 선조 때 발발, 비변사 최고기구화

> 참고 일본과의 대외관계에서 순서 문제(예 3포 개항 → 계해약조 → 삼포왜란 → 을묘왜변)나 그 내용을 묻는 문제가 자주 출제되므로 잘 숙지해야 한다.

03 집권 세력의 변화

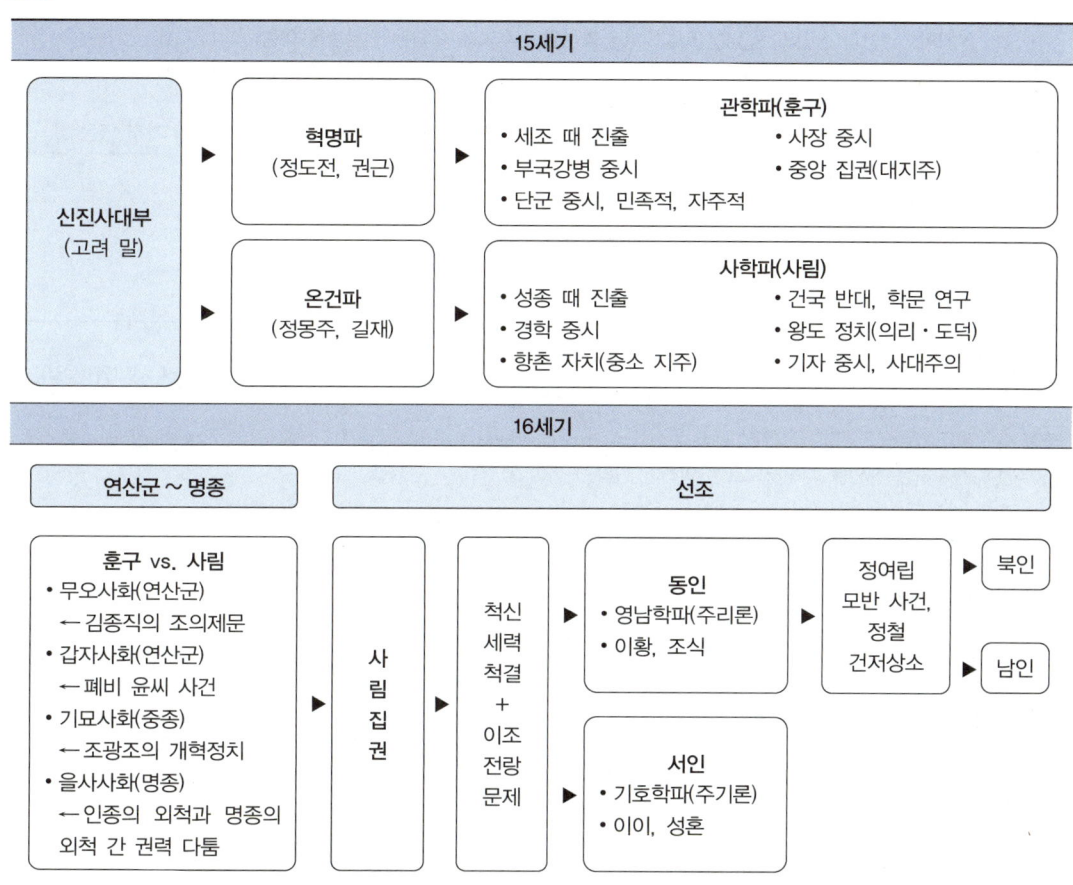

15세기(훈구파의 집권)	16세기(사림파의 집권)
고려 말 혁명파로 조선 건국에 참여	고려 말 온건파로 조선 건국에 참여하지 않음
세조 때 이후 공신세력을 중심으로 정치적 실권을 잡은 후 형성	성종 때 김종직의 등용으로 중앙 정계 진출
타 사상에 포용적	타 사상에 배타적
사장 중시 → 문학 발달	경학 중시
중앙 집권적 통치 강조	향촌 자치 강조 → 향약, 사창제 실시
단군 중시, 민족적, 자주적	기자 중시, 사대적
기술학 중시(격물치지)	기술학 천시, 성리학 절대시
『주례』 중시	『주자가례』 중시

04 조선 전기의 신분 제도

양반	• 의미 : 문·무반 관리를 지칭(15세기) → 벼슬할 자격이 있는 특수한 신분층(16세기) • 특권 : 토지와 노비 소유, 관직 독점, 국역 면제(법률로 특권을 제도화) • 지위 : 경제적으로 지주, 정치적으로 관료 • 생활 : 생산 활동에 종사하지 않고 유학 공부에 전념하여 관료로 진출
중인	• 의미 : 양반과 상민의 중간층(15세기부터 형성되어 후기에 독립된 신분층을 이룸) • 지위 : 직역을 세습하고 같은 신분끼리 거주, 문과 응시가 불가능하므로 무과나 잡과에 응시 • 종류 : 서리, 향리, 기술관, 군교, 역리, 서얼 • 서얼 : 양반과 첩 사이에서 출생('중서'라고도 불림, 중인으로서의 대우를 받음), 문과 응시 자격 없음
상민	• 농민 : 조세, 공납, 부역 의무 • 수공업자(공장) : 공장세 부과 • 상인(시전 상인, 보부상) : 상인세 부과(농민보다 천대 받음) • 권한 : 법적인 자유민으로서 과거 응시 가능(현실적으로 많은 제약) • 신량역천 : 신분은 양인이나 천역을 담당하는 계층
천민	• 종류 : 노비, 백정, 창기, 광대 등 • 노비 : 재산으로 취급, 공노비(솔거노비, 외거노비), 사노비(솔거노비, 외거노비)로 구분(고려 시대와 동일)

참고 여기서 고려시대 백정과 조선시대 백정은 다르다. **고려시대 백정**은 농민을 의미하는 것이었으나, **조선시대 백정**은 도축업에 종사하는 **천민**을 지칭하므로 주의해야 한다.

05 주리론과 주기론

구분	주리론	주기론
성격	도덕적, 이상적, 내향적	현실적, 경험적, 물질적
학파	영남학파	기호학파
당파	동인	서인
특징	• 왕권 강화와 신분질서 강화 강조 • 농업 중심의 경제 강조 • 개항기 위정척사사상에 영향	• 신권 강화와 신분질서 완화 강조 • 상공업 중심의 경제 강조 • 북학과 실학, 개화사상에 영향

학자	• 이언적
	  - 주리론의 선구자
	  - 성학군주론 → 이황의 『성학십도』와 이이의 『성학집요』에 영향
	• 이황
	  - 주리론의 집대성자, 동방의 주자
	  - 이기이원론, 이기호발설 주장
	  - 예안향약 → 도덕적 교화 강조
	  - 경기도 남인, 영남학파에 영향
	  - 임진왜란 이후 일본 성리학에 영향
	  - 『성학십도』, 『주자서절요』, 『전습록변』
		• 서경덕
		  - 주기론의 선구자
		  - 불교와 노장사상에 개방적, 양명학 수용
		• 이이
		  - 주기론의 집대성자
		  - 일원론적 이기이원론, 기발일도설 주장
		  - 해주향약 → 경제적 안정 강조
		  - 기호학파, 조선 후기 북학파 실학자들에 영향
		  - 『성학집요』, 『격몽요결』, 10만양병설

제6장 조선 후기

01 왕대별 주요 사건

광해군(1608~1623)	인조(1623~1649)	효종(1649~1659)
• 북인 집권 • 실리적 중립 외교 • 전후 복구 정책: 양전 실시, 사고 정비, 국방 강화 • 기유약조 • 경기지방 대동법 실시(1608) • 『동의보감』, 『동국지리지』 편찬	• 서인 집권 • 이괄의 난 • 영정법 실시(1결당 4두 고정) • 어영청·총융청·수어청 설치 → 서인의 권력 기반 • 친명배금 외교 → 정묘호란·병자호란 발발	• 북벌론 강조 • 나선 정벌 • 시헌력 도입 • 설점수세제 시행
현종(1659~1674)	**숙종(1674~1720)**	**영조(1724~1776)**
• 기해예송(서인 1년설 채택) • 갑인예송(남인 1년설 채택)	• 경신·기사·갑술환국 • 대보단, 만동묘 설치 • 대동법의 전국적 시행 • 상평통보 전국적 유통, 전황 • 백두산정계비 건립 • 금위영 설치	• 완론 탕평 정치 주도 • 균역법 실시 • 노비종모법 실시 • 서원 정리, 산림의 존재 부정, 이조전랑의 권한 약화 • 신문고 부활 • 청계천 준설 • 『속대전』, 『동국문헌비고』, 『속오례의』 편찬
정조(1776~1800)	**순조(1800~1834)**	**철종(1849~1863)**
• 준론 탕평 정치 주도 • 규장각, 장용영 설치 • 수원 화성 축조 • 신해통공(1791) • 공장안 폐지 • 서얼 출신 규장각 검서관 등용(박제가, 유득공) • 초계문신제 실시 • 문체 반정 운동 • 『대전통편』, 『동문휘고』, 『무예도보통지』 편찬	• 안동 김씨 집권 • 통신사 중단(일본과 국교 단절) • 공노비 해방(1801) • 신유박해(1801) • 홍경래의 난(1811)	• 안동 김씨 집권 • 신해허통(1851) • 최제우, 동학 창시(1860) • 임술농민봉기(1862)

참고 광해군과 인조, 영조와 정조를 비교하는 문제가 종종 출제되니 묶어서 공부하여야 한다. 또한, 대동법 시작은 광해군이고 전국적 시행은 숙종이다. 법전에 관하여서도 영조는 『속대전』, 정조는 『대전통편』, 흥선대원군은 『대전회통』인 것을 주의해야 한다.

02 조선 후기의 대외관계

청	• 북벌론 : 명에 대한 의리라는 성리학적 명분을 제시하며 청을 치자는 주장이 제기되었으나 실패, 서인 정권의 군사적 기반을 강화하는 구실로 작용 • 북학론 : 18세기 후반, 진보적 지식인을 중심으로 발전, 청의 우수한 문물을 수용할 것을 주장
일본	• 기유약조(1609) : 광해군 때 제한된 범위에서 교섭 허용 • 통신사 파견 : 도쿠가와 막부는 쇼군이 바뀔 때마다 정치적 권위를 인정받고자 조선에 통신사 파견을 요청, 1607~1811년까지 총 12회에 걸쳐 파견, 비정기적 사절단

참고 청나라에 대한 생각의 차이와 관련된 문제가 바로 **호락논쟁**이다. 즉, 호락논쟁이 흔히 사람과 사물의 본성에 관한 논쟁으로 알려졌지만 실은 여기서 사물은 청나라로 생각해도 크게 이상이 없으므로 사물을 청나라로 대입하면 호락논쟁을 이해하는데 더 쉬울 것이다.

지역	충청도(호론)	서울(낙론)
주장	인물성이론. 주기론 주장(정통 성리학)	인물성동론. 주기론 중심. 주리론 수용
학자	한원진	이간
성격	청, 서양에 배타적 성향(우리문화에 대한 자부심)	청, 서양 등 이질적인 것을 포용
계승	위정척사 사상 → 의병운동	개화사상에 영향 → 애국계몽운동

03 집권 세력의 변화

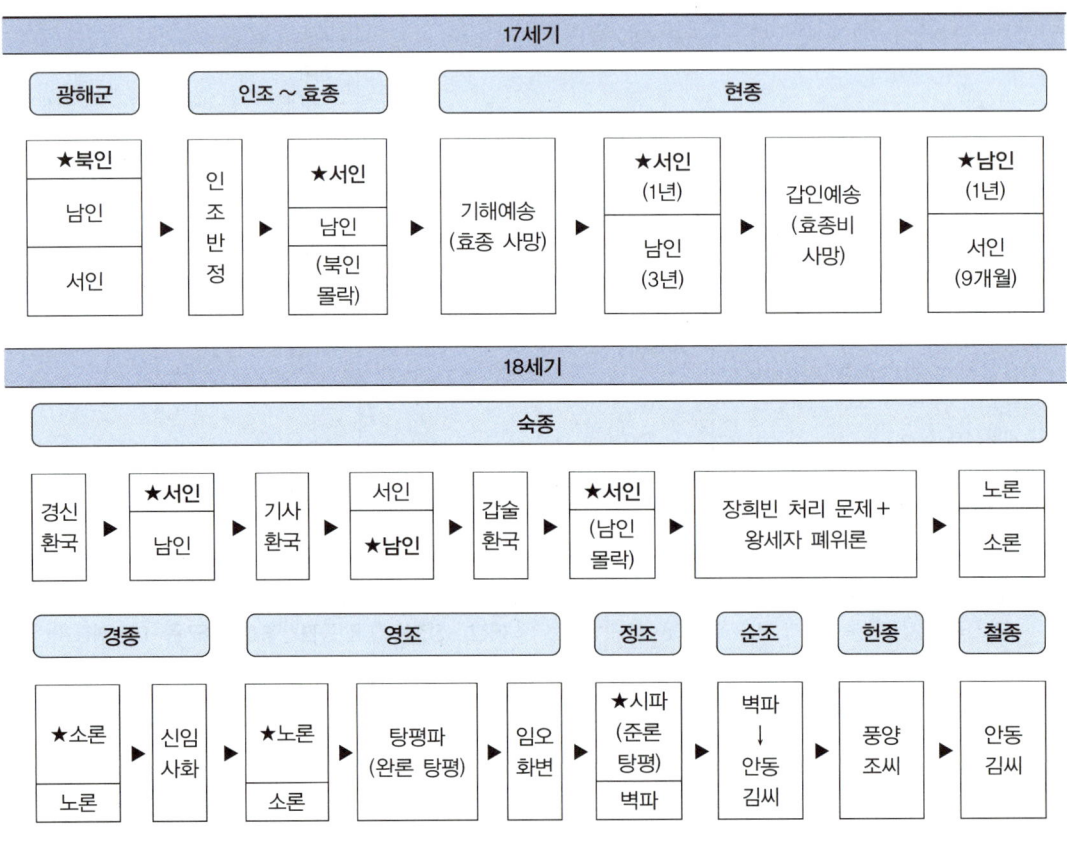

04 조선 후기의 신분 제도

양반	• 원인: 조선 후기 붕당 정치의 변질로 양반 상호 간의 정치적 갈등, 부농층의 양반화 → 향전 발생 • 권반: 정권을 차지하고 사회적, 경제적 특권을 독점 • 향반: 관직에서 밀려나 향촌 사회에서만 겨우 위세를 유지 • 잔반: 양반의 흔적만 남을 정도로 몰락 → 사회개혁, 민란에 앞장 섬

중인	• 서얼의 신분 상승 운동
	  - 왜란 이후 납속책, 공명첩으로 관직 진출
	  - 영·정조 때 적극적 신분 상승 운동 전개(청요직으로 진출 요구) → 성공 ○
	  - 정조 때 규장각 검서관으로 임용(유득공, 이덕무, 박제가 등)
	• 중인의 신분 상승 운동: 철종 때 대규모 소청 운동 전개(청요직으로 진출 요구) → 성공 ×

상민	• 원인: 이앙법과 상품 화폐 경제의 발달로 부농층 성장
	• 농민의 계층 분화
	  - 부농: 족보 매수·위조, 공명첩 등으로 신분 상승
	  - 빈농: 화전민이 되거나 임노동자가 됨

천민	• 노비의 감소
	  - 군공과 납속을 통해 신분 상승
	  - 국가에서 공노비를 입역 노비에서 납공 노비로 전환
	  - 도망하는 노비 증가
	• 노비 해방
	  - 공노비 해방(1801): 중앙 관서의 노비 6만 6천명 해방 → 재정 확보 수단
	  - 사노비 해방: 갑오개혁(1894)으로 신분제가 폐지되면서 해방

05 양명학

기원	명나라 유학자인 왕수인이 『전습록』에서 성리학의 관념성과 비실천성 비판
사상	• 심즉리(心卽理): 사람 마음이 곧 이(理)이다. → 신분계급질서 부정(↔ 성리학의 성즉리(性卽理)) • 치양지(致良知): 사욕을 극복하고 인간의 순수한 본래성만을 유지한다면 누구나 지선(至善)의 경지에 이를 수 있다. • 지행합일(知行合一): 앎은 행함의 시작이요, 행함은 앎의 완성이다.
수용	16세기 서경덕 학파와 종친들을 중심으로 수용(↔ 이황, 『전습록변』에서 양명학 비판)
강화학파	• 18세기 초 정제두가 강화학파를 형성하여 양명학을 연구 • 『존언』, 『변퇴계전습록변』(이황의 『전습록변』을 비판) • 일반인을 도덕 실천의 주체로 상정 → 양반 신분제 폐지 주장
한계와 영향	• 성리학자들이 양명학자들을 사문난적이라 규탄하여 대부분 속으로만 숭상 • 실학자, 한말 이후의 국학자들(박은식, 정인보)에게 계승

참고 양명학자와 비슷하게 사문난적으로 몰린 대표적인 학자로는 **윤휴와 박세당**이 있다. 윤휴는 경전에 대한 독자적 해설을 하였고, 박세당은 사변록을 통해 주자의 학설을 비판하였다. 이들은 당시 주류였던 서인(노론)에게 결국 공격을 받게 되었다.

06 실학

구분		내용
중농학파	특징	농민 생활의 안정을 위한 제도의 개혁 추구(토지, 조세, 교육, 관리 선발, 군사 제도 등), 지주제 철폐와 자영농 육성 주장, 남인 출신 – 경세치용 학파
	유형원	• 저서: 『반계수록』(중농 실학의 체계화) – 정치·경제·군사 제도 등의 개혁 방안 제시 • 토지 제도: 균전론 주장(관리·사·농·공·상에게 차등을 두어 토지 분배 – 자영농 육성) • 제도 개혁: 병농 일치의 군사 조직과 사농 일치의 교육 제도 확립 주장
	이익	• 저서: 『성호사설』, 『곽우록』 등 • 토지 제도: 한전론 주장(농가에 영업전 지급 → 매매 금지, 그 외는 매매 허용 – 토지 소유의 평등) • 사회·경제: 6좀론 제시(노비, 과거제, 문벌, 기교, 승려, 게으름 등 시정), 폐전론, 환곡 대신 사창제 실시 주장
	정약용	• 저서: 『목민심서』(지방관의 도리), 『경세유표』(중앙 관제의 개혁), 『흠흠신서』(형법 개혁) • 토지 제도: 여전론(공동 생산 공동 분배), 정전론 주장 • 과학: 수원 화성 설계와 거중기의 사용, 한강 주교의 설계, 『마과회통』(종두법) 편찬
중상학파	특징	18세기 후반 국내 상공업의 발달과 청·서양 문화의 영향으로 성립(북학파), 노론 집권층, 농업·상공업의 진흥 혁신과 기술 혁신에 관심 – 이용후생 학파
	유수원	• 저서: 『우서』 • 상공업: 합자를 통한 경영 규모의 확대, 상인이 생산자를 고용 → 생산과 판매 주관, 사·농·공·상의 직업적 평등과 전문화 강조, 농업의 전문화·상업화, 자본을 축적하면서 사회 개발에 참여
	홍대용	• 저서: 『의산문답』, 『임하경륜』, 『연기』, 『주해수용』 • 개혁 사상: 균전제 주장, 기술 문화 혁신과 신분 제도의 철폐, 성리학의 극복이 부국강병의 근본 • 중국 중심의 세계관 비판, 지전설과 무한우주설 주장
	박지원	• 저서: 『열하일기』, 『과농소초』, 『한민명전의』, '호질', '양반전', '허생전' 등 • 농업: 한전론 중요성 인정, 영농 방법 혁신, 상업적 농업 장려, 농기구 개량, 관개 시설 확충 등 기술적 측면 • 상공업: 수레·선박의 이용, 화폐 유통의 필요성 강조 • 문벌제도 비판: 양반 문벌의 비생산성 비판
	박제가	• 저서: 『북학의』 • 개혁 사상: 청과의 통상 강화, 수레·선박의 이용 증대(무역선 파견하여 국제 무역에 참여), 절검보다 소비 강조 → 소비는 생산의 촉진제(소비와 생산의 관계를 우물물에 비유)

참고 실학자들의 주장을 비교하는 문제뿐만이 아니라 사료를 제시하고 이를 주장한 실학자를 파악하는 문제도 나오기 때문에 **사료도 빠짐없이 반드시 익혀야** 한다.

제 7 장 | 개항기 · 대한제국

01 근대 정치의 흐름

1860년대	1870년대	1880년대	1890년대	1900년대
1860 • 동학 창시(최제우, 경주) 1862 • 임술농민봉기 1863 • 흥선대원군 집권 1865 • 비변사 폐지 • 만동묘 철폐 • 경복궁 중건 • 삼군부 설치 • 『대전회통』 편찬 1866 • 병인박해, 병인양요 (프랑스) • 제너럴셔먼호 사건 (미국) • 당백전 주조	1871 • 호포법 실시 • 서원 철폐 • 신미양요(미국) 1873 • 고종 친정 시작 1875 • 운요호 사건 1876 • 조일수호조규부록 체결 • 1차 수신사 파견 (김기수)	1880 • 『조선책략』 유입 • 2차 수신사 파견 (김홍집) • 통리기무아문 설치 1881 • 별기군 설치 • 영남만인소(이만손) • 신사유람단, 영선사 파견 1882 • 임오군란 발발 • 조미수호통상조약, 조청상민수륙무역장정 체결 • 3차 수신사 파견 (박영효) 1883 • 기기창, 전환국, 박문국 설치 • 한성순보 발행 • 원산학사 설치 1884 • 갑신정변 발발 • 조러수호통상조약 체결 1885 • 거문도 사건(영국) 1886 • 노비세습제 폐지 • 육영공원 설립 1889 • 방곡령 선포 (조병식)	1894 • 동학농민운동 • 청일전쟁 발발 • 군국기무처 설치 • 제1·2차 갑오개혁 1895 • 을미사변, 을미개혁, 을미의병 1896 • 아관파천 • 독립협회 결성, 독립신문 창간 1897 • 고종 환궁 • 대한제국 성립 1898 • 만민공동회, 관민공동회 • 헌의 6조 1899 • 대한국 국제 반포 • 조청통상조약 체결	1904 • 러일전쟁 발발 • 한일의정서, 제1차 한일협약 체결 • 보안회 조직 1905 • 화폐정리사업 (메가타) • 을사늑약 체결 • 독도, 시네마현에 편입 1906 • 통감부 설치 • 대한자강회 조직 • 을사의병(민종식, 최익현, 신돌석) 1907 • 국채보상운동 전개 • 헤이그 만국평화회의에 특사 파견 (이준, 이상설) • 한일협약 체결 • 정미의병 • 13도 창의군 결성 • 신민회 설립 • 5적암살단 조직 (나철, 오기호) 1908 • 서울 진공 작전 1909 • 대종교 창시 • 기유각서 • 간도협약 • 이토 히로부미 처단 (안중근) 1910 • 한일 병합

02 흥선대원군의 대내 정책

왕권 강화	민생 안정
• 안동 김씨 축출, 인재의 고른 등용 • 비변사 축소(의정부, 삼군부 부활) • 법전의 정비(『대전회통』, 『육전조례』) • 군사력 강화(훈련도감, 수군 강화, 화포 기술 도입 노력) • 경복궁 중건(원납전 강제 징수, 당백전 남발, 양반의 묘지림 징발, 성문세 징수 등)	• 삼정의 문란 개혁 – 전정: 양전 사업(은결 색출, 토지 겸병 금지) – 군정: 호포제(양반에게도 군포 징수, 군역의 폐단 시정) – 환곡: 사창제 부활 • 서원 철폐

03 흥선대원군의 대외 정책(통상 수교 거부 정책과 양요)

병인박해 (1866)	제너럴셔먼호 사건 (1866)	병인양요 (1866)	오페르트 도굴사건 (1868)	신미양요 (1871)
프랑스 선교사 9명과 신도 8천여 명 처형	미국 상선 제너럴셔먼호의 통상 요구 ↔ 평양 군민의 저항	• 프랑스 함대 강화도 침공 • 한성근(문수산성), 양헌수(정족산성) • 프랑스군의 외규장각 도서 약탈(의궤)	독일 상인 오페르트의 통상 요구 거절 → 남연군 묘 도굴 시도	• 미국 함대의 강화도 침공 • 초지진, 덕진진, 광성보 점령 • 어재연(광성보) → 수(帥)자기 약탈 • 척화비 건립

참고 병인박해 → 제너럴셔먼호 사건 → 병인양요 → 오페르트 도굴 사건 → 신미양요 → 척화비 순으로 순서 문제가 자주 출제되니 순서를 반드시 숙지해야 한다.

04 임오군란과 갑신정변

구분	임오군란	갑신정변
배경	• 개화파와 수구파의 대립 • 일본 세력 침투에 대한 백성들의 반발 • 구식 군대에 대한 차별, 도시민의 유입, 빈민들의 증가 • 양반 지주들의 사치 심각, 매관매직 성행	• 임오군란 이후 친청 세력의 개화당 탄압 (온건 개화파 vs 급진 개화파) • 청프전쟁으로 청군 일부 철수 • 일본 공사의 지원 약속
전개	선혜청 당상관 민겸호 살해, 포도청과 의금부 습격 → 일본인 교관 살해, 일본 공사관 습격 → 흥선대원군 재집권 → 별기군 해산, 통리기무아문 폐지 → 청의 개입 → 청의 흥선대원군 납치, 민씨 재집권	우정국 축하연을 계기로 정변 시작 → 온건 개화파(민씨 세력) 다수 피습 → 고종 경우궁으로 이동 → 개화당 정부 수립 → 14개조 개혁 정강 발표 → 청군의 개입으로 실패(3일 천하) → 김옥균, 박영효, 서재필 등 일본으로 망명
결과	• 조약체결 – 조선 ↔ 일본: 제물포 조약(일본군 주둔, 배상금) – 조선 ↔ 청: 조청상민수륙무역장정(청 상인 내륙시장 진출) • 청의 내정 간섭: 청의 고문 파견(위안스카이, 마젠창, 묄렌도르프)	• 조약체결 – 조선 ↔ 일본: 한성 조약(배상금) – 청 ↔ 일본: 톈진 조약(조선에 유사시 양국의 동시 출병권 명시, 훗날 청일전쟁의 원인이 됨) • 청의 내정 간섭 강화

05 동학 농민 운동

고부 민란 (1894.1.)	• 직접적 원인 : 고부 군수(조병갑)의 횡포 • 전봉준이 고부 관아 습격 → 관리들을 징벌한 뒤 해산 • 정부는 조병갑을 탄핵하고 안핵사 이용태 파견
1차 봉기 (1894.3.)	• 안핵사가 봉기 관련자를 역적으로 몰아 탄압 → 전봉준, 김개남, 손화중 등 재봉기 • 정부의 요청에 따라 청군 파견(아산만 상륙) → 톈진 조약 위반을 명분으로 일본군 파견(인천 상륙) • 전주화약 체결 : 동학 농민군은 외국 군대 철수와 폐정 개혁을 조건으로 정부와 화친 → 집강소 설치
집강소 시기	• 전라도 각 고을에 설치한 동학 농민군의 자치 기구 • 폐정 개혁 12개조 실천 → 불량한 지주와 부호 처벌, 봉건적 신분제 폐지, 조세 제도 개혁, 관리 등용 개선, 반외세적
2차 봉기 (1894.9. ~ 12.)	• 일본이 경복궁을 점령하고 내정 간섭, 개혁 강요 → 일본군을 몰아내기 위해 다시 봉기 • 남·북접 연합 부대 형성(논산에 대본영 설치) • 전봉준이 이끄는 주력 부대가 공주 우금치에서 일본군과 정부군에게 패퇴(11월) → 전봉준 등 동학 지도자 체포(12월)

06 갑오·을미개혁

구분	제1차 갑오개혁	제2차 갑오개혁	을미개혁
정치	• 군국기무처 주도 • '개국' 연호 사용 • 왕실 사무와 국정 사무 분리 • 6조 → 8아문 • 과거제 폐지	• 김홍집-박영효 연립 내각 • 의정부 → 내각, 8아문 → 7부 • 8도 → 23부 • 지방관의 권한 축소 • 사법권을 행정권에서 분리 • 훈련대와 시위대 설치	• '건양' 연호 사용 • 친위대, 진위대 설치
경제	• 재정 일원화(탁지아문) • 은본위 화폐 제도 채택 • 조세의 금납화 • 도량형 통일	• 탁지아문 → 탁지부 • 궁내부 내 내장원 설치	
사회	• 신분제 폐지 • 조혼 금지 • 과부 재가 허용 • 고문 및 연좌제 폐지	• 교육 입국 조서 반포 • 한성 사범 학교 설립 • 소학교 관제, 외국어 학교 관제 반포	• 태양력 사용 • 소학교 설치 • 우편 제도 재개 • 단발령 실시 • 종두법 시행

참고 근대화 운동의 공통 주장을 묻는 문제도 자주 출제되니 잘 정리해야 한다.

근대화 운동	공통의 주장 내용
갑신정변·동학운동·갑오개혁	신분제 철폐, 조세제도 개혁, 문벌제도 타파, 관리등용 개선
갑신정변·갑오개혁	입헌군주제, 경찰제, 재정 일원화 [호조(갑신정변), 탁지아문(갑오개혁)]
동학운동·갑오개혁	봉건적 신분제 철폐, 과부의 개가 허용
동학운동	토지의 균등 분배

07 독립협회와 광무개혁

구분	독립협회	광무개혁
배경	아관파천으로 나라의 권위 실추	고종의 환궁 → 칭제 건원(국호를 '대한제국', 연호는 '광무')
내용	• 자주 국권 운동 : 근대적 민족주의 사상, 열강의 침투 반대(독립문 건립) • 자유 민권 운동 : 근대적 민주주의 사상, 국민 기본권 보장, 관민공동회(헌의 6조), 의회식 중추원 마련, 만민공동회 • 자강 개혁 운동 : 국력 배양의 근대화 사상	• 정치 : 대한국 국제 반포(1899) → 전제 황권 강화 표방 • 경제 : 광무 양전 사업 실시(양지아문, 지계 발급), 황실 중심의 상공업 진흥책(근대적 공장과 회사 설립, 실업 교육 기관 설립, 유학생 파견)
의의	민중을 바탕으로 한 국권 수호, 민권 신장에 기여한 근대화 운동	구본신참(복고주의, 점진적 개혁) → 근대적 시설 확충
한계	• 외세 배척 운동이 주로 러시아를 대상 • 의병과 농민군에 비판적	집권층의 보수적 성향과 일본의 간섭으로 큰 성과를 거두지 못함

08 개화 운동과 위정척사 운동

구분	개화 운동	위정척사 운동
사상	• 국내 : 실학(북학파) → 통상 개화론 → 개화 사상 • 국외 : 양무 운동(청), 메이지 유신(일본)	성리학(正學)을 수호, 사학(서양 문물)과 이단 배격
활동	• 수신사(일) : 2차 수신사 때 김홍집이 『조선책략』 유입 • 조사시찰단(일) : 암행어사로 위장해 일본에 파견, 근대시설 시찰 • 영선사(청) : 톈진 일대에서 무기 공장 시찰 및 견습, 1년 만에 조기 귀국 • 보빙사(미) : 민영익, 서광범, 홍영식 등 파견	• 1860년대 : 척화 주전론(이항로, 기정진) • 1870년대 : 개항 불가론 – 왜양 일체론(최익현) • 1880년대 : 개화 반대 운동 – 『조선책략』에 대한 비판 → 영남 만인소(이만손, 홍재학 등) • 1890년대 : 항일 의병 운동(을미의병)
의의	봉건 사회 철폐 → 근대적 민족 국가 수립 지향	반외세 자주 운동 전개 → 항일 의병 운동으로 계승
한계	민중과 유리	봉건 체제 유지 주장 → 근대화에 역기능

09 항일의병투쟁과 애국계몽운동

항일의병투쟁		애국계몽운동	
을미의병 (1895)	• 을미사변과 단발령이 계기 • 동학 잔여 세력 참여 • 고종의 해산 권고로 자진 해산	보안회 (1904)	• 황무지 개간권 요구 반대 운동 전개 • 농광회사 설립(이도재)
을사의병 (1905)	• 을사늑약 체결이 계기 • 최초의 평민 출신 의병장 등장(신돌석) • 최익현 쓰시마 섬으로 압송	헌정 연구회 (1905)	• 입헌 정체 수립을 목적으로 함 • 일진회 규탄 중 해산

정미의병 (1907)	• 고종의 강제 퇴위와 군대 해산 이후 의병 전쟁화 • 각국 공사관에 국제법상의 교전 단체로 인정해 줄 것을 요구 • 서울 진공 작전(1908) : 해산 군인 합류 이후 13도 창의군 결성, 동대문 밖 30리까지 진격 • 남한 대토벌 작전(1909) : 일본의 보복 작전, 삼남 지방 의병 탄압 → 다수의 의병들 만주, 연해주 일대로 이주(독립군으로 계승)	대한 자강회 (1906)	• 전국에 25개 지회를 두고 월보 간행 • 고종의 강제 퇴위를 반대하다가 강제 해산
		신민회 (1907)	• 비밀 결사 : 안창호, 양기탁 등 중심 • 정체 : 최초로 공화정체 지향 • 실력양성운동(태극 서관, 평양 자기 회사, 대성·오산 학교)과 군사력 양성(만주 삼원보, 신흥 무관 학교) 병행 • 국채보상운동에도 지원

10 일본 상인과 청 상인의 경제 침투

강화도조약 (1876)	• 거류지 무역(개항장 10리) • 약탈 무역(치외법권) • 중계 무역(영국산 면제품 수출, 곡식 수입) • 객주와 여각, 보부상들은 중개상인으로 성장
조청상민수륙 무역장정 (1882)	• 청 : 상인의 내륙시장 진출 • 일본 : 최혜국 대우 획득(1883), 내륙 진출 시도 • 객주와 여각, 보부상들의 활동 위축
청일전쟁 (1894)	• 청일전쟁 이후 경제 침탈 심화 • 일본의 대자본 진출
아관파천 (1896)	• 아관파천 이후 러시아의 이권 침탈 본격화 • 열강들의 이권 침탈(최혜국 대우) • 이권수호운동 전개(독립협회)
러일전쟁 (1904)	• 보안회 황무지 개간권 요구 저지(1904) • 화폐정리사업을 계기로 상업·산업·금융자본 장악(1905) • 대구에서 서상돈 등이 국채보상운동 전개(1907) • 철도 부설(경부선, 경의선)을 빌미로 토지 약탈

참고 강화도조약을 비롯한 일본과의 여러 부속 조약들도 정리해야 한다.

조일수호조규 부록(1876)	일본 외교관의 국내 여행 자유, 개항장에서 일본 거류민의 거주 지역 설정(10리)과 일본 화폐의 유통 허용
조일무역규칙 (조일통상정정, 1876)	양곡의 무제한 유출 허용, 일본 상선의 무항세, 일본 상품에 대한 무관세
조일수호조규 속약(1882)	일본인에 대한 거류지 제한이 50리로 확대하고 2년 후 100리로 할 것
조일통상장정(1883)	최혜국 대우, 방곡령, 관세 추가

11 근대 문물의 수용(근대 시설의 도입)

분야	내용
통신	• 전신 : 일본 ~ 부산(1884, 일본), 서울 ~ 인천과 서울 ~ 의주(1885, 청), 전보 총국(전신 업무 관리) → 청, 일본의 침략 목적과 연관 • 전화 : 경운궁(1898) → 서울 시내 민가에도 가설 • 우편 : 우정국 설치(1884) → 갑신정변 때 폐지 → 을미개혁 때 다시 운영 → 만국 우편 연합 가입(1900)
교통	• 전차 : 한성 전기 회사(발전소, 전등 가설)가 서대문~청량리(1899)에 가설 • 철도 : 경인선(1899, 부설권-미국 / 완공-일본), 경부선(1905, 부설권-일본 / 완공-일본), 경의선(1906, 부설권-프랑스 / 완공-일본) → 일본의 러일전쟁 수행 등 침략 목적과 연관
의료	광혜원(알렌의 건의, 1885), 세브란스 병원(1904), 대한 의원(1907) 설립
기타	• 기기창(1883, 무기 공장), 박문국(1883, 한성순보 발간) • 갑오개혁 이후 광업ㆍ철도ㆍ의학교 등 설립 • 건축 : 명동 성당(고딕 양식), 덕수궁 석조전(르네상스 양식), 손탁 호텔 • 예술 : 원각사(최초의 근대식 공연장)

12 근대 언론

한성순보(1883)	박문국에서 10일마다 발행한 순한문 신문
한성주보(1886)	최초의 국한문 혼용 신문, 최초로 상업광고 게재
독립신문(1896)	• 최초의 민간 신문(서재필 발행), 최초의 근대적 일간지 • 순한글과 영문판 간행, 최초로 띄어쓰기 실시
황성신문(1898)	• 장지연의 '시일야방성대곡' 게재 • 보안회, 국채보상운동 지원
제국신문(1898)	• 하층민과 부녀자들 대상으로 한 순한글 신문 • 여성단체인 찬양회의 홍보지 역할
대한매일신보(1904)	• 영국인 베델과 양기탁이 발행한 신민회의 기관지 • 국채보상운동 지원
만세보(1906)	• 천도교의 기관지로 일진회 비판 • 최초의 신소설인 '혈의 누' 연재

13 일제의 국권 피탈 과정

강요된 조약	주요 내용	결과
한일의정서 (1904)	일본 정부의 정치적 요구를 받아들여야 하며, 일본군이 군사적으로 필요한 지역을 마음대로 사용(공수 동맹)	일제의 정치적 간섭, 일제의 토지 강탈
제1차 한일협약 (1904)	외교와 재정 분야에 일본이 추천하는 고문을 두고 중요한 안건 협의(고문 정치)	외교·재정 분야 외의 다른 부서에도 일제의 고문 파견, 전반적 내정 간섭
가쓰라 태프트 밀약(미국) 2차 영일 동맹(영국) 포츠머스 강화 조약(러시아)	열강이 일본의 한국 지배를 묵인(1905)	을사늑약 체결, 일제의 식민지화 추진
을사늑약 (1905)	외교권 박탈, 통감부 설치(초대 통감 이토 히로부미)	외교권 피탈 → 이른바 보호국 체제, 통감이 외교권 장악
한일신협약 (1907)	고등 관리의 임용은 통감의 동의를 얻어야 하며 고문 대신 일본인 차관 임명(차관 정치)	일본이 대한제국의 내정을 완전히 장악 → 뒤이어 군대 해산, 사법권과 경찰권도 통감에게 위임
한일병합조약 (1910)	두 나라의 행복과 동양 평화를 위한다는 명분으로 일본이 대한제국을 병합	국권 상실, 헌병 경찰제 실시

참고 러일전쟁 전후로 한 사건들의 순서 문제들이 자주 출제되므로 사건의 순서들을 잘 알고 있어야 한다. 특히 가쓰라·테프트 밀약부터 을사늑약의 사건 순서를 잘 파악해야 한다.

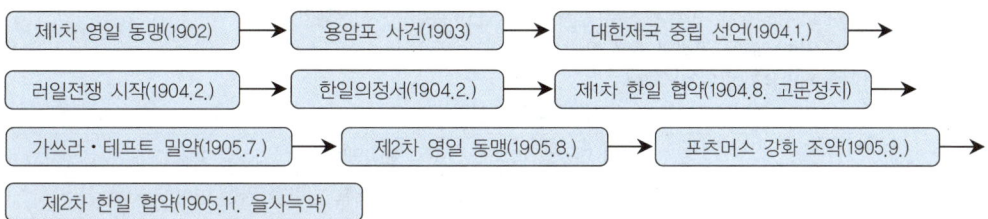

제8장 일제 강점기

01 일제 통치 정책의 변화

시기 구분	통치 내용	경제 침탈
1910년대 무단 통치	• 조선총독부 설치: 총독이 행정, 입법, 사법, 군 통수권 등 장악 • 헌병 경찰제, 태형·즉결 심판권 • 언론 집회의 자유 박탈, 관리·교사들도 제복을 입고 착검 • 중추원 설치: 총독부 자문 기구 • 우민화 교육(제1차 조선 교육령, 보통 학교 4년, 일본어를 국어로 교육, 수신(修身), 기술 교육 강화)	• 토지조사사업 　- 명목: 공정한 지세 부과 및 근대적 토지 소유권 확립 　- 실제: 재정 확보 및 토지 약탈 　- 내용: 기한부 신고제 　- 결과: 미신고 토지 조선총독부 소유, 동양척식주식회사에 불하, 지주의 소유권만 인정, 농민의 관습적 경작권 불인정(기한부 소작농 전락) • 회사령(허가제): 민족 기업 성장 억제 • 산업 각 부분에 대한 침탈 체제 구축
3·1운동(1919)		
1920년대 기만적 문화 통치	• 문관 총독 파견 약속 → 파견 온 적 없음 • 가혹한 식민 통치 은폐(기만성) → 친일파 양성을 통한 민족 분열책 • 보통 경찰제, 민족계 신문 발행 허용(조선·동아일보), 교육 기회의 확대 표방 • 치안유지법(1925) 제정 • 대학 설립 요구 증가 → 경성제국대학 설립	• 산미증식계획(증산량보다 많은 수탈): 농민층 몰락, 빈곤층 크게 증가, 식량 사정 악화 • 회사령 폐지(신고제) → 일본 자본 진출, 관세 철폐 • 신은행령 발표
경제 대공황(1929), 만주 사변(1931)		
1930~40년대 민족 말살 통치	• 황국신민화 강요, 황국 신민의 서사 암송 • 중일전쟁(1937) → 국가 총동원법(1938) • 신사 참배, 궁성 요배 강요, 일본식 성명 강요 • 사상 통제(조선 사상범 예방 구금령) • 우리말 사용 금지, 학술·언론 단체 해산	• 대륙 침략을 위한 병참 기지화 　- 남면 북양 정책, 조선 공업화 정책(북쪽 중화학 공업 육성) 　- 중일전쟁 이후 인적·물적 자원 수탈 강화 • 농촌진흥운동 • 지원병제, 징병제, 징용제, 정신대(일본군 위안부) • 전쟁물자와 식량 공출 → 식량 배급제

02 항일독립운동

시기 구분	국내	국외
1910년대 무단 통치	• 독립의군부(1912~1914) : 복벽주의, 고종의 밀조로 조직 • 대한광복회(1915~1918) : 공화주의, 만주에 독립군 기지 건설	• 서간도 : 경학사 → 부민단 → 한족회 • 북간도 : 대한국민회, 중광단, 서전서숙 • 연해주 : 13도의군, 대한광복군정부, 권업회, 성명회, 대한국민의회 • 중국 : 동제사, 신한혁명당, 신한청년당 • 일본 : 조선청년독립단
3·1 운동(1919)		
1920년대 기만적 문화 통치	• 무장단체 : 보합단, 천마산대, 구월산대 • 사회운동 : 형평운동(1923), 6·10 만세운동(1926) → 신간회·근우회(1927~1931) → 광주학생항일운동(1929) • 경제운동 : 물산장려운동(1922), 암태도 소작쟁의(1923), 원산 노동자 총파업(1929)	• 북간도 : 봉오동 전투 → 청산리 전투 → 간도 참변 → 대한독립군단 조직(밀산부) → 자유시 참변 → 미쓰야 협정 → 신민부 • 서간도 : 서로군정서군, 대한독립단 → 정의부, 참의부 • 상해 : 대한민국 임시정부
경제 대공황(1929), 만주 사변(1931)		
1930~40년대 민족 말살 통치	• 문자보급운동(조선일보, 1929~1934) • 브나로드운동(1931~1934)	• 조선혁명군(양세봉) : 영릉가 전투·흥경성 전투 • 한국독립군(지청천) : 쌍성보 전투·대전자령 전투 • 만주지역 항일 유격대 활동 : 동북 항일 연군(보천보 전투, 1937), 조국 광복회 결성 • 중국 관내 : 조선 민족 혁명당(1935, 난징), 조선 의용대 → 한국광복군 합류 • 한국광복군 창설(충칭, 1940) → 대일 선전 포고(1941) → 인도, 미얀마 전선 파견 → 국내 진공 작전 계획 • 조선독립동맹(김두봉)과 조선 의용군 : 중국 공산당과 화북 지방을 중심으로 활동

참고 우리나라의 독립운동을 살펴보면 1910년대는 국외 독립운동 기지 건설이다. 특히 북간도와 서간도, 연해주의 독립운동 단체를 잘 구별해야 한다. 1920년대에는 봉오동전투부터 시작하는 전쟁사 문제가 자주 출제되므로 그 순서를 잘 파악해야 한다. 1930년대는 한중연합작전에서 한국독립군(지청천) + 호로군(중), 조선혁명군(양세봉) + 의용군(중)의 전투를 구별하여야 하고, 1940년대에는 나중에 한국광복군에 합류하는 조선의용대(김원봉)를 반드시 숙지해야 한다.

03 일제 강점기 사회 각계각층의 민족 운동

주제	주요 개념	주요 내용
사회적 민족 운동	사회주의의 수용	• 3·1 운동 이후 수용 → 청년학생 운동, 노동 운동, 농민 운동의 활성화에 기여 • 무산 계급의 해방을 주장하여 민족주의 운동과 갈등 초래
	민족 유일당 운동(신간회)	• 비타협적 민족주의계 + 사회주의계 → 1927년 신간회 창립(자치론 등 기회주의 배격) • 전국에 지회 설치, 대중적 정치 운동 전개 → 일제의 탄압, 사회주의계 이탈로 해산
농민·노동 운동	소작쟁의	농민의 생존권 투쟁 → 항일 민족 운동으로 변화 → 암태도 소작쟁의, 재령의 동양 척식 주식회사 농장 소작쟁의
	노동쟁의	• 노동자들의 생존권 투쟁(합법투쟁) • 반제국주의 항일민족운동(지하 조직화), 원산 노동자 총파업(1929)
학생	6·10 만세운동	순종 인산일에 전개(1926), 민족주의와 사회주의의 연대 계기, 동맹 휴학 활성화
	광주학생항일운동	학생과 시민이 참여하여 전국적으로 전개, 3·1 운동 이후 최대의 민족 운동
기타	여성	근우회(1927) : 신간회 자매 단체, 여성의 단결과 지위 향상, 노동 여성의 조직화와 여성계몽에 노력
	소년	천도교 소년회 : 방정환 중심, 어린이날 제정, 잡지 『어린이』 간행, 소년 운동 확산
	백정	조선 형평사(1923) : 진주에서 이학찬이 중심이 되어 조직, 백정에 대한 사회적 차별 철폐 주장

참고 신간회는 그 결성 배경(민족주의 + 사회주의 등), 활동, 해소에 관련한 전반적인 문제가 출제되는 때문에 반드시 숙지해야 한다. 더불어 신간회 자매단체인 근우회도 사료를 같이 학습하여야 한다.

[신간회 강령]
1. 우리는 정치·경제적 각성을 촉진함 / 2. 우리는 단결을 공고히 함 / 3. 우리는 기회주의를 일체 부인함

[근우회 행동 강령]
1. 여성에 대한 사회적·법률적인 일체의 차별 철폐
2. 일체의 봉건적인 인습과 미신 타파
3. 조혼 방지와 결혼의 자유
4. 부인 노동에 대한 임금 차별 철폐 및 산전 산후 임금 지불
5. 부인과 소년공에 대한 위험한 노동 및 야업 폐지

또한, 6·10 만세운동(1926) → 정우회 선언(1926) → 신간회(1927) → 광주학생항일운동(1929)의 흐름도 파악하는 것이 중요하다. 각 민족운동의 발전 과정에 대하여 순서, 내용 등을 혼합하여 출제되는 경우가 많다.

04 한국사 연구

구분	내용
민족주의 사학	• 박은식 　- 민족정신을 '조선 혼(魂)'으로 강조 　- 『한국통사』, 『한국독립운동지혈사』, 『연개소문전』, 『안중근전』, 『유교구신론』, 『왕양명일기』 등 저술 　- 대동교를 창시하여 유교 개혁 노력 　- 임시정부 2대 대통령 취임 • 신채호 　- 민족정신으로 『조선사연구초』에서 화랑도의 '낭' 사상 강조 　- 『독사신론』, 『조선상고사』, 『조선사연구초』 등 고대사 연구 집중 　- 묘청의 난을 '조선역사상 1천 년래 제1대 사건'으로 높이 평가 　- 비타협적, 폭력적 혁명을 강조하며 역사를 '아(我)와 비아(非我)의 투쟁'으로 봄, 후에 무정부주의자가 됨 　- 의열단의 선언서인 '조선혁명선언' 저술 • 정인보 　- 민족정신으로 '얼' 강조 　- 『5천년간 조선의 얼』, 『조선사연구』, 『양명학연론』 등 저술 • 문일평 　- 민족정신으로 '조선심'과 '한글' 강조 　- 『호암집』, 『한미관계 50년사』 저술
신민족주의 사학	• 안재홍 　- 민족정신으로 '민족정기' 강조 　- 『조선상고사감』 저술 　- 해방 이후 통일정부 수립을 위해 좌우 단결을 강조하는 신민족주의 제기 • 손진태: 『조선민족사개론』, 『국사대요』 등 저술 • 조선학 운동 　- 정약용 　　서거 99주기를 맞이하여 1930년대 민족주의 사학자들이 실학에서 자주적 근대 사상과 우리 학문의 주체성을 통해 우리 학문의 보편성과 특수성을 강조 　- 백남운, 정인보, 문일평, 안재홍이 주도 　- 『여유당전서』 간행, '실학'이라는 단어가 역사적 용어로 처음 사용됨
사회경제 사학	• 특징 　- 마르크스의 유물사관을 토대로 정신을 강조하는 민족주의 사관 비판 　- 한국사가 세계사적인 보편 법칙에 따라 발전했음을 강조하면서 정체성론 비판 • 백남운: 『조선사회경제사』, 『조선봉건사회경제사』 저술
실증사학	• 진단학회: 문헌 고증의 방법을 통해 한국사를 실증적으로 연구, 청구학회에 대항 • 손진태, 이병도 등

참고 사회경제사학은 한국사의 특수성이 아닌 (세계사적)보편성에 따라 발전한 것을 강조하여 식민사관(정체성론)을 극복한 것을 주의해야 한다.

제 9 장 현대

01 현대 정치의 흐름

구분	내용
미군정기 (1945~1948)	• 카이로 회담(1943.11.) : 미, 영, 중, '적당한 시기에 한국을 독립시킨다(in due course)' • 얄타 회담(1945.2.) : 미, 영, 소, 미국과 소련군이 한반도에 주둔할 것을 제안 • 포츠담 회담(1945.7.) : 미, 영, 중, 소, 한국의 독립 재확인 • 모스크바 3국 외상회의(1945.12.) : 미, 영, 소, 한반도에 임시정부 수립과 미소공동위원회의 개최, 신탁 통치 문제 합의 • 제1차 미소공동위원회(1946.3.) : 미국(모든 세력 참여) vs. 소련(신탁 통치지지 세력만 참여) → 결렬 • 이승만의 정읍 발언(1946.6.) : 남한만의 단독정부 수립 최초 발언 • 좌우합작운동(1946~1947) : 좌우합작 7원칙 제시 • 제2차 미소공동위원회(1947.5.) : 트루먼 독트린 발표로 냉전체제 강화 → 결렬 • UN 총회(1947.11.) : 인구 비례에 의한 남북한 전 지역 총선거 실시 결정 → 유엔 한국 임시위원단 입북 거부(소련) • UN 소총회(1948.2.26.) : 임시 위원단의 입국 가능 지역(38°선 이남)에서의 총선거 실시를 결정 • 5·10 총선거 실시(1948), 제헌헌법 제정(1948.7.17.)
이승만 정부 (1948~1960)	• 반민족행위 처벌법, 친일파 청산 좌절, 농지 개혁 • 6·25 전쟁 • 1차 개헌(1952.7. : 발췌 개헌, 직선제) • 2차 개헌(1954.11. : 사사오입 개헌, 초대 대통령에 한해 중임 제한 철폐) • 독재체제 강화 : 국가보안법, 진보당 사건 • 4·19 혁명(1960) : 3·15 부정 선거 → 김주열 사망 → 이승만 하야
장면 내각 (1960~1961)	• 3차 개헌 : 내각 책임제, 양원제 국회 운영 • 4차 개헌 : 부정비리, 축재자 처벌
5·16 군사정권 (1961~1962)	• 5·16 군사 정변(1961.5.16.) • 군정 실시(반공) : 국가재건최고회의 • 중앙정보부 설치 • 5차 개헌(1962.12. 대통령 중심, 단원제, 부통령제 폐지)
박정희 정부 (1963~1972)	• 경제 개발과 반공 제일주의 • 한일 국교 정상화 : 한일 회담 추진 → 6·3 항쟁(1964.6.) → 한일협정(1965) • 베트남전 참전 : 미국의 경제 원조 및 기술 제공 → 베트남 특수 • 6차 개헌(1969.10. 3선 개헌)
유신 정부 (1972~1979)	• 배경 : 냉전체제의 완화(7·4 남북 공동 성명 이용) • 성립 : 10월 유신 선포 → 비상계엄 선포, 국회 해산, 정치 활동 금지 → 유신 헌법으로 개헌 (1972.12. 7차 개헌) • 성격 : 통일주체국민회의의 간선(6년 임기), 국회·사법부 통제, 긴급 조치권(반대 세력 탄압) • 붕괴 : 부마 민주화 운동(1979.10.), 10·26 사태(박정희 암살)

전두환 정부 (1981~1988)	• 12·12사태(1979) : 신군부가 병력을 동원하여 군사권 장악 • 서울의 봄 : 민주화를 요구하는 시민과 대학생들의 시위가 일어나자 5월 17일 비상계엄을 선포하고 모든 정치활동을 금지시킴 • 5·18 광주민주화운동(1980) : 신군부 세력의 퇴진, 김대중 석방, 민주주의 실현 등을 요구하는 대규모 학생 시위 발생 • 8차 개헌(1980.8.) : 대통령 간선제, 7년 단임제 개헌 • 3저 호황 : 저금리·저유가·저달러의 3저 호황을 통해 고도성장 • 유화 정책 : 정치에 무관심하게 하려는 정책(컬러 TV 방영, 프로야구, 씨름, 야간통금 해지, 중·고등학생의 두발·복장 자유, 해외여행 자유, 장발 단속 완화) • 6월 민주 항쟁(1987) : 박종철 고문치사 사건→4·13 호헌 조치→이한열 사망→범국민적인 반독재 민주화 운동 전개→6·29 선언(9차 개헌, 대통령 5년 단임제, 직선제)
노태우 정부 (1988~1993)	• 여소 야대→3당 합당 • 북방 정책 : 소련, 중국과 수교
김영삼 정부 (1993~1998)	• 지방자치제 전면 실시, 역사 바로 세우기 • 금융실명제, OECD 가입 • IMF 금융 위기
김대중 정부 (1998~ 2003)	• 평화적인 여야 정권 교체 • 외환위기 극복 • 제1차 남북정상회담 • 6·15 남북공동선언(2000)

02 통일 정책의 변화

1950~60년대	7·4 남북 공동 성명(1972)	1980년대
• 이승만 정부 : 북진 통일론 주장, 평화 통일론 탄압 • 장면 내각 : 유엔 감시하의 남북한 총선거 실시 주장→소극적 태도 • 박정희 정부 : 반공을 국시로 정함, 강력한 반공 체제, 승공통일 주장	• 배경 : 냉전체제 완화(닉슨 독트린) • 최초의 비공식적 남북통일 합의 • 통일 3대 원칙 합의(자주, 평화, 민족적 대단결) • 남북조절위원회 설치 • 남북한 독재체제 강화에 이용	전두환 정부 : 민족 화합 민주 통일 방안(1982), 이산가족 고향 방문 및 예술 공연단 교환 방문(1985)

남북기본합의서(1991)	6·15 남북공동선언(2000)	10·4 선언(2007)
• 노태우 정부 - 북방 외교 적극 추진, 한민족 공동체 통일방안(자주, 평화, 민주의 원칙) - 과정 : 남북한총리회담(1990)→남북고위급회담→남북 유엔 동시 가입(1991.9.)→남북기본합의서 채택(상호 불가침, 남북한 교류 및 협력 확대) - 남북한 비핵화 공동 선언 발표	• 김대중 정부 - 대북 화해 협력 정책(햇볕 정책) - 소떼 방북(1998) - 금강산 관광 사업(1998) - 제1차 남북정상회담(2000)→6·15 남북공동선언 • 6·15 남북 공동 선언(2000) - 대화와 협력 강조 - 남북교류 협력 강화→경의선 복구, 개성 공단 설치, 남북 이산가족 상봉	노무현 정부 - 제2차 남북정상회담 - 6·15 계승 - 남북경제협력 강조 - 금강산 육로 관광 정식 시작

03 현대 경제 성장과 자본주의의 발달

이승만 정부(1950년대)
- 원조경제
  - 미국으로부터 설탕, 밀가루, 의복 등 소비재 중심의 원조
  - 제분·제당·면방직 공업 발달
  - 값싼 농산물 유입으로 농산물 가격 폭락 → 농가 소득 감소
  - 1957년 이후 유상 차관 형태로 변경 → 경제 불안 심화

박정희 정부

1960년대(경공업 중심)
- 제1·2차 경제 개발 5개년 계획 실시
- 경공업 육성, 국가 주도 수출 주도형 정책
- 해외 자본 유치, 기간 산업 및 사회 간접자본 확충

1970년대(중화학 공업 중심)
- 제3·4차 경제 개발 5개년 계획 실시
- 중화학 공업 육성
- 수출 100억 달러 달성(1977)
- 포항·광양 제철소, 울산·거제 조선소 건설
- 제1차 석유 파동(중동 건설 사업으로 극복)
- 제2차 석유 파동(경제 상황 악화)

전두환 정부(1980년대)
- 지나친 중화학 공업 투자, 석유 파동 → 경제 위기, 중화학 공업 투자 조정, 부실기업 정리
- 3저 호황(저유가, 저달러, 저금리)
- 중화학 공업 및 반도체 자동차 기술 집약 산업 성장
- 우루과이 라운드 협상 시작(1986)
- 금융 실명제(1993)
- 우루과이 라운드 협상 타결(1993)

김영삼 정부(1993~1998)
- 세계무역기구 출범(1995)
- 경제협력개발기구(OECD) 가입(1996)
- 국제통화기금의 긴급 구제 금융 지원(IMF 금융 위기)(1997)

김대중 정부(1998~2003)
- 노사정위원회 구성, 신자유주의 경제 정책 추진
- 금 모으기 운동

노무현 정부(2003~2008)
- KTX 개통(2004)
- 자유무역협정(FTA) 체결(2004, 한-칠레 FTA 최초)
- 한미 자유무역협정 체결(2007)

이명박 정부(2008~2013)
한-EU 자유 무역 협정 체결(2011)

박근혜 정부(2013~2017)

문재인 정부(2017~2022)

제10장 시대 통합

01 중앙 관제

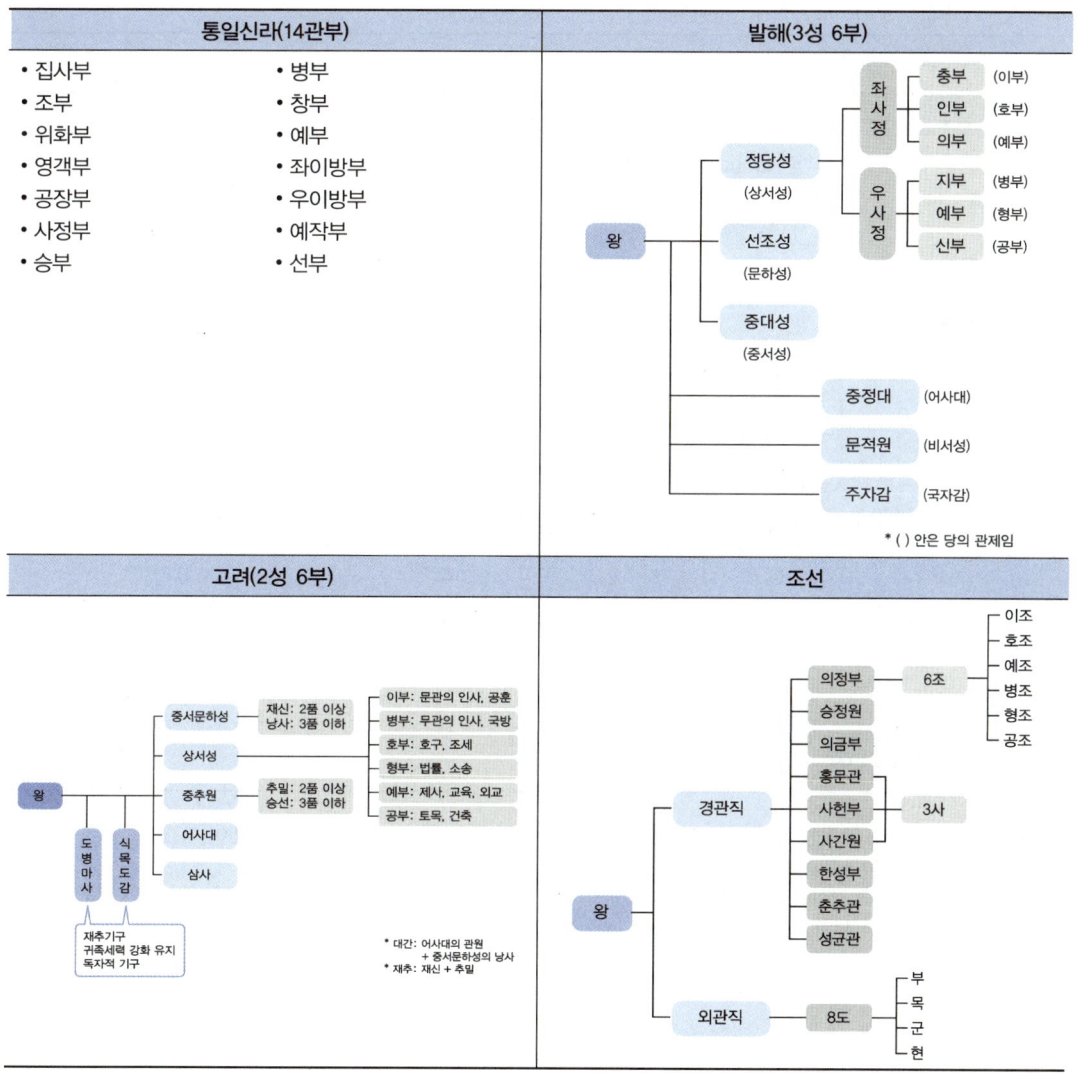

> **참고** 각 시대의 기구들을 비교하는 문제가 많이 출제된다. **신라의 사정부·외사정, 발해의 중정대와 고려의 어사대, 조선의 사헌부 등의 사법 기관**을 비교하는 문제가 자주 출제된다. 이외에도 **조선의 삼사와 고려의 삼사**가 명칭은 같으나 기능이 다르므로 이를 구별하는 것도 중요하다.

02 지방 제도

구분	고구려	백제	신라	통일신라	발해
수도	5부	5부	6부		
지방	5부(욕살) – 성(처려근지)	5방(방령)	5주(군주)	9주(총관 → 도독)	15부(도독) 62주(자사)
특수	3경 (국내성, 한성, 평양성)	22담로 (왕족 파견)	2소경 (사신 파견)	5소경 (사신 파견)	5경

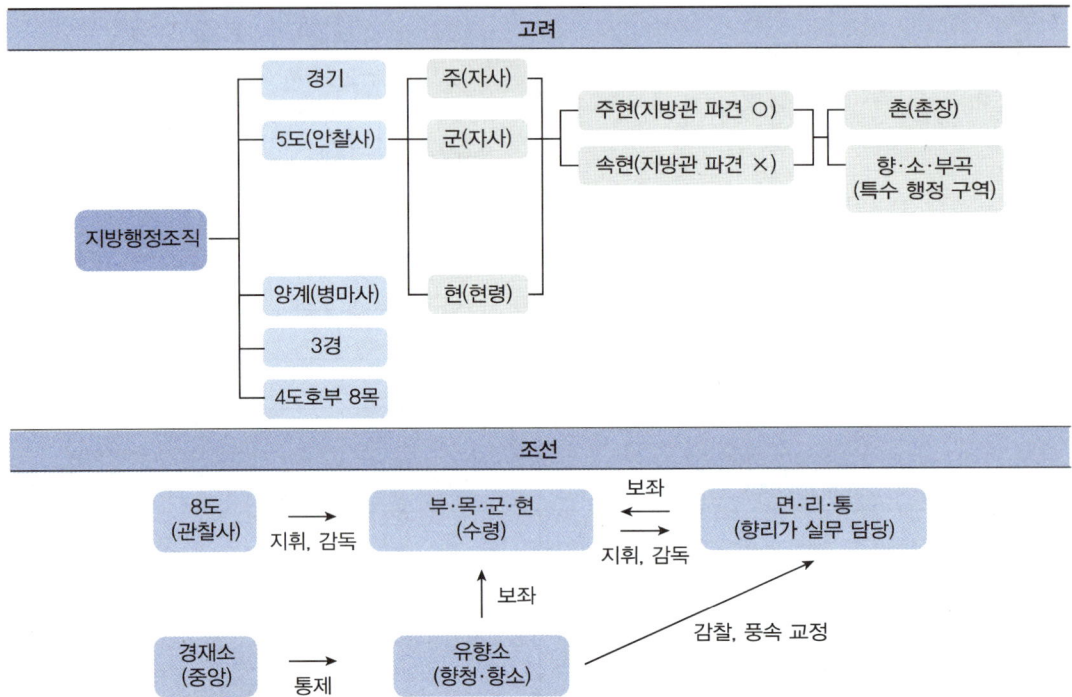

참고 특히 고려와 조선의 지방제도를 아는 것이 중요하다. 고려시대는 5도 양계의 내용과 지방관이 파견되지 않은 속현이 더 많았음을 주의하여야 한다.
조선시대는 수령을 보좌하고 향리를 감찰하는 향촌자치기구인 유향소와 중앙정부에서 유향소를 통제하는 기구인 경재소를 잘 파악해야 한다.

03 군사 제도

구분	중앙	지방	특수	방어체제
통일신라	9서당 (민족 융합적 성격)	10정 (한주에 2정 설치)		
발해	10위			
고려	• 2군(응양군·용호군) • 6위(좌우위·신호위·흥위위·금오위·천우위·감문위)	• 주현군(5도) • 주진군(양계)	• 광군(거란) • 별무반(여진) • 삼별초(몽골)	
조선 전기	5위 (품계 + 녹봉 지급)	영진군 (품계만 지급)	잡색군 (예비군 특성)	진관 체제(세조) → 제승방략체제(명종)
조선 후기	5군영(훈련도감·어영청·총융청·수어청·금위영)	속오군		• 속오군 체제(선조) • 제승방략 체제 → 진관 체제(선조)

참고 훈련도감은 선조, 어영청·총융청·수어청은 인조, 금위영은 숙종 때 각각 창설되었다.

04 교육·관리 임용 제도

구분	교육 제도	관리 임용 제도
삼국시대	• 고구려: 태학(소수림왕), 경당(장수왕) • 백제: 박사 제도 • 신라: 화랑도(진흥왕)	
통일신라	국학(신문왕) → 태학감(경덕왕) → 국학(혜공왕)	• 골품제에 따른 등용 • 독서삼품과(원성왕): 최초의 관리 임용 제도, 학문 보급에 기여
발해	주자감	

고려	• 성종: 국자감 정비
	• 문종: 관학 침체, 9재 학당
	• 숙종: 서적포
	• 예종: 7재(강예재), 양현고, 국자감 재정비
	• 인종: 경사 6학
	• 충렬왕: 국자감을 성균관으로 개칭, 섬학전, 경사교수도감
	• 공민왕: 성균관을 유학 전문 순수교육기관으로 개편
		• 과거제(광종, 쌍기의 건의)
		  – 문과: 제술과(한문학), 명경과(유교 경전)
		  – 무과: 거의 시행 ×(예종 때 1회) → 공양왕 때 제도화됨
		  – 승과: 교종선, 선종선
		  – 잡과
		• 음서제
		  – 공신, 종친, 5품 이상 고위 관료의 자손, 탁음자 품계에 따라 수음자 범위 달라짐
		• 과거제보다 음서제의 영향이 더 컸음

조선	• 중앙: 성균관, 4부 학당
	• 지방: 향교, 서당, 서원
		• 과거제
		  – 문과(예조): 소과(생진과, 초시·복시) → 대과(초시·복시·전시)
		  – 무과(병조): 초시·복시·전시
		  – 승과: 조선 초기 시행 → 폐지(중종) → 일시적 부활(명종) → 완전 폐지
		  – 잡과(해당 관청): 초시·복시
		• 음서제: 2품 이상
		• 천거, 취재

05 토지 제도

구분	토지제도	시기	지급대상	특징
통일 신라	관료전 지급, 녹읍 폐지	신문왕	관료 귀족	국가의 토지 지배력 강화, 귀족의 경제적 기반 약화
	정전 지급	성덕왕	정남	국가의 농민 지배력 강화, 왕토사상
	녹읍 부활	경덕왕		국가의 토지 지배력 약화
고려	역분전	태조	개국 공신	충성도와 인품, 논공행상적 성격
	시정 전시과	경종	문·무 전·현직 관리	관품 + 인품, 전지·시지 수조권 지급
	개정 전시과	목종	문·무 전·현직 관리	관품, 18품 전시과, 군인전·한외과 명시
	경정 전시과	문종	문·무 현직 관리	관품, 공음전·한인전·구분전 지급, 무관 차별 개선, 한외과 소멸
조선	과전법	고려 공양왕	문·무 전·현직 관리	신진사대부의 경제적 기반, 경기도 토지 한정, 수신전·휼양전 지급
	직전법	세조	문·무 현직 관리	수신전·휼양전 폐지, 현직 관리의 위기의식을 초래하여 농장이 확대되는 계기가 됨
	관수 관급제	성종		국가가 수조권 대행, 국가의 토지 지배권 강화
	직전법 폐지	명종		수조권 지급 제도 소멸, 지주 전호제 강화

참고 고려시대 전시과 제도부터 조선시대까지의 토지제도 변천과정을 잘 숙지해야 한다.

06 조세 제도

구분	조세	공납	역

통일
신라
	• 생산량의 1/10 부과
	• 민정문서
	  - 조세·공물 수취를 위한 기초 자료로 촌주가 매년 조사하여 3년마다 작성
	  - 경덕왕 때 작성된 것으로 추정
	  - 사람의 다소(多少)에 따라 9등급, 연령과 성별에 따라 6등급으로 구분
		촌락 단위로 특산물 징수	16~60세의 양인 남성에게 부과(군역 + 요역)

고려	• 비옥도에 따라 3등급으로 구분 • 민전은 생산량의 1/10, 공전은 1/4, 사전은 1/2 수취	인정의 다과(多寡)를 기준으로 호를 9등급으로 나누어 부과	
조선 전기	• 과전법하에 1/10세 수취 → 공법 실시 • 전분 6등법: 토지의 비옥도에 따라 6등급으로 나누어 과세 • 연분 9등법: 풍흉에 따라 9등급으로 나누어 과세(최고 20두~최저 4두)	• 가호별로 특산품 부과 • 상공, 별공, 진상 • 방납의 폐단으로 인해 백성들의 고충이 심화	• 16~60세 양인 남성에게 부과(군역 + 요역) • 군역: 양인 개병제(정군 + 보인) → 대립과 방군 수포제로 인한 폐단 → 군적 수포제 • 요역: 토지 8결당 1인, 1년에 6일 이내로 제한

조선
후기
	영정법(인조): 풍흉에 관계없이 토지 1결당 쌀 4두 징수, 각종 부가세 징수	• 대동법(광해군)
		  - 선혜법이라는 이름으로 경기도에서 처음 시행
		  - 방납의 폐단 해결 목적, 가호에 부과되던 현물을 토지 결수에 따라 쌀, 포목, 동전으로 징수(토지 1결당 12두)
		  - 상업, 수공업 발달 → 공인 등장의 배경이 됨, 상품 화폐 경제의 발달
		  - 공납의 전세화, 조세의 금납화
			• 균역법(영조)
			  - 군포 징수의 폐단 해결 목적
			  - 기존 1년에 군포 2필 → 1필로 감면
			  - 부족분을 결작, 선무군관포, 잡세 등으로 보완

참고 영정법과 대동법, 균역법 등의 시행 배경, 내용, 결과 및 영향까지 잘 파악해야 한다.

07 농업·상업·수공업

구분	농업	상업	수공업
선사시대	• 신석기: 농경 시작(잡곡류) • 청동기: 벼농사 시작 • 철기: 철제 농기구 사용, 저수지 축조		신석기: 원시 수공업 시작 (가락바퀴, 뼈바늘)
삼국시대	• 철제 농기구 보급 • 우경 보급(신라 지증왕) • 휴한농법(시비법 미발달) • 저수지 축조(법흥왕, 영천청제비)	• 경주에 시장 형성(신라 소지 마립간) • 동시전 설치(신라 지증왕)	관청 수공업, 가내 수공업
통일신라	• 밭농사 중심 • 휴한농법(시비법 미발달) • 차 재배(흥덕왕)	서시, 남시 증설(효소왕)	나전칠기 기술 발달 (통일신라 때는 나전칠기를 당에서 수입, 고려 때는 수출)
발해	• 밭농사 중심 • 목축 발달(솔빈부의 말)	현물화폐 주로 사용	금속 가공업, 직물, 도자기 등 발달
고려 전기	• 휴한농법(불역전, 일역전, 재역전) • 2년 3작 윤작법 등장 • 심경법	• 시전(개경), 향시(지방) 개설 • 관영 상점 설치(개경, 서경, 동경) • 경시서 설치(시전상인 감독) • 상평창 설치(개경, 서경, 12목)	• 관청 수공업(공장안 등록) • 소 수공업(특수 행정 구역)
고려 후기	• 휴한농법 극복(심경법의 일반화, 시비법의 발달) • 2년 3작 윤작법 확대 • 이앙법 보급(남부 일부 지방) • 목화 전래(문익점) • 『농상집요』 전래(이암)	• 시전 규모 확대 • 벽란도가 국제항구로 발전(예성강 하구) • 소금·철의 전매제 시행(충선왕)	• 민간 수공업 발달 • 사원 수공업(면역의 혜택으로 발달)
조선 전기	• 시비법의 발달로 휴경지 소멸 • 2년 3작 윤작법 일반화 • 농종법 보편화(밭이랑 재배) • 직파법 일반화, 남부 지방 이앙법 시행 • 『농사직설』(세종), 『금양잡록』(성종) 발간	• 독점상인인 시전상인 활동 • 시전 감시 기구로 경시서 설치 • 중농억상정책으로 상업 부진 • 15C 후반 장시 등장→16C 중엽 전국적 확대, 보부상 활동	• 15C 관청 수공업 중심(공장안 제도, 부역제) → 16C 부역제의 해이로 관청 수공업의 유지가 곤란해짐 • 납포장의 증가→관청 수공업 쇠퇴
조선 후기	• 농업 기술의 발달: 모내기법(이앙법) 확대→노동력 감소, 광작 유행, 부농 등장 • 견종법 보급 • 상품작물 재배: 쌀의 상품화, 인삼, 면화, 담배, 채소 등 재배 • 쌀의 상품화→밭을 논으로 바꾸는 현상 증가 • 수리시설 개선 및 개간, 간척 사업 활발 • 일부 지방에서 타조법(정율 지대) 대신 도조법(정액 지대) 등장	• 공인: 대동법의 실시로 등장, 관아에서 미리 공가를 받아 물품을 납품하는 어용 상인 • 사상(私商): 경강상인(서울, 경기), 송상(개성), 만상(의주), 내상(동래), 유상(평양) 등 일부는 도고로 성장 • 장시의 발달: 보부상, 객주, 여각 등 활동 • 대외 무역: 17세기 중엽 이후 개시 무역(공무역)과 후시 무역(사무역) 발달 • 화폐 유통: 상업의 발달로 상평통보가 전국적으로 유통(숙종)	• 공장안 폐지(정조) • 민영 수공업 발달: 도시 인구 증가와 대동법 시행에 따른 제품 수요가 증대→선대제 수공업 성행, 18세기 후반 이후 독자적인 물품 생산과 판매 추진

참고 고려 후기의 『농상집요』, 세종 때의 『농사직설』, 효종 때의 『농가집성』을 구별해야 한다.

08 건축과 탑·불상 등 예술품

구분	건축	탑	불상
고구려	안학궁(장수왕 때 평양 천도 후 건립), 오녀산성	주로 목탑 건립, 현존 ×	연가 7년명 금동여래입상 (중국 북조 양식)
백제	미륵사(무왕), 왕흥사(무왕), 풍납토성, 몽촌토성	익산 미륵사지 석탑(목탑 양식의 현존 최고의 석탑), 부여 정림사지 5층 석탑	서산 마애삼존불상(백제의 미소), 금동 미륵보살 반가사유상
신라	흥륜사(신라 최초의 사찰), 황룡사(진흥왕, 몽골 침입으로 소실), 분황사(선덕여왕)	분황사 모전석탑(선덕여왕, 3층까지만 현존), 황룡사 9층 목탑(선덕여왕 때 자장의 건의로 백제의 기술자 아비지가 건립, 몽골 3차 침입 때 소실)	경주 배리석불 입상
통일신라	• 불국사·석굴암(경덕왕) • 감은사(신문왕) • 동궁과 월지	• 중대: 감은사지 3층 석탑(신문왕, 동서 2기의 탑), 석가탑(무구정광 대다라니경 발견), 화엄사 4사자 3층 석탑 • 하대: 선종 불교 영향으로 승탑 유행, 양양 진전사지 3층 석탑(기단과 탑신에 부조로 불상을 새김), 쌍봉사 철감선사 승탑(8각원당형)	불국사 본존불상, 비로자나불 유행
발해	주작대로(당의 영향), 온돌장치(고구려 양식)	영광탑(5층 전탑, 당의 건축 기술과 유사)	이불병좌상(고구려 양식)
고려 전기	주심포 양식 유행	• 월정사 8각 9층 석탑(송의 영향, 다각다층) • 승탑: 흥법국사 실상탑, 지광국사 현묘탑	• 부석사 소조 아미타여래 좌상(고려 대표 불상, 신라 양식 계승) • 거대불상: 논산 관촉사 석조 미륵보살 입상, 안동 이천동 석불(마애석불), 광주 춘궁리 철불
고려 후기	• 주심포 양식: 안동 봉정사 극락전, 영주 부석사 무량수전, 예산 수덕사 대웅전 • 다포 양식: 성불사 응진전, 석왕사 응진전, 심원사 보광전	경천사 10층 석탑(원의 영향, 원각사지 10층 석탑에 영향을 줌)	
조선 전기	• 백운동서원(중종 때 주세붕이 건립한 최초의 서원) • 종묘(태조 때 준공 → 임란 때 소실 → 광해군 때 재건설, 유네스코 문화유산)	원각사지 10층 석탑(세조)	
조선 후기	• 사원: 부농과 상인의 지원, 논산 쌍계사, 부안 개암사, 안성 석남사 • 수원 화성: 정조 때 건립, 거중기 사용	법주사 팔상전 (현존 국내 최고의 목탑)	

참고 불상, 탑, 건축물 등의 문화재의 특징을 고대, 중세, 근세로 구분하여 각각 파악하여야 한다. 큰 틀에서 비교하면 **신라**는 조형미가 돋보이고, **고려**는 개성이 넘치며, **조선**은 유교적 색채가 강하다.

09 역사서 · 의학서 · 지리지 · 지도 · 윤리서

삼국시대	고구려	• 『유기』(미상) : 현전 × • 『신집』(이문진, 영양왕) : 현전 ×
	백제	『서기』(고흥, 근초고왕) : 현전 ×
	신라	『국사』(거칠부, 진흥왕) : 현전 ×
고려	초기	『7대 실록』(황주량, 현종) : 태조 ~ 목종. 현전 ×
	중기	『삼국사기』(김부식, 인종) : 기전체(본기, 열전, 지, 연표로 구성), 신라 중심, 유교적 합리주의, 관찬 사서, 현존 최고(最古)의 사서
	무신 집권기	• 『동명왕편』(이규보) : 유교적 합리주의 사관 비판, 고구려 중심 • 『해동고승전』(각훈) : 관찬 사서, 교종의 입장에서 서술 • 『초조대장경』 : 거란 2차 침입 때 조판, 몽골의 2차 침입 때 소실 • 『교장』 : 흥왕사에 교장도감 설치하여 조판, 의천이 경·율·론 삼장의 주석서를 모아서 조판, 교종 중심, 몽골 침입 때 소실되고 일부가 순천 송광사와 일본 도다이사에 보관 중 • 『재조대장경(팔만대장경)』 : 초조대장경 소실 후 강화도에 대장도감·진주목 남해현에 분사 대장도감을 설치하여 조판, 다양한 신분이 조판에 참여하고 개태사 승통 수기가 교정을 총괄, 해인사 장경판전에 보관, 2007년 유네스코 세계 기록 유산 등재 • 『향약구급방』 : 현존 최고의 의학서, 자주적 • 『상정고금예문』 : 12세기 인종 때 최윤의 등이 지은 의례서로, 최우가 보관하던 것을 강화도에서 금속활자로 28부 인쇄하였다고 전해짐, 서양의 금속활자보다 200년 앞섰지만 현전 ×
	원 간섭기	• 『삼국유사』(일연, 충렬왕) : 최초로 단군신화 수록, 기사본말체 • 『제왕운기』(이승휴, 충렬왕) : 최초로 3조선설(단군조선 → 기자조선 → 위만조선) 제시(기자동래설 인정), 발해를 우리 역사로 봄, 상권은 중국 역사를, 하권은 단군 ~ 충렬왕의 역사를 서술, 중국사와 우리 역사를 대등하게 서술(자주적), 유교 + 불교 + 도교적 성격
	말기	• 『본조편년강목』(민지, 충선왕) : 최초의 강목체 사서, 현전 × • 『사략』(이제현, 공민왕) : 조선 초기 정도전의 『고려국사』에 영향, 현전 × • 『직지심체요절』(우왕) : 청주 흥덕사에서 간행, 현존 세계 최초의 금속활자본, 2001년 유네스코 세계기록유산으로 등재
조선 전기	15세기	• 『조선왕조실록』 : 태조부터 철종까지의 역대 25대 왕대의 사실을 편년체로 서술, 연산군과 광해군은 일기형식으로 표기, 초초·중초·정초의 3단계로 작성, 사관을 제외하고는 누구도 열람 불가, 사초와 『시정기』·『승정원일기』·『의정부등록』·『비변사등록』·『일성록』 등이 사료로 이용, 조선 전기 4대 사고(춘추관·성주·충주·전주) → 임진왜란 이후 5대 사고(춘추관, 태백관, 정족산, 적상산, 오대산)로 정비, 1997년 유네스코 세계 기록 유산으로 등재 • 『의궤』 : 왕실의 중요 행사를 자세히 기록, 현재는 임진왜란 이후 기록만 존재, 병인양요 때 강화도 외규장각에 보관된 의궤가 약탈되어 2011년에 프랑스로부터 임대 형식으로 반환, 2007년 유네스코 세계 기록 유산에 등재 • 『동국사략』(권근, 태종) : 고조선 ~ 삼국 역사를 성리학적 입장에서 정리 • 혼일강리역대국도지도(태종) : 유럽·아프리카까지 그린 세계지도, 중국 중심적, 동양 최고 세계지도 • 『향약집성방』(유효통, 세종) : 자주적 의학서적 • 『의방유취』(전순의, 세종) : 중국의 의학서적 토대로 저술(자주적 ×), 동양 최대 의학 백과사전 • 『신찬팔도지리지』(세종) : 최초의 인문지리지 • 『삼강행실도』(세종) : 충신·효녀·열녀를 삼강의 모범으로 도해한 책 • 『고려사』(정인지, 세종 ~ 문종) : 기전체, 군주 중심, 고려 말 사실 왜곡 • 『고려사절요』(김종서, 문종) : 재상 중심 • 『세종실록지리지』(단종) : 지리지 최초로 울릉도, 독도를 별개의 섬으로 기록, 단군 건국 설화 수록 • 『응제시주』(권근, 세조) : 단군 건국 신화 및 역대 개국시조 수록

		• 동국지도(정척·양성지, 세조) : 최초의 실측지도, 압록강 이북을 상세히 기록(북방에 대한 관심) • 『삼국사절요』(서거정, 성종) : 고조선~삼국 역사 정리 • 『동국통감』(서거정, 성종) : 최초의 통사, 편년체, 외기(단군~삼한)·삼국기·신라기(발해×)·고려기로 서술 • 『동문선』(서거정, 성종) : 우리나라 역대 시문 중 우수한 것을 모아 편찬 • 『악학궤범』(성현, 성종) : 음악의 원리, 역사, 악기, 무용, 의상, 소도구 등 정리 • 『동국여지승람』(성종) : 『팔도지리지』에 『동문선』의 시문을 첨가하여 제작, 자주적 • 『국조오례의』(신숙주, 성종) : 왕실 행사에 필요한 의례 정비 • 『금오신화』(김시습) : 최초의 한문 소설
	16세기	• 『신증동국여지승람』(중종) : 『동국여지승람』 수정·보완, 사림들의 역사관 반영 • 『동몽선습』(박세무, 중종) : 유학 입문교재로 어린이 학습서 • 『기자실기』(이이, 선조) : 기자를 성인으로 추앙 • 『동사찬요』(오운, 선조) : 기전체, 애국심 강조, 기자 조선 강조, 신라 중심, 임란 이후 저술된 사서로 전쟁영웅과 의병장에 대한 서술 • 『동국사략』(박상) : 압록강 이남의 한반도 중심의 역사 강조(고조선, 고구려 역사는 강조 ×), 신라 중심의 역사관, 온건파 사대부 재해석 • 조선방역지도(명종), 현존 유일 원본지도, 만주·대마도·제주도가 조선 영토로 표시
조선 후기	17세기	• 곤여만국전도(이광정, 선조) : 이광정에 의해 전래, 세계관에 대한 새로운 인식(중국 중심 세계관 극복) • 『동의보감』(허준, 광해군) : 동양의학백과사전, 모든 향약명을 한글로 표기, 2009년 유네스코 기록유산 등재 • 『지봉유설』(이수광, 광해군) : 백과사전의 효시, 『천주실의』 소개, 곤여만국전도 수록, 한사군이 조선 땅의 일부라는 것을 고증 • 『동국지리지』(한백겸, 광해군) : 최초의 역사지리지, 삼한의 위치 고증, 고구려를 만주의 중심으로 봄 • 『휘찬여사』(홍여하, 인조) : 남인계 인물, 기전체, 기자→마한→신라를 정통으로 봄 • 『여사제강』(유계, 현종) : 서인계 인물, 북벌 지지 • 『동사(東事)』(허목, 현종) : 남인계 인물, 북벌 비판
	18세기 ~ 19세기	• 『성호사설』(이익, 영조) : 삼한정통론과 천문, 자연과학 등 소개 • 『동사(東史)』(이종휘, 영조) : 기전체, 우리 역사의 무대를 만주로 확대 • 동국지도(정상기, 영조) : 최초의 민간학자에 의한 지도, 100리척의 축척 사용 • 『택리지』(이중환, 영조) : 노론 비판, 붕당의 원인을 이조전랑에 있다고 설명 • 『동사강목』(안정복, 영조~정조) : 강목체, 편년체, 단군→기자→삼한→삼국(무통)→통일신라(발해×)→고려로 이어지는 삼한 정통론 제시, 고증 사학의 토대 마련 • 『마과회통』(정약용, 정조) : 정약용이 박제가와 함께 종두법을 연구하여 제너의 종두법을 처음으로 소개 • 『금석과안록』(김정희, 정조) : 북한산비가 진흥왕 순수비였음을 고증 • 『발해고』(유득공) : 우리 역사의 무대를 만주로 확대, 신라와 발해가 공존한 시대를 남북국시대로 규정 • 『연려실기술』(이긍익, 순조) : 기사본말체, 조선시대의 정치와 문화를 실증적·객관적으로 서술 • 『해동역사』(한치윤, 순조) : 기전체, 외국 사서를 인용하여 역사 인식의 폭 확대, 중국 중심의 사관 극복 • 『아방강역고』(정약용, 순조) : 발해의 중심지가 백두산 동쪽이었다는 것을 고증, 백제의 첫 도읍지가 서울이었음을 고증 • 대동여지도(김정호, 철종) : 목판 제작, 분첩절첩식 구성, 10리마다 방점 표시, 산경표의 체제를 지도로 표현 • 『동의수세보원』(이제마, 고종) : 사상의학 소개

참고 비슷한 서적을 비교해서 잘 구별해야 한다. 가령 고려시대의 향약구급방과 조선 세종 때 향약집성방을 구별해야 하고, 허목의 동사(東事)와 이종휘의 동사(東史)도 구별해야 한다. 또한, 유네스코 세계기록유산인 팔만대장경, 직지심체요절, 조선왕조실록, 동의보감 등은 잘 숙지해야 한다.

10 지역사

강화도	평양	서울
• [선사] 탁자식(북방식) 고인돌 → 청동기 • [고조선] 최남단 지역, 마니산 참성단에서 제를 지냄 • [고대] 신라 하대 군진 중 하나 • [고려] 몽골 침입기 천도, 팔만대장경 조판, 삼별초 항쟁 시작 • [조선] 병자호란 시 봉림 대군 피난, 정제두의 강화학파, 철종 • [근대] 병인・신미양요, 외규장각(의궤), 강화도 조약	• [고조선] 후기 고조선 중심지로 추정 • [고대] 근초고왕의 공격(고국원왕 전사), 장수왕 때 천도, 고구려 고분군(유네스코 세계 유산에 등재) • [고려] 고려 3경(서경), 묘청의 서경천도운동, 조위총의 난 • [조선] 임진왜란(조명 연합군의 평양성 탈환), 평양 보통문, 유상 • [근대] 제너럴 셔먼호 사건, 대성 학교 • [일제] 물산장려운동(조만식) • [현대] 북한 수도, 남북 협상, 남북정상회담	• [선사] 암사동(빗살무늬 토기) → 신석기 • [고대] 백제 수도(한성, 위례성), 몽촌 토성, 풍납 토성(개로왕 때까지 수도) • [고려] 고려 3경(남경) • [조선] 조선의 수도 • [일제] '경성', 충무로・명동・을지로 일대 일본인 거리 조성 • [현대] 대한민국 수도
공주	**개성**	**원산**
• [선사] 석장리 유적 → 구석기 • [고대] 백제 2번째 수도(웅진, 문주왕), 송산리 고분군(무령왕릉), 백제 역사 유적 지구(유네스코 세계문화유산) • [고려] 망이・망소이의 난 • [근대] 동학농민운동(우금치 전투)	• [고려] 고려 수도, 예성강(벽란도), 거란 침입 이후 나성 축조, 만적의 난, 개성 만월대 • [조선] 송상 • [현대] 개성 공단, 개성 역사 유적 지구(유네스코), 남북한 만월대 공동발굴 사업 진행 중	• [고려] 쌍성총관부의 관할 지역이었다가 공민왕 때 수복 • [조선] 세종 때 덕원부 • [근대] 강화도 조약으로 개항, 원산학사(최초의 근대식 사립 학교) • [일제] 경원선, 원산 노동자 총파업(1929)
제주	**간도**	**독도**
• [선사] 고산리 유적 → 신석기 • [고대] 독자적 국가(탐라국) • [고려] 숙종 때 고려에 편입, 삼별초 항쟁(김통정), 탐라 총관부 • [조선] 벨테브레이(박연)・하멜 표류, 김만덕 • [현대] 제주 4・3 사건, 유네스코 세계 자연유산 등재	• [조선] 숙종 때 백두산정계비 건립 • [근대] 고종 황제 간도 관리사 파견, 함경도의 행정구역으로 편입, 간도 협약(1909년 일본이 남만주 철도 부설권 획득 목적으로 청의 영토로 인정)	• [고대] 우산국(독립 국가) → 신라 지증왕이 이사부를 보내 복속 • [조선] 숙종 때 안용복의 활약 • [근대] 대한제국 칙령 41호 반포, 일본이 러일전쟁 중 시마네현 고시 제40호로 자국 영토로 불법 편입 • [현대] 광복 직후 한국의 영토로 인정, 신한일 어업 협정으로 공동 관리 수역으로 지정

참고 신유형 문제로 실제로 출제되고 있으니 반드시 정리해야 한다. 또한, **간도와 독도** 문제는 빈출 문제이므로 내용을 정확히 알아야 하며 **역사적 자료도 파악**하여야 한다.

> **[백두산정계비]**
> 西爲鴨綠, 東爲土門, 故於分水嶺, 勒石爲記, 康熙 五十一年 五月十五日
> 서쪽은 압록강, 동쪽은 토문강으로 경계를 삼고, 물이 나뉘는 고개 위에 돌을 새겨 기록한다. 강희 51년(1712) 5월 15일.

> **[간도협약]**
> 제1조 청일 양국 정부는 토문강을 청국과 한국의 국경으로 하고 강 원천지에 있는 정계비를 기점으로 하여 석을수(石乙水)를 두 나라의 경계로 함을 성명한다.
> 제3조 청국 정부는 이전과 같이 토문강 이북의 개간지에 한국 국민이 거주하는 것을 승인한다.
> 제6조 청국 정부는 앞으로 길장 철도를 연길 이남으로 연장하여 한국의 회령에서 한국의 철도와 연결할 수 있다.

11 유네스코 지정 세계유산

한국의 세계유산(문화 · 자연유산)	
석굴암 · 불국사(1995)	종묘(1995)
해인사 장경판전(1995)	수원화성(1997)
창덕궁(1997)	강화 · 고창 · 화순 고인돌 유적(2000)
경주역사유적지구(2000)	제주 화산섬과 용암동굴(2007)
조선왕릉(2009)	한국의 역사마을 하회 · 양동(2010)
남한산성(2014)	백제역사유적지구(2015)
산사 7곳 : 충북 보은 법주사, 충남 공주 마곡사, 전남 해남 대흥사, 경북 영주 부석사, 경북 안동 봉정사, 경남 양산 통도사, 전남 순천 선암사(2018)	
한국의 서원 9곳 : 경북 영주 소수서원, 경북 안동 도산서원, 경북 안동 병산서원, 경북 경주 옥산서원, 대구 달성 도동서원, 경남 함양 남계서원, 전남 장성 필암 서원, 전북 정읍 무성서원, 충남 논산 돈암서원(2019)	
한국의 갯벌(2021)	가야고분군(2023)

- 16세기 서원 건축
  - 가람 배치 양식과 주택 양식이 실용적으로 결합된 독특한 아름다움을 지님

[옥산 서원]

[도산 서원]

[서원의 건물배치]

참고 단도직입적으로 세계문화유산을 고르는 문제 외에도 세계문화유산에 지정된 유적과 관련된 내용이 출제될 가능성이 있으므로 꼭 숙지하도록 하자.

한국의 세계기록유산	
조선왕조실록(1997)	훈민정음(해례본)(1997)
승정원일기(2001)	직지심체요절(2001)
조선왕조 의궤(儀軌)(2007)	해인사 대장경판 및 제경판(2007)
동의보감(2009)	일성록(2011)
5 · 18 광주민주화운동 기록물(2011)	새마을운동 기록물(2013)
난중일기(2013)	한국의 유교책판(2015)
KBS 특별생방송 「이산가족을 찾습니다」 기록물(2015)	
국채보상운동 기록물(2017)	조선왕실 어보와 어책(2017)
조선통신사에 관한 기록 – 17세기~19세기 한일 간 평화구축과 문화교류의 역사(2017)	
4 · 19혁명 기록물(2023)	동학농민혁명 기록물(2023)

참고 앞의 세계문화유산처럼 세계기록유산 기록물이 단독으로 출제될 가능성이 있다. **직지심체요절, 훈민정음, 조선왕조실록**이나 최근에 지정된 **조선통신사**나 **국채보상운동** 등의 내용을 잘 숙지하도록 해야 한다.

제 11 장 | 지도와 사진으로 본 한국사

01 지도로 한 방에 정리하는 한국사 흐름

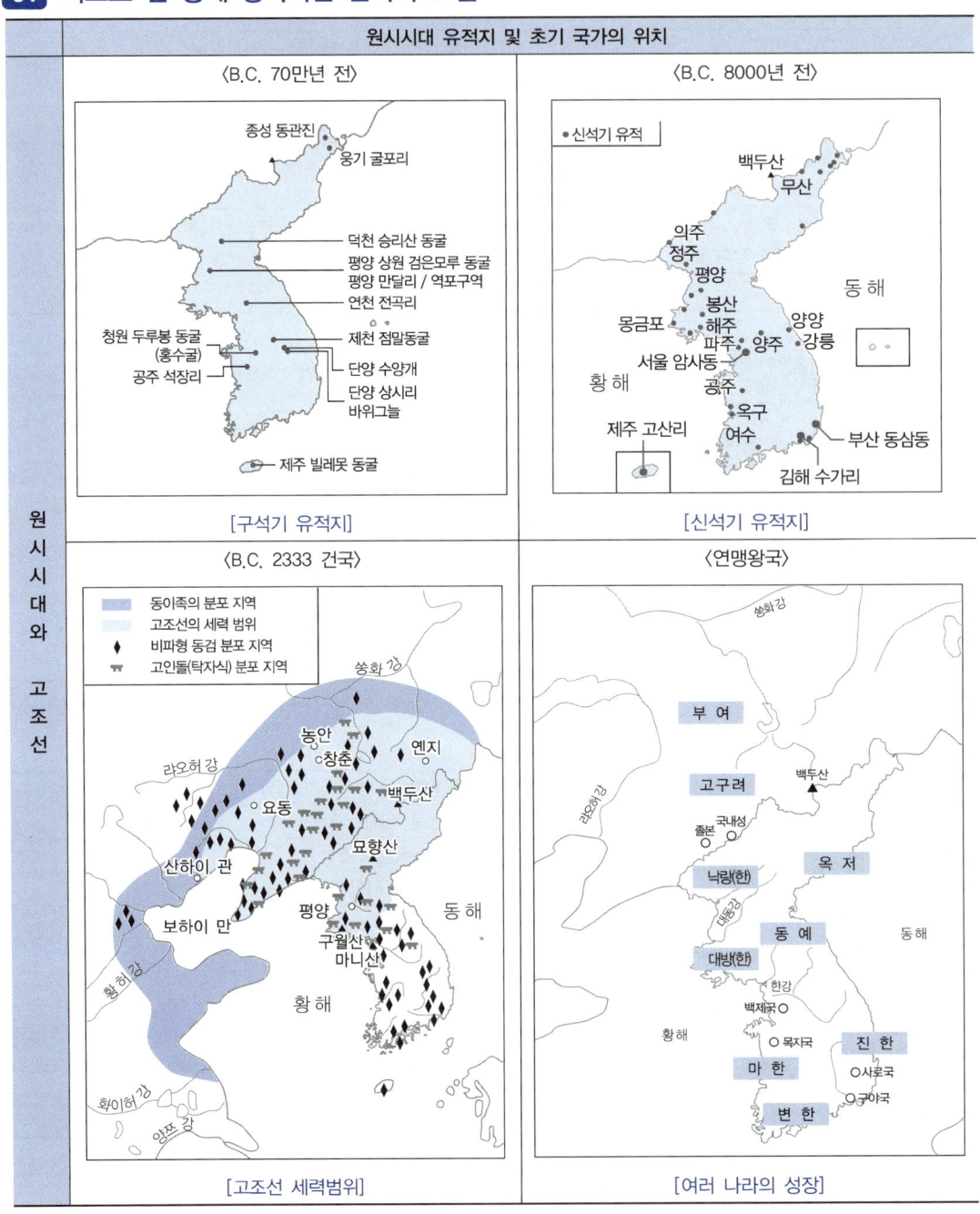

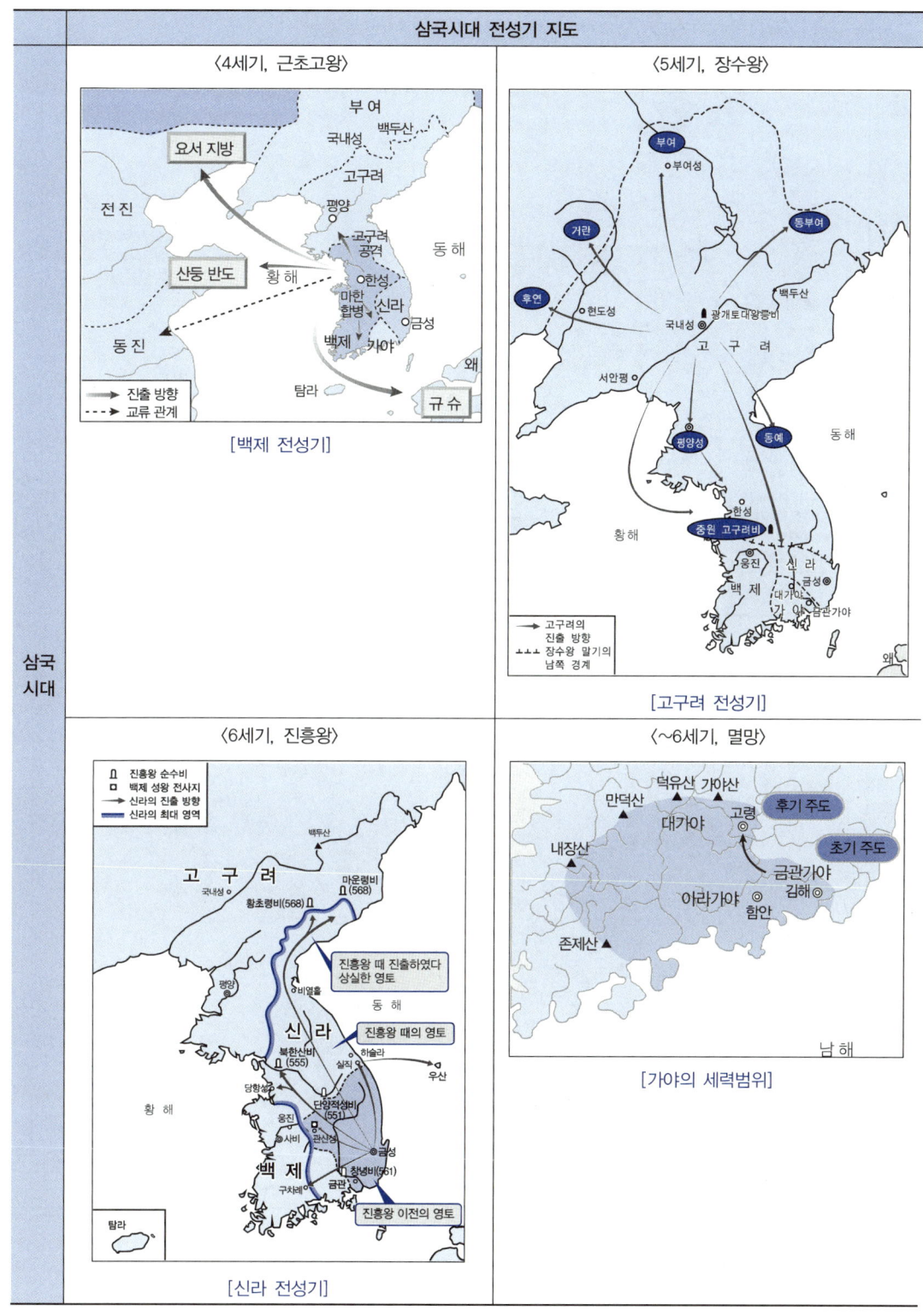

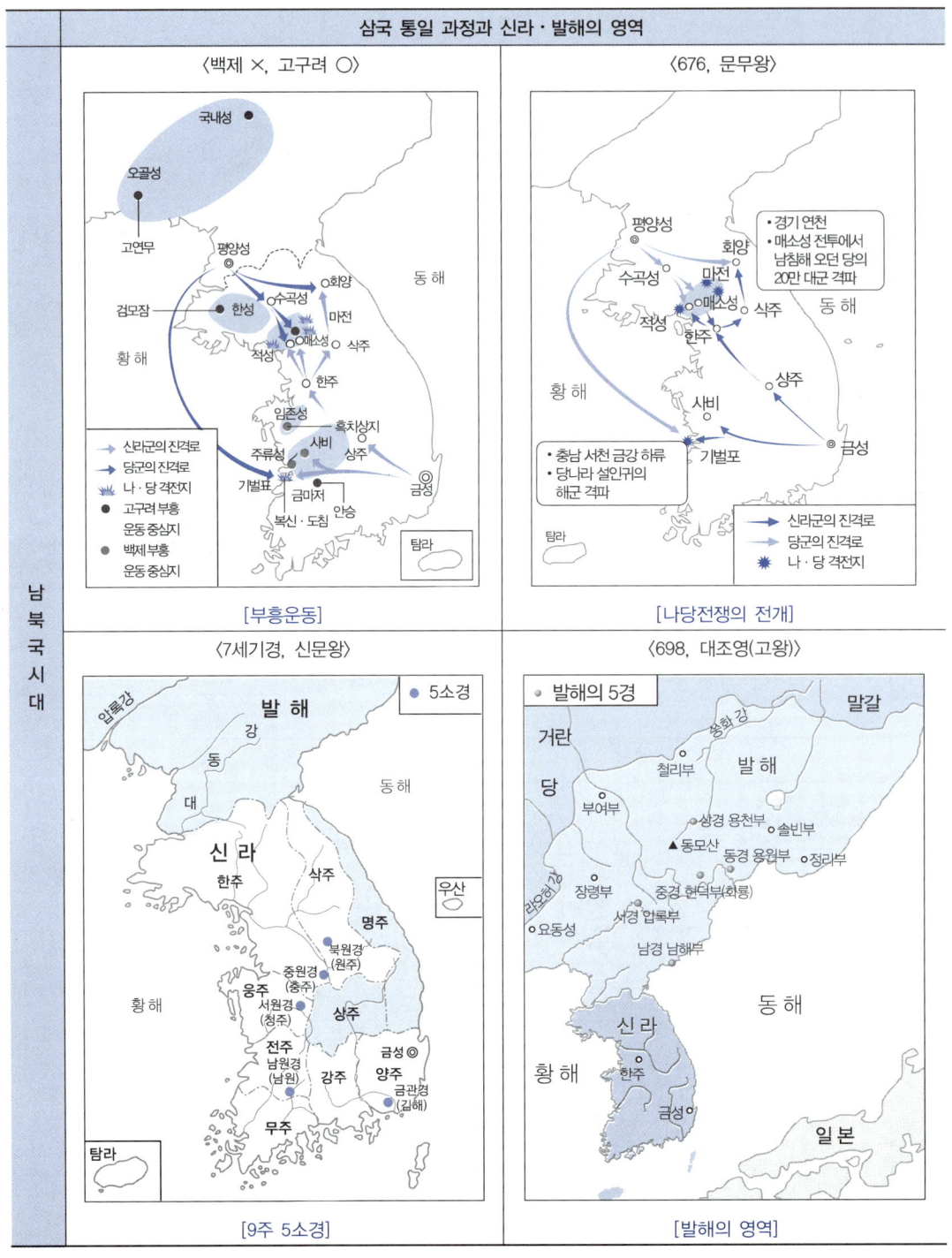

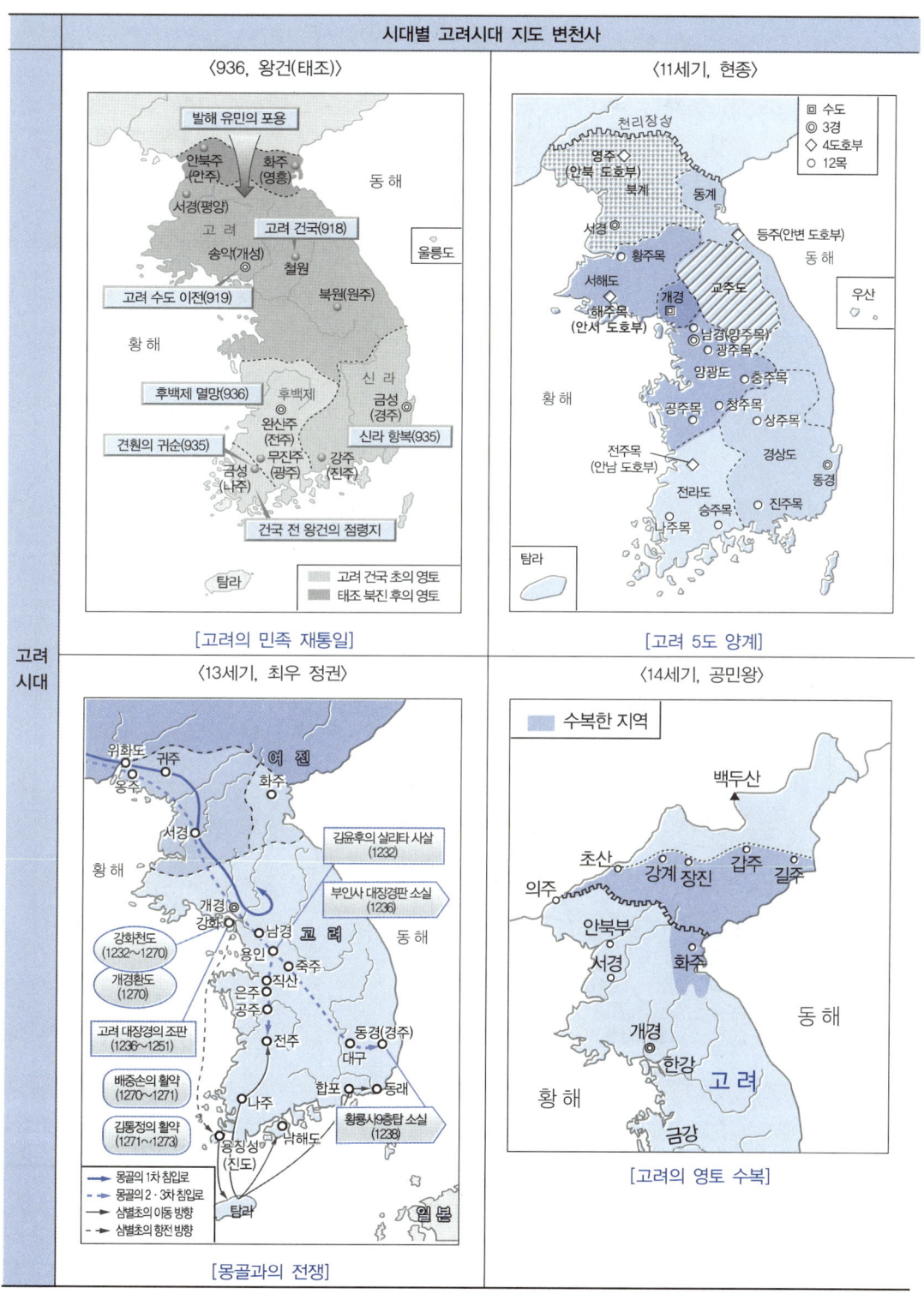

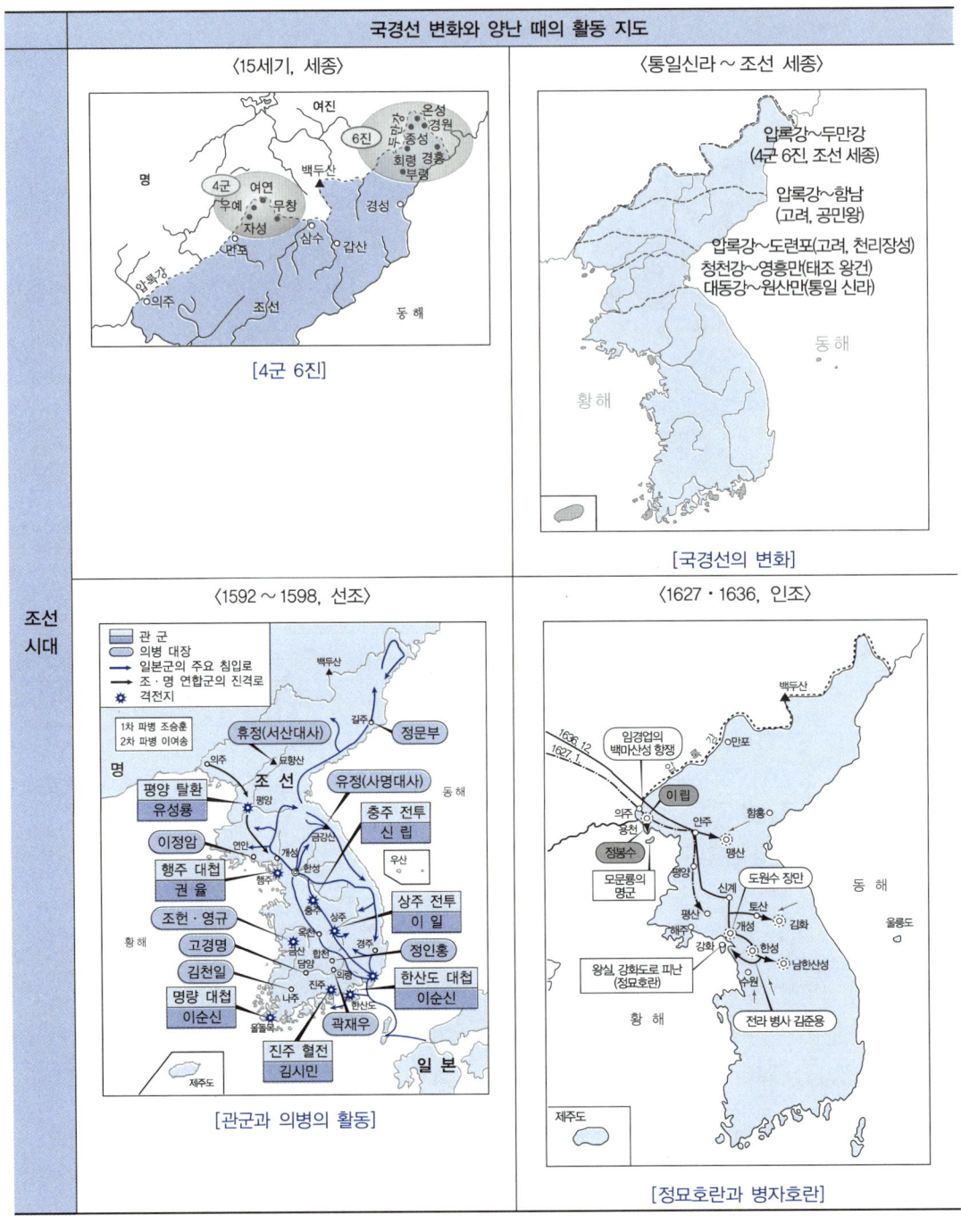

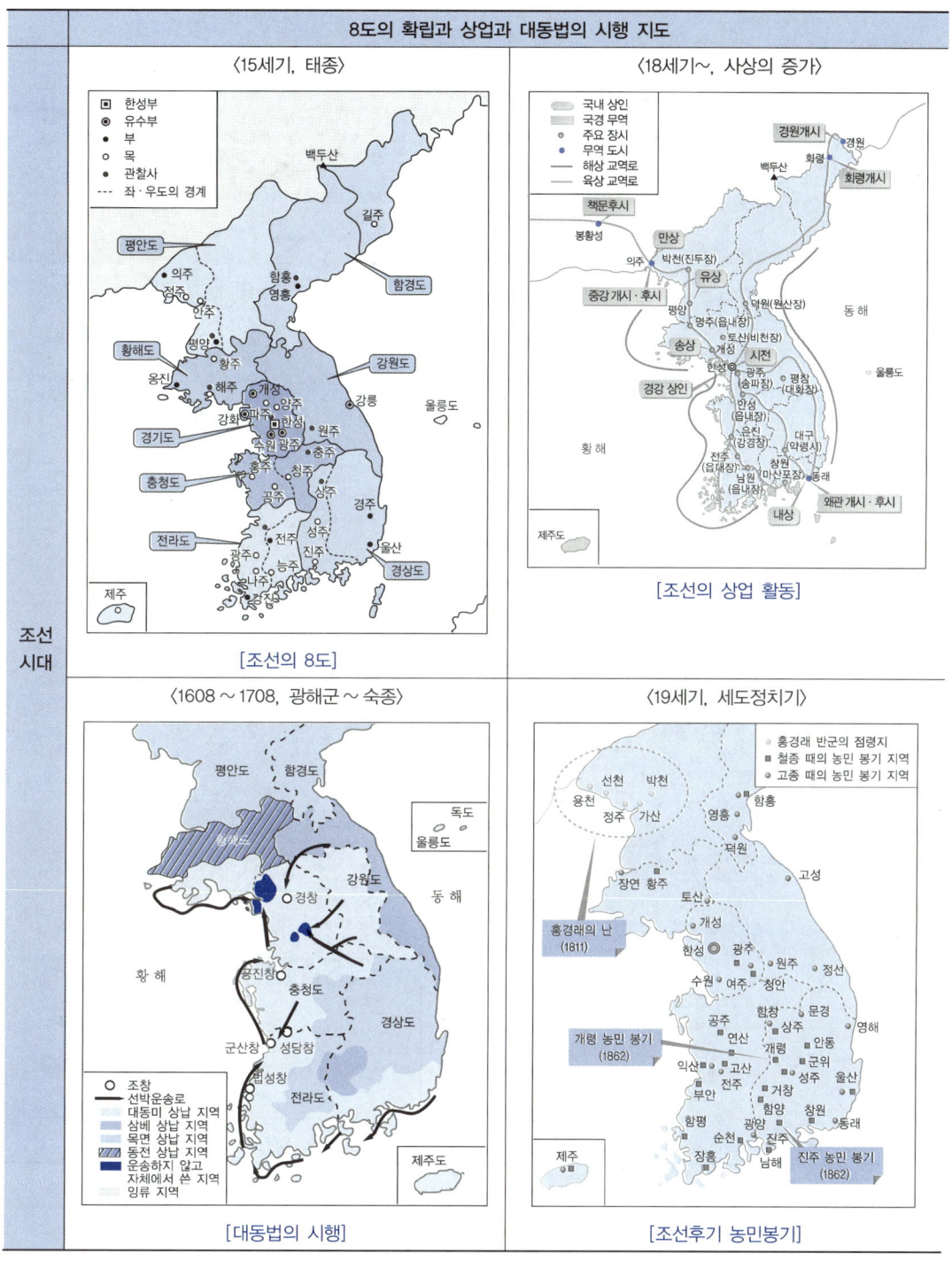

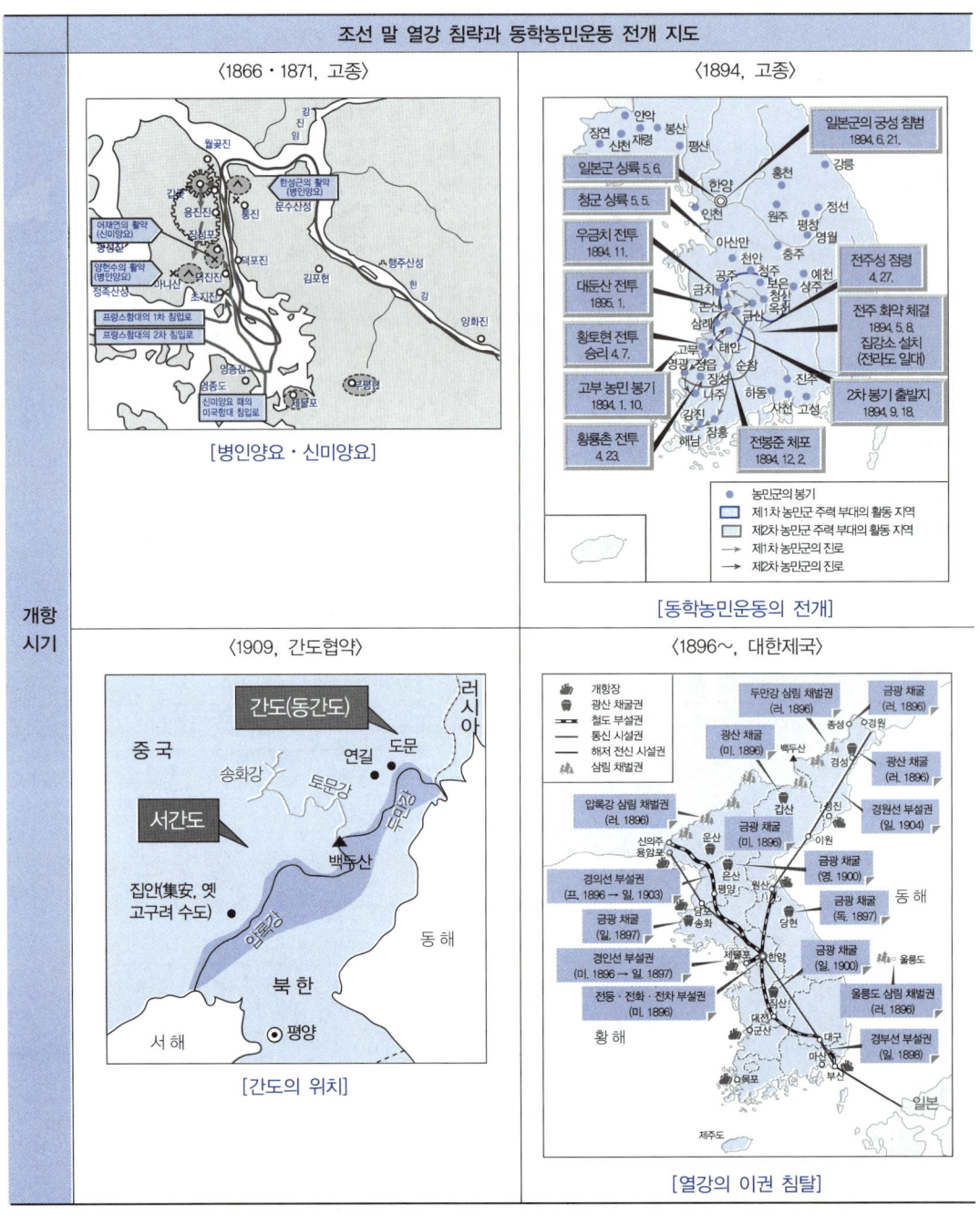

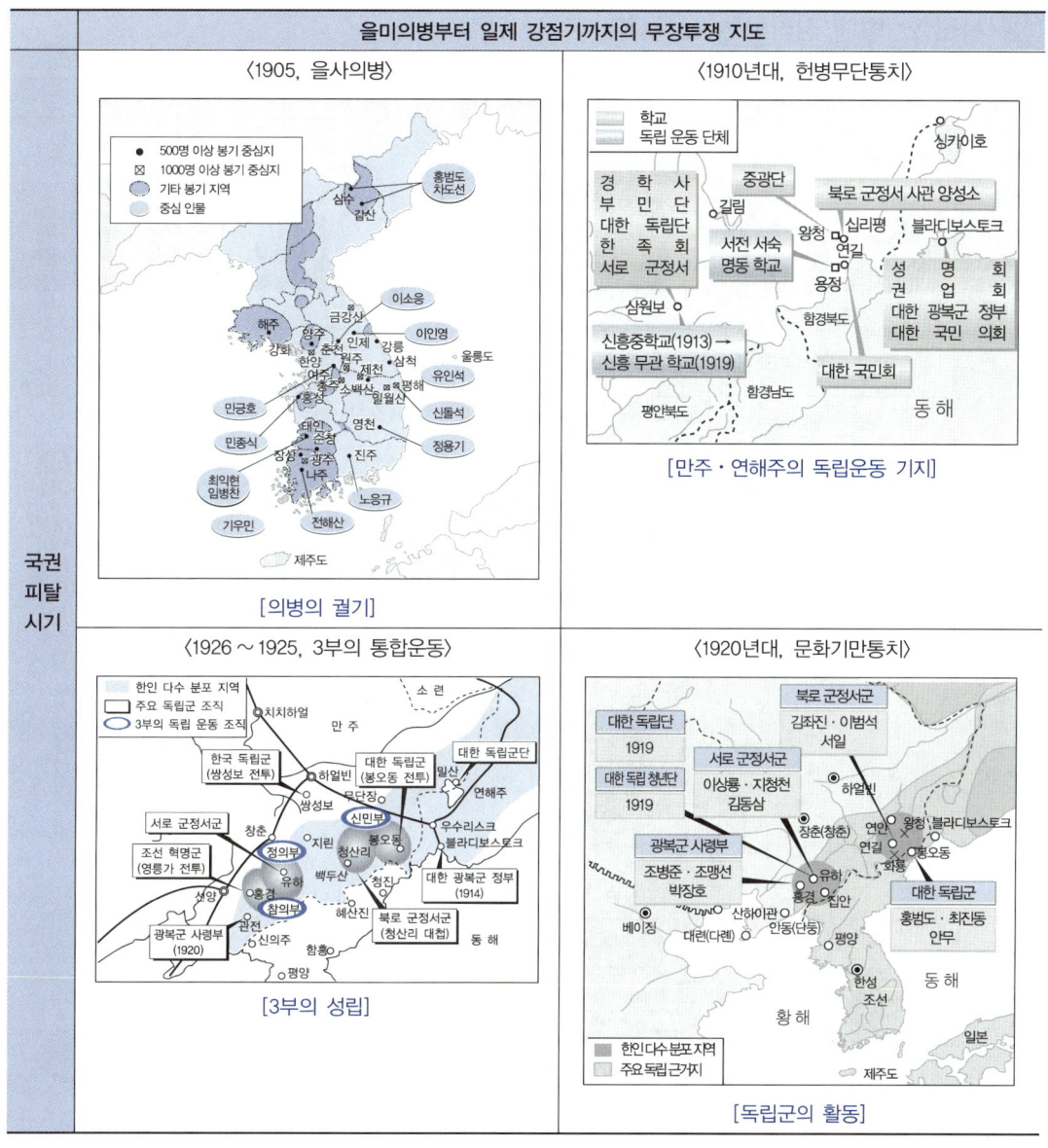

02 사진 한 방에 정리하는 선사시대 유물·유적

구분	구석기	신석기	청동기	철기
도구	〈뗀석기〉   [주먹도끼] [슴베찌르개]	〈간석기〉  [가락바퀴]	〈청동농기구〉   [반달돌칼] [비파형 동검]	〈독자적 철기 유물〉   [거푸집] [세형동검]
주거	〈동굴·막집〉  [단양 금굴 유적]	〈바닥 원형, 중앙 화덕〉  [움집]	〈바닥 직사각형, 한쪽 벽 화덕, 배산임수〉  [청동기 집터]	 [철기시대 집터]
토기	농경 ×	〈+덧무늬 토기〉  [빗살무늬 토기]	〈+미송리식 토기〉  [민무늬 토기]	〈+덧띠 토기〉  [검은 간 토기]
무덤	〈시체 매장 풍습〉 	〈영혼불멸사상〉 장례의식 ○ (사람이 죽어도 영혼은 없어지지 않는다)	〈+돌무지무덤〉  [고인돌]	〈+널무덤〉  [독무덤]
기타	〈신석기시대 예술〉  [조개껍데기 가면]	〈신석기 말~청동기로 추정〉   [울주 반구대 바위그림] [고령 양전동 바위그림]	〈농경제사용 도구〉  [농경문 청동기]	〈중국과의 교류 (+다호리 붓)〉   [명도전] [반량전]

03 사진 한 방에 정리하는 삼국시대, 남북국시대 유물·유적

구분				
석탑	삼국시대 〈목탑 현존 X(황룡사 9층 목탑)〉			
	[분황사 모전석탑]	[미륵사지 석탑]		[정림사지 5층 석탑(평제탑)]
	통일신라 〈2층 기단, 3층 석탑(+다보탑, 석가탑)〉		발해 〈당 영향 ○〉	
	[진전사지 3층 석탑]	[감은사지 3층 석탑]	[화엄사 4사자 3층 석탑]	[발해 영광탑]

	삼국시대 공통	고구려	백제	발해
불상	탑 모양의 관을 쓴 것과 삼산관을 쓴 금동 미륵보살 반가상이 유명	북조 영향, 강인한 인상과 은은한 미소	온화한 미소	고구려 양식 계승, 흙을 구워 만든 불상
	[금동 미륵보살 반가상]	[연가 7년명 금동여래입상]	[서산 마애삼존불상]	[이불병좌상]

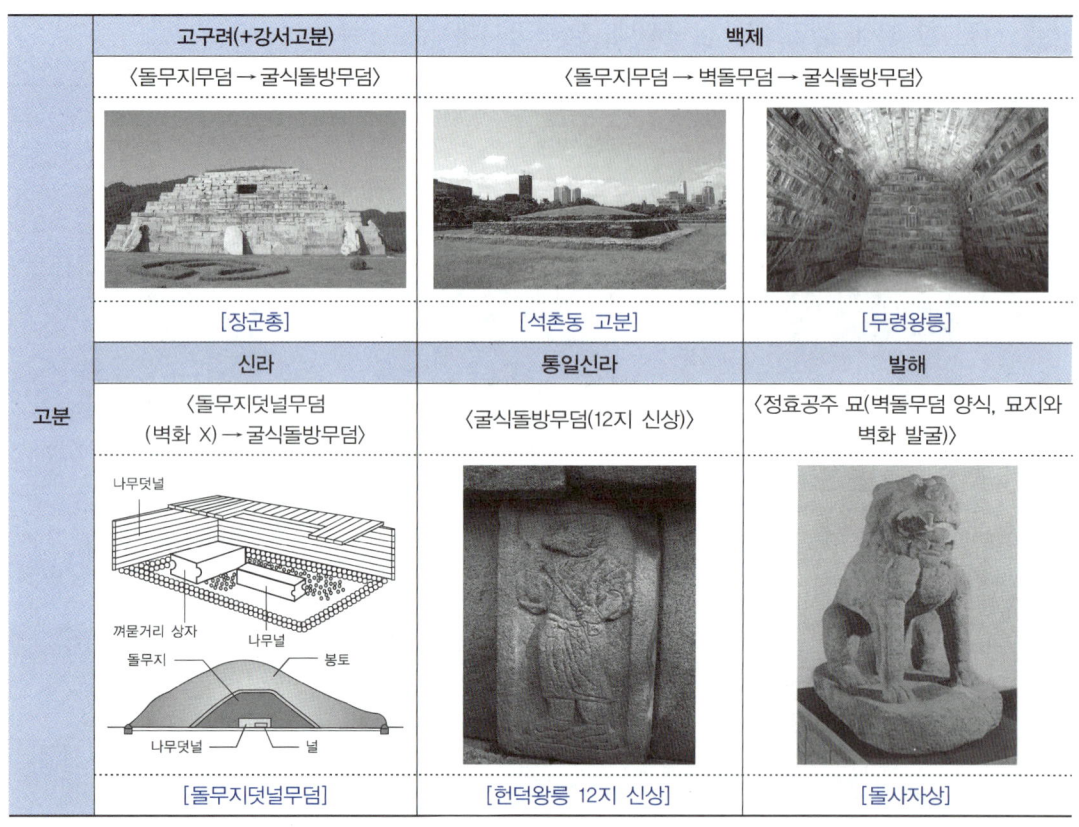

04 사진 한 방에 정리하는 고려시대 유물·유적

구분	고려시대 유물·유적		
건축	〈주심포 양식(배흘림 양식, 고려 전기)〉		〈다포 양식(고려 후기)〉
	[부석사 무량수전(경북 영주)]	[수덕사 대웅전(충남 예산)]	[성불사 응진전(황해도)]
석탑	고려 전기(삼국 영향)	고려 중기(송 영향)	
	[불일사 5층 석탑(개성)]	[무량사 5층 석탑(부여)]	[월정사 팔각 9층 석탑]
	고려 후기(원 영향)	※조선 세조(경천사 10층 석탑 영향)	
	[경천사 10층 석탑]	[원각사지 10층 석탑]	

	※통일신라 후기	통일신라 영향(계승)
승탑	[쌍봉사 철감선사 승탑]	[고달사지 승탑(여주)]
	〈특이한 형태의 뛰어난 조형미의 승탑〉	
	[법천사 지광국사 현묘탑]	[흥법사 염거화상탑]
불상	〈대형 철불〉	〈신라 양식 계승〉
	[광주 춘궁리 철불]	[부석사 소조 아미타 여래 좌상]
	〈향토적 아름다움과 소박한 아름다움〉	
	[관촉사, 석조 미륵보살 입상]	[안동 이천동 석불]

05 사진 한 방에 정리하는 조선시대 유물·유적

구분	조선시대 유물·유적		
조선 전기 그림	〈15세기, 세종, 안견〉 [몽유도원도]	〈15세기, 강희안〉 [고사관수도]	〈16세기, 이정〉 [묵죽도]
	〈16세기, 신사임당〉 [초충도]	〈16세기, 이상좌〉 [송하보월도]	〈16세기, 이암〉 [영모도]
조선 후기 그림	〈18세기, 정선〉 [인왕제색도]	〈18세기, 김홍도〉 [씨름도]	〈18세기, 신윤복〉 [단오풍정]
	〈18세기, 김득신〉 [파적도]	〈18세기, 강세황〉 [영통동구도]	〈19세기〉 [민화]

구분	조선시대 유물·유적			
조선 전기 건축	〈15세기 도성 건축물〉			
	[숭례문]	[경복궁]		[창덕궁]
	〈15세기〉	〈16세기 서원 건축물〉		
	[보통문(평양)]	[도산 서원]		[옥산 서원]
조선 후기 건축	〈17세기(우리나라 유일 5층 목탑)〉	〈18세기(+논산 쌍계사 대웅전 등)〉	〈18세기 (화성성역의궤)〉	〈19세기(+경회루)〉
	[법주사 팔상전]	[화엄사 각황전]	[수원 화성]	[경복궁 근정전]
지도	〈1395, 태조 1〉	〈1402, 태종, 이회〉	〈16세기, 명종, 윤위〉	〈17세기〉
	[천상열차분야지도]	[혼일강리역대국도]	[조선방역지도]	[곤여만국전도]
자기	※ 12~13세기 고려시대 상감 청자		15세기	16세기(백자)
	[상감청자 운학무늬 매병]	[청동제 은입사 포류 수금무늬 정병]	[분청사기 조화 어문편병]	[순백자병]

06 사진 한 방에 정리하는 근대시대 유물·유적

	근대시대 유물·유적			
근대 건축물	〈1897〉 (프랑스 개선문 모방) [독립문]	〈1897〉 (황제 즉위식 거행) [환(원)구단]	〈1887~1898〉 (중세 고딕 양식) [명동성당]	〈1900~1909〉 (르네상스식 양식) [덕수궁 석조전]
중요 인물 사진	〈1883(유길준 등)〉 [보빙사] 〈1896.7(독립협회 창립)〉 [서재필]	〈1884(김옥균 등)〉 [갑신정변 주역들] 〈1907.6(이상설, 이준, 이위종)〉 [헤이그 특사]	〈1894(동학농민운동)〉 [압송되는 전봉준] 〈1907(해산된 군인 참여)〉 [정미의병]	
계몽 운동	〈1927(신간회 자매단체)〉 [근우회]	〈1923(물산 장려 운동)〉 [국산품 애용 선전 광고]	〈1931~1934(동아일보)〉 [브나로드운동]	
무장 투쟁	〈1919년(의열단 : 신채호의 조선혁명선언)〉 [김원봉, 이후 1935년 조선민족혁명당 결성]		〈1931년 한인 애국단 : 김구가 주도, 이봉창〉 [윤봉길, 의거 이후 국민당(중)이 임정 지원]	

또 실패했는가? 괜찮다. 다시 실행하라. 그리고 더 나은 실패를 하라!

— 사뮈엘 베케트 —

국가평생교육진흥원 평가영역 완벽 반영!

최적의 도서, 최고의 강의로
학위취득을 위한 가장 빠른 길을 안내합니다.

독학사 시리즈 누적판매 36만 부!
(2010~2024년까지 본사 독학사 시리즈 전체 판매량 기준)

학위취득을 위한 최적의 수험서
시대에듀 독학학위연구소에서 철저히 분석하여 교재에 담았습니다.

검증된 강의력!
과목별 최고 교수진의 합격 전략 강의

학사학위를 취득하기로 결정하셨다면
지금 바로 시대에듀 독학사와
함께하세요!

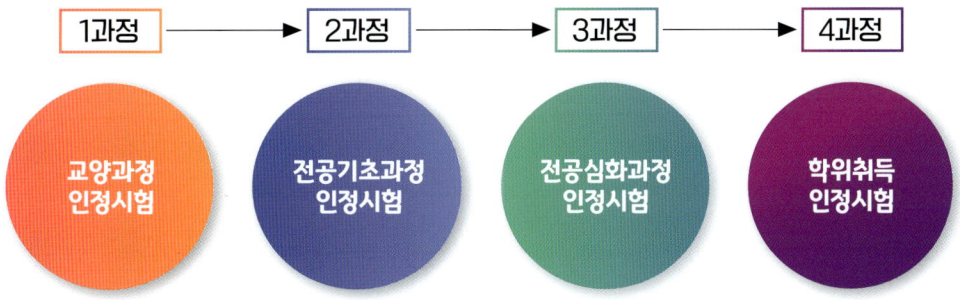

www.sdedu.co.kr

독학사 4단계 교양공통
국사 핵심요약집
Pass!
한번에

<YES24> '08년 4월(1·3주차), 5월(5주차), 7월(3주차), 9월(3주차), 10월(3-4주차) | '09년 2월(4주차), 3월(1-2주차) | '10년 2월(4주차) | '12년 12월(1주차) | '13년 5월 | '14년 5월 | '15년 4-5월, 11-12월 | '16년 1-2월 | '17년 1-2월, 4-5월 | '18년 1-2월, 4-5월, 11-12월 | '19년 1-5월, 11-12월 | '20년 1-2월, 4-5월, 11-12월 | '21년 1월 | '22년 1월, 10월 | '23년 9-12월 | '24년 1-2월, 9-12월 | '25년 1-2월

<알라딘> '08년 11월(4주차) | '09년 3월(3주차) | '10년 10월(5주차) | '11년 9월(2주차), 12월 | '12년 3월(3주차), 4월(2주차) | '13년 2-3월, 12월 | '14년 1월 | '16년 1-2월, 4월, 11-12월 | '17년 1-2월, 4월 | '18년 2월 | '19년 1-5월, 9-12월 | '20년 1-5월, 9-12월 | '21년 1월 | '22년 9월 | '23년 2월, 9-12월 | '24년 1-2월, 8-12월 | '25년 1-2월, 3월(1주차)

(※ 공개 데이터 기준, 일부 생략)

컴퓨터공학과 2·3·4단계

2단계 기본서 [6종]

논리회로 / C프로그래밍 / 자료구조 /
컴퓨터구조 / 운영체제 / 이산수학

3단계 기본서 [6종]

인공지능 / 컴퓨터네트워크 / 임베디드시스템 /
소프트웨어공학 / 프로그래밍언어론 / 정보보호

4단계 기본서 [4종]

알고리즘 / 통합컴퓨터시스템 /
통합프로그래밍 / 데이터베이스

2단계 6과목 벼락치기 [1종]

간호학과 4단계

4단계 기본서 [4종]

간호연구방법론 / 간호과정론 / 간호지도자론 /
간호윤리와 법

4단계 적중예상문제집 [1종]

4단계 4과목 벼락치기 [1종]

국어국문학과 2·3단계

2단계 기본서 [6종]

국어학개론 / 국문학개론 / 국어사 /
고전소설론 / 한국현대시론 /
한국현대소설론

3단계 기본서 [6종]

국어음운론 / 고전시가론 /
문학비평론 / 국어정서법 /
국어의미론 / 한국문학사(근간)

※ 4단계는 2·3단계에서 동일 과목의 교재로 겸용
    2단계 겸용 : 국어학개론, 국문학개론
    3단계 겸용 : 문학비평론, 한국문학사

영어영문학과 2·3단계

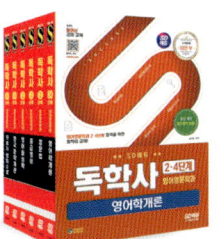

2단계 기본서 [6종]

영어학개론 / 영문법 / 영어음성학 /
영국문학개관 / 중급영어 /
19세기 영미소설

3단계 기본서 [6종]

영어발달사 / 고급영어 / 영어통사론 /
미국문학개관 / 20세기 영미소설(근간) /
고급영문법(근간)

※ 4단계는 2·3단계에서 동일 과목의 교재로 겸용
    영미소설(19세기 영미소설+20세기 영미소설), 영미문학개관(영국문학개관+미국문학개관)

※ 본 도서의 이미지 및 구성은 변동될 수 있습니다.